驶向彼岸

赵庆明◎著

人民币从国家货币到国际货币

中国金融出版社

责任编辑：丁　芊　黄　羽
责任校对：李俊英
责任印制：张也男

图书在版编目（CIP）数据

驶向彼岸：人民币从国家货币到国际货币/赵庆明著.—北京：
中国金融出版社，2018.11
　ISBN 978 - 7 - 5049 - 9786 - 9

　Ⅰ.①驶…　Ⅱ.①赵…　Ⅲ.①人民币—金融国际化—研究
Ⅳ.①F822

中国版本图书馆 CIP 数据核字（2018）第 231907 号

出版
发行　中国金融出版社

社址　北京市丰台区益泽路 2 号
市场开发部　（010）63266347，63805472，63439533（传真）
网 上 书 店　http://www.chinafph.com
　　　　　　　（010）63286832，63365686（传真）
读者服务部　（010）66070833，62568380
邮编　100071
经销　新华书店
印刷　保利达印务有限公司
尺寸　169 毫米 × 239 毫米
印张　26.25
字数　450 千
版次　2018 年 11 月第 1 版
印次　2018 年 11 月第 1 次印刷
定价　58.00 元
ISBN 978 - 7 - 5049 - 9786 - 9
如出现印装错误本社负责调换　联系电话(010)63263947

外汇短缺是中国乃至发展中国家普遍面临的长期问题，也是改革开放必须面对和解决的问题。改革开放前二十多年，重点放在抑制外汇需求的同时提高供给能力。一是通过汇率市场化改革，让汇率在贸易中发挥调节作用，鼓励出口创汇。二是积极利用外资，尤其是吸引外商直接投资。在利用外资过程中，曾经嵌入出口要求和本土化要求，都对提高外汇供给能力起到了重要作用。1996 年实现人民币经常项目可兑换，国内对资本项目可兑换的期望提高，但 1997 年亚洲金融危机使得中国获得重新评估资本项目可兑换的机会。

外汇短缺的根源在于货币不是国际货币这一结构性缺陷，即所谓"原罪"。发展中国家处于世界经济的外围，其货币鲜有国际货币，货币国际化程度低，即便是在实现货币完全可兑换之后，其货币和资产国际接受性也差。这种约束使得发展中国家在开放过程中，始终面临着外汇短缺问题。一方面获得外汇的能力有限，主要局限于出口和对外负债；另一方面基于资本项目可兑换的居民端外汇需求是以国内资产为基础的，而且随着收入的提高而上升，特别是在国内外冲击下外汇需求陡增，供求失衡容易导致货币贬值。因此，在融入全球经济的过程中，大多数发展中国家在不同阶段都遭遇了各式各样的危机。

进入21世纪，中国外汇短缺的状况有了很大程度的缓解。外汇供给能力的提高使得需求端管制放松具有了现实可行性，人民币资本项目可兑换循序渐进地进行，从直接投资到证券投资和外债。2005年以后，资本项目可兑换进程明显加快，资本流出限制逐渐放松。整体来说，资本项目的外汇管理依然是宽进严出的模式。在人民币还不是国际货币的背景下，这种外汇管理体制是合理的。

人民币国际化是彻底摆脱"原罪"的关键。2008年以前人民币国际化一直处在自发萌芽状态，最主要的表现就是中国人出境商务、旅游进行消费带来的人民币现钞跨境使用。2008年国际金融危机为人民币国际化提供了契机。在全球美元枯竭的情况下中国与其他国家（地区）陆续签署双边本币互换协议，人民币在国际货币舞台上崭露头角。2009年7月开始在上海等地试点人民币跨境贸易结算，在对外贸易中鼓励使用人民币，并推广到全国。随后人民币跨境使用从贸易拓展到投资，再到允许外国投资者持有中国资产，包括外国央行持有人民币资产作为外汇储备。由于还存在资本管制，国内金融市场尚未完全成熟，中国支持包括香港在内的境外形成人民币离岸市场，创造性地利用离岸市场推进人民币国际化。2016年10月人民币成功加入特别提款权货币篮子，是人民币国际化成就的标志性事件。

人民币国际化是中国对外金融战略的重要选择。这是一个激动人心的试验，发展中国家的货币成为主要的国际货币在历史上几乎是没有过的。一个具有世界影响力大国的货币必须是国际货币，人民币国际化对中国经济崛起和中华民族复兴有着深远的战略意义。

人民币国际化也是中国对世界的贡献。国际货币是一种重要的全球公共产品，人民币国际化对国际货币金融经济秩序的优化、完善和变革具有促动作用，改善世界发展的货币金融环境。

人民币国际化实践带来丰富的理论和政策研究问题。最终的彼岸，人民币国际化的目标和方向也许是清晰的，但如何走到彼岸，采取何种路径、应用何种策略，影响如何，则众说纷纭。条条大道通罗马，但选择哪条道是最优的，甚至才可能达到罗马，这取决于现实条件约束。人民币国际化这一新的因素的出现，也改变了中国金融开放的环境。作为一个系统，相关的对外金融政策也需要调整和优化。

人民币国际化实践也对国内相关研究提出了更高的要求。过去，国内货币国际化的研究更多是理论层面的，从理论到理论。人民币国际化实践要求必须转换角色，从旁观者、围观者转换为参与者、实践者。这既是挑战，也是机遇。扎根人民币国际化实践做研究，从生动的实践提炼出值得研究的问题，发现一般规律和特殊规律，丰富和发展已有的理论，服务人民币国际化进一步向纵深拓展。

本书的作者庆明君就是在这一领域一直辛勤耕耘的学者。庆明君在中国社会科学院攻读博士学位期间，就选择人民币资本项目可兑换和人民币国际化作为研究领域，这为其后续研究打下了坚实的理论基础。庆明君曾在中国人民银行博士后流动站从事博士后研究工作，直接参与相关领域的政策研究，为决策提供支持，这是难得的机会和经验。随后庆明君长期在金融机构从事研究工作，投身于中国金融改革开放大潮。集理论、政策、实践于一身，庆明君一定有其独到的观察和思考。

本书正是庆明君过去十余年在这一领域耕耘的结晶。本书紧紧围绕人民币国际化实践，就人民币国际化目标、路径、方法、进程等展开论述，既有对进程中的重大事件和政策的评论分析，也有深入系统的理论研究。同时，也对与之相关的重大问题，如人民币汇率改革、外汇市场建设、资本项目可兑换和外汇储备管理等，提出独到的见解和看法。相信读者在阅读过程中，能更深刻地感受到庆明君的研究功底，以及更深入地了解人民币国际化的来龙与去脉。

是为序，以兹推荐。

丁志杰
对外经济贸易大学副校长
2018 年 11 月 5 日

《驶向彼岸：人民币从国家货币到国际货币》是笔者的第三本专著，研究的是人民币从国家货币走向国际货币的过程以及过程之中需要解决的主要问题。笔者此前出版的《人民币资本项目可兑换及国际化研究》《中国汇率改革：问题与思考》，也是研究人民币汇率问题的。现在这本书是前两本的继续和延伸。整理出版本书，也希望对笔者研究的人民币汇率问题做一个阶段性的总结。

将人民币从国家货币走向国际货币，取名"驶向彼岸"，作为一位长期研究人民币汇率体制改革、研究人民币国际化的研究者来说，有几重希望。

彼岸在佛教上指涅槃，是至高境界和成功的意思。即使按照一般汉语理解，彼岸也是充满意境、充满美好期望的用语，尤其常见于带有浪漫色彩的现代诗歌中。从国别货币的境界看，成为国际货币应该称得上是最高境界，即"彼岸"。当前，有个别国家发行的货币，本国居民都不待见，例如津巴布韦元、委内瑞拉币等，这应该是最低境界或根本谈不上境界了。本国居民乐意持有本国发行的货币，这应该是基本的境界。当然，如果不仅本国居民喜欢持有，外国人也喜欢持有，甚至敌对国的居民都乐意持有，这当然是最高境界了。当前拥有这一最高境界的货币唯有美元。中国已经是世界第二大经济体，在可预见的将来，还会成为世界第一大经济体，是联合国五大常任理事国，综合国力不断提升，日益走近世界舞台的中央，所以，人民币具备成为主要国际货币的基本条件，也应该有成为主要国际货币的理想和目标。

但是，从此岸驶向彼岸，并非坦途。剃度修行者众，能到达彼岸者寥若晨星。驶向彼岸的航行之中，一定会遭遇险滩、暗流、冰山、鲨鱼，甚至会遭遇一波又一波能撕破、击碎巨舰的惊天骇浪。当前世界上有一百多种货币，能称得上是国际货币的不过十余种，并且存在着严重的"赢家通吃"局面，国际货币的好处几乎由头号国际货币美元独享。

当年，英镑走出英伦三岛成长为世界货币，靠的是英国率先工业化后的经济实力，靠的是英国军队携坚船利炮占领一个又一个殖民地并最终成为"日不落帝国"，靠的是威逼利诱。

美元取代英镑，也非坦途，并且过程相对漫长。据信，在1880年前后，年轻的美国已经取代英国成为世界第一大经济国。到20世纪30年代，世界的科技中心更是从西欧转向美国。然而，美元取代英镑成为世界货币，则是在第二次世界大战之后，并且还是借助布雷顿森林体系的巧妙设计。随着新兴市场和发展中国家的发展和崛起，尤其是中国经济的快速成长，美国经济地位今非昔比。

不过，中国经济实力仍然不足。即使GDP规模在未来十余年成为全球第一，人均GDP仍会远低于美国，科技、军事上的差距也仍将长期存在。

还有，从金融领域来看，国际货币需要有纵深的金融市场来接纳全球的资金和投资。当前，中国的金融市场还谈不上有纵深，利率、汇率的市场化并未完成，资本项目远未可自由兑换。培育有纵深的金融市场也并非一日之功。对于中国这样的大国来说，稳定为先，开放方面必将继续坚持循序渐进，这也就决定了中国的汇率市场化、资本项目自由兑换所需时间将远较一般国家要长。

不要妄自菲薄，但也不能妄自尊大。

国力强，通货才硬。

人民币之所以能顺利跻身主要国际货币之列，归根到底是因为中国国力的增强。

人民币能否比肩甚至超越美元，归根到底也是取决于中国国力的增强。

祝愿我们伟大的祖国繁荣昌盛！

祝愿人民币国际化航程一帆风顺！

赵庆明

2018 年 7 月 31 日于北京

综　论

人民币：如何从国家货币走向国际货币①

对于人民币国际化，确实应当志存高远，不能妄自菲薄、鼠目寸光，但也不能盲目自信、夜郎自大，不可设定过高的目标，更不能拔苗助长。

1. 人民币国际化将是一个长期过程，相当长时间里难撼美元一币独大的地位

美元的国际化以及其取得今天头号国际货币地位也是经历了一个漫长的过程。

国力强，通货才硬。这是被过去两百多年国际货币演变史所证明了的硬道理。货币尤其是现在不同以往金属货币的信用货币，无论在国内还是国际上，其地位归根到底取决于发行国的综合国力，是经济、政治、军事、技术等一系列实体指标的综合反映，而不是货币自身如何。国别货币的国际地位，是由背后的国力所支撑的，是国力的体现。货币国际地位的较量，就是国力之间的较量。

英镑被公认是第一个取得世界货币地位的国别货币。英镑从国家货币到国际货币、尤其是成为头号国际货币也是经历了一个相对漫长的过程。英镑真正取得世界头号国际货币地位是在英国成为头号资本主义强国，尤其是通过侵略成为"日不落帝国"之后，才通过包括更可靠的可兑换性（指兑换黄金）、通兑全球便利开展国际贸易、甚至武力威胁等一系列别的货币或国家没有的优势和强势取得。众所周知，工业革命率先发生在英国。据史料，工业革命前，英国的经济实力不如法国。但是随着工业化，到1850年时，英国工业产值占世界工业产值的39%，对外贸易占世界贸易份额的35%。不列颠的工业品源源

---

① 本文主要内容以《人民币 vs 美元：第三与第一间并非"一墙之隔"》为题，发表在《财经》2017年10月2日第23期。

不绝地输向世界各地，英国成了名副其实的"世界工厂"。1851 年，英国举办第一届世界博览会，向世人展示了一个超一流的工业强国①。

随着工业革命的完成，英国军事实力也是空前强大，由此开始建立"日不落帝国"之路。1877 年，英国在世界各地的殖民地为 2110 万平方公里，人口超过 2 亿人；到 1900 年，进一步增加到 2780 万平方公里，人口超过 3.5 亿人。到第一次世界大战之前的 1913 年，英国的殖民地面积竟然是本土面积的 100 多倍，人口接近 4 亿人，是本土人口的 9 倍多，这在人类历史上是绝无仅有的。英镑也自然随着英国军事力量的扩张成为英殖民地最主要的外汇货币，甚至超过本地货币成为最受欢迎的货币。

英镑之所以能够成为头号国际货币还与英国率先实行金本位制度有关。英国正式采用金本位制度前，当时世界上的主要国家普遍采用的是金银复本位。据有关专家的研究，英国早在 1664 年便开始将黄金作为货币。1717 年，英国公定标准金每盎司为 3 英镑 17 先令 10.5 便士的官价。1816 年，英国正式颁布《1816 年金本位条例》，以法律形式确定金本位制度，开世界的先河。此后，其他国家纷纷效仿。例如，1871 年德国、1873 年荷兰、1878 年法国等实施或事实上实施金本位制度。有文献将美国实行事实上的金本位的起点从 1834 年算起，也有的专家将因南北战争而发行的"绿币"完全退出的 1879 年算作起点。因为 1880 年前后，当时主要资本主义国家皆已经实行法定或事实上的金本位，所以，历史上将"1880 年至 1914 年"视为国际金本位的黄金时代。1897 年，日本和俄罗斯实行金本位制。1900 年 3 月 14 日，美国国会通过《金本位法案》，至此，美国正式在法律上确定实行金本位制。1900 年前后，大约有 50 个国家实行金本位制，包括当时所有工业化国家②③。英镑不仅在其殖民地成为最主要的外汇货币，而且在整个资本主义世界也是头号国际货币。因此，国际金本位的黄金时代，也是英镑作为头号国际货币最辉煌的时期。

第一次世界大战成为英国这个"日不落帝国"由进攻转向退守的转折点，英镑的国际地位也开始日渐衰弱。到第二次世界大战结束时，英国与其他欧洲列强已经伤痕累累，此时的英国还成了外债最多的国家。尽管如此，由于英国是战胜国且此时仍然拥有最多的海外殖民地，此时的英镑也仍然是最主要的国

---

① 阎照祥. 英国史［M］. 北京：人民出版社，2003：255、296 - 297.

② 周大中. 现代金融学［M］. 北京：北京大学出版社，1994：70.

③ 费迪南德·利普斯. 货币战争：黄金篇［M］. 北京：中信出版社，2009：12 - 22.

际货币。所以，第二次世界大战后期启动的布雷顿森林谈判，主要是在美英之间谈判，围绕的主题之一就是储备货币的安排问题，也就是战后谁的货币当头号国际货币的问题。

美元取代英镑成为主要国际货币经历了一个漫长的过程。

南北战争结束后，美国逐渐成为当时资本主义世界冉冉升起的新星。大约在 1870 年，美国本土的经济规模就已经超过了英国本土。当然，由于此时英国拥有最多的殖民地，是"日不落帝国"，美国无论是经济实力还是军事实力，仍远无法比拟英国。根据著名世界经济史专家 Angus Maddison 的测算，1870 年时，美国人均 GDP 为 2445 国际元（1990 年国际元），英国为 3190 国际元，前者仅为后者的四分之三略多。到 1880 年时，美国人均 GDP 上升到 3184 国际元，英国仅提高到 3477 国际元，后者超过前者已经不到一成。1901 年，美国人均 GDP 正式超过英国，此后到 1938 年尽管有 9 年时间，英国人均 GDP 反超美国，但是绝大多数年份是美国超过英国。自 1939 年至今，英国人均 GDP 再也没有超过美国。第一次世界大战成为英国走向衰退的转折点，而美国则是大发战争财。第一次世界大战后，美国本土经济规模已经远远超过英国本土。不仅美国的经济增长速度超过英国，而且世界的科技中心也日渐从西欧转向美国。因为战争，欧洲的科技人才大量涌入美国。一个比较有力的例证就是，20 世纪 30 年代，获得诺贝尔科学奖的美国籍科学家开始超过德国和英国。

第一次世界大战前，美元的国际地位远不及美国经济的国际地位。据美国知名经济学家、国际金融问题专家巴里·埃森格林的研究，在第一次世界大战前夕，尽管当时的美国早已经是世界上最大的经济体，但是在国际货币排序中，不仅法国法郎、德国马克、瑞士法郎和荷兰盾位列美元之前，连意大利里拉、比利时法郎和奥地利先令也都排在美元前面。在当时各中央银行和政府的外汇储备中，英镑占了大约 30%，法国法郎占了 30%，德国马克占了 15%，此外还有少量的荷兰盾和瑞典克朗，唯独没有美元。[①] 究其原因是当时美国的金融市场极不稳定。据一项统计，在第一次世界大战之前，美国共发生过 14 次金融危机，而其中又以 1907 年的危机最为严重。尽管 1879 年美国正式实施金本位，但是并非一诺千金，这一点在 19 世纪 90 年代表现得尤为明显，一个

---

① 巴里·埃森格林. 嚣张的特权：美元的兴衰和货币的未来［M］. 陈召强，译. 北京：中信出版社，2011：19.

例子就是当时的巴西咖啡交易商不愿意在合同中约定将来用美元支付。①

第一次世界大战前夕，美国开始在金融体制和金融市场上向欧洲学习，已经有意无意地在为美元的国际化创造条件。1907 年金融危机后，关于建立一个管理货币的常设机构问题被提上了日程。为此，美国于 1908 年设立国家货币委员会。该委员会包括 18 名国会议员，主席是资深参议员纳尔逊·奥尔德里奇。奥尔德里奇聘请顾问、请教专家，并率领代表团赴欧洲考察学习，最终于 1912 年初形成"奥尔德里奇计划"。该计划建议美国设立一个以中央银行为中心的国家储备协会（National Reserve Association），中央银行有权影响金融，并为陷入困境的银行提供贷款。1913 年底，美国国会通过了以"奥尔德里奇计划"为蓝本的《联邦储备法案》，在此基础上成立的联邦储备系统于 1914 年正式运行。巧合的是，也就在这一年，第一次世界大战爆发。

第一次世界大战的爆发为美元提供了赶超英镑的机会。为了筹措军费，英国放弃金本位制，法国、德国、荷兰等欧洲国家也纷纷放弃金本位制。由于庞大的战时预算和国内价格的快速上涨，英镑的价值处于剧烈波动状态。而此时，依然与黄金紧紧挂钩的美元成为了受到欢迎的替代品。为了能够展示稳定英镑的价值，1916 年 1 月，在美国的支持下，英国政府宣布英镑与美元挂钩。美元地位第一次超过了英镑。第一次世界大战也扰乱了欧洲的贸易信贷市场。由于各国政府忙于战争动员，贸易金融资本日益匮乏。美国的银行得以趁机而入。由美国的银行签发的以美元为货币结算单位的承兑汇票，成为当时国际贸易商乐意接受的结算手段。为了解决美国银行对承兑汇票的资金来源问题和降低成本，在时任纽约联储主席本杰明·斯特朗的坚持下，美联储下发通知，要求联储系统的各地区的分支机构购买这些承兑汇票，为银行提供融资。于是就在纽约出现了这样一个以美元为计价结算货币的承兑汇票市场。花旗银行的前身——美国国民城市银行就是在这个时候，积极进行国际扩张，在南美、欧洲、亚洲开设分支机构或派驻代表，招揽国际结算业务。其他美国银行也都紧跟美国国民城市银行进军国外市场。到 1920 年底，美国银行机构已在国外开设了 181 家分支机构。基于为国际贸易服务的承兑汇率市场的发展，美元最终开始在国际上扮演有意义的角色。

---

① 巴里·埃森格林. 嚣张的特权：美元的兴衰和货币的未来 [M]. 陈召强，译. 北京：中信出版社，2011：16.

第一次世界大战后，欧洲各国经历战争的蹂躏，亟需大量资金用于重建。此时，美联储与英格兰银行展开竞争，通过压低利率，吸引欧洲各国政府和公司从纽约融资。这一手段起到了提高美元国际地位的短期作用，但是也埋下了隐患。到 1924 年，在各国中央银行和政府的外汇储备中，美元所占的比重已经超过英镑。[①] 到 1929 年，美国经济陷入有史以来最大规模的一次经济危机，史称"大萧条"，并席卷全球。就破坏力而言，受影响最严重的领域之一就是国际贸易，而随着国际贸易的萎缩，美元的国际地位也出现下滑。雪上加霜的是，此前压低利率吸引欧洲各国政府和公司来美国的融资开始大量出现违约。1931 年 9 月 20 日，英国宣布放弃金本位制并允许英镑贬值。英镑的贬值激起人们对美元是否安全的疑问，不仅私人投资者，而且中央银行也都纷纷将所持有的美元在第一时间转换为黄金。为了捍卫美元，纽约联储连续上调贴现利率。通过采取这样的激进措施，虽然美元的汇率暂时稳定了，但是又加剧了已经出现的银行破产潮。1931 年 8 月起的半年内，美国有近 2000 家银行破产。受危机影响，美元和英镑作为储备货币的重要性都在下降，但是在各国央行卖出的外币中，美元占多数。到 1931 年末，在全球剩余外汇储备中，美元占 40%，而英镑则占近 50%。后来，迫于压力，美国在 1933 年宣布放弃金本位制。美元国际化的第一波努力结束。英镑之所以能够重获国际主导货币地位，其中最重要的一个原因就是英联邦和英帝国成员习惯将储备存在伦敦。[②]

美元再次崛起并最终取代英国头号国际货币的地位是在第二次世界大战之后。经历第二次世界大战后，英国已经变得积贫积弱，英联邦人心涣散、四分五裂，一些国家脱离英国的殖民而纷纷独立，美国此时已经全面超越英国并成为全球唯一超级大国。

回顾美元取代英镑成为头号国际货币这一历程，笔者旨在说明后来者要想赶超原有霸主，将是一个漫长的过程：这里面不仅仅是国力强、通货才硬，而且还要巧于设计，瞅准空隙找准切入点。

回顾美元取代英镑成为头号国际货币这一历程，笔者也旨在说明美元在未来相当长时间里能够维持头号国际货币的地位。我国有句古话：百足之虫，死

---

① 巴里·埃森格林. 嚣张的特权：美元的兴衰和货币的未来 [M]. 陈召强，译. 北京：中信出版社，2011：32.

② 巴里·埃森格林. 嚣张的特权：美元的兴衰和货币的未来 [M]. 陈召强，译. 北京：中信出版社，2011：39.

而不僵。从英镑国际地位的演变看，尽管美国在经济、科技实力上早就超过英国本土，但是取代英镑的地位，却是在 40 年之后。而对照当下的美国，它现在是并且在未来相当长一段时间仍将是全球唯一超级大国，这一地位决定了美元自第二次世界大战以来占据的全球核心国际货币地位仍将稳固。

未来相当长的一段时间里，中国恐怕仍然难以全面超越美国。改革开放以来，中国经济、科技、军事以及综合国力、软实力等都得到了长足的发展，国际地位显著提升，与美国之间的力量对比不再那么悬殊。我们仍然有理由相信，未来中国经济仍能够保持较快增速，科技、军事以及综合国力、软实力仍会继续提升，中美之间的差距会继续缩小，但也恐怕未来一段时间里差距仍然会存在。

在一系列主要对比指标中，中国的 GDP 规模将最先超过美国。按照购买力测算，中国 GDP 总量在 2014 年超过美国居全球第一。按照现行汇率测算，大约要到 2030 年前后，中国 GDP 规模才能超过美国。当然，哈佛大学肯尼迪政府学院教授劳伦斯·萨默斯（Lawrence Summers）和兰特·普里切特（Lant Pritchett）在一项研究中指出，中国可能在 21 世纪 40 年代都不会超过美国。不过，即使在 2030 年到 2050 年之间，中国 GDP 规模超过了美国，届时中国人口为美国的 3~4 倍，人均收入仍然会远低于美国。

相对于 GDP，中美在科技上的差距更要显著。2015 年 11 月 8 日，工业和信息化部部长苗圩在全国政协十二届常委会第十三次会议上对《中国制造2025》进行全面解读时指出，在全球制造业的四级梯队中，中国处于第三梯队，而且这种格局在短时间内难有根本性改变，中国要成为制造强国至少要再努力 30 年。2017 年 5 月 24 日，《福布斯》网站发布的 2017 年度全球十大科技公司中除了排名第二的三星和排名第九的富士康不是美国公司外，其余八家皆为美国公司。2017 年 6 月 27 日，《麻省理工科技评论》（*MIT Technology Review*）发布了一年一度的"全球最聪明 50 家公司"榜单，美国有 31 家企业上榜，是上榜企业数量最多的国家。中国有九家上榜，其中包括两家中国台湾地区的企业。前十名中，除了排名第六和第八为中国公司外，其余八家均为美国公司。

据美国著名国际问题学者、前副国务卿、"软实力"概念提出者约瑟夫·奈的研究，美国确实面临很多问题，但还有自身优势，主要体现在以下四点：一是美国在制度方面还做得不错；二是美国对外部能源依赖越来越小；三是美国第三代信息科技等在科技领域仍然处于领先地位；四是美国在高等教育方面占据优势，全球前二十所大学中有十五所都在美国。因此，约瑟夫·奈认为，美国不会陷入绝对衰退，但确实有相对衰退，因为其他国家正在不断崛起。也正因如此，对于所谓的"美国世纪"已经结束，约瑟夫·奈也不认可。他说，美国人担心自己地位下滑的历史由来已久。20 世纪 60 年代苏联发射卫星时人们认为苏联是未来，美国会陷入衰退；20 世纪 80 年代日本制造业异常兴旺，很多人都认为美国在衰退，日本是未来。事实上，日本和苏联都没能取代美国。

2. 中国之大决定了人民币在国际货币之中能占据一席之地

中国之大以及中国的重新崛起，决定了她的货币——人民币，也必然是当今世界的一种主要国际货币。2015 年 11 月 30 日，国际货币基金组织（IMF）之所以决定将人民币纳入特别提款权（SDR）货币篮子，是中国之大的地位所决定的，根本不能将之视为对人民币国际化的背书。与其说是人民币需要SDR，不如说是 SDR 更需要人民币。

中国之大，自不待言。中国是第一人口大国。据说，在从古代到现代的绝大多数时间内，中国一直是世界第一人口大国，占世界总人口的比重始终保持在四分之一左右。2000 年以来，中国 GDP 规模接连超过法国、英国、德国、日本，成为世界第二大经济国家。有国际机构根据购买力测算出中国 GDP 总量已经在 2014 年超过美国居全球第一。也是 2000 年以来，中国货物贸易出口金额接连超过意大利、加拿大、英国、法国、日本、美国、德国，自 2009 年以来成为全球第一大商品出口国。自 2008 年超过德国后，中国稳居全球第二大商品进口国。也正因此，中国几乎成为任何一个国家或地区重要的贸易伙伴。自 2006 年以来，中国外汇储备超过日本居世界第一，尽管自 2014 年 6 月接近 4 万亿美元的高点回落到了 2016 年底的 3 万亿美元多点，但仍远远超过居世界第二的日本。2010 年，中国超过美国成为世界第一大工业制造国。

中国之大，加之日益融入全球化，并已成为全球化的最主要推动力量之一，这些决定了人民币应该、也必然会成为一种主要的国际货币，毋庸置疑！

3. 人民币 vs 美元：第三与第一之间并非"一墙之隔"

未来，随着中国经济、科技实力的提升，在 5～10 年时间里，人民币成长为排名第四或者是超过日元成为第三的国际货币，是完全有可能实现的，但是要想在这期间超过欧元（假如欧元能够继续存在）成为第二大国际货币，可能性并不大。即使在未来十年里欧元解体，笔者认为重新启动的德国马克或者以德国为首重新组建的统一货币，其国际地位仍可能领先于人民币。而超越美元，则需要更长的时间。

即使人民币成长为排名第三的国际货币，笔者认为能够获得的份额或收益也是极为有限的。从英镑成为头号国际货币开始，在国际货币体系中，几乎一直存在"赢家通吃"的局面，即头号国际货币获取全部国际货币收益的绝大部分。根据国际货币基金组织的统计，自 1999 年以来，在全球外汇储备中，美元、欧元始终分居第一、第二位，美元的比重在 60% ~ 73%，欧元的比重在 17% ~ 28%，二者合计比重，最低时为 83.8%，最高时为 91.3%，也就是说排名第三到第 N 位的其他所有国际货币的合计占比最高时仅为 16.2%，最低时还不到 9%，赶不上排名第二位的欧元。截至 2017 年第一季度末，美元的占比为 64.52%，欧元为 19.29%。事实上，根据笔者的分析，美元比重的波动，一个主要原因是由主要国际货币汇率波动造成，当美元汇率下跌、非美货币汇率上涨时，美元的比重就会有所下降，并不一定就是相关国家将外汇储备中的美元换成了其他货币。即使人民币能够成为排名第三的国际货币，其与欧元的地位差距也将是巨大的，与美元之间的距离更是绝非"一墙之隔"。

人民币要想成为主要国际货币，关键是要进一步提高综合国力，尤其是科技、政治、军事等国际地位和国际竞争力，而这些方面均非一日之功，这也就注定了人民币国际化必将是一个相对漫长的过程。

4. 人民币要成功跻身主要国际货币之列，还需要解决信心和建设市场两大问题

尽管过去几年人民币国际化进展较多，在很多国际货币细化指标的排名中均有较明显的提升，但是相对于中国经济、贸易、政治等的国际地位，当前人民币的国际地位仍然是相对落后的，其中的主要原因可能源于中国仍然是一个新兴加转轨的经济体，外国人对人民币的信心仍然不足，以及我国的金融市场仍然不够发达完善、缺乏深度和广度、不够开放等。

首先，非居民对人民币有信心才会持有和使用人民币，人民币才能够真正具备国际货币职能。

在当前信用纸币制度下，货币的发行和流通是靠国家的强制力来实施的，并不像商品货币本位制度下，货币自身就是相对足值的商品或者是由贵金属等商品作为发行储备，货币能够自由兑换贵金属。因此，在信用纸币制度下，一国货币能否顺利发行出去和正常流通，主要取决于居民对货币的信心，实质上是对国家或者说是对政府的信心。美元纸币本身几乎没有什么价值，世人之所以喜欢美元，是因为他们相信美元的发行国——美国。美国知名经济学家米尔顿·弗里德曼就说过："绿色的美钞之所以有价值，是因为所有人都认为它有价值。"① 事实上，17 世纪后，当央行开始逐步垄断货币发行后，即使是实行金本位的国家，实际流通中的货币也主要是纸币，而且发行的货币往往并没有100% 的黄金储备，因此，尽管名义上甚至法律上规定能够自由兑换黄金，但是如果真的发行在外的纸币都涌向央行兑换黄金，黄金是不充足的。因此，金本位下的货币在某种程度上也要靠居民对它的信心才能得以发行和流通。而那些国家强大的货币，更能够获得国际上的认可，成为国际货币，例如英镑。

如今，只要不是极其封闭的国家，居民也会倾向于持有外币，这大体分为两种情况：一种是基于汇率风险、投资收益等的不同而配置外币（一种或多种），另一种是对本币信心动摇，甚至缺乏信心而持有外币。前一种属于正常情况，而后一种则是非常危险的，当前极少数国家出现的"美元化"就属于后一种情况。当一国的居民对本国货币都没有信心、将其视为"烫手山芋"时，这样的货币作为本币都是不合格的，更妄论成为国际货币了。

这里所说的"信心"与货币汇率"升值"并不是一回事。货币给人"信心"最高的级别就是这种货币的内在购买力能够稳定，今年一个货币单位能够买到一个面包，一年后甚至十年后仍然买到同样一个面包，这就是购买力稳定。当然，在这个比烂的年代，"信心"比的就是谁的货币更不烂。相对于很多国家来说，尤其是针对小国（哪怕是经济很发达）和政治不稳的国家来说，由于美国坐拥超级大国的地位，所以，美元能够成为它们最为信赖的货币。美国经济学家巴里·埃森格林发现，在大动荡时期，无论是全球性的还是局部地区或某一国内，美元是最安全的货币②。在朝鲜将美国视为头号敌人的情况下，据介绍，朝鲜人民最喜欢的货币却是美元，这似乎有些讽刺。尽管 2008

---

① 卡比尔·塞加尔. 货币简史［M］. 栾力负，译. 北京：中信出版社，2016：147.

② 巴里·埃森格林. 嚣张的特权：美元的兴衰和货币的未来［M］. 陈召强，译. 北京：中信出版社，2011.

年雷曼兄弟破产后，美国遭遇了"大萧条"以来最严重的金融危机，但是世人发现，美元的地位不仅没有被削弱，反而有所提高。欧元在 1999 年初诞生以来，之所以能够稳稳地占据第二大国际货币的位置，并且其占有的份额超过后面所有国际货币之和，除了欧元区是在经济总量仅次于美国的另一大经济发达、科技先进的经济体外，也与欧元区实行更加独立、更加稳健的货币政策有关，欧央行的这种独立性能够较好地保证欧元内在购买力的相对稳定。靠汇率升值吸引的国际化，是不靠谱的。首先，汇率不可能长时间持续升值；其次，因为升值走势下吸引到的国际持有者，持有目的是为了获取升值的收益，而不在乎甚至无需货币的基本职能，更为可怕的是，一旦升值结束，尤其是进入贬值走势，这种国际货币可能就会被抛弃，从国外走了一圈后又回到了货币发行国。

具体到人民币来看，由于我国经济明显的新兴加转轨特征，让外国人对人民币有信心并非易事。新兴加转轨，意味着离形成一个成熟稳定的制度环境还有一段距离，也就意味着不成熟、不稳定，具有不确定性。不仅外界有质疑，过去两年我国出现了资本大量流出，在某种程度上也是居民对人民币信心不足的表现。我们国人的制度自信仍然需要时日，而对于外国人来说可能需要更长的时间。

人民币国际化还需要一个高度发达的、有深度和广度的金融市场来支撑。

国别货币成为国际货币，不仅在于这个货币提供了国际结算功能，还在于投融资功能，能够为他国持有者提供投资功能使其获得稳定的投资回报，能够为他国融资者提供融资功能使其能够获得成本相对低廉而又便捷的融资。而这必然需要货币发行国有一个高度发达的、有深度和广度从而富有弹性的金融市场。美国著名经济学家巴里·埃森格林就说：要想让一国货币成为国际货币，该国必须要有高度发达的金融市场。[①] 我国某位专家也指出，在 19 世纪末的时候，尽管美国经济规模已经超过英国，美元之所以难以跻身国际货币之列，主要是因为其缺乏一个具有深度和广度、可靠而开放的金融市场。

其实，对于一个发达完善、有深度、有广度的金融市场的需求，不仅来自国外投资者，也来自货币发行国自身。一国货币成为国际货币后，跨境资本流

---

① 巴里·埃森格林. 嚣张的特权：美元的兴衰和货币的未来［M］. 陈召强，译. 北京：中信出版社，2011.

动必然增加，如果该国缺乏一个有深度、有广度的金融市场（尤其是外汇市场），当资本流出入不均衡时，该国实体经济就会面临不对称冲击：当资本集中流入时，利率会下行，本币汇率面临升值压力或被迫大幅升值，容易导致经济过热，而出口部门则面临国际市场竞争力下降的压力；当资本集中流入时，利率则会上行、汇率出现贬值，容易演变成货币危机，实体经济部门则可能因为资本流出、利率上行而遭遇破产风险。我们的一项实证研究也表明，具有发达金融市场的国家，在面临国际资本冲击时，实体经济受到的不利影响相对较小，宏观经济更容易维持稳定。[①]

我国的金融市场仍处于发育阶段，离成熟有较大距离。我国的社会主义市场经济体制是从计划经济转轨而来的。此前，我国基本上没有"市场"，也就是所谓的零基础。当前，我国经济仍处于转轨过程之中。"转轨"则是意味着市场化程度不足，意味着市场仍处于"进化"阶段。要发挥市场机制的作用，不仅要加快制度建设，也需要时间来培育培养市场。相对于我国的商品市场，金融市场的成熟程度可能更低些。我国的股票市场对外开放程度仍然较低，尽管外资可以通过 QFII、RQFII 以及沪港通、深港通投资 A 股，但是与发达国家以及部分新兴市场国家相比，在制度上对外资的限制还很多，从持有的市值比重来看也很低。我国的期货市场，无论是商品期货还是金融期货，外资能够参与的程度更低。我国的外汇市场远不够成熟，缺乏深度和广度。汇率改革 12 年以来，尽管官方也很注重外汇市场的建设，但市场上对于人民币汇率的预期基本上是一边倒，我国的外汇市场仍然缺乏必要的深度和广度。相对来说，我国债券市场的市场化程度较高，对外开放的程度也最高，但是由于无法打破"刚兑"，离成熟也有一定的距离。

5. 推进人民币国际化，应紧紧围绕"让金融以本国为主"，不能操之过急，不能为了国际化而国际化

大部分专家认为，在一国变成大国和一国的货币变成国际货币之间存在着"时滞"。

前文也提到，第一次世界大战爆发前，美国人急于推进美元国际化，采取了一些激进的做法，例如美联储人为维持过低利率以吸引外国融资者，美国金

---

① 参见本书收录的《金融发展与宏观经济波动》一文。

融机构几乎不问信用地大量承揽外国企业、政府等美元债券发行等，最终出现国际融资者大量违约的恶果，加剧了本土银行的破产倒闭，在某种程度上加剧了"大萧条"的危机程度。对于美国初期推进美元国际化的这个沉痛教训，我国在推进人民币国际化上应该引以为戒。

在"赢家通吃"的国际货币体系格局下，人民币不能晋升为头号国际货币而只能处于相对次要地位时，人民币国际化带来的实际收益极其有限，因此，绝不能为了国际化而国际化，尤其不能以牺牲国内利益相对偏激进的方式来推进人民币国际化，国际化应该围绕服务本国为主。

中国的金融改革与开放应该以服务本国实体经济和提高金融服务实体经济的效率为根本遵循和出发点，尤其是与人民币国际化比较密切的改革，诸如人民币汇率体制改革、资本项目可兑换等，应该从本国实体经济需要出发来推进，绝不能是为了方便、满足或迎合国外投资者持有人民币的需要而提前开放、过度开放。笔者反对以金融开放来促进内部金融改革的做法。我国改革开放初期，在很多实体经济领域确实存在着以优先对外开放来倒逼改革的做法，并且取得了很好的效果，但是笔者不认为这种经验适合于金融领域。实体领域的改革，尤其是改革开放初期，可以摸着石头过河，行就继续推进，不行可以关了，影响不会很大。而金融领域的开放则不然，尤其是在今天中国已经比较充分融入经济全球化的情况下，一旦开放就很难走回头路。过去两年，我国在涉及资本流动的外汇管理领域并没有改变政策而仅仅是一些优化、细化规定和程序上的举措，就已经引起了国际投资者的激烈反弹和责难。另外一个反对的理由的是，实体经济的资本流出入相对缓慢和金额较小，而金融领域的资本流出入往往不仅是金额巨大、而且来去迅速，如果国内配套措施跟不上，资本的大进大出、快进快出将严重冲击实体经济和金融领域的安全。在国际上，金融领域过早过度开放，从而导致货币危机、经济危机的案例并不鲜见。

从当前人民币国际化程度相对于落后中国的国际地位来看，我们确实有必要积极加快推进人民币国际化，归根到底是要靠加快推进整个金融领域的改革来实现，而不能是围绕人民币国际化的修修补补式的改革。金融改革要紧紧围绕服务实体经济这一宗旨展开，大力治理金融乱象，真正建立起保护中小投资者利益的监管体制，实现良好的金融秩序。如果部门利益和地方利益优先，金融监管软弱无力，内幕交易、庞氏骗局、金融欺诈等金融乱象丛生、风险不断，人民币就不会具有良好的国际信誉，人民币国际化也不可能行稳致远。在当前的金融监管格局下，各个部门的金融改革应该紧紧围绕大国战略，有大局观、大局意识，从大局出发，而不应纠结于部门利益。2008 年 9 月，美国爆发金融危机，大约到 2010 年，美国的金融秩序就得以恢复，此后至今美国基本上没有再出现什么大的金融风险事件。反观我国，2010 年以来金融风险事件持续不断，大的事件诸如 2013 年中的钱荒、2014 年下半年至 2015 年上半年日渐疯狂的股市配资、2015 年中的股票市场异常波动、2016 年初的熔断和股汇市双震、2015 年中至 2017 年初的人民币大幅贬值和资本大量流出、2016 年末的债市危机，还有持续时间较长的影子银行、以 e 租宝为典型的 P2P 乱象、以昆明泛亚为典型的各类地方交易所乱象、金融同业业务和资管业务野蛮生长、金融内部杠杆不断攀升等。

在 20 世纪 30 年代，英国大经济学家凯恩斯就说过一句经常被人引用的话："最重要的是，让金融以本国为主。"① 人民币国际化也应该是服从和服务于我国实体经济以及金融业的发展为主。

---

① 本·斯泰尔. 布雷顿森林货币战：美元如何统治世界 [M]. 符荆捷，陈盈，译. 北京：机械工业出版社，2014：86.

第一章
货币国际化的内涵与人民币国际化的定位

人民币国际化将是一个长期的过程①

人民币纳入到 SDR 货币篮子被认为是一个标志性事件，但是 2015 年中以来，无论是国际还是国内对于人民币国际化的信心似乎有所下降。我们看到人民币跨境流出与流入的情况发生了逆转，由净流出变成了净流入。银行结算系统（SWIFT）统计的一些指标的排名也在下降。这是不争的事实。结合过去四十余年日元国际化的经验教训，以及 2015 年人民币国际化的经历，我们应该再次清楚地看到，人民币国际化将是一个长期的过程，不会一蹴而就，会有曲折。这一过程是不以个人意志为转移的，不能操之过急，更不能拔苗助长。拔苗助长的结果，并不是加快了生长，而是苗死了。

国别货币充当国际货币都要经历一个漫长的过程。即使在金属本位制度下，英镑成为大行其道的世界货币（国际货币的最高形态），也是借着工业革命率先在英国产生以及英国通过侵略成为"日不落帝国"之后才实现。美国大约在 1880 年前后经济总量超过英国本土（不包括英国的殖民地），世界科技的重心大约也在第一次世界大战前后由西欧转移到了北美，但是直到 1944年，美国人通过将美元直接挂钩黄金的特殊安排，才真正让美元坐上了国际货币的头把交椅。

人民币具备成为主要国际货币的潜力，但是人民币的国际地位不可能超越以综合国力来衡量的中国国际地位。中国年度经济总量已经是世界第二，如果按照购买力平价计算，GDP 总量可能早已超过美国居世界第一。目前来看，中国经济总量不会像日本那样被后来者赶超。中国已经是世界最大的工业品生产国和最大的商品出口国。这些都有利于支撑和继续支撑人民币国际化向前行

---

① 本文写于 2016 年 6 月 12 日，是应《金融时报》记者的要求，提供的书面采访稿。

进。但是，我们也知道中国仍然是大而不强。国别货币充当国际货币，拼的是国家的综合实力。当前主要国际货币的地位和排名就是相关国家（包括联盟）综合国力的排名。综合国力不仅包括经济规模，还包括科技实力、政治和军事实力，以及金融实力。单就金融实力来看，过去几年出现的情况表明，中国的金融市场仍然是不成熟、不完善、缺乏弹性的市场，难言已经具有良好的金融实力。

当前中央政府以及货币管理当局在人民币国际化上，应该主要是"修路"，而不是自己来"驾车"。应该尽快出台各种便利人民币国际使用的措施，取消各种限制人民币国际化的体制机制上的障碍。在当前各主要既有国际货币发行国，无论是在经济、技术还是政治、军事上，并没有急剧衰退的情况下，人民币国际化更是一个漫长的过程。熟知布雷顿森林体系谈判内幕的人士都知道，第二次世界大战后期的英国是如此积贫积弱，几乎只剩下了一个帝国的空皮囊，但在事关英镑国际地位上也是毫不相让，正如中国有句古话：百足之虫，死而不僵。

功夫在诗外。支撑人民币国际化地位的绝不是 SDR、绝不是人民币离岸金融中心，而是包括科技、政治、军事乃至金融实力在内的中国的综合国力。

中国参与国际货币体系改革之我见①

　　2009 年 4 月 2 日在英国伦敦召开的二十国集团（G20）金融峰会，就国际货币体系改革（主要涉及国际货币基金组织改革问题）达成了多项共识。但由于一方面国际货币基金组织章程及其相关文件对自身改革问题有相关规定，必须履行相应的程序，另一方面，G20 峰会并非国际货币基金组织的决策机构，因此，这些共识究竟有多少以及何时落到实处仍具有很大的不确定性，如果讨价还价过多，随着国际经济的恢复，这些共识甚至会中途夭折。由此可以判断，G20 伦敦金融峰会就国际货币体系改革达成的共识仅仅是国际货币基金组织改革的开始而非完成，未来仍然有很长的路要走。对中国来说，如何参与国际货币体系改革以及在改革中最大可能实现我们的设想和保护我们的利益，并非坦途，而是一项艰巨的任务。在伦敦金融峰会召开前夕，我们听到了来自多方的溢美之词，给中国戴上"富裕""有钱"和有大量储备等各种高帽子，鼓励中国出来救"世"，当"救世主"。于是，我们很多人就有些飘飘然，自认为确实比别人强。峰会前夕，时任中国驻英国大使傅莹女士就提醒老外别"忽悠"中国人，同时也提醒国人别"被忽悠"。因此，中国如何参与国际货币体系改革，必须首先对自身以及国际形势有个清晰且清醒的认识，否则，我们可能是空欢喜一场，拿了很多钱，却发现并没有得到想得到的东西。

　　首先，我们应该清楚我国的外汇储备是怎样形成的。我国的外汇储备并非财政"余粮"（当然财政盈余也不是可以随意花的）。我国的外汇储备主要来源于两部分资金：一部分是我国出超形成的，是我国居民和企业用出口商品和服务换来的，从宏观经济学的角度看，净出口是储蓄大于投资的结果，因此，

---

① 本文写于 2009 年 4 月 21 日，未曾公开发表。

增加的外汇储备是我国国民储蓄让渡给国外使用获得的债权凭证或表现形式，我国绝大部分外汇储备就是这样换来的；另一部分是最近几年因为人民币升值流入中国的外资（俗称"热钱"），它们流入的目的是为了获取人民币升值以及分享中国经济快速增长的红利，它们的进入也直接"堆高"了我国的外汇储备。尤其后一部分资金带有很大的流动性，一旦在中国的收益下降或风险加大，它们就会退出。当然如果它们老家发生了灾难（例如当前的金融危机），产生了吃饭困难，它们也会退出。在形式上，这部分资金对于我国外汇储备的增加来说，相当于我们是借方，它们是贷方。2008 年底至今，有迹象表明已经有一部分前期流入的热钱在流出。对此，我国有关管理部门正在极力限制流出，担心过快过多的流出会扰乱国际市场对人民币的信心。其实，就像当初没能限制或制止热钱流入一样，当前也不可能完全限制或制止热钱的退出。中国有句俗话：债务总是要还的。再来看我国的国民储蓄。国民储蓄包括三个部分，分别是政府储蓄、企业储蓄和居民储蓄。在我国，尤其居民储蓄率较高备受关注和争议。造成我国居民储蓄率过高的动因有两个，一是被动的预防性储蓄，二是被降低的国内消费需求和对国外产品的消费需求（即进口）。先来看被动的预防性储蓄。根据一些通俗的分法，可以根据贫富将居民分为三个部分，最富的 20%，占有大部分储蓄，消费基本上不受限制，也不担心医疗、教育和养老；最穷的 20%，他们几乎没有任何储蓄，甚至是净负债，他们的部分消费需求因为缺钱而无法满足；中间的 60%，他们持有相当的储蓄，因为我国在医疗、教育、养老等方面的缺失或不完善，尽管他们有消费需求也有消费能力，却不敢消费，于是存款，这部分存款主要是预防性的，以备不时之需。再来看被降低的国内消费需求和对国外产品的消费需求。我国居民的高储蓄率还与消费率下降有关。我国近几年的消费率呈现下降走势，1990 年为62.5%，到 2007 年已经下降到 49%，而国际上主要国家的消费率很少有低于60% 的。事实上，我国居民并非不知道享受，当前我国居民也希望消费升级，包括对国内和国外产品的消费，而价格高成为了制约消费的一个主要障碍。以汽车为例，我国巨大的潜在需求被价格高所制约。更不要说进口车在我国售价是其生产国的多少倍了，就是在中国产的外国牌子的小汽车也远远高于国外。这就奇怪了，我国工人的工资是有名的低，地租、资金、资源、能源几乎都比国外低，此外，我们仍对外资企业施加优惠，为何车卖得反而贵？这种高价格当然制约了居民的消费和消费升级。价格高同样制约了我国居民对外国商品

（体现为进口）的需求。举个例子，在我国市场上能够看到一种进口的苹果（被称为"蛇果"），其品质根本无法与我国的优质苹果相比，但是其售价却比我们最好的苹果还要贵很多，中国的老百姓不傻，自然不会大量消费。这仅仅是一个典型的例子。我国进口商品之所以贵，并非是我们什么都有价格优势，也并非人家外国人卖给咱们的贵，而是我们的关税、进口环节税、不正常的流动环节和其他背后的成本推高了最终的售价，当然，这也反过来降低了我国居民对于外国商品的需求，从而人为扩大了我国的对外贸易顺差。再说一句，这种贸易顺差是以牺牲我国居民的消费权利（也可称之福利）以及消费升级为代价的。

其次，要对国际货币体系及其可能推行的改革有清醒认识。尽管我国外汇储备多，但必须看到仍不足以改变当前的国际货币体系。早在 2008 年底召开华盛顿金融峰会时，笔者就不抱任何希望。尽管伦敦金融峰会对国际货币体系改革达成了诸多共识、取得了不可谓不"丰硕"的成果，但是并没有在"实质上"改变国际货币体系，包括美元的储备货币地位以及国际货币基金组织的彻底改革。第一，美国还未衰弱到必须放弃主导权的地步。尽管美国正在经历第二次世界大战后最严重的金融危机和经济衰退，但是毫无疑问，美国仍然是最大的经济体，仍然是最大的政治强国、军事强国和技术强国。第二次世界大战后，在建立新的国际金融秩序时，之所以英国的凯恩斯计划失败而美国的怀特计划成功，除了凯恩斯计划近似空想外，主要是美国的实力强大所致。而此前，英国之所以能够让英镑雄霸全球，靠的也是当时英国是唯一的超级大国。第二，即使增加国际货币基金组织的份额尤其是发展中国家的份额，也不可能或者很难摆脱美国的控制。尽管当前美国遇到了困难，如果国际货币基金组织将份额翻番，美国仍然能够拿得出钱来，因为美元就是美国人印制的，需要多少就可以印多少。假使美国不参与此次国际货币基金组织增资，它的投票权由目前的 16.77% 削减一半，无力再在决策权上控制国际货币基金组织，最终可能仍然摆脱不了美国的控制。这是因为，一是"金砖四国"仅仅是具有共同发展特征的四个发展中大国的特征称谓，而非一个能够共同参与国际事务的集团，全部发展中国家的份额即使在此次基金增资中占据了绝对份额，也不可能有一个共同的声音；二是即使发展中国家在份额上控制了国际货币基金组织，当前国际货币基金组织主要来自美欧的官僚们也很难被彻底换掉，仍会被美欧人所把持；三是假设发展中国家不仅占据了国际货币基金组织的控制权，也彻底更换了国际货币基金组织的官员和工作人员，也不可能改变国际货币基金组织的经济思想和经济哲学，因为当前我们学的经济学都是来自美国的。对国际货币体系的修修补补式的改革根本上是无用的、于事无补的，这是因为当初建立国际货币基金组织的目的及其宗旨是为了解决美国顺差、其他国家逆差的问题，根本不解决美国逆差、其他国家的顺差问题，而当前恰恰遇到了这样的问题。必须承认，持续的国际经济失衡是酿成当前国际金融危机的原因之一。对于当前的国际经济失衡，主要国家并无动力来改变，逆差最大国——美国缺乏动力，尽管当前遇到了严重的危机，它仍然不愿改变这一格局，因为它是这一格局最大的受益者，此外，当前美国的救市仍然需要从外部融资，如果改变了，那么美国经济的恢复就更需时日。对贸易顺差国来说，尽管也明白这一格局并没有从国际上获利反而是在补贴美国，但是它们也明白：一是改变这一格局意味着经济增长方式的改变，而短期内又不可能实现，否则必须经历一个相对漫长的低速增长期；二是担心增加社会福利和提高社会保障水平会重蹈北欧高福利国家的困境。

对于中国来说，面对当前国际上热议的国际金融体系改革，我们确实应该发出自己的声音，提出自己的主张，但是仍不可过高估计自己，更不能在别人的溢美之词献媚下，丧失了清醒和理智。对于国际货币基金组织增加份额，无论中国怎样投入，都达不到控制的地步，美国"不差钱"，欧洲、日本也"不差钱"。如果我们过多地投入，只可能是多掏了钱也获得相应的投票权，却发现决策权仍被美欧控制。因此，只要所持有的份额足以保住作为单独选区选出自己的执行董事就行（注意，美国、日本、德国、法国、英国是享有指定董事席位，是当然执行董事会员国），没有必要多投入一分钱。对于当前中国巨额外汇储备资产的安全问题，完全可以通过与美国单独谈判要其作出承诺的方式来解决。这并非妄想，因为当前美国也有求于中国，正因为如此，所以国际上有人提出了不要 G20 只要 G2 谈就行。此外，我国也应该积极解决自身的国际收支顺差问题，避免有更多的资金投放到美国，防止受制于人、看人脸色。

以人民币、卢布直接交易与结算为切入点
推动国际货币体系改革①

摘要： 国际货币体系的内在缺陷导致全球金融不稳定。当前的国际货币体系并非是布雷顿森林体系的彻底颠覆，而是它的变种和延续，仍然是从美国利益出发的、主要维护美国利益的、带有强烈的"货币民族主义"色彩的、以美元为轴心货币的国际货币体系。

过去十余年来，围绕国际货币体系改革的努力始终没有间断过，但是鲜有取得实质性进展。尽管多数成员已经批准了国际货币基金组织（IMF）2010 年改革方案，但是由于具有一票否决权的美国国会迟迟不批准该方案，该项改革方案何时生效无法确定。即使美国国会批准了 IMF 的改革方案，由于美国表决权仍然高于 15%，在 IMF 的重大决策必须经 85% 的总投票权批准才能生效的情况下，IMF 仍将为美国所把控，仍将主要为美国利益服务。

要想真正克服当前国际货币体系的缺陷，实现全球经济和金融的稳定，国际货币体系必须进行彻底改革。国际货币体系改革问题主要是储备货币的选择问题。在回归金本位、超主权货币、多元储备货币三大改革方案中，多元储备货币改革方案在当前最具可行性，可能是通往超主权储备货币的必经的过渡阶段。

中国以及人民币积极参与到国际货币体系改革中，既是出于自身金融安全、为经济金融稳定创造良好外部条件的需要，也是作为新兴大国主动承担责任、建立和维护国际经济金融新秩序的需要。俄罗斯是现有国际货币体系的主

---

① 本文完成于 2014 年 8 月，是工作论文。主要内容来自《国际货币体系需要什么改革方案》，发表于《上海证券报》2015 年 5 月 19 日。

要受害者，也是近年来国际货币体系改革的积极倡导者和推动者。中俄两国拥有广泛的共同利益，因此要撬动国际货币体系改革，对中国来说，最可能联合的力量就是俄罗斯，而切入点就是大力发展人民币、卢布本币结算和直接交易。

为了真正实现人民币、卢布直接交易和做大本币结算，首要的是两国应该在政治上取得高度一致的认识，人心齐、泰山移，而具体可采取的措施有：一是扩大人民币、卢布的交易品种，不仅需要即期交易，还需要大力发展远期、掉期、期货、期权等远期交易；二是要扩大人民币、卢布市场的参与者，放开实需原则，允许基于套利的投资和投机性交易；三是多管齐下，积极引导两国居民采用非现金本币结算；四是大力发展中俄经贸和投资，互相成为更加重要的经贸合作伙伴。

关键词：国际货币体系改革　美元霸权　多元储备货币体系　人民币、卢布直接交易　本币结算

中俄两国都有深入改革当前国际货币体系的内在需求和强烈愿望。基于中俄两国广泛的共同利益以及未来进一步加强经贸合作的巨大潜力，以人民币、卢布直接交易和本币结算为切入点，是改革当前美元一币独大不合理的国际货币体系向多元储备货币体系改革的现实路径。

一、国际货币体系的内在缺陷导致全球金融不稳定

1945年建立起的布雷顿森林体系是在第二次世界大战结束之际，美国作为当时唯一的超级大国完全按照自己的意志建立起来的国际货币体系。当时赢了大战却债务累累的老牌帝国——英国，尽管试图继续维持自己昔日的辉煌，并由当时已经名誉全球的著名经济学家约翰·梅纳德·凯恩斯提出了今天看似比"怀特计划"更有远见的"凯恩斯计划"，无奈在经济上已经破产的英国由于战后重建仍然有求于美国，已根本不是对等的谈判对象，因此，最终不得不接受当时美国财政部高官哈里·德克斯特·怀特提出的"怀特计划"。参与布雷顿森林会议的其他42个国家，要么有求于美国，要么就是事不关己高高挂起（当时的苏联尤其如此），只是走了一个过场就通过了旨在建立战后国际货币体系的布雷顿森林协定。

尽管怀特做了精心的设计，并经过与著名经济学家凯恩斯多轮交锋而修改完善，最终形成了看似完美的布雷顿森林体系，但是这一国际货币体系运行初期就被美国经济学家罗伯特·特里芬在 1959 年一针见血地指出了它的内在缺陷：难以同时满足向世界供应充足的美元和维持美元与黄金稳定的可兑换性，即所谓的"特里芬难题"。1965 年，法国时任总统戴高乐也指出美元不可能作为"一个公正的、国际性的贸易媒介……事实上它是仅供一个国家使用的信用工具"。

一般认为 1945—1971 年这一阶段是"布雷顿森林体系时代"，但实际上布雷顿森林协定所要求建立的货币体系直到 1961 年才真正投入运行。而此时，在全球范围内已由美元短缺转为美元相对黄金过剩。1963 年 9 月，法国央行首先要求美国按照承诺的兑换比例将其持有的美元兑换成黄金。实际上，1961 年到 1971 年期间，也并非布雷顿森林体系运行的黄金时期，而是不断充满了矛盾和斗争。随着全球美元相对黄金过剩，其他国家纷纷向美国提出将持有的美元兑换成黄金，而美国总是在推卸和拖延美元兑换黄金的义务，并伺机寻找脱身之策。为了减缓黄金流失压力和为采取措施停止美元兑换黄金赢得时间，1968 年美国政府同意国际货币基金组织创设特别提款权（SDR）。对于法国以及其他反对以美元为基础的布雷顿森林体系的国家来说，SDR 是朝着一个真正的国际法定货币迈出的第一步，目的是废黜美元的霸权地位，让 SDR 取代美元成为国际首要储备资产。但直到今天，SDR 也并未真正能够挑战美元。

尽管经历了德国马克两次主动升值、日元升值、将美元对黄金的平价由 35 美元/盎司调整到 38 美元/盎司、扩大美元与其他货币汇率浮动区间等修修补补式的改良措施，但是到了 1973 年初尼克松再次当选总统后，尼克松还是果断地宣布终止美元兑换黄金的义务。至此，布雷顿森林体系崩溃。此后，国际货币体系进入到牙买加体系阶段，黄金非货币化，浮动汇率制度替代固定汇率，主要货币之间的汇率不再维持相对固定而是由市场决定。

布雷顿森林体系崩溃后，当时国际社会曾认为美元此前通过与黄金挂钩巧妙取得的世界货币的地位，将不得不与德国马克、日元等货币分享。然而，实际情况是，美元在国际货币体系中的地位只是经历了 20 世纪 70 年代短暂的削弱，从 20 世纪 80 年代中期开始，美元的霸权地位反而比布雷顿森林体系时期更加稳固。这是因为在解除了美元绑定黄金的枷锁后，美元的发行反而没有了任何的外在约束和顾忌，美国完全可以根据自身的需要制定和实行货币政策以及发行美元。在布雷顿森林体系下，美联储发行美元总要顾及与黄金之间的联系，也就是说美元发行受到美国持有黄金储备的约束，尽管那个时期美元发行并没有真正被约束住，但是当时整体上看美元发行还是有所顾忌、较为收敛的。早在1971年，时任尼克松政府的财政部长约翰·康纳利就厚颜无耻地说：美元是我们的货币，是你们的问题。因此，当前的国际货币体系并非是布雷顿森林体系的彻底颠覆，而是它的变种和延续，仍然是从美国利益出发的、主要维护美国利益的、带有强烈的"货币民族主义"色彩的、以美元为轴心货币的国际货币体系。

如今以美元为轴心货币的国际货币体系，亦成为美国称霸全球、盘剥其他国家尤其是发展中国家的主要工具之一。2007年初出现的美国次贷危机本属于美国内部的金融危机，本应由其自食其果，自我消化危机的成本。但是在2008年9月雷曼兄弟公司破产后，美国国内金融危机演变成国际金融危机，美国通过美元占据全球轴心货币的国际货币体系，将次贷危机的成本转嫁到其他国家来与它共担。由于美国能够采取更为灵活主动的货币政策，根本不顾其政策的外部性，所以如今我们看到尽管美国经济金融已经基本恢复到危机前状况，但其他国家还都在"吃药"，成为美国经济复苏的垫脚石。

美国经济金融出了问题，却让其他国家跟着"吃药"，这一格局根本就是不合理的，而要改变，则要从根本上改革当前不合理的国际货币体系。

二、国际货币体系改革启而不动

过去十余年来，围绕国际货币体系改革的努力始终没有间断过，但是鲜有取得实质性进展。

2008年9月15日雷曼兄弟公司破产引爆国际金融危机后，美国政府主动发起并与当年11月15日在华盛顿召开了二十国集团（G20）领导人首次金融峰会。在当时美国正遭受1929年大危机以来最严重的经济金融危机、迫切需要其他国家予以支持之际，美国政府同意改革国际金融机构，《G20华盛顿峰会宣言》就承诺"推进布雷顿森林机构（Bretton Woods Institutions）改革，以便它们在全球经济中能够更加充分地反映不断变化的经济权数，提高其正确性和有效性。在这方面，新兴市场和发展中国家经济体，其中包括最贫穷国家，将有更多的话语权和代表权"。

G20 伦敦金融峰会前夕，中国、欧盟、俄罗斯等交替发声，呼吁改革以美元为主导的国际货币体系。2009 年 4 月 2 日，在伦敦召开 G20 第二次领导人金融峰会。峰会通过的《G20 伦敦峰会首脑宣言》也表示"要坚决执行 2008 年 4 月达成的 IMF 配额和话语权改革的方案，并要求 IMF 在 2011 年 1 月之前完成下一次配额审查。"

2009 年 9 月 25 日，G20 领导人匹兹堡峰会上通过的《领导人声明》中承诺"将新兴市场和发展中国家在国际货币基金组织的份额提高到至少 5% 以上，决定发展中国家和转型经济体在世界银行将至少增加 3% 的投票权"。

2010 年 6 月 26 日至 27 日，G20 领导人第四次峰会在加拿大多伦多举行，通过题为《二十国集团多伦多峰会宣言》，再次"呼吁加快推进所需开展的大量工作，在首尔峰会前完成国际货币基金组织份额改革，同时兼顾其他治理结构改革"。

2010 年 11 月 5 日，IMF 执董会批准了对 IMF 份额和治理进行全面改革的建议，以增强 IMF 的合法性和有效性。根据该建议，超过 6% 的份额将从代表性过高的国家转移到有活力的新兴市场和发展中国家，同时，最贫穷成员的份额比重和投票权将受到保护。执董会提出的这项改革方案首先需要经过代表所有 187 个成员的理事会批准。在理事会作出批准之后，该方案还必须经由全体成员同意，而这将需要很多国家的立法机构批准。当时曾期望各成员尽最大努力在 2012 年年会之前完成这个过程。

此后的数次 G20 领导人峰会也均对 IMF 的改革提出要求或建议。

然而时至今日，尽管多数成员国已经批准了 IMF2010 年改革方案，但是由于具有一票否决权的美国国会迟迟不批准该方案，致使该项改革方案何时生效仍无法确定。

事实上，即使美国国会批准了 IMF 的改革方案，由于美国表决权仍然高于 15%，在 IMF 的重大决策必须经 85% 的总投票权批准才能生效的情况下，IMF 仍将为美国所把控，仍将主要为美国利益服务。

回顾布雷顿森林体系建立以来的所有关于国际货币体系的改革举措，都是对现有体系的浅层面的修修补补，只能算是技术上的，没有触及美元"一币独大"的实质性问题，没有真正改变美国通过控制 IMF 以此控制国际货币体系的格局。

因此，要想真正克服当前国际货币体系的缺陷，实现全球经济和金融的稳定，国际货币体系必须进行彻底改革，而绝不是对现行体系的修修补补。

三、主要国际货币体系改革方案的可行性分析

国际货币体系的核心是储备货币的选择，因此，国际货币体系改革问题主要是储备货币的选择问题。尽管第二次世界大战结束以来，众多经济学家和专业机构提出了若干改革方案，但是归纳起来，主要有三大改革方案，即回归金本位、超主权货币、多元储备货币。

（一）回归金本位方案最具有诱惑力，但却最无可能性

很多经济学家迷恋金本位，希望国际货币体系回归到真正的金本位。

与英国著名经济学家凯恩斯就不少经济问题进行过辩论的法国著名经济学家雅克·吕夫早在20世纪60年代就倡导国际货币体系回归到1914年之前的古典金本位。

不过，如果考证金本位的历史就会发现，在国际间实行古典金本位的历史非常短暂，即使将金汇兑本位制、金块本位制等算在内，国际金本位的历史也不长，并且道路也不是那么顺畅。在第一次世界大战之前，尽管主要国家纷纷宣布使用金本位，确定了本币的含金量或者固定与黄金的兑换关系，但是在多数国家，国内居民并不能将持有的货币自由兑换成黄金，在国际间也往往限制黄金的自由流动。

实行金本位面临的主要问题是：由于储量和持续开采的缘故，黄金新增产量赶不上经济规模的增加，所以，如果实行金本位，就会导致通货紧缩，不利于经济增长。

回归金本位，也意味着各国要放弃信用货币制度和货币政策。随着凯恩斯经济学的盛行，现代国家普遍加强了对经济的宏观调控，货币政策是所采取的两大手段之一。如果国际货币体系回归到金本位，那么必然要求各个国家也都实行金本位，各国亦就无法使用货币政策来实施宏观调控。从能够展望的未来看，还看不出各个国家会放弃信用货币制度、货币政策、宏观经济调控。

尽管与法国经济学家雅克·吕夫一样青睐金本位，美国经济学家米尔顿·弗里德曼对金本位的认识更具现实性，他认为回归金本位是一场政治的"白日梦"。

（二）超主权储备货币是国际货币体系改革的理想目标，但实现难度巨大

理论上讲，国际储备货币的币值首先应有一个稳定的基准和明确的发行规则以保证供给的有序；其次，其供给总量还可及时、灵活地根据需求的变化进行增减调节；最后，这种调节必须是超脱于任何一国的经济状况和利益。

相比于金本位，由于黄金存量和产量的不足，可能导致通货紧缩、不利于经济增长，超主权货币的供给可以灵活调节，不会导致通货紧缩，更有利于经济增长。相比于由单一主权国家货币充当主要国际储备货币，超主权货币的发行将从全局出发，是顾及整体利益，而不是单个国家的利益。由单一主权国家货币充当唯一或主要国际储备货币，全球利益容易被储备货币发行国所挟持。因此，创设一种与主权国家脱钩、能灵活调节供应，并保持币值长期稳定的国际储备货币，可能是国际货币体系改革的最理想模式和目标。

事实上，超主权储备货币的主张由来已久。"凯恩斯计划"中的"bancor"就是一种超主权货币。早在第二次世界大战结束之际，凯恩斯就提出采用 30 种有代表性的商品作为定值基础建立国际货币单位"bancor"。

关于超主权储备货币的主张，可以分为两大类：一类是将现有的 SDR 做大，扩大 SDR 的发行和使用范围，逐步取代美元，并最终成为最主要的国际储备货币；另一类主张更加纯粹，主张所有国家取消中央银行，将货币发行权转移给新成立的全球中央银行，发行全球通用货币"地球元"。

无论是做大 SDR，还是成立全球央行，难度都是非常大的，至少在可以预见的未来不可能实现。首先来看做大 SDR。SDR 是 IMF 在 1969 年创设的虚拟货币，曾被寄予厚望并被称为"纸黄金"。然而，由于分配机制和使用范围上的限制，SDR 的作用至今没有能够得到充分发挥。实际上，在美国拥有一票否决权的情况下，坐享美元全球最主要储备货币收益而基本上不承担责任的美国是绝不会同意做大 SDR 的，更不会允许其取代美元。在第二次世界大战结束之际，赢得了战争但在经济上已处于垂死边缘的昔日帝国——英国，在面对战后建立新的国际货币体系时，尚且与美国讨价还价，不甘心英镑国际地位被削弱。尽管当前美国的大国地位相对下降，在国际政治舞台上也遭受了更多的挑战，但是当前的美国仍然强大，仍然是唯一的超级大国，绝不是第二次世界大战结束时的英国。因此，美国绝不会轻易放弃美元的最主要国际储备地位。成

立全球央行、发行单一货币的难度更大。除了美国会全力阻止外，各国将货币发行权让渡给一个超国家机构还不具有可能性。当前最伟大的超主权货币实践——欧元，运行得并不算成功，很多人将欧债危机的责任归咎于实行统一货币。此外，直至今日，仍然有很多人认为欧元终究会破产。货币发行权是现代主权国家的特征之一，是国家机器的最重要组成部分，将货币发行权让渡给一个全球性机构，至少在目前来看是不具有可行性的。

（三）多元储备货币改革方案在当前最具可行性，可能是通往超主权储备货币的必经过渡阶段

很多经济学家认为，多元储备货币改革方案更具有可行性。多元储备货币就是由三至五种货币共同承担国际储备货币的职能，它们的份额大体相当，相互竞争、相互制约，获取的收益与承担的责任相当，从而制约货币发行国不负责任的货币政策，为其他国家提供更加稳定可靠的国际汇率安排和储备资产。

当前，尽管欧元、日元、英镑等货币也被多数国家作为国际储备货币持有，但是美元"一币独大"，其在国际储备、国际结算等方面占有绝对多数的份额，其他所有国际货币份额总和远赶不上美元一个货币的市场份额，对美元根本构不成威胁和挑战，也就无法有效约束美元的发行，无法要求美国在出台货币政策时统筹考虑国际国内的需要。所以，当前的国际储备货币多元化与多元储备货币体系并非一回事。

从逻辑上看，多元储备货币体系是最终实现超主权货币体系的必经过渡阶段。这一方案是随着美国国力逐渐衰弱，欧元区、中国、俄罗斯等其他经济体逐步崛起，美国能够接受的国际货币体系改造方案。

当然，从由以英镑为主导的国际货币体系过渡到以美元为主导的历史，我们看到这并不是一个自然过渡的过程，旧有势力是不甘心放弃既得利益的。在新旧体系的转变过程中，新兴力量必须讲究策略、积极进取、主动作为，才能善做善成。

四、以人民币、卢布直接交易与本币结算为切入点，撬动国际货币体系改革

中国以及人民币积极参与到国际货币体系改革中，既是出于自身金融安

全、为经济金融稳定创造良好外部条件的需要，也是作为新兴大国主动承担责任、建立和维护国际经济金融新秩序的需要。改造旧有体系难度之大，应该尽可能联合可以联合的力量，并且找准切入点。中俄两国拥有广泛的共同利益，因此要撬动国际货币体系改革，对中国来说，最可能联合的力量就是俄罗斯，而切入点就是大力发展人民币、卢布本币结算和直接交易。

（一）金融安全问题关系着中国梦的实现

从面临的外部环境来看，能否解决好金融安全问题，关系着中华民族的伟大复兴，关系着中国梦的实现。在当今经济全球化日益融合的大背景下，一国的金融安全问题也日渐凸显。对于中国这样的大国来说，金融安全的重要性绝不亚于粮食安全、能源安全和国土安全。

美欧对俄罗斯的金融制裁凸显金融安全的重要性。2014 年以来，围绕着乌克兰问题，美欧主要是从金融方面对俄罗斯实施制裁，包括禁止俄罗斯主要银行在欧美金融市场上融资、禁止维萨和万事达为部分俄罗斯银行提供支付服务等。由于俄罗斯对外经贸交往中主要采用美元结算，这些金融方面的制裁不仅造成了市场恐慌，资本大量外流、卢布大幅贬值，还因为切断了美元的支付清算，造成了俄罗斯与其他国家正常经济金融交往的困难。

中国同样面临金融安全问题。与俄罗斯相比，我国对美元的依赖有过之而无不及。尽管我国在大力推进人民币国际化和跨境结算，但是美元仍是中国对外经贸中最主要的结算货币，占据近 80% 的份额。我国 4 万亿美元的外汇储备中，更是过半投资在美国。与俄罗斯居民一样，我国的民众也是将美元视为硬通货。

（二）俄罗斯对改革国际货币体系积极性高

俄罗斯是现有国际货币体系的主要受害者。美国次贷危机以来，俄罗斯经济遭受的损失严重。受国际金融危机影响，2008 年俄罗斯外资大量流出，吸引的外国直接投资余额缩减了 2700 亿美元，吸引的证券投资余额缩减 2500 亿美元，导致外汇储备减少 2000 亿美元。2009 年经济出现了 1995 年以来的最严重衰退，GDP 负增长 7.8%。尽管此后俄经济实现正增长，但是仍未回到危机前 7% ~8% 的年增速。2014 年初以来，围绕着乌克兰问题，美欧对俄罗斯实施了主要是金融方面的制裁，导致资本从俄罗斯大量外流。据俄罗斯央行统计，2014 年上半年近 750 亿美元的资本外逃，为 2013 年同期的 2.2 倍，已超过了 2013 年全年的 627 亿美元。欧美的经济制裁打击，使本来就复苏乏力的俄罗斯经济雪上加霜，预计俄罗斯 2014 年经济增速不会超过 1%，为近年来新低。

俄罗斯近年来一直是国际货币体系改革的积极倡导者和推动者。美国次贷危机后，俄罗斯就积极倡导改革国际货币体系。早在 G20 华盛顿峰会召开前的 2008 年 10 月，时任俄罗斯总统梅德韦杰夫主持召开华盛顿金融峰会筹备会，把国际金融改革目标锁定为改变"美元体制"，提出推动国际金融中心多元化和国际储备货币多样化。2009 年 3 月 16 日，俄罗斯总统府网站上发布将于 4 月 2 日在伦敦召开的二十国集团峰会的正式提议文稿，其中最"大胆"的提议是对国际货币与金融体系实施激进改革，包括引入一种"超主权"储备货币，从而改变目前美元"独大"的国际储备货币格局。随后的历次 G20 峰会，俄罗斯都是国际货币体系改革的积极推动者。

俄罗斯积极推动卢布国际化。在普京第一个总统任期内就提出"大卢布"战略，大力推动卢布国际化。2003 年 5 月，普京在年度国情咨文中首次提出"大卢布"战略，提出到 2007 年 1 月 1 日实现卢布的全面自由兑换。普京说："卢布必须实现全面自由兑换，这不仅是国内的需要也是对外的需要，不仅是货币交易的需要也是资本交易的需要""过去卢布曾是世界上最坚挺最受尊敬的货币，现在俄罗斯需要一种可以在国际市场上任意流动的货币"。在 2006 年的国情咨文中，普京明确要求在本土开办用卢布进行结算的石油交易所。2006 年 7 月 1 日，卢布提前半年实现自由兑换。2007 年 3 月，普京曾下达"封口令"，要求各级官员在陈述俄罗斯经济事务时只能用卢布作为货币单位，而不能使用美元、欧元等国际货币单位。2007 年 11 月，成立以卢布结算的石油交易所，推进油气出口卢布化。2008 年 9 月，时任总统梅德韦杰夫在首个国情咨文中提出把卢布打造成涵盖亚欧大陆的区域货币。2014 年 8 月，普京声称，全球能源销售以美元这一种单一货币进行结算，损害了世界经济，并再次倡导用卢布代替美元来进行能源的交易结算。此举被外界解读为他回应美国制裁的另一举措。普京力推的"大卢布"战略取得了不错的效果。在前苏联解体后，尤其是 1998 年俄罗斯金融危机爆发后，卢布持续贬值，俄罗斯居民对卢布普遍不信赖，都愿意持有美元。当时，在中俄边境贸易中，结算货币主要是美元，其次是人民币，卢布的使用量较少。2003 年以后，卢布超过人民币跃升为第二位。当然，2008 年以后，卢布对美元汇率下跌，无论是俄罗斯国内还是国外，对卢布的不信赖重新抬头，尤其是 2014 年乌克兰危机俄罗斯遭受欧美制裁以来，俄居民大量兑换美元，资本外流大幅增加。

在推动国际货币体系改革方面，俄罗斯一己力量有限，中俄联合是最佳组合。乌克兰危机以来，面对欧美经济金融制裁，俄罗斯政府频频向中国亮出橄榄枝，表示愿意增加使用人民币、中国银联等进行清算和结算。

（三）当前人民币、卢布本币结算与直接交易的现状及存在的问题

尽管中国推行人民币跨境贸易结算是从 2009 年 10 月才开始的，但在中俄边境贸易中使用人民币、卢布本币结算的历史则要早很多年。中俄两国央行在2002 年、2008 年和 2010 年连续签订以中俄两国货币进行贸易结算的合约。本币结算此前主要在边境贸易中，2009 年我国推行人民币跨境贸易结算试点后一段时间，本币结算也在中俄"大贸"中推开。从近年来的实践看，本币结算份额有所提高，但是美元仍然占据绝大部分市场份额，卢布次之，人民币占比则较少。

整体上看，人民币、卢布本币结算在中俄经贸活动中的接受度较低，流出入也极不均衡。我们在占据对俄罗斯贸易半壁江山的黑龙江省实地调研发现，由于中俄贸易中，俄方相对处于优势地位，在结算货币选择上往往掌握着主动权，他们绝大部分选择美元、少部分选择卢布结算，只有个别俄罗斯客户在中方企业作出了大量解释说明并演算成本收益后，才尝试接受人民币结算，但也往往是做个尝试，此后还是回到原来的结算货币上。在中俄间发生的人民币结算，绝大部分是境内中方企业与其在俄方投资成立的子公司、控股公司或关联公司之间发生的。此外，近年来在中俄边境贸易中，也主要是使用卢布现钞，并且呈现为卢布的大量净流入。绥芬河是我国最大的对俄民贸商品集散地，俄罗斯游客用餐、购物、打出租车等消费都可以直接用卢币支付。尤其是 2013年 12 月，绥芬河被国务院指定为卢布使用试点城市后，卢布现钞的使用阳光化。在俄方边境城市，人民币则基本上无法使用。中俄贸易整体上看，中国是逆差，但是，在边境贸易中由于主要是俄罗斯居民到中国边境来购物消费，所以，边境贸易中国边境一方呈现为大量顺差，主要呈现为卢布净流入，但是由此造成的主要问题是，通过正规渠道将卢布现钞调回俄罗斯境内极为麻烦，成本较高。中国银行黑龙江省分行、哈尔滨银行等商业银行曾对卢布现钞兑换

业务充满热情，但是面对大量兑进的卢布现钞不仅要承担汇率风险，而且无法通过绥芬河陆路口岸直接押运至对方城市，因为从口岸到俄方最近城市之间有一段无人区，押运风险极大，所以只好通过北京或哈尔滨运送至莫斯科，运输成本较高。在我们的调研中还发现，原有的两大卢布现钞兑换银行中的一家自2014年第二季度事实上停止了卢布现钞兑换业务，另一家银行的积极性也大为降低，2014年上半年卢布兑换量比2013年同期大幅度萎缩，主要是通过劣于黑市的买卖报价将客户重新驱赶到了黑市。尽管在绥芬河卢布结算（包括现汇和现钞）量很大，有些商户也乐于接受卢布，但是都碍于汇率风险，基本上没有卢布存款，无论收到的是现汇还是现钞，都尽快兑换成人民币（包括向黑市兑换，事实上，黑市承担了卢布现钞兑换的最主要份额）。

人民币对卢布直接交易还仅限于即期交易，交易量极小，还远不具有汇率发现功能。2010年11月22日起，中国外汇交易中心正式在银行间外汇市场开办人民币对俄罗斯卢布直接交易。发展人民币、卢布直接交易的本意是脱离美元的影响，直接形成交易价格（即汇率），为中俄本币结算降低汇率风险。然而，直接交易启动至今，仍然只有即期交易一个品种，做市商也仅有四家。自开始挂牌交易，到2014年6月末，银行间市场人民币对卢布交易累计交易量折合人民币仅有166.15亿元，买卖报价价差较大，交易极为清淡，根本谈不上价格发现功能。银行间买卖价差大，必然导致银行对客户买卖价差更大，从而在实际中，使用本币结算反而不如使用美元更划算，这也是导致中俄贸易结算中美元比重始终居高不下的主因。如果没有一定的交易量做支撑，人民币对卢布的汇率就无法摆脱各自对美元汇率的依赖，也就是说，尽管形式上实现了直接交易，但是人民币对卢布交易仍是由人民币对美元、卢布对美元套算而来的，而正是基于这种套算汇率的报价机制，做市银行为了尽可能减少汇率风险，必然扩大买卖报价的价差，而这又必然影响企业和个人的本币结算需求。从银行角度，也会因为汇率风险太大，而不会持有交易性的人民币对卢布的敞口头寸，一旦出现敞口，就会转化为美元敞口，然后再在国际外汇市场上利用美元方面的工具对冲风险。

五、真正实现人民币、卢布直接交易和做大本币结算的政策建议

多元储备货币体系必然是建立在三种或几种地位大体相当的主权货币之上

的，它们之间汇率相互影响，而不是其中一个货币是轴心货币，其他货币之间的汇率都是基于与轴心货币汇率套算而来。人民币、卢布都有望成为多元储备货币体系下主要的储备货币。因此，就需要真正的人民币、卢布直接交易，它们之间的汇率应该能够独立确定，而不是套算而来。只要是套算汇率，就只能是形式上的直接交易，就仍然无法实现买卖汇差的缩小和降低企业的汇率风险。

人民币、卢布直接交易与做大中俄本币结算之间是相互促进、相互加强的关系：如果真正实现了人民币对卢布的直接交易，二者之间的汇率能够脱离对美元的依赖而独立运行，那么，汇率的相对稳定以及对未来的可预期性，将促进中俄居民之间更愿意采用本币结算；而中俄居民间本币结算的增加，将导致人民币、卢布交易需求的增加，从而缩小人民币、卢布买卖差价，增加汇率弹性和汇率稳定性以及提高对远期汇率的可预见性。

为了真正实现人民币、卢布直接交易和做大本币结算，首要的是两国应该在政治上取得高度一致的认识，人心齐、泰山移，而具体可采取的措施有以下几点。

（一）扩大人民币、卢布的交易品种，不仅需要即期交易，还需要大力发展远期、掉期、期货、期权等远期交易

从期限结构上看，汇率包括即期汇率和远期汇率。如果只有即期交易，没有远期交易，即期汇率就不可能具有良好的价格弹性，买卖差价也会较大。没有远期交易，即期交易形成的汇率敞口往往就很难平掉，外汇市场也就很难成为一个成熟的、有深度的市场。从国际外汇市场的实践来看，主要的非美元国际货币与美元之间（例如美元对欧元）不仅有即期交易，还有远期、掉期、期货、期权等远期交易品种，并且后者的交易量远超过前者，即期汇率与远期汇率的升贴水幅度也就很小。如果升贴水幅度很大，则不利于汇率风险管理。因此，要实现人民币、卢布直接交易，只有即期交易是远远不够的，必须大力发展远期、掉期、期货、期权等远期交易品种，尤其是期货、期权等衍生交易方式，因为这些衍生交易方式具有交易连续、价格透明、准入门槛低等特点，对即期、远期、掉期等有良好的促进作用，从而能够提高价格发现能力。

（二）要扩大人民币、卢布市场的参与者，放开实需原则，允许基于套利的投资和投机性交易

只有连续的、大量的外汇交易，才能挖掘出外汇市场的价格发现功能。如

果只允许基于实需的外汇交易，交易需求不大，交易将缺乏连续性，不可能形成真正有弹性的汇率。放开实需原则，远期、掉期、期货、期权等需求就会大量增加，大量的交易以及充分的竞争将有利于缩小即期汇率与远期汇率的价差。

（三）多管齐下，积极引导两国居民采用非现金本币结算

只有中俄两国间的经贸投资活动中广泛使用本币，才有利于推动人民币、卢布直接交易向纵深发展。必须改变当前中俄两国间主要采用美元进行国际结算的局面。我们实地调研中发现，造成企业不愿采用本币结算的主要因素除了汇率风险较大外，还有本币结算汇路不畅、能够提供本币结算的银行不多、企业不了解甚至不知道可采用本币结算、俄方企业对美元采取的偏执态度等。除了有针对性地消除阻碍本币结算的因素外，政府可以通过采取一段时间的税收优惠或补贴方式，促进中俄企业对本币结算的熟悉和使用。此外，针对边境贸易中中方出现的大额净卢布现钞流入问题，除了中俄两国政府采取积极措施直接在边境上相邻城市间实现回流外，更主要的是应该加大银行卡、支票、汇票等非现金结算方式。在国际经贸活动中，过多地使用现钞往往面临着回流成本高、洗钱、假币、偷逃税等问题。

（四）大力发展中俄经贸和投资，互相成为更加重要的经贸合作伙伴

经济是金融的基础。如果中俄两国间的经贸和投资活动不够活跃，本币结算以及由此引至的本币间的直接交易也不可能有足够的规模。应该说过去十余年中俄经贸发展迅速，但是可以挖掘的发展潜力仍然巨大。2013 年，中俄货物贸易总额为 892.13 亿美元，是 2003 年的 5.66 倍，年均增速为 18.9%，超过同期中国对外贸易年均增速近两个百分点。2014 年 5 月中俄两国元首签署的《中俄关于全面战略协作伙伴关系新阶段的联合声明》中明确提出，继续努力推动双边贸易额在 2015 年前达到 1000 亿美元、在 2020 年前达到 2000 亿美元。如此算来，年均增速将在 15% 左右。相对于未来中国对外贸易增速可能会落到 7%~8%，这一规划增速还是非常高的。不过，考虑到中俄距离相近、贸易互补优势显著，中俄间贸易潜力巨大，应该能够得到更快的增长。从推动国际货币体系改革、做大本币结算以及本币直接交易等战略任务上，中俄之间应该进一步加强经贸和投资活动，相互成为更重要的经贸合作伙伴。

附图表

表1　　　国际货币基金组织十大会员国持有份额和投票权情况　　　单位：%

现在情况			改革实施后		
排名	份额比重	投票权比重	排名	份额比重	投票权比重
美国	17.07	16.72	美国	17.4	16.47
日本	6.12	6.00	日本	6.46	6.14
德国	5.98	5.86	中国	6.39	6.07
法国	4.94	4.84	德国	5.58	5.31
英国	4.94	4.84	法国	4.23	4.02
中国	3.72	3.65	英国	4.23	4.02
意大利	3.24	3.19	意大利	3.16	3.02
沙特阿拉伯	3.21	3.15	印度	2.75	2.63
加拿大	2.93	2.88	俄罗斯	2.71	2.59
俄罗斯	2.73	2.69	巴西	2.32	2.22

　　注："改革实施后"是指如果实施2010年国际货币基金组织改革方案后可能出现的情况。但是由于国际货币基金组织最大股东美国国会尚未批准该改革方案，改革方案能否实施存在较大变数。

　　数据来源：国际货币基金组织。

表2　　　　　　　　特别提款权的货币构成及演变　　　　　　　单位：%

日期	美元	欧元	德国马克	法国法郎	日元	英镑
1981年1月至1985年12月	42	—	19	13	13	13
1986年1月至1990年12月	42	—	19	12	15	12
1991年1月至1995年12月	40		21	11	17	11
1996年1月至1998年12月	39		21	11	18	11
1999年1月至2000年12月	39	32	—	—	18	11
2001年1月至2005年12月	45	29			15	11
2006年1月至2010年12月	44	34			11	11
2011年1月至2016年9月	41.9	37.4	—	—	9.4	11.3

　　注：1999年初欧元诞生后，欧元取代了德国马克和法国法郎在特别提款权中的地位和比重。

　　数据来源：国际货币基金组织。

表3　　　　　　　　　　1995—2013年全球外汇储备货币构成　　　　　　单位：%

年份	1995	2000	2005	2010	2011	2012	2013
已披露货币占总储备比例	74	78	66	56	55	56	53
各货币占总披露货币的比例							
美元	59	71	67	62	62	61	61
英镑	2	3	4	4	4	4	4
德国马克	16	—	—	—	—	—	—
法郎	2						
日元	7	6	4	4	4	4	4
瑞士法郎	0.3	0.3	0.1	0.1	0.1	0.2	0.3
荷兰盾	0.3	—					
欧洲货币单位	9						
加拿大元	—	—	—	—	—	1	2
澳大利亚元						1	2
欧元	—	18	24	26	25	24	24
其他	5	1	2	4	5	3	3
未披露货币占总储备比例	26	22	34	44	45	44	47

数据来源：国际货币基金组织。

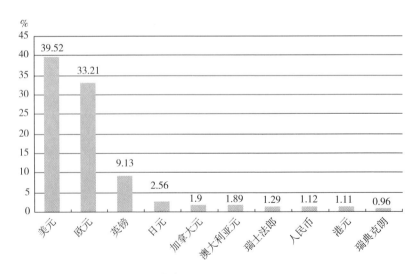

数据来源：环球同业银行金融电讯协会（SWIFT）。

图1　2013年12月各种货币在国际支付中的使用比例

表4 近年来全球货币交易量排名 单位：%

货币	1998 年		2001 年		2004 年		2007 年		2010 年		2013 年	
	份额	排名	份额	排名	份额	排名	份额	排名	份额	排名	份额	排名
美元	86.8	1	89.9	1	88.0	1	85.6	1	84.9	1	87.0	1
欧元	—	32	37.9	2	37.4	2	37.0	2	39.1	2	33.4	2
日元	21.7	2	23.5	3	20.8	3	17.2	3	19.0	3	23.0	3
英镑	11.0	3	13.0	4	16.5	4	14.9	4	12.9	4	11.8	4
澳大利亚元	3.0	6	4.3	7	6.0	6	6.6	6	7.6	5	8.6	5
瑞士法郎	7.1	4	6.0	5	6.0	5	6.8	5	6.3	6	5.2	6
加拿大元	3.5	5	4.5	6	4.2	7	4.3	7	5.3	7	4.6	7
墨西哥比索	0.5	9	0.8	14	1.1	12	1.3	12	1.3	14	2.5	8
人民币	0.0	30	0.0	35	0.1	29	0.5	20	0.9	17	2.2	9
新西兰元	0.2	17	0.6	16	1.1	13	1.9	11	1.6	10	2.0	10

注：由于单边计算占比，所有货币比重总和为200%。

数据来源：国际清算银行（BIS）。

表5 1995 年以来中俄货物贸易统计情况表 单位：亿美元

	进出口总额	出口额	进口额	贸易差额
1995 年	54.63	16.65	37.99	−21.34
1996 年	68.46	16.93	51.53	−34.61
1997 年	61.19	20.33	40.86	−20.53
1998 年	54.81	18.40	36.41	−18.00
1999 年	57.20	14.97	42.23	−27.25
2000 年	80.03	22.33	57.70	−35.37
2001 年	106.71	27.11	79.59	−52.48
2002 年	119.27	35.21	84.07	−48.86
2003 年	157.61	60.35	97.26	−36.92
2004 年	212.32	91.02	121.29	−30.27
2005 年	291.03	132.12	158.91	−26.79
2006 年	333.87	158.32	175.54	−17.22

续表

	进出口总额	出口额	进口额	贸易差额
2007 年	481. 65	284. 88	196. 77	88. 12
2008 年	568. 31	330. 05	238. 25	91. 80
2009 年	387. 97	175. 14	212. 83	− 37. 69
2010 年	554. 49	296. 13	258. 36	37. 76
2011 年	792. 49	389. 04	403. 45	− 14. 42
2012 年	881. 58	440. 58	441. 01	− 0. 43
2013 年	892. 13	495. 95	396. 18	99. 77
2014 年上半年	445. 35	229. 57	215. 79	13. 78

数据来源：Wind。

参考文献

［1］本·斯泰尔. 布雷顿森林货币战：美国如何统治世界 ［M］. 符荆捷，陈盈，译. 北京：机械工业出版社，2014.

［2］周小川. 关于改革国际货币体系的思考 ［EB/OL］. 中国人民银行网站，2009 − 03 − 23.

以我为主战略性地推进人民币国际化①

摘要： 自 2009 年中国人民银行推行人民币跨境贸易结算以来，人民币国际化已经有了较大进展，但是围绕人民币国际化也起了很多争执，并且人民币国际化的走向似乎在偏离国际货币的基本职能。国际货币最基本的职能是交易媒介，其次是定价功能和作为储备资产。在全球流动性泛滥和金融工具日趋复杂的情况下，人民币国际化过程中要防止人民币成为国际金融市场的投机对象，正是基于此，要谨慎发展人民币离岸金融市场。人民币国际化需要一定程度的资本项目开放，但是并不需要资本项目完全可兑换来支撑。人民币国际化应该从定价、交易媒介、储备资产等基本功能战略性地推进，同时需要中国商业银行的跨国经营来配合和支持。

关键词： 货币职能　国际货币　人民币国际化　战略

最近几年，我国政府加大了人民币国际化的推进力度，人民币的结算范围已经由跨境贸易扩大到境外直接投资。香港人民币离岸金融市场也随着这一进程的推进而快速发展。与此同时，对如何实现人民币国际化的争论也逐步增多，并且分歧较大。人民币国际化不能忽视已有国际货币在国际化过程中的经验和教训，例如日元国际化过程中的经验教训，尤其是在当前金融工具日趋复杂和全球流动性泛滥的国际大背景下。总之，人民币国际化之路需要战略性的整体考量和推进，不应该是摸着石头过河。

---

① 本文完成于 2011 年 9 月，以《人民币国际化的几点思考》发表于《投资研究》2011 年第 11 期。

一、货币国际化是货币基本职能的国际化

在信用纸币制度下，货币的国际化就是指一国货币跨越国界在国际间发挥一般货币职能。那么，货币的基本职能有哪些呢？

马克思主义政治经济学认为，货币是固定地充当一般等价物的特殊商品，由此，将货币的主要职能归纳为五种，并且认为这些职能是在商品交换发展的不同阶段上逐步具备的，货币的五种职能依次为：价值尺度、流通手段、贮存手段、支付手段和国际货币。这是商品货币制度下的货币职能。马克思在《资本论》中指出：货币天然是金银。所以说，在商品货币制度下，尤其是金本位制度下，黄金就不仅是国别货币，也是国际货币。

在信用纸币制度下，货币是由国家依靠强制力发行的信用符号，其基本职能是价值尺度、交易媒介、支付手段和价值贮藏手段。信用纸币由于并非是"固定地充当一般等价物的特殊商品"，所以并不必然具备国际货币的功能。西方经济学一般将货币的职能归纳为价值尺度、流通媒介和储备资产。由此来看，无论是马克思主义政治经济学还是西方经济学，对于货币职能的描述基本一致。

美元是当今最主要的国际货币，占据着最重要的市场份额。在第二次世界大战结束时，美国政府将美元与黄金挂钩，并承诺维持 1 盎司黄金等于 35 美元的金汇兑体制，才使得美元取得了与黄金等同的国际货币地位，并由此取代英镑成为当时唯一的国际货币。20 世纪 70 年代初，布雷顿森林体系崩溃，国际货币基金组织实行黄金非货币化，金本位体制结束，全球由此进入信用纸币本位制。然而，美元的国际货币地位并没有随着金本位体制的结束而终结，反而是摆脱了与黄金挂钩的束缚，以更加独立的姿态行使国际货币的职能。此后，德国马克、法国法郎、英镑、日元等也（有意或无意）加入到国际货币的争夺战中，相继跻身于国际货币之列。

以下从既有的主要国际货币（尤其是美元的角度）来归纳国际货币的职能以及货币国际化应具备的一般特征。

1. 国际大宗商品的定价货币，即在国际商品市场上行使价值尺度的功能。美元是国际大宗商品的主要定价货币，甚至是个别大宗商品的唯一定价和结算货币，例如石油。萨达姆执政时的伊拉克政府曾经倡导用欧元作为全球石油的

计价结算货币，当时的伊拉克也确实在其出口石油时使用欧元进行交易，也一并将其持有的美元外汇储备都变成了欧元等其他国际货币。但是时至今日，欧元并没有取代美元在全球石油定价和结算中的地位。澳大利亚是主要的铁矿石出口国，澳大利亚元也是一种国际货币，但是铁矿石的交易主要是使用美元而不是澳大利亚元来计价。

2. 国际贸易结算货币，即在国际贸易中行使交易媒介的功能。在当前全球贸易结算中，美元仍处于垄断地位。美元不仅用于美国与其他国家的对外贸易结算中，也广泛地用于美国之外的国家间国际结算。日元尽管位列三大国际货币之中，但是除了在日本的对外贸易中有所使用外，在其他国家间的贸易结算基本没有份额。即使在日本的对外贸易结算中好像也从未占到半壁江山。在1980年，日元结算在日本出口贸易和进口贸易中分别占到31%和4%。到1989年，日元结算在日本出口和进口贸易中的比重尽管有所提高，但是也分别只有37%和15%，出口结算量大于进口结算量，使得通过对外投资、日本政府日元对外贷款、外国政府武士债券融资等渠道流出的日元由此回流日本。此后，随着泡沫危机的爆发和持续的经济低迷，这两个比重迄今也未见起色。

3. 外汇储备资产。根据国际货币基金组织的最新统计，截至2011年3月底，全球央行外汇储备，美元比重为60.7%，创1999年3月以来最低水平，但仍遥遥领先于其他货币，处于首位；欧元所占比重则由2010年年末的26.2%上升至26.6%，日元比重与2010年年末持平仅为3.8%。

特别提款权货币篮子的调整反映出了各主要国际货币国际地位的演变。尽管数度被寄予厚望，特别提款权在当今国际货币体系中并没有占据应有的重要位置，但是特别提款权的货币构成及比重调整，却显示出了各主要国际货币在国际上的位置及地位演变。自1944年布雷顿森林体系建立到1969年国际货币基金组织创设特别提款权之前，可以说，美元是当时全球唯一的国际货币。创设伊始，特别提款权与美元有相同的含金量，所以，一度被称为"纸黄金"。黄金非货币化后，特别提款权改由当时16个最大贸易国的货币组成的货币篮子来定价。1981年1月，特别提款权改为由美元、德国马克、日元、法国法郎和英镑5种货币组成的货币篮子来定价，并自此每五年调整权重一次。当时，美元的权重最高，占42%；德国马克次之，占19%，日元、法国法郎、英镑均为13%。此后，尽管各种货币的权重有所调整，但是美元的权重始终处于首位。最新一次调整是2011年1月，美元权重为41.9%，欧元为

37.4%，比 1999 年欧元刚诞生时的 32% 增加了 5.4 个百分点。英镑现在为 11.3%。日元为 9.4%，与 1996 年至 2000 年时的最高点 18% 相比，下降了 8.6 个百分点（见表 1）。由此可见，在过去 20 年里，日元的国际地位下降最大。

表 1 　　　　　　　　　特别提款权的货币构成及演变　　　　　　单位：%

日期	美元	欧元	德国马克	法国法郎	日元	英镑
1981 年 1 月至 1985 年 12 月	42	—	19	13	13	13
1986 年 1 月至 1990 年 12 月	42	—	19	12	15	12
1991 年 1 月至 1995 年 12 月	40	—	21	11	17	11
1996 年 1 月至 1998 年 12 月	39	—	21	11	18	11
1999 年 1 月至 2000 年 12 月	39	32	—	—	18	11
2001 年 1 月至 2005 年 12 月	45	29	—	—	15	11
2006 年 1 月至 2010 年 12 月	44	34	—	—	11	11
2011 年 1 月至 2016 年 9 月	41.9	37.4	—	—	9.4	11.3

注：1999 年 1 月 1 日欧元诞生后取代了德国马克和法国法郎在特别提款权中的地位和比重。

数据来源：国际货币基金组织。

由上述可知，一国货币的国际化应主要体现在商品定价、贸易结算和全球外汇储备资产中，如果在这三个方面无法占有相应的位置，则不能说是一种重要的国际货币，对于像中国这样的经济大国来说，尤其如此。

二、应厘清货币国际化与资本项目可兑换的关系

当前，很多研究人员将人民币的国际化与中国资本项目可兑换密切联系在一起，认为要实现人民币国际化必然要求实现资本项目可兑换。果真如此吗？

一国的资本项目可兑换一般包括两个层面，一是允许境内居民用本币兑换成外汇用于境外的资本项目下的投资或交易，另一个层面是允许境外的非居民可以用外汇兑换成东道国货币用于东道国的资本项目下的投资或交易。如果一国对资本项目下的主要项目仍然实施管制，就不能说该国实现了资本项目可兑换。当前常用的说法是资本项目基本可兑换，因为没有任何限制的完全可兑换

的国家和地区除了避税天堂外，并不多见。即使美国这样高度开放的国家，也非完全实现资本项目可兑换，在联邦层面和州层面对于外国直接投资就有很多限制，甚至禁止。

通过以上对资本项目可兑换与货币国际化含义的简单分析与界定，我们可以很清楚地看出，资本项目可兑换不仅涉及资本项目对内对外开放，也涉及货币之间兑换关系，而货币国际化则是国别货币走出国界在国际范围内执行一般货币职能的过程，二者从根本上说不是一回事，从它们的含义上也看不出存在顺序上的承接关系。

当然，人民币国际化对于我国资本项目对非居民的开放（注意这里用的是开放，而不是可兑换）也确实是有要求的，或者说境外持有人民币的非居民对我国资本项目开放是有一定要求的。这主要体现在，随着人民币国际化，国外金融机构、企业、个人，也包括外国政府，其手中就会积累一部分人民币资金，当资金比较少时，存款就能满足它们的需要，但是当积累的人民币资金达到一定量时，它们必然要求保值和增值，其中最可能和最主要的就是要求我国开放金融市场，允许它们能够投资于一些风险较低、收益较高的金融资产。是不是我们所有的金融市场（包括资产市场，例如房地产市场）都应该对外开放呢？显然也不是。尤其在人民币国际化的初期，我国开放存款市场和债券市场（主要是国债市场）就完全能满足境外人民币持有者的需求。

当前，有关国际金融法规也并未提出国际货币的母国必须全面开放金融市场。《国际货币基金组织协定》是国际货币基金组织存身立命的根本性法规，类似于一个国家的宪法，是调整当前国际货币体系的最为根本和最为权威的国际性法规。在《国际货币基金组织协定》第八条"成员国的一般义务"中，其第四款为"兑换外国持有的本国货币"，这些本币也仅限于"最近经常性交易中所获得"，或者是"此项兑换系为支付经常性支付所必需"。除此之外，协定对成员国货币在国际间使用没有任何别的要求或限制。

三、人民币国际化不能寄希望于离岸市场

当前有很多关于人民币国际化与人民币离岸金融市场的论述，特别强调离岸市场对推进人民币国际化的作用。但是，如果追溯离岸市场的发展历史，我们就能发现离岸市场的建立和发展只是有利于扩大既有国际货币的国际化的程

度，并不容易发现哪一个国别货币是靠离岸市场成为国际货币的。

最早的离岸金融市场起源于 20 世纪 50 年代。当时，美国在朝鲜战争中冻结了中国存放在美国的外汇资金。原苏联和东欧国家为了本国外汇资金的安全，将原来存放在美国的美元转存到巴黎和伦敦的商业银行。这些接受美元存款的银行发现正好有需要美元贷款的企业和政府，于是一边接受美元存款一边发放美元贷款，由于这项业务不受美国法律的管制且较少受业务所在国法律的约束，由此逐渐发展成了一种独特的金融业务和金融市场——离岸金融业务和离岸金融市场。

随着金融创新，尤其是金融衍生品的发展，今天离岸金融市场的含义和业务范围也发生了重大变化，已经不再仅限于离岸存款和离岸贷款，还有一些高风险的衍生品业务，特别是已经实现了国际化的国别货币能够在全球 24 小时和不同的国际金融中心被持续交易。也正基于此，当前一些国际金融中心已经不再特别强调和区分离岸金融市场和离岸金融业务。

笔者不主张做大人民币离岸金融市场，主要是担心人民币成为投机的对象。当前，境外居民尤其是香港居民、企业和金融机构乐意持有人民币的主要动机是由于人民币对美元的升值走势和升值预期能带来较高的投资（投机）收益。随着香港人民币存款规模的逐步扩大，无论是金融管理当局还是人民币资金的主要持有者，必然要求金融机构不断推出人民币的相关金融衍生品，并有可能对人民币升值产生更高的期望，而这并非是一种国际货币应该具有的基本职能。

我们推进人民币国际化，尤不能忘记日元所曾经经历过的惨痛教训。日本政府在 20 世纪 80 年代初开始大力推进日元国际化。1985 年《广场协议》后，日元快速升值，成为国际外汇市场最耀眼的明星，是国际外汇市场上交易量最大的货币（美元除外），直到欧元诞生进入市场。尽管日元在国际外汇市场上占有重要地位，但是作为国际化最基本的职能交易媒介和储备货币并没有很好地体现，而主要是作为投机对象存在。也正因为如此，进一步推高了日元的汇率。到 1995 年日本阪神大地震后，日元兑美元汇率一度突破 80 日元大关，相对于 1985 年初，10 年间累计升值超过了 220%。也正是因为持续升值对于日本境外的日元融资者来说成本较高而减少了日元的使用，所以，在国际贸易结算和融资中日元并没有占有相应的地位。我国 20 世纪 80 年代初在日本发行过武士债券，尽管当时利率相对于美元等货币要低且条件优惠，但是由于日元大幅度升值，后来发现反而比借美元支付了更高的成本，相当不划算。还有一点教训不能忽视，就是尽管自 1990 年以来日本经济衰退由多方面的因素造成，但是毫无疑问，日元被过度投机以及过快升值，最起码加速了日本经济的衰退。

四、推动人民币国际化当前的首要任务是化解升值预期

一国货币被接受为国际货币的最佳动因，是结算比其他货币更加便利，是币值比其他货币更稳定。绝不能是因为它比其他货币有更确定的升值走势，如果是这样，它作为国际货币的一般功能必然被弱化，甚至忽视，而会成为一种被投机对象，正如日元所经历过的。币值稳定并不意味着升值，而是国外的居民和机构对它的购买力稳定更有信心。

尽管人民币升值走势与升值预期在一定程度上有利于境外企业和个人接受人民币，但决不能长期如此，否则，日元的惨痛教训一定会在人民币身上重演。人民币国际化已经有了一个好的开头，因此，当前最紧迫的任务应该是化解人民币升值预期，而这必然要求纠正国际收支失衡。我国国际收支顺差及顺差规模大小已经成为市场上人民币对美元汇率升值预期以及预期升值幅度的最主要参照指标，也可以说之所以市场上存在人民币升值预期，主要是因为我国国际收支持续顺差。

当前纠正国际收支失衡的举措应该主要从以下三个方面入手：

一是通过为出口降温和加大进口来减少贸易顺差。为出口降温可采取的措施有：取消对"两高一资"商品和基本上不存在国际竞争对手的商品的出口退税，适度提高工资尤其农民工工资，对排污企业征收的税费要能覆盖治理成本等。加大进口的措施包括降低关税、进口环节增值税和消费税，减少不必要的非关税壁垒。出口退税与关税、进口环节税同步大幅度调降不会减少国家的税收收入，但是这样做却有利于实现贸易平衡。我国是在 1985 年开始实行出口退税制度的，当时的主要情况是我国外汇短缺，希望通过退税来鼓励出口，达到增加外汇收入的目的，当然，也在一定程度上与国际接轨，增强我国出口商品的国际竞争力。但是，当前我国已经不再是外汇短缺，而是外汇储备过多了，在这种情况下，当然有必要大幅度调整出口退税政策。2009 年和 2010 年，我国出口退税额分别为 6486.61 亿元和 7327.31 亿元，约占当前税收净收

入的 10% 左右，每美元出口商品平均退税分别为 0.5398 元和 0.4644 元。同期，我国关税和进口货物增值税、消费税收入合计分别为 9213.6 亿元和 12514.91 亿元，进口额分别为 10056 亿美元和 13948.3 亿美元，平均每美元进口商品征收的税分别为 0.9162 元和 0.8972 元。事实上，并非所有的进口货物都会被征收关税和进口环节税，只有属于一般贸易的进口货物才是被征税对象，如果这样计算，平均每美元进口商品征收的税分别上升到 1.7258 元和 1.6296 元。如果再剔除一般贸易中的设备、生产资料等免税、低税货物，与居民生活关联度高的单位美元进口货物所被征收的税会更高，再加上流通环节的高成本高利润，在中国市场上的最后售价必然大幅度高于进口价，几倍于原产地价格，这也必然抑制我国居民对于进口商品的需求，不利于增加进口，不利于实现贸易平衡。

二是实现资本的双向平衡流动，尤其是直接投资领域，以减少资本项目顺差。对外商直接投资（FDI）可以通过提高技术门槛、管理门槛、资金门槛将低质量的外商直接投资挡在国门之外，这样既能提高利用外资的质量，又能减少外资的流入规模。进一步扩大我国的对外直接投资（ODI），尤其应该放开个人和私营企业的对外投资，对于一切没有必要的限制措施要坚决取消。"藏汇于民"（"民"是民间、居民的含义）的方式有两种，其一是创造条件使得个人和企业愿意持有外汇资金。由于过去几年人民币对美元持续升值，个人和企业不愿意持有外汇存款。2011 年 6 月末我国的外汇存款为 2564.13 亿美元，仅比 2002 年末增长 70.2%，而同期人民币存款却增长了 360.1%。同期，个人的外汇储蓄存款不仅不增，反而是净减少了 347.20 亿美元（见表 2）。其二是鼓励个人和企业对外进行直接投资和证券投资，持有境外资产。这些投资会在国际收支平衡表上反映为相应项下的资本流出，有利于实现资本双向流动，实现资本项目平衡。这些投资也会反映在中国国际投资头寸表的资产项下的"对外直接投资"和"证券投资"。根据国家外汇管理局最新公布的《中国国际投资头寸表》，截至 2011 年 3 月末，在资产项下，收益率较低的"储备资产"占 70.89%，而收益率相对较高的"对外直接投资"和"证券投资"两项合计仅占 13.22%。而在负债方，高成本的"外国来华直接投资"和"证券投资"两项合计占总负债的 71.08%。就从中国国际投资头寸来看，我们的资产与负债在结构上极不匹配，资产中以低收益资产为主，而负债中则以高成本负债为主。

表 2 　　　　　　　　2002 年以来我国外汇存款统计 　　　　　单位：亿美元

年度	外汇存款	其中：企业存款	储蓄存款
2002	1506.67	515.86	893.59
2003	1487.06	519.26	855.14
2004	1529.99	576.04	802.37
2005	1615.70	694.77	743.81
2006	1611.21	721.74	644.01
2007	1599.04	840.62	503.67
2008	1791.03	988.16	529.37
2009	2089.17	1061.34	584.28
2010	2286.70	1278.13	583.43
2011 - 06	2564.13	1796.02	546.39

注："企业存款"的口径，2002 年至 2009 年一致；2010 年为"企业定活期存款"，口径略小；2011 年又变成"单位存款"，口径略大。

数据来源：中国人民银行网站。

三是加大对热钱的检查和处罚力度。进入我国的热钱主要是混在贸易、个人转移、外资、外债等项目里面，这放大了我国的国际收支顺差规模。以个人转移为例，汇入我国的单个人转移以侨汇为主，2000 年以前每年的流入量从未超过 100 亿美元，1990 年全年仅为 4.48 亿美元，2000 年也不过 67.13 亿美元。2002 年首度超过 100 亿美元，为 137.09 亿美元，此后快速增加，2008 年达到 525 亿美元，此后两年尽管有所回落，也分别达到 426 亿美元和 495 亿美元（见图 1）。由于我国在海外有大量的华人华侨，他们通常会向国内亲属赠送外汇资金作为生活费等，在新中国成立后的相当一段时间内，侨汇成为我国重要的外汇资金来源，当时政府以优惠的价格从个人手里购入，用于从西方国家进口紧缺的设备和物资。近年来，侨汇收入突然增加，大大超过了一般生活需要，但是相应地，个人外汇储蓄存款不仅没有相应增加（见表 2），还有所减少。因此，这其中必然有相当一部分外汇资金用于了股市、房地产投资或者干脆结汇后存入银行坐等人民币升值，这部分外汇资金也就带有了"热钱"性质。

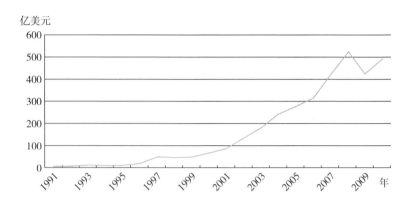

数据来源：国家外汇管理局网站。

图1　1991年以来我国个人转移收入走势

五、推进人民币国际化的战略设想

人民币国际化应该主要体现在大宗商品定价、贸易结算和官方外汇储备中，只有在这些方面占有较大和较稳定的市场份额，才能够说是成功地实现了国际化。为此提出如下战略构想：

1. 积极推进人民币成为国际大宗商品的定价货币。部分大宗商品在国际上的定价货币往往只有一种，即唯一性。在一些中国具有垄断地位的进出口商品上，我们完全可以推出它们的人民币国际定价，抢夺一定的市场份额，例如稀土、铁矿石、大豆、石油等。一旦人民币成为某种国际大宗商品的定价货币，其主要结算货币也必将是人民币，必将使得人民币在国际贸易结算中的地位得到质的提升。

2. 扩大人民币作为贸易结算货币的市场份额。鼓励中国的跨国公司在其全球贸易中使用人民币结算。对周边国家之间的对外贸易提供额外的便利，促使它们用人民币结算。与传统友好国家之间的贸易可以互利为原则改为人民币和对方国家货币计价结算。

3. 中国政府的对外援助和贷款全部使用人民币。鼓励受援国用人民币从中国直接进口，如果它们从第三国进口，也应提供人民币结算便利。

4. 为周边国家和传统友好国家的外汇储备投资于人民币资产提供便利。现在是很好的时机，由于美国债务危机和经济增长前景不明，国际上对美元前景不看好，一些国家正在寻求外汇储备比重的多元化。此外，部分国家为了外汇储备资产的安全，也有意寻找发达国家之外的投资方向。

为配合以上设想的实施，我们应该鼓励我国商业银行积极"走出去"，为人民币在国外的流通和储备提供便利。我国商业银行的国际化程度和在全球的布局远落后于我国工商企业的全球化布局，在一定程度上已不适应它们的跨国经营需要。一国货币在国际上的结算，主要由本国商业银行完成。早在殖民地时期，西方国家的商业银行也随着它们工商客户一并走向海外，它们的工商客户走到哪里，这些银行就在哪里设点经营，为它们提供融资和结算。通过考察，我们就能发现英镑、美元、德国马克、法国法郎、瑞士法郎等货币的国际化都与它们本国商业银行的跨国经营密不可分。最近几年，澳大利亚元、加拿大元等新兴国际货币也离不开它们国家商业银行跨国经营的支持。总体上看，当前我国商业银行的全球布局极不完善，无法满足人民币在国际上流通的需要，也不适应当前人民币国际化的步伐。

参考文献

［1］郭树清. 中国经济均衡发展需要解决的若干问题［J］. 比较，2004（15）.

［2］郭树清. 中国是世界货币经济中富有建设性的力量［J］. 投资研究，2011（7）.

［3］赵庆明. 我国外汇储备增长根源及治理研究［J］. 国际金融研究，2007（8）.

［4］赵庆明. 人民币资本项目可兑换及国际化研究［M］. 北京：中国金融出版社，2005.

［5］Blinder. S. A. The Role of the Dollar as an International Currency. Eastern Economic Journal, 1996, 22（2）.

［6］Chinn, Menzie., and Frankel, Jeffrey. Why the Euro will rival the Dollar? International Finance, 2008, 11.

人民币国际化下一站在哪①

人民币国际化绝不能是因为它比其他货币有更确定的升值走势。如果是这样，它作为国际货币的一般功能必然被弱化，甚至被忽视，而且会成为一种被投机对象，正如日元所经历过的。

一、美元仍将会长期作为最主要国际货币而存在

自 20 世纪 60 年代美国出现贸易逆差开始，国际社会对美元作为最主要国际货币的职能和安全性的质疑就一直不断。近期，英国《金融时报》刊文指出，经过三个世纪在全球的经济主导地位，西方国家将被崛起的亚洲国家——中国超过，欧美经济问题将进一步加速人民币"统治"世界的步伐。事实上，美元作为最主要国际货币的地位并未改变，未来相当一段时间内也将难以撼动。人民币国际化道路依然任重道远，人民币作为优先的储备货币替代美元，仍然是遥不可及的。

首先，美元作为国际大宗商品定价货币的唯一性地位仍然是难以撼动的。货币国际化的首要特征是作为国际大宗商品的定价货币，即在国际商品市场上行使价值尺度的功能，当前国际市场上原油的价格在 80 美元/桶，美元就是石油的定价货币。从这一货币职能的角度上来看，美元是国际大宗商品的主要定价货币，甚至是个别大宗商品的唯一定价和结算货币，例如石油。2000 年前后，萨达姆执政时的伊拉克政府曾经倡导用欧元作为全球石油的计价结算货币，当时伊拉克也确实在其出口石油时使用欧元进行交易，也一并将其持有的

---

① 本文完成于 2011 年 9 月 28 日，发表于《人民论坛》2011 年 12 月。

美元外汇储备都变成了欧元等其他国际货币。但是时至今日，欧元并没有取代美元在全球石油定价和结算中的地位。众所周知，澳大利亚是全球铁矿石最主要的供应国，澳大利亚元也是一种国际货币，但是铁矿石的交易主要是使用美元而不是澳大利亚元来计价。

其次，在当前全球贸易结算中，美元仍处于垄断地位。货币的基本职能是交易媒介。我们日常生活中，用人民币到商场买东西，这就是货币的交易媒介功能。对于国际货币来说，这一职能体现为国际贸易的结算货币。美元不仅用于美国与其他国家的对外贸易结算中，也广泛地用于美国之外的国家间的国际结算。大家都知道，日元是仅次于美元和欧元的全球第三大国际货币，但是日元除了在日本的对外贸易中有所使用外，在其他国家间的贸易结算基本没有份额。即使在日本的对外贸易结算中好像也从未占到半壁江山。1980 年，日元结算在日本出口贸易和进口贸易中分别占到 31% 和 4%。到 1989 年，这两个比重尽管有所提高，但是也分别只有 37% 和 15%。此后，随着泡沫危机的爆发和持续的经济低迷，这两个比重迄今也未见起色。

最后，美元在全球官方外汇储备中仍然占据绝对多数的份额，这是国际货币的价值储藏功能的体现。截至 2011 年 3 月底，全球央行外汇储备中，美元所占比重为 60.7%，创 1999 年 3 月以来最低水平，但仍遥遥领先于其他货币，处于首位。欧元所占比重为 26.6%，日元比重仅为 3.8%。

美元的国际地位并非简单地由美国经济规模决定的，而是由美国的综合国力来支持的。尽管美国长期受到双赤字困扰，经济规模占全球的比重也在持续下降，但是毫无疑问，美国仍然是当今世界上唯一的超级大国，无论在经济、军事、高科技方面，还是在国际政治上，还没有任何一个国家能够与之比拟和匹敌。所以说，美元仍将会长期作为最主要国际货币而存在。

二、离岸市场有可能令人民币沦为投机货币

我们推进人民币国际化，尤不能忘记日元所曾经经历过的惨痛教训。日本政府在 20 个世纪 80 年代初开始大力推进日元国际化。1985 年《广场协议》后，日元快速升值，成为国际外汇市场最耀眼的明星，是国际外汇市场上交易量最大的货币（美元除外），直到欧元诞生进入市场才有所改变。尽

管日元在国际外汇市场上占有重要地位，但是在交易媒介和储备货币方面并没有很好的体现，主要是作为投机对象而存在。也正因为如此，进一步推高了日元的汇率。到 1995 年日本阪神大地震后，日元兑美元汇率一度突破 80 日元大关，相对于 1985 年初，10 年间累计升值超过了 220%。也正是因为持续升值对于日本境外的日元融资者来说成本较高而减少了日元的使用，所以，在国际贸易结算和融资中日元并没占有相应的地位。我国 20 世纪 80 年代初在日本发行过武士债券，尽管当时利率相对于美元等货币要低且条件优惠，但是由于日元大幅度升值，后来发现反而比借美元支付了更高的成本，相当不划算。还有一点教训不能忽视。日元被过度投机以及过快升值是自 1990 年以来日本经济衰退（被称为"失去的十年"，最新说法是"失去的二十年"）的主要因素之一。

当前有很多关于人民币国际化与人民币离岸金融市场的建议，特别强调离岸市场对推进人民币国际化的作用。但是，如果追溯离岸市场的发展历史，我们就能发现离岸市场的建立和发展只是有利于扩大既有国际货币的国际化程度，并不容易发现哪一个国别货币是靠离岸市场成为国际货币的。

笔者不主张做大人民币离岸金融市场，主要是担心人民币成为投机的对象。现在境外居民尤其是香港居民、企业和金融机构乐意持有人民币的主要动机是由于人民币对美元的升值走势和升值预期能带来较高的投资（投机）收益。随着金融创新，尤其是金融衍生品的发展，今天离岸金融市场的含义和业务范围也发生了重大变化，已经不再仅限于离岸存款和离岸贷款，还有一些高风险的衍生品业务。人民币现在呈现出显著的升值走势，并且面临着升值的压力，在这种情况下，如果被国际投资者用高杠杆的衍生品来投机，笔者担心的是它有可能重蹈日元的覆辙，出现过度升值，不利于我国经济增长。

三、人民币国际化的应有路径

一国货币能作为国际货币最佳动因首先需要它的结算是便利的，其次，币值要相对其他货币是稳定的。这种稳定并不意味着一定要升值，是国外的居民和机构对它的购买力稳定更有信心，更令人放心，这样才能做到货币的国际化。以此类推，人民币的国际化绝不能是因为它比其他货币有更确定的升值走势，如果是这样，它作为国际货币的一般功能必然被弱化，甚至被忽视，而会成为一种被投机对象，正如日元所经历过的。

尽管人民币升值走势与升值预期在一定程度上有利于境外企业和个人接受人民币，但决不能长期如此，否则，日元的惨痛教训一定会在人民币身上重演。人民币国际化已经有了一个好的开头，因此，当前最紧迫的任务应该是化解人民币升值预期，而这必然要求纠正国际收支失衡。

人民币国际化应该主要体现在大宗商品定价、贸易结算和官方外汇储备中，只有在这些方面占有较大和较稳定的市场份额，才能够说是成功地实现了国际化。为此提出如下战略构想：

第一是要积极推进人民币成为国际大宗商品的定价货币。部分大宗商品在国际上的定价货币往往只有一种，即唯一性。日元、欧元也曾在这方面努力尝试过，但现在好像也没有成功地作为国际大宗商品的定价货币，仍然还是美元一币独大、一币独强。但人民币并非不可尝试，笔者觉得在一些中国具有垄断地位的进出口商品上，我们完全可以推出它们的人民币国际定价，抢夺一定的市场份额，例如稀土、铁矿石、大豆、石油等。一旦人民币成为某种国际大宗商品的定价货币，其主要结算货币也必将是人民币，必将使得人民币在国际贸易结算中的地位得到质的提升。

第二是扩大人民币作为贸易结算货币的市场份额。鼓励中国的跨国公司在其全球贸易中使用人民币结算。与传统友好国家之间的贸易可以互利为原则，改为人民币和对方国家货币计价结算。此外，对周边国家之间的对外贸易提供额外的便利，促使它们用人民币结算，因为我们的国际化是让它们用，而不是让它们当炮弹打散。

第三是为周边国家和传统友好国家的外汇储备投资于人民币资产提供便利。现在是很好的时机，由于美国债务危机和经济增长前景不明，国际上对美元前景不看好，一些国家正在寻求外汇储备币种的多元化。还有部分国家为了外汇储备资产的安全，也有意寻找发达国家之外的投资方向。

为了配合人民币国际化，应该鼓励我国商业银行积极"走出去"，为人民币在国外的流通和储备提供便利。早在殖民地时期，西方国家的商业银行也随着它们的工商客户一并走向海外，它们的工商客户走到哪里，这些银行就在哪里设点经营，为商户提供融资和结算。英镑、美元、德国马克、法国法郎、瑞士法郎等货币的国际化都与它们本国商业银行的跨国经营密不可分。最近几年，澳大利亚元、加拿大元等新兴国际货币也离不开它们国家商业银行跨国经营的支持。总体上看，我国商业银行的国际化程度和在全球的布局远落后于我国工商企业的全球化布局，在一定程度上已不适应它们的跨国经营需要，也不适应人民币国际化的发展。

人民币国际化成功的标志应如何设定①

在 2012 年 2 月底于韩国首尔参加一次国际论坛时，笔者遭遇主持人的突然发问，"您认为人民币国际化成功的标志是什么？"说是遭遇突然发问，是因为在此前沟通我的演讲和对话的内容时，对方并未提出这个问题。尽管是主持人突然发问，对于这个问题我却是有过思考和研究的，我的回答是："人民币跨境贸易结算中香港之外的地区能够占到一半以上就算基本成功了。"

对于我的这一主张，似乎并未得到太多人认可。2012 年 2 月，上海一所大学的金融学教授在接受记者采访时说："人民币国际化成功的标志，则是石油等战略资源和资产的人民币计价"。无独有偶，2012 年 5 月，一位居住在北京的近年来颇为高产的财经女作家也提出类似观点，撰文提出"以'石油人民币'带动人民币国际化"，并表示"一国货币要想成为国际货币甚至关键货币，通常遵循'计价结算货币—储备货币—锚货币'的基本路径，而与国际大宗商品、特别是能源的计价和结算绑定往往是货币崛起的起点""因此，中国必须加快建立以人民币计价的'石油人民币'体系，这将是人民币主权货币在国际能源贸易中崛起的新路径，也将是人民币国际化的关键一步"。后来，在多篇文章中看到类似观点。由此看来，持这一观点的人不在少数。那么，到底应如何来设定人民币国际化成功的标志呢？

首先，应该认清货币国际化是"国际化"什么。

在金本位制度下，充当国际货币的是黄金。尽管也有国别货币，甚至不同国家货币在国际间的认可程度有所差别，但实质上充当国际货币的是黄金——这一可以充当一般等价物的特殊商品。金本位制度下，各主要国家的货币都有

---

① 本文完成于 2012 年 12 月 4 日，主要内容以《如何设定人民币国际化的成功标志》为题发表在《上海证券报》2012 年 12 月 14 日。

一定的含金量，当然，由于各国的黄金储备量不同、历史违约程度的不同，信誉度也有所不同，所以在国际上的地位也不相同。

20世纪70年代初布雷顿森林体系崩溃，金本位制度彻底结束，从此进入信用货币时代。此后，充当国际货币的就是个别国家的国别货币了。尽管在20世纪70年代，曾经试图通过创设"特别提款权"（SDR）——这么一个超国家货币来取代黄金成为新的国际货币，也正因此SDR曾被称为"纸黄金"——但是并未成功。近年来，针对美元滥发，涉及国际货币体系改革时，亦有让SDR来充当国际货币的提议，但是并未得到应有的响应。个人认为，SDR当初都没有成功上位，当前更是难以上位，并且阻碍的因素和力量更多、更大。

信用纸币制度下，在国际间能够充当流通手段、价值尺度、贮存手段等全部或部分功能的国别货币就称得上是国际货币。国际货币的流通手段职能，又称交易媒介，体现为国际结算货币。国际货币的价值尺度职能，体现为计价货币，主要是石油、粮食等大宗商品的计价货币。贮存手段，主要体现为外汇储备货币。当前最主要的国际货币——美元，在国际间都具有这些职能，但是其他国际货币则往往只具有部分职能，主要是充当国际结算货币。

其实，货币最基本的职能就是交易媒介，即用来购买物品（包括服务），对于国际货币来说，交易媒介的职能也是最基本的。所以，凡是能称得上是国际货币的，在国际结算中都有一定的地位和份额，但是在其他职能的表现中则未必突出。例如石油的计价货币，过去相当长一段时间和现在都是美元，并且只有美元。据传，欧元诞生后，时任伊拉克总统萨达姆在石油输出国组织（OPEC）倡议用欧元作为石油的计价和结算货币，甚至在伊拉克的石油出口中只用欧元，其自身的外汇储备也几乎都转换成了欧元，但是在国际石油市场上，仍然使用美元，欧元并未能分得一杯羹。因此，如果像以上那位大学教授说的以成为石油等战略资源的计价货币作为货币国际化成功的标志，那么当前能够称得上是国际货币的就仅有美元一币了，欧元、日元、英镑、澳大利亚元、加拿大元、瑞士法郎等都称不上国际货币。显然，这与国际间的普遍认识——它们都是主要的国际货币——不一致。

其次，在美元一币独大之下，其他国际货币职能发挥相对有限。

当然，将人民币国际化成功的最高目标或最终奋斗目标确定为石油等战略资源的计价货币，也未尝不可。不想当元帅的士兵不是好士兵，很多国家货币都想成为最重要的国际货币，人民币当然应该有此雄心壮志。

不过话又说回来，我们也应该确定切实可行的且相对容易实现的目标。这就是成为一种在国际结算中占有一定地位和位置的国际货币。这个目标其实也不是容易达到和实现的。

尽管自 1972 年布雷顿森林体系崩溃以来，关于美元衰败的预言不断，但是美元作为头号国际货币的地位直到今天也没有从根本上被撼动，可以说始终处于"赢者通吃"的位置。

美元仍是最主要的国际结算货币。根据银行结算系统（SWIFT）的统计，当前欧元在国际结算中市场份额处于第一，但是这一统计应该包括欧元区国家之间的支付结算，如果将其扣除，欧元在全球支付结算中的份额将大幅减少，美元仍处于第一位。

美元在全球外汇储备中的份额更是高居第一。根据国际货币基金组织（IMF）最新报告，截至 2012 年 6 月，在向国际货币基金组织（IMF）报告储备货币的构成的有关国家外汇储备汇总统计中，美元占 62.2%，欧元占 24.9%，英镑占 4.0%，日元占 3.6%。美元在全球外汇储备中的比重在过去几年里略有下降，但多数时候都维持在 60% 以上。美元在特别提款权（SDR）货币篮子的权重也始终处于第一位。自 1981 年 SDR 货币篮子改成五大货币（欧元诞生后，欧元取代德国马克和法国法郎，SDR 变成四大货币）构成以来，美元所占比重最高达到 45%，最低为 39%。最近一次调整为 2011 年 1 月，美元权重为 41.9%，欧元为 37.4%，英镑为 11.3%。日元为 9.4%。从 SDR 构成的演变看，日元地位下降最大。

日元在 20 世纪 90 年代曾被认为有取代美元成为头号国际货币的可能。日元一度成为仅次于美元的二号国际货币，尤其是在国际外汇市场上，在欧元诞生前的相当一段时间里，日元/美元是最主要的货币交易对象。尽管日元在国际外汇市场上占有重要地位，但是作为国际化最基本的职能交易媒介和储备货币并没有很好的体现，而主要是作为投机对象存在。到 1995 年日本阪神大地震后，日元兑美元汇率一度突破 80 日元大关，相对于 1985 年初，10 年间累计升值超过了 220%。日元的快速且大幅升值，影响到了日本的出口竞争力和经济增长，出现了所谓"失去的十年""失去的二十年"。尽管在外汇市场上曾经叱咤风云，但是日元在国际结算中始终没有取得相应的地位。欧元诞生后，日元退为第三大国际货币，在某些方面其地位甚至还不如英镑。根据最新统计，近期日元在国际结算中的份额为 2.46%，比处于第三位的英镑还要低 6.52 个百分点，仅比处于第五位的澳大利亚元多 0.28 个百分点。根据有关统计，日元在日本的对外贸易和投资结算中也从未占据过绝对比重。据某家日本金融研究机构介绍，近年来，日元结算在日本出口中大致维持在 40% 左右的份额，在日本进口中更要低些，仅约 20% 的份额。

最后，具体到人民币国际化，从跨境结算入手，今后仍应主攻结算货币。

近期，人民币国际化得到很多溢美之词。诺贝尔经济学奖得主、美国经济学家罗伯特·蒙代尔不久前在香港表示：中国经济持续发展，随着人民币可自由兑换，将发展成为全球轴心货币之一（注：国内某家财经媒体报道时还把"之一"删掉了）。"俄罗斯之声"最近甚至说"人民币有望终结石油美元时代"。汇丰中国的一位业务负责人近日更是作出大胆预测"人民币三年内跻身全球三大贸易结算货币行列"。

对于这些以及今后仍会不断出现的溢美之词，姑且听听，是不可当真的。在当今这个"胜者全得""赢家通吃"的全球竞争格局下，即使能够做到全球二号国际货币，与第一之间也并非一墙之隔，而是十万八千里，更何况对于国际化刚刚起步的人民币呢？

笔者个人认为，在未来 20 年里人民币成为列美元、欧元、日元之后的第四大或超越日元成为第三大国际货币的目标确实不难实现，但是要想在主要国际货币场合占有可观的市场份额并非易事。成为石油等大宗商品的定价货币可以作为远大理想来追求，但是如果真的当作人民币国际化成功的标志来追求，则是自寻烦恼、自我膨胀、夜郎自大。从已有国别货币成为国际货币的过程来看，人民币国际化不是一夜之间能够实现的，而会是一个比较漫长的过程。

货币最基本的职能就是交换媒介，对国际货币来说也是一样。人民币的国际化也只有依靠积极拓展跨境结算，才是根本之路。2012 年前 10 个月，人民币跨境结算量（既包括贸易结算也包括非贸易结算）为 2.46 万亿元，约占通过中国全部国际结算份额的 9.5%，仅比 2011 年约 8% 的占比略有提高，增速已经放缓。又据我国香港方面的统计，香港银行完成的人民币结算量占全部人民币境外结算量的比重在 80% 左右。笔者个人认为，如果人民币结算量能在中国对外贸易结算中占据三分之一的份额，且香港之外的结算份额能在其中占据一半以上，那时可以说人民币国际化基本成功了。

人民币国际化，要走稳健之路，千万别相信忽悠。

警惕人民币离岸中心成为热钱投机平台①

近日，英国《金融时报》报道，尽管香港依然是人民币的国际交易和业务处理中心，但目前伦敦、巴黎、新加坡和中国台北等都在通过各种方式争夺人民币离岸中心的"第二把交椅"。几乎同时，全球市值排名第二的中国建设银行，通过其伦敦子公司发行了英国财政部一名官员所称的中资银行在中国内地和香港以外发行的首只"点心债"，筹资 10 亿元人民币，受到了机构投资者的热烈追捧。

人民币国际化的问题再次成为舆论关注的热点，为此本报记者专访国际金融问题专家、对外经贸大学金融学院兼职教授赵庆明博士，他指出，人民币国际化的成败最根本取决于中国自身经济实力，而非离岸中心的建设，我们要警惕离岸中心成为国际热钱投机炒作人民币的平台。

《时代周报》：最近，国际上对人民币国际化有很多溢美之词，比如之前诺贝尔奖得主蒙代尔在香港表示，"随着人民币可自由兑换，它将发展成为全球轴心货币之一"，我们该如何看待这些评价？

赵庆明：我认为，对于这些以及今后仍会不断出现的溢美之词，姑且听听，切不可当真。在当今这个"胜者全得""赢家通吃"的全球竞争格局下，即使能够做到全球二号国际货币，与第一之间也并非一墙之隔，而是十万八千里。更何况对于国际化刚刚起步的人民币呢？

在未来 20 年，人民币成为位列美元、欧元、日元之后的第四大或超越日元成为第三大国际货币的目标确实不难实现，但是要想在主要国际货币市场占有可观的份额并非易事。从已有国别货币成为国际货币的过程看，人民币国际

---

① 这是《时代周报》记者徐伟、实习生李逸曼对笔者的专访，发表在《时代周报》2012 年 12 月 20 日。

化不是一夜之间能够实现的，而会是一个较漫长的过程。

有学者提出，要把"人民币成为石油等大宗商品的定价货币"当作目标，我认为这是不切实际的，当下石油的唯一定价货币是美元，这是很多历史的、经济的、军事的原因造成的，如果真的把它当作人民币国际化成功的标志来追求，则是自寻烦恼、自我膨胀。

人民币国际化的目标应该还原到货币的基本职能本身。货币的本质是一般等价物，基本功能是交易媒介，而货币国际化就意味着在国际经济交往中，能够成为一种国际结算货币。其次，我们还要让更多的国家和外国机构把人民币当作价值储存货币。从政府角度而言，就是要把人民币作为外汇储备的构成货币，成为一些国家外汇储备的一个主要币种，这样人民币国际化就算是成功了。

《时代周报》：日前，包括伦敦、巴黎、新加坡在内的一些世界金融中心，都在通过各种方式争夺人民币离岸中心的第二把交椅，中国建设银行前不久在伦敦发行的中国首只人民币海外债券也相当受欢迎，如何看待国际社会对人民币的这种热情？

赵庆明：现在的确有这样一种热潮，包括日本也在讨论日元与人民币直接兑换的问题，对于这种热情我们一定要理智看待。上述金融中心的竞争，是为了壮大自身实力，人民币是未来主要的国际货币，假如它们不能在人民币的国际化中分得一块，这对其世界金融中心的地位是不利的。那么，这是不是说明它们真的就欢迎人民币国际化呢？我觉得不是，它们只是看重这个业务，对它们而言，哪种货币的流动性好，它的重要性就高。

我们一定要注意，一种货币国际化成败的关键不取决于国际社会的态度，而是取决于货币发行国自身的实力，比如当年英镑的国际化，英国是"日不落帝国"，到了哪里都只能用英镑，最后英镑顺利推行开来。美元的国际化同样如此，美国凭借其强大的政治、经济、军事实力，实现了美元在国际货币体系中的霸主地位。如果我们的实力足够强大，国际社会自然就会接受你的货币，所以说，人民币国际化能否成功，以及步伐的快慢，不是取决于它们，而是取决于我们自己。对它们来说，是在争夺一块业务，如果没有这一块，对它们未来的发展不利。

《时代周报》：您曾经提出，人民币国际化不能寄希望于离岸市场，你的理由是什么？离岸中心在人民币国际化道路中会起到何种作用？

赵庆明：这是确定的，世界上没有一种国别货币的国际化道路，是靠离岸中心成功的，都是靠自身实力，包括近年澳大利亚元、加拿大元的国际化莫不如此。如果追溯离岸市场的发展历史，我们就能发现离岸市场的建立和发展，只是有利于扩大既有国际货币的国际化程度，并不容易发现哪一个国别货币是靠离岸市场成为国际货币的。

离岸中心只是一个交易平台，我们不应该过分地强调它的作用，我不主张做大人民币离岸金融市场的另一个原因，是担心人民币有可能成为投机对象。当前，一些境外居民尤其是香港居民、企业和金融机构乐意持有人民币的主要动机，是由于人民币兑美元的升值走势和升值预期，能带来较高的投资（投机）收益。随着香港人民币存款规模的逐步扩大，无论是金融管理当局还是人民币资金的主要持有者，必然要求金融机构不断推出人民币的相关金融衍生品，并有可能对人民币升值产生更高的期望，而这并非是一种国际货币应该具有的基本职能。

假如我们国内的改革步伐跟不上的话，离岸中心对我们可能就是一个危害。香港的金融创新能力是很强的，它们现在有的货币衍生品都可以用在人民币上。在现在中国内地很多基本条件尚不具备的情况下，离岸中心未必是个好东西，如果做得好，它可以为人民币国际化锦上添花，但是如果做得不好，就可能成为危机的引爆点。

《时代周报》：那么我们应该如何对待离岸市场？

赵庆明：现在很多国家对境外的货币离岸中心，往往不直接干预。最早的离岸中心是欧洲的美元市场，当时的苏联因为担心自己手中的美元被冻结，就把放在美国的美元转到英国、法国，英国和法国的银行接受了这些美元存款。当时正值第二次世界大战之后全球百废待兴，很多国家都需要美元贷款，所以这些银行开始吸收美元存款，发放美元贷款，欧洲美元市场于是兴起。美国当时的态度只是在一边静悄悄地观察，并没有制止。但是一旦出现对美国不利的情况，则通过相对隐蔽的方式予以提醒和纠正。

我们需要做的是练好基本功，尽快推进国内相关改革，包括利率市场化、汇率市场化等，然后逐步在跨境贸易中做大人民币结算，这才是最重要的，境外离岸中心完全没有必要去管，让它们自生自灭最好。

《时代周报》：您刚才提到热钱投机的问题，目前人民币处于升值通道，人民币在国外受追捧很多并非源于人民币的稳定性和安全性，而是源于对人民币的升值预期，这会造成怎样的不利影响？要如何破解？

赵庆明：一国货币被接受为国际货币的最佳动因，是结算比其他货币更加便利，是币值比其他货币更稳定，而不是因为它比其他货币有更确定的升值走势。如果是这样，它作为国际货币的一般功能必然被弱化，甚至忽视，变成一种投机对象，正如日元所经历过的。币值稳定并不意味着升值，而是国外的居民和机构对它的购买力稳定更有信心。

现在，我们最紧迫的任务是化解人民币升值预期，我国现在已经是持续的贸易顺差和国际收支顺差，前者是长期的进出口不平衡，出口大于进口，后者是国外来华投资与中国企业在国外投资的不平衡，主要体现在资本项目顺差上。在这种情况下，人民币必然要升值，而这种升值预期会使带投机性的热钱流入。比如，过去几年，人民币升值比较快，升值预期比较强，香港居民就愿意接受人民币，人民币存款升得也快，但从 2011 年中开始，人民币出现贬值和贬值预期，他们就大量抛售，这对人民币的国际化是不利的。

解决贸易平衡有很多方式，我们过去过多地强调出口，在某种程度还限制进口。鼓励出口主要是给予出口部门各种优惠政策，包括出口退税、"三减两免"等，而对于进口则实行高关税，比如汽车、香水、奢侈品，在中国的价格都很高，这样就大大减少了进口。我们现在应调整进出口政策，谋求贸易平衡。资本项目下的顺差，主要表现为流入外资大于海外直接项目投资，解决的措施是一方面要严格招商引资的门槛，与国内企业一视同仁，另一方面要把过去对海外投资的各种有形无形约束放开，鼓励企业"走出去"，这样资本项目下的顺差就会变小。这些工作很有必要，也有很大的空间可以做。

《时代周报》：讨论人民币国际化的问题，人们往往喜欢拿当年日元国际化的失败作比较，我们应该吸取日本的哪些教训，避免重蹈覆辙？

赵庆明：没错，我们的确应该从日元的惨痛经历中吸取教训。日本在 20 世纪 80 年代初大力推进日元国际化，尤其是 1985 年《广场协议》后，日元快速升值，成为国际外汇市场最耀眼的明星，是除美元外，国际外汇市场上交易量最大的货币。尽管日元在国际外汇市场上占有重要地位，但是作为国际化最基本的职能——交易媒介和储备货币并没有很好的体现，主要是作为投机对象存在。也正因为如此，进一步推高了日元的汇率。从 1985 年初到 1995 年初，10 年间日元兑美元汇率累计升值超过了 220%。但持续升值对于日本境外的日元融资者来说，因为成本提高而减少了对日元的使用，所以，在国际贸易结算和融资中日元并没有占有相应的地位。相反，日元的过快升值是导致日本经济衰退的一个重要原因。所以，我们对待离岸市场必须谨慎，谨防被做成投机货币。

我们应该像美国一样，对离岸中心不直接去参与建设或给予建议，但是如果出现对人民币不利的现象，就要去及时制止。当年美国对欧洲的美元市场，既不明确地表示支持，也没明确地表示反对，而是在静悄悄地观察，如果未来出现了对美国不利的事情，必然会出来干预，如果发展对美国有利，那就默许发展。我们今天应该采取这样的态度，而不是很热情地参与建设，比如指定清算银行，贴个人民币离岸中心的标签等，否则，未来一旦出现问题就会很被动。

人民币国际化：不必太在意 SDR①

一、SDR 不曾有过辉煌，更是日渐式微

SDR 曾被寄予厚望。要认识 SDR，需从布雷顿森林体系说起。

布雷顿森林体系的主要内容就是美元与黄金挂钩，1 盎司黄金等于 35 美元，其他货币与美元挂钩，实行可调整的固定汇率制度。如此设计表面看来精巧，却是隐含着内在缺陷，如果要满足全球贸易发展的需要，外围国家就要多持有美元，美国应该通过贸易逆差向外输送美元，否则会制约全球贸易的发展，但是从美国流出的美元越多，美元就越难以维持与黄金的固定兑换关系。因这一内在缺陷首先被美国经济学家罗伯特·特里芬发现，这一缺陷故被称为"特里芬难题"。到了 1960 年，美国之外持有的美元达到 210 亿美元，已经超过了美国当时持有的市值为 178 亿美元的黄金储备，市场上开始出现对美元的信任危机。1963 年 9 月，法国率先将持有的美元向美国政府兑换成黄金。其他国家也纷纷效仿法国的做法，向美国提出用美元兑换成黄金。眼见黄金储备出现减少，美国政府开始推卸和拖延美元兑换黄金的义务，并伺机寻找脱身之策。

为了减缓黄金流失压力和为采取措施停止美元兑换黄金赢得时间，1968 年美国政府被迫同意国际货币基金组织创设特别提款权（SDR），作为美元的补充。创设伊始，特别提款权与美元有相同的含金量，即 1 盎司黄金等于 35 个 SDR。因此，SDR 一度被称为"纸黄金"。黄金非货币化后，特别提款权也

---

① 本文完成于 2015 年 4 月 24 日，在 2015 年元旦前后两家智库内部论坛上讲述过该文的主要观点。后来，应某家官方财经媒体写成文字稿，不过因故未能刊发，后于 2015 年 6 月 2 日发表在 FT 中文网。

与黄金脱钩，改由当时 16 个最大贸易国的货币组成的货币篮子来定价。到了 1981 年 1 月，为了简化和易于定价，SDR 改为由美元、德国马克、日元、法国法郎和英镑 5 种货币组成的货币篮子来定价，并自此每 5 年调整一次各货币在篮子中的权重。1999 年 1 月 1 日欧元诞生后，欧元取代了德国马克和法国法郎在特别提款权中的地位和比重。

最初大力推动创设 SDR 的法国以及其他国家，它们的意图是让 SDR 取代美元成为国际首要储备资产。布雷顿森林体系崩溃后，1976 年围绕国际货币基金组织改革通过的《牙买加协议》试图提高 SDR 的地位。经过两次石油危机，到了 1980 年前后，美国经济大伤元气，此时美元的国际地位岌岌可危，1980 年初，金价曾一度超过 850 美元/盎司就是美元地位衰退的力证。此时，又有人提出扩大 SDR 的使用范围，让 SDR 取代美元成为世界货币。这个阶段，SDR 的使用范围确实有所扩大，并且展露出来取代美元老大地位的苗头。然而，里根就任总统后，大力推行"里根经济学"，美国经济重新焕发生机，随之美元的国际地位又重新走强。没有了与黄金挂钩的枷锁后，美国在发行美元上没有了后顾之忧，完全可以从自身需要来实行货币政策。由于拥有一票否决权，坐享美元全球最主要储备货币收益却基本上不用承担责任的美国，是绝不会同意做大 SDR 的，更不会允许其取代美元。2010 年国际货币基金组织改革方案再次威胁到美国及美元在国际货币体系中的地位，所以美国国会迟迟不予通过，"有权"而"任性"，其他国家能奈我何？

笔者认为，尽管数度被寄予厚望，但是 SDR 在当今国际货币体系中并没有占据应有的重要位置，并且随着 20 世纪 80 年代的过去，日渐式微，已经几乎被世人所遗忘。

二、SDR 不是对人民币国际化的背书

近期国内有部分专家将人民币能否成功加入 SDR，看作是人民币下一步能否扩大国际化的重要条件，好像人民币只要披上了 SDR 这层"虎皮"，今后的国际化就将大行其道。

笔者认为，其实不然！SDR 自身都难以说得上是一种有影响力的国际货币，更不可能辅佐别的货币成为国际货币。2011 年初 SDR 货币篮子调整后，美元的比重为 41.9%，欧元居次席，占 37.4%，日元和英镑分别占 9.4% 和

11.3%。从权重来看，美元与欧元几乎不分伯仲，但实际上，在国际上的真正地位，美元几乎通吃，欧元的市场份额低得可怜。根据国际清算银行的2013年度调查报告，全球外汇市场交易中，美元占比是87%，欧元只有33.4%，日元更是只有23%，所有非美元货币之间的外汇交易仅占10%多一点。在全球外汇储备中，多年的统计结果显示，美元"一币"占到60%以上，欧元占25%左右，日元、英镑等其他所有国际货币占有的份额不足15%。尤其从日元来看，尽管在SDR中仍有接近10%的权重，但是它的国际地位几乎越来越微不足道。

因此，即便在2016年初的调整中人民币能够被吸纳到SDR的货币篮子中，也不会构成今后人民币加快国际化或者提高国际地位的背书。

三、不必为了加入SDR而加入

日渐式微的SDR当前似乎仅仅是个符号，只会偶尔被人想起，在它被标称的一大用处就是危机时用于国际支付，但是好像从未被哪个遭受货币危机的国家使用过，当下最困难的希腊好像也没有动用它来渡过难关的念头。

笔者的认识是，人民币若是能够被吸纳到SDR的货币篮子中，也算是一件好事，至少不是坏事，但是对于人民币的国际地位并不会有实质性的影响或提高。不能加入，也不能否定人民币国际化已经取得的成绩，更不会阻挡今后的国际化进程。加拿大元、澳大利亚元、瑞士法郎等货币没有在SDR货币篮子中，它们同样是有一定地位和影响力的国际货币，尽管日元在货币篮子中，它与加拿大元、澳大利亚元等在国际上的影响力或地位并没有实质性的差异。

因此，笔者主张不必为了加入而煞费苦心。中国应该根据已经制定的人民币国际化战略和步伐来稳步推进，而不应该因国际货币基金组织站在发达国家利益基础上提出的所谓条件而有所动摇或打乱。

过去，我国曾屡用"开放促改革"，并取得了良好的效果。但是在金融领域上，还是慎用此法为好。国际上此起彼伏的货币危机深刻地表明，资本项目可兑换、汇率市场化还是应该从国内实际承受能力出发来推进，绝不能为了满足外部要求而冒险推行。金融的国内改革应该优先于对外开放。大经济学家凯恩斯在20世纪30年代就说过："最重要的是，让金融以本国为主。"一句俗话说得好，打扫好屋子再请客。

对于人民币加入 SDR 最好本着不争不急的态度。面对波诡云谲的国际金融市场，急于求成、拔苗助长往往容易陷自己于危机之中，而水到渠成似乎才是最高境界。只要人民币国际化提到足够高的地位，它们自然会主动请我们加入，否则，它的代表性就不足。我们应该有这种自信。

四、国际货币应具备什么基本条件

在当今全球货币格局大势已定的背景下，一个后发国家的货币要想异军突起成为其他国家居民喜欢的国际货币，笔者认为应该具备两个基本条件：一是币值更稳定，二是使用起来便利。

人民币要成为国际化货币，与现有主要国际货币相比较，币值应该更稳定——如果币值还不如现有主要国际货币稳定，国外居民凭啥选择你？只要是理性的人，没有人愿意使用和持有一种眼见着购买力在不断缩水的货币。当然，信用纸币制度建立以来，各国的信用货币都存在程度不同的购买力缩水的问题，只是有的通胀率高、有的通胀率低而已，购买力绝对稳定的没有。因此，只要相比起来，币值更稳定就行。在国际间，衡量币值稳定的最常用的角度是汇率。布雷顿森林体系建立以来，美元一直是最主要的国际货币。我们也确实看到，当欧元、日元、英镑等其他国际货币在汇率上处于对美元汇率升值时，它们的份额就相应高些，而当对美元汇率走弱时，份额就会相应变少。对于人民币这个后起国际货币来说，对美元汇率最起码应该是相对稳定的，当然，这个稳定不是一直升值，也不是汇率紧盯住而几乎不变，只要相对于其他非美元国际货币来说，汇率在一个相对稳定的区间内就行。

第二个条件是使用起来要便利。货币最重要的功能是交易媒介，因此，在支付结算时要便利。美元之所以是最主要的国际货币，是因为它最早建立起最全球化的支付结算网络，几乎全球任何一个从事国际结算业务的银行都能够做美元的跨境支付清算业务。中国之外的企业或个人如果想用人民币，但是它所在地的银行如果无法帮他做收付结算的话，那么他就无法使用人民币。

五、人民币国际化归根到底取决于内功

一国货币能否成为国际货币以及在国际货币行列中的地位，归根到底取决

于该国包括经济、金融、政治、军事等在内构成的综合实力及其在国际上的地位。

一是提高出口商品的国际竞争力和在国际市场中的话语权。尽管我国已经是世界第二大经济体、世界第一大货物贸易出口国，但是正如被人们所熟悉的，中国是大而不强。长期以来，中国大量出口什么、什么就便宜，中国大量进口什么、什么就贵，也就是说中国在国际市场上缺乏定价权。在国际经济交往中，选择用哪种货币计价结算，必须首先掌握定价权。要提高出口商品的定价权，不单纯是看成本和质量，更主要的是看技术、品牌和渠道，尤其是技术。在国际市场尤其是大宗商品市场中，能否拥有话语权，不是看在现货市场上的采购量，更多的是看背后商品期货市场的发达程度以及在国际大宗商品市场中的位置。

二是本国商业银行应该有足够程度的国际化。一国货币在国际上的支付结算，主要由本国商业银行完成的。早在殖民地时期，西方国家的商业银行随着它们的工商客户一并走向海外，客户走到哪里，这些银行就在哪里设点经营，为它们提供融资和结算。我们能够发现英镑、美元、德国马克、法国法郎、瑞士法郎等货币的国际化都与本国商业银行的跨国经营密不可分。最近几年，澳大利亚元、加拿大元等新兴国际货币也离不开它们国家商业银行跨国经营的支持。当前我国商业银行的全球布局极不完善，无法满足人民币在国际上流通的需要，也不适应当前人民币国际化的步伐。

三是拥有成熟的金融市场，能够为境外本币持有者提供安全、高效、增值的投资渠道。国际货币有两大职能，除了作为流通手段外，还应该能够投资（包括官方外汇储备投资），让境外持有者能够通过投资实现保值增值。当前主要国际货币发行国，其国内都拥有成熟完善的金融市场。如果一国金融市场不透明、不公平、不能够高效地保护投资者的合法利益，而是让境外投资者望而生畏，它怎么会持有和使用你的货币？

人民币国际化：SDR 是表　综合国力是里①

2016 年 10 月 1 日，是国际货币基金组织（IMF）2015 年 11 月 30 日宣布的人民币加入特别提款权（SDR）货币篮子决定的生效之日。自此，每天 SDR 的定价中，人民币成为其中的五种货币之一。自 IMF 宣布人民币"入篮"以来，市场上就出现了大量的解读以及预言。此次正式"入篮"后，又是一波解读和预言。人民币加入 SDR 定价的货币篮子确实是一件大事、喜事，有利于提高人民币的国际形象。但也不能过度解读，要真正了解这一行为对今后人民币国际化的作用，则需要认清 SDR 的诞生背景、历史沿革、现状以及可能在国际货币体系中发挥的作用。

一、SDR 的诞生离不开"特里芬难题"

要认识 SDR，需从布雷顿森林体系说起。

布雷顿森林体系的主要内容就是美元与黄金挂钩，1 盎司黄金等于 35 美元，其他货币与美元挂钩，实行可调整的固定汇率制度。如此设计表面看来精巧，内在却是隐含着致命的缺陷：如果要满足全球贸易发展的需要，外围国家就要多持有美元，美国应该通过贸易逆差向外输送美元，否则便会制约全球贸易和经济的发展，但是从美国流出的美元越多，美元就越难以维持与黄金的固定兑换关系。据说，早在 1947 年，比利时出生的美国经济学家罗伯特·特里芬在提交给美联储的一份报告中就指出了这一缺陷。因由特里芬首先发现，故这一问题被称为"特里芬难题"。

---

① 本文完成于 2016 年 10 月 26 日，发表于《紫光阁》2016 年第 11 期。

第二次世界大战后，随着欧洲经济的重建与复苏，"特里芬难题"果然出现。据统计，1949 年美国持有的黄金储备达到历史最高点，此后几年有所波动，但大体稳定。到了 20 世纪 50 年代后期，随着经济复苏，欧洲国家美元短缺的状况明显缓解并转而开始过剩，于是，就开始有外国政府将持有的美元向美国财政部兑换黄金。自 1957 年，美国政府持有的黄金储备开始出现明显减少。到 1959 年，外国持有的美元总额超过了美国持有黄金储备的价值。这种情况下，越来越多的人质疑：美国政府是否有能力按照 1 盎司黄金等于 35 美元的官价履行兑换黄金的承诺？于是，伦敦黄金市场上个人和机构购买黄金的热情开始攀升。1960 年 10 月，伦敦黄金市场上终于爆发了第二次世界大战后第一次大规模的抛售美元、抢购黄金的美元危机。为了平抑伦敦黄金市场的金价，1961 年 10 月，美国与欧洲的英国、德国、法国、意大利等七国组成黄金总库。黄金总库在运作的前几年，尚算良好。但是从 1964 年底开始，市场不信任情绪再起，金价再次走高，并愈演愈烈。到 1965 年，各外国货币当局持有的美元外汇储备，超过美国持有的黄金储备的价值。此后，伦敦黄金市场投机热情进一步高涨，黄金总库疲于应付，到 1968 年 3 月以关门而告终，伦敦黄金市场的金价开始由市场决定。在另一条战线上，美国政府也不得不对付排队兑换黄金的外国政府。到 1960 年底，美国的黄金储备已经比最高峰减少了三成。到 1965 年底，美国的黄金储备相比 1960 年底又减少了五分之一，与历史高点相比减少近半。眼见黄金储备减少，美国政府开始推卸和拖延美元兑换黄金的义务，并伺机寻找脱身之策。

为了减缓黄金流失压力和为采取措施停止美元兑换黄金赢得时间，再加上黄金总库计划的破产，美国政府最终被迫于 1968 年 5 月同意国际货币基金组织（IMF）创设特别提款权（SDR），作为美元的补充。据说，"特别提款权"原本叫"储备提款权"，是由于法国的坚持而改名，意在表明这一新单位是一种贷款而非货币。法国一向以特立独行而著称，是第二次世界大战后最早公开挑战美国权威的国家。1969 年 9 月，IMF 年会正式通过储备货币改革方案，决定自 1970 年 1 月 1 日起创设 SDR。创设伊始，SDR 与美元有相同的含金量，即 1 盎司黄金等于 35 个 SDR。因此，SDR 一度被称为"纸黄金"。1973 年初，美国尼克松政府宣布停止兑换黄金，美元与黄金脱钩。因此，在 1974 年 7 月，IMF 根据"二十国委员会"的建议，正式宣布 SDR 与黄金脱钩，改按"一篮子货币"来定值。SDR 的篮子货币最初有 16 种货币。到了 1981 年 1 月，为了简化和易于定价，SDR 的货币篮子改由美元、德国马克、日元、法国法郎和英镑五种货币组成，并自此每五年调整一次各货币在篮子中的权重。1999 年 1 月 1 日欧元诞生后，欧元取代了德国马克和法国法郎在 SDR 中的地位和比重。

二、SDR 几度被寄予厚望，但至今作用有限

最初大力推动创设 SDR 的法国以及其他国家，它们的意图是让 SDR 取代美元成为国际首要储备资产。虽然多次出现机会，然而，每次美国都通过采取缓兵之计，以及凭借经济上的很快复苏，化险为夷，平安度过。布雷顿森林体系崩溃初期，美国可谓积贫积弱。1976 年，围绕 IMF 改革通过的《牙买加协议》试图提高 SDR 的地位。经过两次石油危机，到了 1980 年前后，美国经济大伤元气，此时美元的国际地位岌岌可危。1980 年初，金价曾一度超过 850 美元/盎司，成为当时美元地位衰退的力证。此时，又有人提出扩大 SDR 的使用范围，让 SDR 取代美元成为世界货币。这个阶段，SDR 的使用范围确实有所扩大，并且展露出来取代美元老大地位的苗头。然而，里根当选美国总统上台后，大力推行里根经济学，美国经济重新焕发生机，随之美元的国际地位又重新走强。2008 年 9 月，由美国次贷危机演变而来的国际金融危机爆发，似乎又为 SDR 取代美元提供了机会。2009 年 3 月，在 G20 伦敦金融峰会前夕，我国央行行长周小川撰文提议推动 SDR 作为储备货币发挥更大的作用，以降低由美元作为主要储备货币所导致的国际货币体系的内在缺陷和系统性风险。这一提议在当时得到了包括俄罗斯、巴西等国的积极响应。2009 年底，由联合国倡导成立、著名经济学家斯蒂格利茨领衔的一个国际委员会发表了《斯蒂格利茨报告》，该报告也提出要强化 SDR 的作用。然而，随着美国经济在发达国家中率先复苏，美国比以往更快度过艰难时期，再次化险为夷，这也意味着旨在降低美元国际地位的国际货币体系改革仍然遥不可期。由于拥有一票否决权，坐享美元全球最主要储备货币收益却基本上不用承担责任的美国，是绝不会同意做大 SDR 的，更不会允许美元被取代。20 世纪 70 年代初，时任美国尼克松政府财长的约翰·康纳利就对一群欧洲官员说过一句至今闻名的名言——"美元是我们的货币，是你们的麻烦"。

SDR 诞生以及三轮分配都是美国在困难时期的缓兵之计。美国经济学家、《布雷顿森林货币战：美元如何统治世界》的作者本·斯泰尔就在其著作中指

出："对于美国而言，它（指美国同意创设 SDR）是一种权宜之计，为美国采取措施停止其黄金储备的流失赢得了时间，使她可以试试新的政策。"SDR 诞生至今，只经过了三轮创设与分配，时间恰恰都是在美国最困难的时期。正如斯泰尔所说，为给停止兑换黄金赢得时间，美国政府同意创设 SDR，1970 年至 1972 年，分三年合计创设和分配了 93 亿单位的 SDR。1973 年，IMF 讨论是否需要继续增加 SDR 分配时，最终因美国政府反对而停止。第二轮创设发生在 1979 年至 1981 年，总共分配了 121 亿单位的 SDR。这个阶段也是美国非常困难的时期，经历了两次石油危机后，美国经济陷入了严重的滞胀状况。在国际上对美元的不信任再次高涨，美国迫于压力同意发行 SDR。2008 年爆发国际金融危机后，美元再次受到广泛质疑，于是在 2009 年 8 月 IMF 创设了史上规模最大的一次 SDR，但是分配数量也仅仅只有 1827 亿单位。经历三轮创设与分配，也只有 2041 亿单位的 SDR，约合 4000 亿美元，在当今全球国际储备总额中的比重不到 3%。

SDR 不仅规模较小，而且使用范围也被严格限制。SDR 只能被各国货币当局或是 IMF 等相关国际机构持有以及在它们之间使用，不能用于私人之间的支付结算。IMF 会员国持有的 SDR 可以用于支付对其他会员国的债务，但是以对方同意收取为前提。当一国发生货币危机、需要干预外汇市场时，该国若要动用自己持有的 SDR，需要首先兑换成货币篮子中的主权货币，主要有两种途径：一是直接与其他参加国达成兑换协议，交出 SDR 换得干预需要的硬货币；二是向 IMF 申请，由 IMF 协调其他参加国兑换为可自由使用的外汇。由于使用受到严格限制，SDR 自创设以来实际被使用的次数和规模都极为有限。根据 IMF 统计，截至 2014 年 4 月末，参与 SDR 两边交易安排的参与者总共只有 32个（欧洲中央银行和 31 个成员国），总交易规模约为 1070 亿单位 SDR。当然，SDR 还用作 IMF 的记账单位，IMF 给会员国的贷款通常以 SDR 计价。

三、SDR 不是对人民币国际化的背书

近期国内有部分专家将人民币成功加入 SDR，看作是人民币成为国际货币的"通行证"，好像人民币只要披上了 SDR 这层"虎皮"，今后的国际化就将大行其道，就必然在其他国家的外汇储备中占有一定的比重，甚至有专家测算出人民币加入 SDR 货币篮子后其他国家外汇储备中将增持人民币资产的具体金额。

其实不然！IMF 已经创设的 2041 亿单位 SDR，只是虚拟存在于会员国和个别国际金融机构开设在 IMF 的账户上，并不是像指数基金一样，有多少总投资规模，背后就实际持有多少相关股票。各国的外汇储备根本不是按照 SDR 货币篮子中各币种的比重来配置，而是根据自身的交易需要、投资收益与风险等条件在全球范围内进行配置。此次调整前，SDR 货币篮子中，美元的比重为41.9%，欧元居次席，占 37.4%，日元和英镑分别占 9.4% 和 11.3%。从权重来看，美元与欧元几乎不分伯仲。但实际上，美元几乎通吃，欧元的市场份额低得可怜。例如，在全球外汇市场中，美元几乎占到 90%，非美元之间的外汇交易仅占 10% 多一点。在全球外汇储备中，多年的统计结果显示，美元"一币独大"，占到 60% 以上，欧元仅占 25% 左右，日元、英镑等其他所有国际货币占有的份额更是不足 15%。尤其从日元来看，尽管在 SDR 中仍有接近10% 的权重，但是它的国际地位几乎越来越微不足道。因此，加入 SDR 货币篮子，绝不是对人民币国际化的背书。

当然，也有人认为人民币加入 SDR 后，有助于推动国际货币体系的改革。这一点可能仅仅是期盼，也是难以做到的。曾任美联储主席的保罗·沃尔克（Paul Volcker）就针对这一点表示："我不认为这（指人民币纳入 SDR 货币篮子）对国际货币体系运作有很大的实际影响。"

四、人民币国际化未来之路取决于内功和综合实力

国力强，通货硬。这是亘古不变的道理。一国货币能否成为国际货币以及在国际货币行列中的地位，归根到底取决于该国包括经济、金融、政治、军事等在内构成的综合实力。

人民币能够被纳入到 SDR 的货币篮子中，最终靠的是内功、是中国自身的综合实力，而不是大国的慈悲、怜悯和同情。有专家就针对人民币加入 SDR 货币篮子一事指出，与其说是人民币需要 SDR，不如说是 SDR 更需要人民币。人民币的参与，有助于增强 SDR 的代表性和吸引力。SDR 自身都难以说得上是一种有影响力的国际货币，更不可能辅佐别的货币成为国际货币。因此，未来人民币国际化及国际地位的进一步提高，仍然需要中国自身综合实力的提高来支撑和推动，需要我们自身做好内功。

论商品期货市场在推动人民币成为
大宗商品定价货币进程中的作用①

摘要： 成为全球贸易商品特别是大宗商品的定价货币，被认为是衡量一国货币国际地位的重要标准。本文探讨了美元之所以成为国际大宗商品的最主要定价货币的原因，并对人民币成为国际大宗商品定价货币的必要性和可行性进行了分析。在此基础上，本文提出，应借鉴美元经验，通过发展商品期货市场来实现大宗商品的人民币定价，并就我国大宗商品期货市场及大宗商品人民币定价方面的进展和存在的问题进行讨论。最后，本文提出了加快国际主要大宗商品期货的上市步伐，从对内、对外两个角度完善投资者机构，防止暴涨暴跌的过山车行情，以协调推进我国期货市场建设与发展的建议。

关键词： 商品期货市场　大宗商品定价权　人民币国际化

国际货币的一项重要职能就是作为全球贸易商品的定价货币，尤其是成为大宗商品的定价货币，这被认为是衡量一种国际货币国际地位的重要标准。当前，国际大宗商品几乎都以美元进行定价和结算，这正是美元国际地位的一项重要体现。美元之所以成为国际大宗商品的最主要定价货币，与美国拥有发展较早、成熟完善且占据国际主导地位的商品期货市场是分不开的。鉴于此，我国有学者甚至将能否成为石油等战略资源和资产的定价货币作为衡量人民币国际化成功的标志之一。无论此言准确与否，借鉴美元经验，通过发展商品期货市场助力大宗商品的人民币定价，都应是我国进一步推动人民币国际化进程的可行路径之一。

---

① 本文与鲍思晨合作完成于 2016 年 8 月，在 2016 年 12 月第 12 届中国（深圳）国际期货大会学术分论坛上宣讲，发表于《国际金融》2017 年 3 月。

一、国际大宗商品定价货币的现状与成因

分析国际大宗商品定价货币的现状与成因将对实现大宗商品的人民币定价具有借鉴意义。目前，美元是国际大宗商品最重要的定价货币。据联合国贸易和发展会议（UNCTAD）统计，截至 2015 年底，在 88 种大宗商品价格序列中，有 53 种大宗商品是以美元来定价的，份额超过六成（见表1）。事实上，美元在大宗商品定价中的地位远比 UNCTAD 的统计结果要高。如果按照交易量来测算，美元在大宗商品定价中的市场份额可能超过 90%。至今，美元仍然牢牢占据着黄金、原油等国际上最重要大宗商品的定价货币地位。而美元之所以能够成为大宗商品最重要的定价货币，既有历史渊源的关系，也是美国主动布局的结果，同时还与美国期货市场的发展密不可分。

表1   大宗商品定价货币概览

定价货币	大宗商品品种	比例（%）
美元（USD）	53	60.23
欧元（EUR）	29	32.95
英镑（GBP）	3	3.41
新加坡元（SGD）	1	1.14
马来西亚林吉特（MYR）	1	1.14
特别提款权（SDR）	1	1.14
总计	88	100.00

资料来源：联合国贸易和发展会议（UNCTAD）。

首先，美元成为黄金的定价货币主要与历史渊源有关。第二次世界大战结束后，在美国的主导下，44 个国家建立起了旨在规范国际金融秩序的布雷顿森林体系。布雷顿森林体系的主要内容是：美元与黄金挂钩，1 盎司黄金等于 35 美元；其他国家的货币与美元挂钩；其他国家的货币不能直接兑换黄金，只能通过美元向美国政府兑换黄金。在布雷顿森林体系下，在伦敦、苏黎世等黄金市场上，黄金交易的计价结算货币亦由此前的英镑转为美元。尽管 1973 年美国宣布美元与黄金脱钩并停止兑换黄金，以及 1976 年 1 月牙买加会议通过的《国际货币基金组织协定第二次修正案》正式决定黄金非货币化，但是黄金以美元计价交易却被市场保留了下来。尽管在中国香港等地也存在以本地

货币计价的黄金交易，但是从全球来看，美元仍然是黄金最重要的定价货币，占据着绝对的市场份额。

其次，美元成为原油定价货币则可能更多的是美国主动布局的结果。第二次世界大战后，廉价的石油为西方国家的经济发展注入了强劲动力，但是产油国却没有获取到多少好处，依然贫困。为了打破西方国家对国际油价的掌控，1960 年，沙特阿拉伯、伊朗、伊拉克等产油国联合成立了石油输出国组织（OPEC），试图掌控原油定价权。1973 年，第一次石油危机发生，OPEC 阿拉伯成员国宣布收回石油定价权，国际油价大幅上涨，对西方国家经济造成重创。为了对抗 OPEC，1974 年，美国倡议成立了代表西方石油消费国利益的国际机构——国际能源署（IEA）。1975 年，美国陆续与沙特阿拉伯等中东产油国签订协议，确定美元为石油的计价结算货币。美国政府承诺给沙特阿拉伯王室绝对和明确的政治支持，一旦需要，哪怕是采取军事行动也要保证他们在沙特阿拉伯的统治地位，以此换取最大产油国沙特阿拉伯在原油供应与美元定价等方面的支持。此后，美国还通过发展原油期货等来掌控原油的定价权和美元定价货币地位。经过一系列尝试，1983 年，美国纽约商品交易所正式推出 WTI 石油期货交易；1988 年，英国伦敦国际石油交易所推出以美元计价结算的布伦特石油期货。直到今天，无论是纽约 WTI 原油、伦敦布伦特原油，还是迪拜、印尼辛塔等地的原油交易（包括石油期货交易）均使用美元定价。

最后，美国商品期货市场的快速发展并占据国际主导地位，也是美元成为国际主要大宗商品定价货币的重要原因之一。除了伦敦金属交易所（LME）的期铜，其他主要大宗商品的定价权几乎均由美国的期货交易所垄断，例如纽约商业交易所（NYMEX）的原油期货和芝加哥期货交易所（CBOT）的农产品期货。而芝加哥商业交易所（CME）于 2006 年和 2008 年先后收购了 CBOT 和 NYMEX，一举成为全球最大的期货交易所。虽然洲际交易所（ICE）在 2000 年才成立，但在 2001 年收购了伦敦国际石油交易所，之后又与纽约期货交易所、芝加哥气候交易所、纽约泛欧证券交易所、新加坡商品交易所合并，将其经营范围和经营区域极大地拓展，至今已发展成为全球第二大期货交易所。值得一提的是，在 ICE 欧洲分部推出的全部 29 种产品中，只有 3 种碳排放和 2 种天然气合约不是以美元计价，而其余 24 种大宗商品合约均以美元计价。可以说，美国期货市场的整合进一步巩固了其在国际资本市场上的传统优势地位，并使其更加牢固地掌握了国际大宗商品的定价权。

总之，商品期货的美元定价在巩固和提高美元国际地位方面发挥了积极的作用。全球主要期货产品几乎均由美元来定价，这也使美元理所当然地成了国际大宗商品最重要的定价货币。Goldberg（2010）认为，美国在全球范围内的较大贸易份额以及美元作为国际大宗商品定价货币的现状，使得美元不但成为了国际计价货币，而且还成为了最核心的国际货币，并且短期内其地位将难以被撼动。楚国乐、吴文生（2015）也认为，因为美元与大宗商品进行了绑定，所以美元成为了国际计价货币并被广泛使用。不难看出，正是商品期货的美元定价，进一步促使美元成为国际大宗商品的定价货币；而美元成为大宗商品的定价货币又成为保持和提升美元国际地位的重要手段之一。

二、大宗商品人民币定价的必要性与可行性

虽然目前美元是国际大宗商品最主要的定价货币，但是以人民币来定价大宗商品不仅具有必要性，也存在可行性。

从必要性来看，中国作为全球大宗商品的最主要进口国，有必要以人民币定价大宗商品，以避免美元定价结算所带来的汇率风险。随着经济的快速发展，我国已成为全球第二大经济体，由此成为绝大部分大宗商品的最主要消费国，像铁矿石、大豆等多个品种的进口数量已经高居全球榜首。虽然对大宗商品市场价格的影响越来越大，但整体上看，我国仍然是价格的被动接受者。同时，由于大宗商品主要是用美元定价结算，我国在大宗商品国际贸易中，不仅面临价格风险，而且还要面临汇率风险。这提高了我国的进口成本，降低了整个国民的福利水平。如果直接采用人民币进行国际大宗商品定价结算，就不会存在汇率风险问题。因此，至少从这个角度来看，我国确实有用人民币来对国际大宗商品进行定价和结算的必要。

从可行性来看，虽然目前美元是大宗商品最主要的定价货币，但是以人民币来定价大宗商品也依然存在可能性。

一是我国已经成为大部分全球大宗商品的最主要进口国，从而使得人民币具备了成为大宗商品定价货币的基础条件。自2009年，我国原油进口量超过日本，仅次于美国，成为世界第二大原油进口国。2014年，我国进口原油3.09亿吨，占世界进口总量的16.48%，仅比美国低3个百分点。如果延续过去几年的中美原油进口量变化，我国将会在近一两年内超过美国成为原油第一

大进口国。自 2003 年起，我国铁矿石进口量超过日本，成为全球第一大铁矿石进口国。2014 年，我国铁矿石进口量占全球进口总量的 65%，占全球铁矿石产量的 46.6%。另据统计，2014 年，我国大豆进口额为 443 亿美元，占世界大豆进口总额的 49.9%。2014 年，我国铜消费量占全球的一半。此外，来自世界黄金协会的数据表明，我国早在 2013 年时，就成为了世界上最大的黄金市场，需求量约占全球总需求的三分之一。

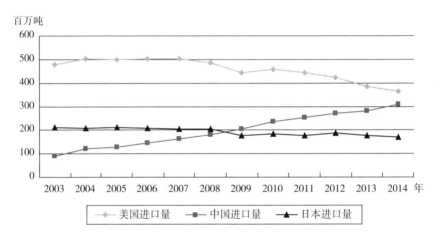

数据来源：Wind。

图 1　中国及部分国家原油进口量

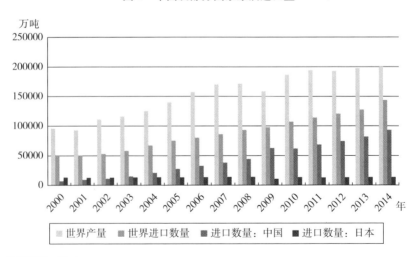

数据来源：Wind。

图 2　中国与相关国家铁矿石进口量

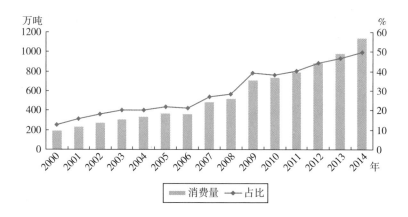

数据来源：Wind。

图3　铜消费量及国际市场份额

二是人民币国际地位的初步确立，其国际认可与接受程度逐步提高。据环球银行金融电信协会（SWIFT）统计，2015 年 12 月，人民币成为全球第二大贸易融资货币、第五大支付货币、第六大外汇交易货币。自 2009 年 7 月启动人民币跨境贸易结算试点以来，人民币在跨境贸易和直接投资中的使用规模稳步上升。2015 年，跨境人民币收付金额合计 12.1 万亿元，同比增长 22%。在储备货币方面，一些境外央行已经把人民币纳入其官方外汇储备。另外，一个

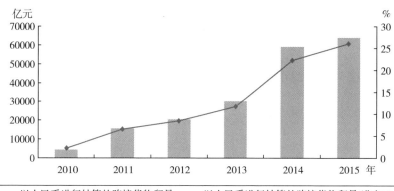

注：2013 年及以前无货物报关的转口贸易纳入服务贸易统计，2014 年及以后调整到货物贸易统计。

数据来源：中国人民银行、Wind。

图4　跨境货物贸易人民币结算规模

全球性的人民币离岸中心网络也已初具雏形。继中国香港之后，新加坡、中国台湾、伦敦等人民币离岸市场发展迅速，德国、法国、卢森堡、美国、加拿大等国也在争取成为人民币离岸中心。2015 年 11 月 30 日，国际货币基金组织（IMF）决定将人民币纳入特别提款权（SDR）货币篮子，这是人民币国际化道路上的又一里程碑。

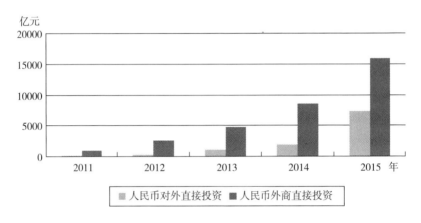

数据来源：中国人民银行、Wind。

图 5　人民币直接投资结算业务

三、大宗商品人民币定价取得的进展与存在的问题

（一）大宗商品人民币定价方面取得的进展

目前，大宗商品的期货市场价格在大宗商品国际贸易定价中扮演着越来越重要的作用。一般来说，大宗商品可以被分为四大类：以原油、煤炭为代表的能源类；以矿石、螺纹钢为代表的原材料类；以大豆、玉米、棉花为代表的农产品类；以黄金、白银为代表的贵金属类。随着金融市场的发展，几乎所有大宗商品都有相应的期货交易市场。当前大宗商品的期货市场价格与其国际现货贸易定价之间大体呈现四种关系：第一种是现货完全按照期货价格来定价，其中黄金最为典型；第二种是现货交易价格是在期货价格基础上通过加成一定升贴水和运费等来确定，例如原油、棕榈油等；第三种是现货定价与期货价格相互影响，各自不具有完全的独立性；第四种是现货定价与期货价格相互独立。

从当前的现实情况来看，品质规格标准在国际上越容易统一的大宗商品，例如黄金、铜、原油、大豆等，其期货市场的国际化程度就越高，现货交易的定价就越依赖期货市场价格。

随着以人民币作为计价结算货币的商品期货市场的发展和壮大，人民币作为大宗商品定价货币的地位正在逐步提高。不同于国际上其他国家的商品期货市场，例如伦敦，主要使用美元作为商品期货的定价和结算货币，我国商品期货市场自建立以来就是完全使用人民币计价和结算。

随着我国期货市场的发展，"中国价格"在国际大宗商品期货价格中的地位正在提升。2012 年 5 月，上海期货交易所（以下简称上期所）上市的白银期货目前已在全球交易量排名中位居第一，基本上实现了白银的中国定价和人民币定价。上期所的黄金、铜（沪铜）等也已经跻身全球期货交易排名的前列，尤其是沪铜，其交易量仅次于伦铜，尽管仍与我国铜消费量的全球占比不相称，但无论对于期铜还是现货铜的交易定价来说，它都已经成为不可忽视的力量。

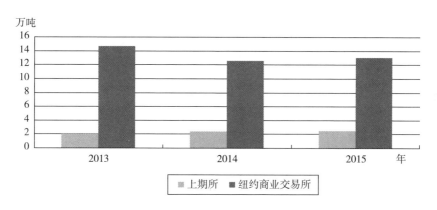

数据来源：美国期货业协会（FIA）。

图 6　黄金期货内外盘交易量比较

从当前来看，人民币在铁矿石定价上最有可能率先取得突破。首先，我国是全球最大的铁矿石进口国，国际市场上近七成的铁矿石出口到我国；其次，我国的铁矿石期货交易后来居上，已经远远地甩开了国际竞争者。2013 年 10 月 18 日，大连商品交易所（以下简称大商所）上市铁矿石期货合约。早在 2009 年 4 月，新加坡交易所（以下简称新交所）就推出了全球第一个场内铁矿石掉期合约，2011 年 1 月印度的两家交易所推出了全球第一个铁矿石期货

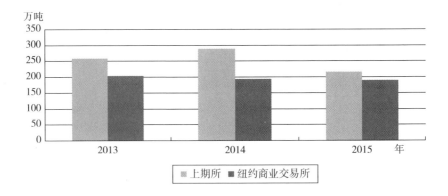

数据来源：美国期货业协会（FIA）。

图 7　白银期货内外盘交易量比较

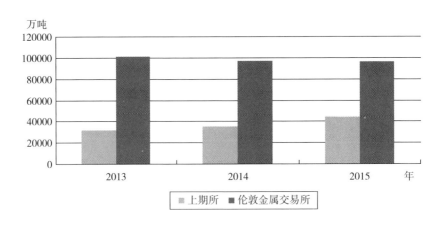

数据来源：美国期货业协会（FIA）。

图 8　铜期货内外盘交易量比较

合约，紧接着在当年 8 月，纽约商业交易所和新交所相继推出铁矿石期货。但是，它们的交易一直比较清淡，对现货交易定价影响甚微。而大商所的铁矿石期货推出后，交易量一路攀升，市场影响力日渐显著。2016 年 3 月，大商所铁矿石期货合约日均成交量达到 6.6 亿吨，交易量处于第二位的新交所，整个 3 月交易量仅为 1.3 亿吨。

"上海金"定盘价的诞生，有助于中国金价对全球影响力的提升。首笔"上海金"定盘价于 2016 年 4 月 19 日"诞生"。2015 年，上海黄金交易所的黄金总成交量已列世界第三位，并连续 9 年位居全球第一大黄金现货场内交易所。根据上海黄金交易所的规则，"上海金"每日集中定价交易分为早盘和午盘两场，早盘集中定价开始时间为 10 点 15 分，午盘集中定价开始时间为 14 点 15 分。目前，包括银行、黄金企业等在内的 18 家机构参与定价和提供参考价。在中国交易时段推出黄金定盘价，无疑将提升中国对全球金价的影响力，"上海金"有望与"伦敦金""纽约金"形成三足鼎立格局。

香港交易所正加快推出以人民币计价结算的商品期货产品。这对推动人民币成为大宗商品定价货币会起到积极的作用。据介绍，香港交易所计划 2016 年将推出以人民币计价和结算的黄金等商品期货产品。

毫无疑问，人民币在大宗商品定价货币方面取得的任何进展，都将有利于人民币国际化。当然，人民币国际化的发展也有助于人民币成为大宗商品的定价货币，它们之间存在着相互依存、相互强化的关系。

（二）大宗商品人民币定价方面存在的问题

虽然人民币在大宗商品定价货币方面已经取得了不少进展，但是在当前激烈的国际竞争下，我国实现大宗商品人民币定价的过程，注定不会一帆风顺，其中依然存在一些问题亟待解决。尤其是作为商品定价主战场的我国期货市场，面临着以下三个方面的突出问题。

一是我国商品期货市场目前仍然是个小众的、封闭的市场，投资者结构极不合理。我国商品期货市场中的机构投资者较少，以银行、基金为代表的金融机构和位于产业链上、下游的现货企业在市场中的占比较低，而零散贸易商和中小散户却成为了市场参与主体。截至 2016 年 7 月 21 日，我国商品期货投资者共 219.9 万名，自然人、一般机构、特殊机构投资者比重分别为 96.9%、2.6%、0.5%。一般机构客户仅有 5.77 万户，并且其中有相当一部分是投机者，并非是为其实体经营业务进行套保。作为衡量期货市场规模的另一项重要指标，2015 年我国商品期货市场期货持仓所占用的保证金仅为 3800 亿元，仅相当于一家中等偏上规模上市公司的市值。我国的商品期货市场目前还未对外开放，缺乏国际投资者的参与。这种闭关锁国、自娱自乐式的市场结构，无法使我国商品期货市场真正融入全球市场，难以发挥对大宗商品定价的影响力，更不用说在国际市场上占有一席之地、主导全球大宗商品的定价了。小众、封闭的商品期货市场是无法形成均衡价格的，这使得我国期货市场很难发挥其应有的定价作用。

二是我国大宗商品市场投机程度过高，短期投机力量较强。据神华期货分析师预计，中国铁矿石和螺纹钢期货市场上，大约70％的资金都来自于主要从事投机交易的中小散户，而不是来自于开展套期保值业务的实体企业。在某种程度上，期货市场需要投机者的参与，投机者在寻求风险利润的同时，也承接了市场风险，但是如果短期投机者成了交易的最大主体，投机炒作就会愈发严重，就会使得期货交易价格过度反映供求关系的变化而严重偏离基本面。在我国商品期货市场上，每当某一商品成为市场焦点时，其期货价格短时间内就会被推高，而价格的快速走高反过来又会刺激众多投机者的追高行为，从而出现一轮暴涨，反之亦然。因此，期货市场投机热度过高往往导致追涨杀跌、价格超调，使得市场波动幅度加大，不利于我国期货市场国际竞争力的提升。

三是我国商品期货市场与我国实体经济发展要求以及与发达国家商品期货市场相比，存在较大差距。尽管我国商品期货市场发展很快，商品期货成交量已经连续多年位居世界前列，但其在国际上的地位与我国的大国地位并不相称，这使得我国商品期货市场还不足以支撑人民币成为国际大宗商品的定价货币。虽然在2015年，大连、郑州、上海三家商品期货交易所的成交量均以两位数增长，并分别排在全球第八、九、十位，但是这三家交易所与全球顶级交易所相比，仍存在较大差距，与我国经济总量世界第二、贸易总量世界第一的大国地位相比，也是相距甚远。这些差距具体体现在产品结构、市场结构、投资者结构、系统性风险防范等诸多方面。

四、政策建议

要使人民币成为大宗商品的主要定价货币之一，须充分发挥商品期货市场的作用。针对我国期货市场的发展状况，建议从如下三个方面进一步完善境内期货市场。

第一，加快新产品上市步伐，品种选择应集中在国际主要大宗商品上。目前，我国已经成为许多大宗商品的全球最大生产国、消费国和贸易国，大豆、铁矿石、原油、天然橡胶等国际大宗商品的外贸依存度分别超过80％、60％、60％和50％，但是对于上述大宗商品我国却普遍缺乏定价权。为了改变"中国买什么，什么就涨价，中国卖什么，什么就降价"的尴尬局面，在风险可控的前提下，我国应该把重点放在国内需求量大，但却没有掌握定价权的国际大宗商品上，积极推进其期货合约的上市工作，完善期货品种体系。这种以市场需求为导向的期货产品上市机制，有助于我国争取大宗商品国际定价权，从而降低我国企业的进口成本。而且，如果人民币能成为国际大宗商品的定价货币，无疑也会对人民币国际化进程产生巨大的推动作用。

第二，从对内、对外两个角度开放大宗商品期货市场，完善投资者结构。对内，要逐步取消相关政策限制，允许银行、证券、保险、共同基金、养老保险基金等机构投资者参与商品期货交易。同时，鼓励和支持现货企业进入期货市场，取消对现货企业入市的各种不必要限制。从国际上看，金融机构和现货企业共同构成了商品期货市场的基石，它们的参与拓展了市场的深度和广度，有利于形成更加理性的市场交易秩序和合理的均衡价格，从而防止行情暴涨暴跌。对外，要加大开放的力度，逐步引入境外投资者参与国内商品期货市场，以助力提升中国价格在大宗商品交易市场上的国际影响力。

第三，规范市场秩序，提升监管有效性，防止暴涨暴跌的"过山车"式行情。针对商品期货市场过度金融化带来的价格波动增大、套期保值功能难以发挥等问题，我国必须实行更为严格有效的监管措施来加以应对，否则商品期货市场将面临功能丧失的危险。为了规范市场交易行为、建立合理的市场交易秩序，可以采取的具体措施有：一是期货公司要坚持风险管理导向，配合期货交易所做好风险控制，落实好对客户尤其是大客户的管理和服务责任；二是期货交易所加大对交易的监测和分析能力，提高一线监管水平；三是加快推进《期货法》的立法，以更高层次的法律来推动和实现行业有序发展，提高国际竞争力。

总之，一个发达、完善、健康的商品期货市场不仅有利于我国参与国际大宗商品定价，体现我国在国际大宗商品贸易中应有的地位，更好地服务实体经济发展，也有助于实现大宗商品的人民币定价，进而促进人民币国际化。

参考文献

［1］陈雨露．人民币国际化报告2015［M］．北京：中国人民大学出版社，2015．

［2］徐以升．人民币国际化核心是计价功能［N］．第一财经日报，2012 – 02 – 13（A8）．

［3］楚国乐，吴文生．人民币作为国际计价货币的模式借鉴：美元模式与欧元模式的比较分析［J］．财经研究，2015（8）：79-89．

［4］宋玮．大宗商品是人民币计价的突破点［J］．中国金融，2013（23）：55-56．

［5］Goldberg, L. S. Is the International Role of the Dollar Changing? Current Issues in Economics and Finance, Vol. 16, No. 1, January 2010.

第二章
汇率市场化与
汇率水平

人民币汇率改革需要新思路①

目前，人民币汇率遇到的国际升值压力陡增。与此同时，人民币对美元汇率的凌厉升值势头也颇为引人注目，连续创出历史新高，并一举突破7.40的重要关口。2007年已经累计升值超过5.5%，超过年初多数金融机构对人民币全年升值3%~5%的预测。我们当初实施汇率改革的初衷之一就是运用汇率这个工具纠正国际收支失衡。然而，汇率改革已经实施近两年半的时间，人民币兑美元汇率累计升值也超过了10%，贸易顺差不仅没有有效缩小反而不断创新高，资本流入不仅没有被遏制反而是流入更多。这是为什么？是不是我们当初的一些设想并不正确？

党的十七大已经胜利召开，制定了未来经济和社会发展的新规划，也选出了新的中央领导集体。明年春还要召开新一届全国人民代表大会，选出新一届政府。应该说我国在政治上已经进入了新阶段。日前，中央政治局召开会议，分析当前形势和研究明年经济工作，其中提出"要坚持改革开放，力争在完善体制机制上取得新突破，推动解决经济社会发展中的深层次矛盾"。我国贸易失衡问题并非简单的人民币汇率低估所致，而是根源于深层次的矛盾，是我国深层次矛盾的一个集中体现。因此，在当前，我们有必要总结汇率改革两年多以来的成败和得失，并借鉴其他国家的经验和教训，从标本兼治的角度提出下一步推进人民币汇率改革的新思路。

第一，必须认识到人民币汇率改革是一个长期的过程，不可能一蹴而就。必须看到人民币汇率改革问题的长期性，这不是一个短时间内就能完全完美解决的问题。我们常拿日元升值问题来比鉴人民币汇率改革。日元汇率从升值到

---

① 本文完成于2007年11月28日。

实现相对稳定经历了一个相当长的时期。如果从 1971 年 8 月美国总统尼克松宣布停止美元兑换黄金开始算起，直到 1995 年日元兑美元一举突破 80 日元/美元，日元在升值通道中走了 24 年的时间。而事实上直到 1999 年欧元诞生，日元的升值预期才基本解除，汇率才变得真正相对稳定，如此来计算用了 28 年的时间，不可谓不长。尽管经历了这么一个相对漫长的过程，我们还是看到日元升值（当然不能完全归咎于日元升值）对日本经济产生了诸多不利的影响。日元改革的经历起码应该给我们两点启示：一是这是一个长期的过程；二是应避免日本经历的痛苦，前车之鉴不可不鉴。

第二，要认识到人民币汇率改革的复杂性，特别是要认识到面临的国际环境的复杂性。实际上，与当初的日元汇率制度改革相比，如今的人民币汇率制度改革所面临的环境已经是今非昔比，不是变得更有利于改革，而是更严峻、更不利于改革，增加了改革的难度。20 世纪 70 年代初布雷顿森林体系崩溃，国际货币体系随即进入浮动汇率为主的时代，日元、德国马克等非美元货币开始升值。当时促使非美元货币升值的动力主要来自经济的基本面：美国经济不景气并且美元发行泛滥，而日本、德国等经济增长强劲并且持续贸易顺差。当时国际上的投机资本较少，它们对汇率的影响相当有限。而如今在国际上伺机投机的资本数以万亿美元计，并且自 20 世纪 70 年代开始的金融创新已经使得投机资本可以运用的投机手段和财务杠杆达到了前所未有的成熟阶段。事实上，自布雷顿森林体系崩溃以来，专门投机某一国货币汇率的投机活动及由此导致的货币危机不时出现。汇率改革两年多以来，人民币对美元汇率已经累计升值超过 10%，有效汇率升值超过 5%，但是中国的贸易顺差非但没有缩小，反而是不断增长，外汇储备增势不仅没有放缓反而呈现出加速增长势头。这其中的原因与国际投机资本的流入密不可分。

第三，人民币汇率问题不能完全依靠市场来解决。无论是从理论，还是从国际外汇市场的实践来看，汇率完全靠市场化来调整并不可靠。对于商品市场来说，有完全竞争市场和不完全竞争市场之分，对于属于不完全竞争市场的商品就不能完全依靠市场调节和配置资源，还要增加政府的管制或调控。目前在经济学理论上，对于资本品市场的划分不像商品市场一样有较为成熟和公认的理论，其中较为著名的理论是有效市场理论。根据有效市场理论，资本市场分为弱式有效市场、半强式有效市场和强式有效市场，对于前两类市场则需要由监管机构进行适当干预，也不是完全由市场自由发挥。而对于汇率市场化不足和缺陷的最著名的论断是美国经济学家多恩布施（Rudiger Dornbusch）的汇率超调模型（Model of Foreign Exchange Rate Overshooting），该模型指出如果汇率任由市场决定，汇率往往会偏离均衡汇率，即出现超调。汇率超调模型的理论含义是汇率不能完全由市场来决定。汇率超调不仅在理论上被论证，在国际外汇市场上更是不断出现和印证。对于当前的人民币汇率，如果确实存在偏离均衡汇率的问题，也不能完全依靠市场化来纠正。这也许正是人民币汇率改革要坚持主动性、渐进性、可控性三原则的理论基础。

第四，不能将汇率作为唯一的或主要的纠正贸易失衡的工具。从理论上看，通过调整汇率是能够改变贸易失衡的，但它的实现有着苛刻的特定环境。历史地来看，在贸易收支是国际收支全部内容或主要部分的时期，汇率变动对调整贸易收支的效果最为显著。但是随着国际资本流动，特别是基于投机获利的国际投机资本越来越多，贸易收支在国际收支中的地位和比重在下降，汇率对国际收支调整的有效性也在降低。对于当前的中国还有着特殊的一面，即我国对资本项目还有着较为严格的控制，国际投机资本不能自由进出我国。于是，在中国资产价格和股市处于上升通道，且国际上散布人民币升值舆论和有关国家施加升值压力的情况下，国际投机资本自然不会放过几乎无风险的获利机会，而是千方百计寻找各种渠道进入我国。人民币对美元已经累计升值10%以上，对于贸易顺差一定会有影响，但是之所以我国官方统计的贸易顺差不仅没有缩小反而不断创新高，主要原因是有大量的投机资本借此进入。此外，从理论上看，一国出现贸易失衡，主要原因是储蓄与投资不相等。对于我国持续的贸易顺差，根本原因是我国的储蓄大于投资，一部分储蓄要通过对外输出（即贸易顺差）才能找到归宿。从各种宏观经济理论来看，如何实现储蓄等于投资，有很多工具可以用，并且从其他国家的实践来看，往往是多管齐下，而不是孤注一掷地用一个工具。在过去的两年多时间里，我们过多地对汇率这一工具寄托了希望，其他工具、特别是财政性工具则几乎没有使用。我国储蓄率之所以太高，一方面是居民基于教育、医疗等支出预期没有根本改变而保留较高的储蓄率，另一方面，也是最重要的方面，我国政府和企业的储蓄率不断提高。有研究表明，最近几年居民储蓄率已经在下降，国民储蓄率的上升主要是因为政府储蓄率在提高。这也许才是我国对外经济失衡的根本原因。采用汇率调整来降低政府储蓄率，路径太长，效果自然难以达到。

人民币汇率进入"破7"时代[①]

  2008 年 4 月 10 日，人民币对美元开盘的中间价定格在 6.9920 元/美元，一举突破 7 的整数关口，与 2007 年末相比升值 4.47%，与 2007 年全年 6.9% 的升值幅度相比，升值速度明显加快。自 2005 年 7 月 21 日实施汇率改革以来，人民币对美元已经累计升值幅度超过 18%。综观当前主要的金融机构和主要的经济学家对 2008 年人民币升值幅度的最新预测，人民币对美元升值幅度将不低于 10%。人民币对美元汇率（以下如果不具体说明对哪种货币的汇率均指人民币对美元汇率）突破 7 的整数关口这一市场行为，单从金融学的角度来看，它只是两种货币之间汇率的微小变动，并无需大惊小怪，但这对于人们心理的震动却是巨大的，与此同时，它引来了人们的诸多关注，比如：人民币还会升值多久、升到多高，参与国际化分工深的企业如何面对人民币汇率的快速升值，居民个人或家庭在人民币升值过程中有哪些损失、有哪些好处和如何理财，等等。

一、人民币汇率还会升多久多高

  面对人民币不断升值，人们不禁要问，人民币汇率还会升多久多高？这并不是一个好回答的问题。前不久，国内有家媒体对国内 60 位经济学家就这一问题做了一项专门调查，结果显示，在升值周期顶点时间的判断上，有 35% 的经济学家选择了 2009 年，单项比例最高；在升值位置上，有 25% 的经济学家答出了人民币对美元 1:6，预期升值不会"破 6"的经济学家累计达到了

  [①] 本文完成于 2008 年 4 月 15 日，发表于《时代经贸》2008 年 4 月。

55%。对于此项调查的结果,笔者并不认同,感觉大多数经济学家太乐观或太保守了。从国际外汇市场的实际运行来看,主要国际货币之间的汇率变动往往超过人们最初的预测或预期,例如本轮欧元对美元汇率的走势,就在2008年初还几乎没有人认为能够突破1.50的重要关口,而如今1.60也一度突破了。

尽管笔者并不赞同上述那家媒体的调查结果,作为一个负责任的研究人员,如果要我预测未来一个月、半年或一年的人民币汇率的走势,我是能够给出明确的预测结果的,尽管最终实际结果与预测值会有一定的误差,但并不会很大。但是如果非要我说出人民币汇率还会升多久以及会升值到何处,我是无能为力的,如果我说出了,那一定是信口开河,是不负责任的。那是不是我们就找不到一些方法来展望人民币汇率未来的走势呢?也不是这样,过往的历史以及有关理论还是能够给我们一些启示的。

首先,日元升值的历史可以给我们一些借鉴和启示。人们总说"历史是那么惊人的相似""历史总会重演"。这说明过去的历史能对我们把握未来给一些思路。我们常拿日元升值问题来比鉴人民币汇率改革。在对待人民币升值问题上,也有一些人提醒不要走日元升值的路子、不要进当年美国人曾给日本人设的陷阱。但无论怎样,日元汇率的升值历史对我们展望人民币汇率的走势是有用的。日元汇率从升值到实现相对稳定经历了一个相当长的时期。如果从1971年8月美国总统尼克松宣布停止美元兑换黄金开始算起,直到1995年日元兑美元一举突破80日元/美元,日元在升值通道中走了24年时间。而事实上直到1999年欧元诞生,日元的升值预期才基本解除,日元汇率才变得真正相对稳定,如此来计算用了28年的时间,不可谓不长。即使仅从1985年9月22日达成《广场协议》后日元开始升值,直到1995年4月达到历史最高点79.75日元/美元来计算,那么日元的升值历程也接近10年的时间(见图1)。本轮人民币汇率改革始自2005年7月21日,至今还不到3年的时间,尽管当初一些主要机构测算出的人民币对美元的低估幅度在20%左右,但是至今人民币对美元汇率已经升值超过18%(见图2),根据前述预测2008年内至少升值10%来看,到2008年底会比汇率改革前累计升值约25%左右,也就是说已经超过了当初测算出的低估程度。是不是人民币升值走势会就此止住呢?从日元的升值历史相信你已经能轻松得出答案。

其次,从理论上看,人民币汇率升值的走势也会超过大多数人的预想。拿一个鲜活的例子来看。2007年初,机构投资者和证券研究人员普遍看好中国

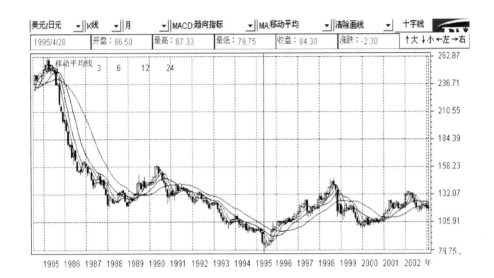

资料来源：www.fx168.com。

图1　1985年9月《广场协议》后日元对美元汇率走势

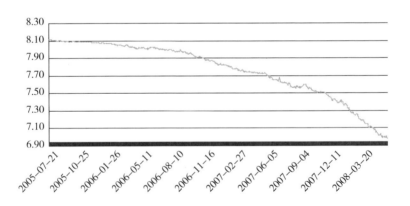

数据来源：中国人民银行。

图2　2005年7月21日汇改以来人民币对美元汇率走势

股市，但是绝大多数预测中国股指（上证指数）最高在4000点左右。但实际上上证指数最后超过了6100点，远远超过了人们的预期。人们给股市的这种表现冠以"股市泡沫"。实际上对于汇率来说，也同样存在"泡沫"现象。汇率实际上也是一种资产的价格，这种资产不过是外汇或者说是货币而已，并且专门有一个术语来描述汇率的泡沫，即"汇率超调"。美国经济学家多恩布施

（Rudiger Dornbusch）对汇率泡沫现象进行了理论上的探讨，经济学界将其称为汇率超调理论或汇率超调模型（Model of Foreign Exchange Rate Overshooting）。该理论的含义是：由市场行为对扭曲的汇率进行的纠正，并不能直接恢复并稳定在均衡汇率水平，往往要偏离均衡汇率，即出现超调。也就是说市场行为的调整会"调过头"，升值的会升过头，贬值的则会贬过头。例如，最近的美元对欧元的贬值状况，此前人们认为美元对欧元存在高估应该贬值，一些学术机构测算出它们的均衡汇率在 1.20 ~ 1.40 美元/欧元，然而美元对欧元贬值到 1.40 美元/欧元后并没有就此止住，而是继续贬值。这样对于美元来说是贬过头，对欧元来说这是升过了头。由此来看，尽管上述调查有过半数的经济学家认为人民币对美元汇率不会破 6 元/美元，并将其视为人民币对美元的均衡汇率，但是本轮升值突破 6 的可能性远远大于不破 6。

通过以上对日元升值历史的回顾以及汇率超调理论的叙述，可得出一个基本的结论：人民币升值的过程将是一个较为漫长的过程，不会在三两年内就结束，无论是升值的时间还是幅度都可能超过人们的预期。当然目前中国人民银行是中国外汇市场上最主要的参与者，这与主要国际货币之间的外汇市场颇有些不同，它能够直接左右人民币汇率的升值时间跨度和升值幅度，但是结合目前我国正在推动资本账户开放和汇率市场化改革，中国人民银行在人民币外汇市场上的决定作用会越来越弱。如果简单地套用日元升值用了 10 年时间，那么人民币汇率的转折点将在 2015 年左右。这种猜测（注意：这不是预测，尽管一字之差，含义的差别可是巨大的）似乎也与一些机构预测的本轮中国经济的快速增长要持续到 2015 年有点巧合。从基本面的角度看，一国货币汇率的变化离不开宏观经济这一基本面，后者是前者的基础。

尽管笔者认为人民币汇率的升值将是一个长期的过程，但是随着升值时间的推移，市场上对人民币汇率升值的预期会由目前的高度一致逐步转向分化，即有人预期升值、有人预期贬值。此外，对人民币汇率升值将持续较长时间的预测也包含两个重要的前提条件：一是中美两国均不进行币制改革，二是两国通货膨胀率不存在显著差异。

二、企业如何面对人民币升值

我们已经知道，人民币升值将是一个较为漫长的过程，是一个起码在短时间内不可能结束的事情。这对于参与国际经济分工的企业来说，就有一个如何面对的问题。理论上，本币升值有利于进口，不利于出口。对那些只有进口的企业来说，人民币升值是好事，进口的成本降低了，赚取的利润会更多。但是，对那些没有进口但是产品要靠出口来实现销售的企业来说就不是好事，或者出口的难度变大，或者赚取的利润减少，甚至兼而有之。对于既有进口又有出口的企业来说，似乎风险是对等的。那么，企业如何面对人民币升值带来的不利影响呢？

人民币升值本质上是一种汇率风险。面对汇率风险，概括起来有三大类规避的措施。

第一类方法，将汇率风险纳入价格。这其中有多种做法。最简单的一种是将合同期内汇率可能波动的幅度完全纳入到定价中，这种情况要求汇率风险规避一方要拥有完全的定价权，只有这样才能将汇率风险完全转嫁给交易对方。例如，假如预测合同期内本币汇率的波动幅度是5%，既有可能上涨、也有可能下跌，这种情况下，拥有定价权一方，若是出口，报价提高5%，若是进口则降低5%。假如汇率朝着对有定价权一方不利的方向波动，由于价格中考虑了汇率风险，它仍可获得正常的利润；倘若汇率朝着对其有利的方向波动，则它不仅没有任何风险，还获得了汇率波动的意外收益。一般工商企业很难有这种定价能力，只有具有绝对垄断地位的企业才容易做到。因此，一般的做法是在合同中列入一个汇率风险分担条款，由交易双方共同负担。在国际贸易中，这种做法并非少见，特别是在大宗长期合同中应用较多，由于双方都可能遇到汇率风险，因此，交易双方容易达成一致。这种方法的一个最大的缺点就是只能规避掉部分汇率风险，无法最大限度地规避汇率风险。

第二类方法，本币报价和提前或推迟收付汇法。汇率风险之所以存在是因为有三个要素，即同时存在本币、外币和时间。只要规避掉其中一个要素，就不会存在汇率风险。进出口合同中用谁的货币报价，谁就不承担汇率风险，而对方则完全承担汇率风险。只要报价用本币报，无论最终用本币还是外币结算，对于该交易方来说都不承担汇率风险，因为如果汇率变动了，就按变动后的汇率折算，该交易方得到的本币不会减少。提前或推迟收付汇法也是利用规避汇率风险因素的方法来管理汇率风险的。但是当你处于市场的被动一方，这种方法交易对方可能不会接受，因为它可能会遭受风险或增加成本。

第三类方法，运用汇率方面的金融工具管理风险。在进出口合同签订时或签订后，有汇率风险者可以运用远期外汇交易、货币期权、汇率期货等金融工具固定成本或收益来规避汇率风险。这种方法也是工商企业经常运用的方法。

以上是工商企业规避或管理汇率风险的常用的三大类方法，但是具体到当前我国出口企业如何应对人民币持续升值则有些难度。

首先，当前我国的人民币汇率衍生工具并不能使企业完全规避汇率风险，故很少有企业采用。2006 年第四季度中国人民银行完成的一项调查表明，外贸企业中运用人民币掉期和境外 NDF 等衍生金融避险工具的只分别占 8.1% 和 3.7%。央行由此认为企业运用衍生金融避险工具"明显不足"，而实际上并非如此。从主要国际货币来看，它们的远期汇率报价与即期汇率报价基本一致，企业通过使用汇率衍生工具能够最大限度地规避汇率风险。而对于当前人民币远期汇率来说，由于我国外汇市场不够成熟、缺乏深度和广度，远期汇率无法与即期汇率一致，更为主要的是由于市场对人民币具有一致的升值预期，银行远期汇率的报价只能是即期汇率加上预期的升值幅度，也就是说，企业能够获得的远期报价（包括掉期报价，实际上掉期报价与远期报价实质上是一致的）与实际到期时的汇率基本一致。在这种情况下，企业使用与不使用汇率衍生工具并没有不同，相反，如果采用衍生工具避险，还要签订一系列合约，要付出一定的手续费，反而增加了损失。

其次，无论是将汇率风险纳入价格中还是用本币报价，这都需要出口企业在贸易中占有主导地位，也就是说具有垄断力。这两类方法实际上都是将汇率风险直接转嫁给买方，如果它有主导权，既可以购买你的货物，也可以购买别人的货物或者是其他国家的货物，那么它就不会接受你的价格。我国企业（不包括跨国公司在子公司、控股公司和实际控制的参股公司）的出口产品绝大多数都是国际上竞争比较激烈的产品，不仅有来自其他发展中国家企业的竞争，也有来自国内企业的竞争，因此，面对人民币升值，这些企业往往只好是自我消化人民币升值的风险或损失。长期以来，我国出口企业主要依靠价格优势，也就是成本优势来占领国际市场，这些成本优势主要得益于廉价的劳动力、出口退税、低层次的环保要求等。如今这些优势正在减少，工人工资在提高，国家降低或取消了出口退税，并不断提高环保标准，与此同时还要面对人民币升值的压制。在一段时间内，很多人认为那些"两头在外"的加工贸易企业受到人民币升值的影响较小，其实不然。如果外方以美元付给的加工费没有增长的话，企业不仅在面对人民币升值后兑换的人民币资金会减少，而且也要面对工资提高、水电价格上涨等加工成本提高。这就是当前很多加工贸易企业关闭的原因所在。

总之，企业要想从根本上规避人民币升值的风险，就必须取得定价权。根据一位日本经济学家提供的资料，日元升值期间，日本出口商主要依靠提高以美元计价的销售价格来降低汇率风险，机电产品和汽车的价格转嫁率达到50%～60%。究其原因，主要是因为日本企业在这两类产品上具有很好的市场垄断力。我国政府推行人民币汇率改革，允许人民币一定程度上升值，也是隐含着给企业创新和增加科研投入一种压力和动力。汇率改革以来实际状况表明，我国很多企业已经开始重视技术开发，并增加了科研投入，开发出了新的产品来占领市场，这不仅规避了人民币升值的汇率风险，还获得了更多的利润。

三、个人（家庭）如何面对人民币升值

面对人民币升值，个人和家庭也存在一个如何面对的问题。汇率变动与通货膨胀有些类似，也会造成财富的再分配，但是要复杂得多。面对人民币升值，个人（或家庭）与企业有很大的差别，多数个人或家庭不负债或负债较少，负外债的就更少。目前，中国整个家庭部门都是净储蓄部门。此外，个人一般不会涉及商品出口。人民币升值对于个人的影响大体体现在三个方面：一是本币的国际购买力增强，二是手中持有的外汇资产如何管理，三是个人投资组合如何最大限度地分享人民币升值的红利。

一是人民币升值提高了我国居民人民币资金的国际购买力。在汇率改革前，一位著名经济学家曾对我说，他比较支持人民币升值，并且举了一个例子。他说如果人民币升值10%，那么，家庭为子女出国留学的负担就会降低10%。确实如此，人民币升值后，我国居民持有的人民币的国际购买力就提高了。以去美国自费留学来看，汇率改革前的2004年和现在，美国大学的学费不会有太大的涨幅，涨幅甚至可以忽略不计，而如今人民币对美元已经升值了18%以上，这样相对于以前，我国家庭为子女的留学负担就相应降低18%。人民币升值对于个人或家庭的好处还体现在出境旅游和购物上，他们会明显感觉到人民币更值钱了。例如，早几年去香港，如果用人民币购物，要比用港元支出的数额多，因为当时1港元要比1元人民币值钱。如果今天再去香港购

物，一定会发现人民币标价要比港元标价低多了，这是因为如今1港元只能兑换不到0.9元人民币了，反而是人民币比港元更值钱了。理论上，人民币升值也会使我国境内销售的进口产品变得更便宜。但是如今，这种感觉还不会明显，这主要是由于关税、进口环节税以及进口商的利润等因素使得进口商品价格仍然居高不下，而汇率因素不明显。

二是如何管理持有的外汇存款。随着人民币不断升值，居民手中持有的外汇存款如果兑换成人民币，就发现能够兑换到的人民币越来越少（当然这主要对美元存款来说。因为汇率改革以来，人民币对欧元、日元等国际货币的汇率有升有贬，波动较大）。因此面对人民币升值，我国居民大多数是将美元兑换成了人民币。这从近几年我国居民持有的外汇储蓄存款余额可以得到印证（见图3）。2002年末，我国居民持有的外汇存款为893.59亿美元，到2008年3月末，这一金额仅为466.44亿美元，减少了近一半，而同期我国居民的人民币存款由8.69万亿元上涨到18.75万亿元，这样相对照，我国居民持有的外汇存款余额下降更为显著。可见，在人民币快速升值的情况下，外汇资金对于居民个人来说已是烫手的山芋。不过，也不是居民就不可以持有外汇资金或存款。首先对于那些经常出国的个人来说，持有一定量的外汇存款是相当便利的，人民币升值导致的损失不会很大。其次，对那些能够运用外汇资金从事外汇实盘交易、外汇按金交易等积极投资的个人来说，就没有必要太考虑人民币升值的损失。这是因为一方面这些交易如果操作得当，能够获得较高的收益，收益不仅完全能够覆盖人民币升值的损失，还会有余；另一方面，也是最重要

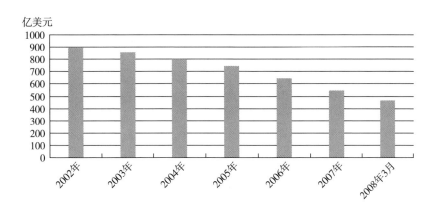

数据来源：中国人民银行。

图3 2002年至今我国居民外汇储蓄存款余额

的，当前我国还缺少一些个人可以交易的汇率衍生产品，如果要投资这些产品，只能通过外汇来交易。当然，目前我国一些金融机构还为居民提供 QDII、外汇结构存款等潜在收益相对较高的外汇投资产品。不过就我个人来看，不鼓励居民无论是通过持有的外汇存款还是通过人民币购汇来投资这些产品。这是因为在目前人民币升值预期强烈、升值速度较快，例如年升值幅度 10%左右，这些产品能够提供的收益率并不太理想，不如用人民币在境内投资的收益更好。根据巴菲特、罗杰斯等国际著名投资大师的业绩，他们的年均收益率仅在20%多一点点。考虑到人民币升值趋势以及我国境内的投资回报和未来潜力，境内居民个人最好不要投资于 QDII、外汇结构存款等收益率并不高、风险还较大的外汇投资产品。

三是个人投资组合如何最大限度地分享人民币升值的红利。此处所指个人投资组合仅指个人或家庭以人民币计价的投资组合。当前，我国居民个人的投资组合主要包括存款、债券、股票和房地产。前两类资产较少受到人民币升值的影响，因此，面对人民币升值，如何最大可能地分享人民币升值的红利就是要如何选择股票和如何投资房地产的问题。

首先，来看人民币升值对股票市场的影响。从整体上看，人民币升值会诱使境外资金流入我国，流入后的一个重要投资场所就是股票市场。当前进入我国股市的境外资金，由于我国仍实行较为严格的资本项目管理，通过合法渠道的只有 B 股市场和 DFII 两类，其余资金往往通过贸易渠道、个人单方面转移、地下钱庄等渠道进入我国后，再行进入股票市场。从整体上看，人民币升值诱使境外资金的进入对所有股票的价格都有正面影响。从上市公司收益的角度看，人民币升值则是两面性的，有的公司会受益，有的公司会受损。根据有关分析，当前航空运输板块的上市公司最直接受益于人民币升值。有分析表明，如果人民币汇率上涨 5%，航空股因燃油成本降低带来的每股收益增加将超过0.1 元。另外，航空公司大都由于向境外购买飞机而负有庞大的美元外债，据统计国内五大航空类上市公司目前共有美元贷款约 160 亿美元，人民币对美元每升值 1%，将给它们节约 11.68 亿元的成本负担。也有证券分析师认为地产股和银行股会受益于人民币升值，认为人民币升值使得它们更具投资价值，故存在上涨空间。对此，笔者并不赞同。银行股市盈率相对较低，股价较为稳定，这种情况下，境外的资金如果投资在这些股票上，即使未来没有股价的较大上升，仅仅是人民币汇率的升值就能使境外资金获得较大收益。例如，在人民币汇率为 8.00 元/美元时，境外投资者持有 1 美元购买了一股价格为 8 元的银行股票，当人民币汇率上升到 5.00 元/美元时，这时即使银行股的价格仍为 8 元，外资仍能获得 60% 的收益。当然，如果外资竞相购买银行股，那么它的股价也有可能上涨。但是必须指出的是，人民币升值并不必然使得银行股上涨。

其次，再来看人民币升值对房地产价格的影响。人民币升值必然导致大量国际资本流入中国来伺机获利。有一个叫资产组合理论的汇率决定理论就是阐述这方面的原理。境外资本流入货币升值国，并不会简单地兑换成当地货币而仅持有存款，而是会将兑换的本币用于资产投资，主要是股票市场和房地产市场，因为这两个市场的流动性较好，容易变现，同时也由于这两个市场容易炒作成风获取暴利。所以说，在人民币升值时，境内居民个人也可以参与房地产（包括地产股）投资来分享人民币升值的红利。但是这里并不是说，房地产价格就一定会因人民币升值而额外获取好处。在汇率理论上，还有一个叫一价定律的理论，它说的是在不同国家的同种商品的价格是相等或相近的。结合到房地产价格上很容易理解，即中国的房子不应比美国更贵。在中美两个区位具有可比性的地方，如果中国的房子价格折合成美元比美国的还要贵，或者是贵出了数倍，那么它未来就不会继续上涨而是要下跌了。当然，有其他一些原因，中国房地产的价格可能会比美国可比区域的房子价格高，但是考虑到中国居民的收入仍然低于美国居民，这种价格不会具有持续性。当前我国有些分析师说，人民币升值越快，中国的房地产价格上涨就会越快。这显然是忽悠。当然出现阶段性上涨是有可能的，但是，如果中国二类城市一套公寓类住房（面积约 150 平方米）要 150 万元人民币，仍说在人民币升值面前有巨大上涨空间，显然是不可能的，因为当前美国一套独立住房（相当于我国的独栋别墅）的全国中位价已经不足 20 万美元（以目前汇率折算，不足 140 万元人民币）。显然，根据一价定律，如果人民币升值加快，中国的房地产价格不是会上涨，而是应该下跌。当然，房地产价格的决定是相当复杂的，在房价泡沫的形成过程中，只要不是击鼓传花中的最后接花者，此前的投资者或炒作者都会有钱赚，但最后接手者则一定遭受巨额损失。希望我们都不做那个最后接花者。

积极发挥汇率对国际收支的调节作用①

经典的国际收支调节理论以及多数国家的具体实践表明，汇率是调节国际收支平衡最重要的工具。改革开放以来，汇率在我国经济中的作用越来越重要，汇率作为一种政策工具也日益被重视，特别是 2005 年 7 月 21 日实行人民币汇率形成机制改革以后，在坚持渐进性、自主性、可控性的改革原则下，加快了人民币汇率的升值，更加重视发挥汇率在调节国际收支平衡中的作用。但是从实际效果来看，最近几年，随着人民币对美元汇率的不断升值，我国的国际收支失衡不仅没有向平衡方向回归，反而变得更加严重。在这种情况下，不禁要问汇率对调节国际收支失衡还有作用吗？如果有，又应该如何发挥汇率对国际收支的调节作用呢？

一、国际收支自动调节理论的基本内容

最经典的国际收支调节理论当属大卫·休谟的国际收支自动调节理论。这一理论是在 1752 年由英国经济学家大卫·休谟以货币数量论为基础针对当时的金本位制度揭示出来的。基本内容为：当一国出现国际收支逆差时，该国对外汇的需求就会增加，外汇汇率就会上涨，用外汇偿还债务相对就不合算，而是会通过输出黄金来支付逆差；而黄金的外流势必会减少国内货币供给，于是国内物价下降，本国商品的出口竞争力增强，出口增加、进口减少，国际收支逆差得到改善。而对于国际收支顺差国来说，随着黄金的输入，本国货币供给增加，物价上涨，商品的国际竞争力会下降，于是出口会减少，而对外国商品

---

① 本文完成于 2008 年 11 月 4 日，未曾公开发表。

的进口会增加，国际收支顺差逐步减少，甚至会出现逆差。于是，就形成了一个自动调节的国际收支机制，不会永远有顺差，也不会永远有逆差，顺差、逆差会交替出现，国际收支的失衡不会走远，而是会被自动矫正。

尽管当今的世界早已不再是金本位的天下，但是大卫·休谟的国际收支自动调节理论所揭示的国际收支失衡的调节机制并未过时和完全消失。当一国国际收支持续顺差时，外汇供给就会增加，对于实行浮动汇率制度的国家来说，外汇就会因为供给过多而贬值，而本币汇率上升，本币的国际购买力相对增强，于是进口就会增多，出口下降，进而贸易顺差减少，甚至出现逆差。在固定汇率制度下，自动调节机制仍然会存在。对于顺差国来说，外汇流入的增加会导致本国货币供给的增加，从而出现物价上涨，而物价上涨会降低本国商品的国际竞争力，提高外国商品在本国的竞争力，于是出口下降、进口增加，贸易顺差得到纠正。

当然，现在我们看到的是一些国家国际收支顺差或逆差持续了很长时间也没有得到改变，其原因大体有两个方面：一是人为改变了该机制发生效应的一些环节；二是当前的国际收支已经远远不限于贸易收支，收支的内容已经日益复杂和多样化，而其中一些项目的流入与流出主要受汇率之外的因素支配。

二、对我国国际收支失衡情况的分析

我国国际收支持续失衡在一定程度上是我们破坏国际收支自动调节机制发挥作用的结果。

我国的国际收支失衡体现在持续的国际收支顺差上，具体说是持续的经常项目和资本项目双顺差上。1978年至1993年，我国国际收支有时顺差，有时逆差，逆差的年份相对较多，整体上处于较小逆差状态。这种状态与改革开放初期，我国需要大量进口机器设备而出口能力相对有限有关，这也在一定程度上反映出了人民币汇率存在某种程度的高估，尽管自1978年开始我国不断让人民币贬值。1994年初，人民币汇率并轨，人民币汇率统一在8.7元/美元的水平，与此前的官方汇率5.7元/美元相比，等于一次性贬值52%。此后，因为我国开始出现持续的国际收支顺差，因此，很多人认为1994年初的人民币汇率并轨又造成了人民币一定程度的低估。

从我国国际收支失衡的程度看，1994年至今可以分为两个阶段：第一个阶段是 1994 年至 2002 年，存在持续的国际收支顺差，但是顺差规模不大，也相对稳定。第二阶段是 2003 年至今，国际收支顺差的规模不断扩大，失衡程度相对来说日益严重。

在第一个阶段，人民币兑美元名义汇率先是缓慢升值，在 1997 年底，已经由并轨初期的 8.70 元/美元升值到 8.27 元/美元，升值幅度为 5.2%。考虑到此间中美两国物价上涨幅度的差异，中国同期物价上涨了 57%，而美国仅上涨了 10%，人民币兑美元的实际汇率升值了 50%。因此，这一期间尽管人民币兑美元的名义汇率变化不大，但是由于中国物价上涨幅度远大于美国，人民币汇率通过实际汇率的不断升值在调节中国国际收支，也就是说国际收支自动调节机制在发挥作用。但是中国仍然是国际收支顺差的状态，由此一般认为，人民币汇率仍然存在一定程度的低估。但是此后，中国政府为使亚洲金融危机国家避免遭受进一步的损失，实行了紧盯美元的汇率制度，并一直持续到 2005 年 7 月 21 日实行人民币汇率形成机制改革才得以改变。从 1998 年初至 2002 年底，此间中国经历了最为严重的货币紧缩，这期间中国的物价水平几乎未动，而美国的物价水平上涨了 13%，这种情况下，相当于人民币对美元汇率进一步低估了 13% 左右。当然，这一阶段由于更加复杂的原因，中国的国际收支失衡的程度并没有更加严重。

自 2003 年初以来，国际上开始出现人民币升值论，国际资本开始通过各种渠道进入中国，于是国际收支顺差的规模开始不断扩大。中国外汇储备年增加额在 2003 年首次超过 1000 亿美元，达到 1168.44 亿美元，与此同时，央行的外汇占款也在该年度达到了一个前所未有的新高度，11458.93 亿元，而此前几年外汇占款规模不大，对我国货币政策并未造成严重影响。央行可能在 2002 年中就已经注意到外汇占款的快速增加，于是开始着力对冲外汇占款，并于 2002 年 9 月 24 日，创造出了央行票据这一日后被不断重用的对冲工具。紧接着为了收紧因为外汇占款不断增加的流动性，于 2003 年 9 月 21 日，央行将法定存款准备率由 6% 提高到 7%，并自此不断频繁使用这一手段收紧流动性。提高法定存款准备金率的目的是降低货币乘数，但是考虑因外汇占款增加而增加了基础货币投放，实际上起到对冲外汇占款的目的。

2005 年 7 月 21 日，央行将人民币对美元汇率一次性升值 2.1%，并开始实施有管理的浮动汇率制度。这一改革的意图之一就是通过人民币对美元一次性升值以及此后实施的浮动汇率制度，来纠正国际收支失衡。尽管此后人民币不断升值，中国国际收支失衡的问题非但没有得到解决，反而是更加严重，于是在不断允许人民币升值的同时，央行仍然不断采用发行央行票据和提高法定存款准备金率的办法来对冲外汇占款。到 2007 年底，发行在外的央行票据余额达到 34900 亿元；到 2008 年 6 月 25 日，法定存款准备金率更是达到了 17.5% 的历史高度。央行不断进入外汇市场收购外汇，目的是减小人民币对美元的升值压力和升值幅度。但是，又不断对冲外汇占款，意图是降低因为货币发行过多造成物价的过快上涨。这些做法毫无疑问针对我们需要相对稳定的人民币汇率以及相对稳定的物价水平来说，都是非常有必要的，但这样做也抑制或破坏了国际收支自动调节机制发挥作用，因此，国际收支失衡并未能得到良好的纠正，而是呈现了愈演愈烈的局面，当然，这其中也与热钱通过贸易等渠道进入我国有关，而并非人民币升值与物价上涨对纠正国际收支失衡没有起作用。

三、为汇率发挥调节国际收支创造条件

通过上面的分析，我们已经认识到一国很难同时实现既实行固定汇率制度又维护物价稳定。在实行固定汇率制度还是维护物价相对稳定的选择中，无论是我国的学术界还是管理当局都已经认识到，维护物价相对稳定是更加重要的政策目标。因此，在纠正国际收支失衡时，我们更加应该依赖通过人民币名义汇率的变动来达到调节国际收支平衡的目的。当前，我们应该为了发挥汇率对国际收支的调节作用而积极创造条件。

1. 分化市场对人民币汇率的预期，至少不能再人为挑起人民币单边升值预期。热钱的流入在过去几年放大了我国国际收支失衡的程度，而热钱流入与升值预期密切相关。汇率改革以来，我国一些财经官员以及一些在国际上有重要影响并曾或仍在参与决策的经济学家，他们在很多场合不断释放中国政府能够接受人民币小幅升值的言论。他们的本意是好的，是想表明人民币不可能快速升值，是想打消要人民币加快升值的念头，但是这反而强化并形成高度一致的升值预期。无风险而又存在套利空间，这种千载难逢的好机会国际投机资本是不会放过的。当前随着美国金融危机不断加深和在全世界范围内蔓延，全球流动性相对减少，市场上对人民币升值的预期已经有所减弱，甚至发生了分化，而且人民币对美元名义汇率已经升值了 20%，市场对人民币汇率走势的

预期已经到了容易分化的拐点阶段。我们应该借此良机大力分化市场对人民币汇率走势的预期，从而减少热钱的流入，消除热钱对国际收支失衡的影响。

2. 央行应逐步从外汇市场退出，特别是外汇占款的增加要以满足货币需求为限。有人可能担心，当前如果央行完全从外汇市场退出，人民币兑美元汇率会大幅升值。其实不尽然。当前如果能够有效分化市场对人民币汇率走势预期，那些投机性流入的外汇就会减少，市场上的外汇供给与需求就会基本平衡，人民币汇率就不会出现过大波动。

3. 促进人民币远期外汇市场的成熟，完善人民币外汇市场。要发挥汇率对国际收支的调节作用，必须有一个完善的人民币外汇市场。主要国际货币的外汇市场不仅有一个发达的即期外汇市场，更有一个发达的远期外汇市场，并且远期交易量往往是即期交易量的数倍，远期报价与即期报价点差很小，具有很好的避险功能。当前，人民币远期外汇市场的交易量远少于即期外汇交易量，人民币远期市场的参与者很少，交易相当不活跃，成交困难，也因此，人民币远期报价与即期报价点差相当大，远期交易基本上没有避险功能，于是人民币远期外汇市场交易就更加清淡。

人民币汇率的下一步：何时及如何退出①

年初以来，围绕着人民币汇率问题的话题又多了起来，归结起来，可以分为两个话题，一是何时退出盯住美元，二是退出后怎么走。

在美国政府高官和国会议员频繁施压后，人民币汇率问题已经不再单纯是一个经济金融问题，而是已经演变成了一个政治问题，尤其是在退出的时间选择上，更是一个政治问题。最近有一家在华的外资机构发表报告称，人民币（与美元）"脱钩"可能在 5 月份发生，并很可能将在 2010 年上海世博会开幕后的 5 月 10 日当周启动。尽管本周还未结束，但是基本上看不出有"脱钩"的任何迹象。

如果仅仅从经济的角度看，其实中国在 2010 年初就可以退出盯住美元了。在 2008 年下半年，人民币汇率逐步收敛于紧盯住美元，这一做法的目的就是在当时全球经济出现衰退走势的情况下，支持我国出口部门，使得大量在出口部门的就业不致大量失业。到了 2009 年底至 2010 年初，随着全球经济步入复苏，我国对外出口企稳回升，这一特殊时期采取的"特别措施"（周小川语）事实上已经完成了它的历史使命。

如果没有来自国际上的政治压力，2010 年第一季度人民币汇率极有可能已经不再紧盯住美元。从政治的角度看，人民币汇率问题是中国的一个主权问题。美国现任财政部长蒂莫西·盖特纳对此也予以认可。既然是主权问题，中国政府就不可能在国际压力下作出让步。在判断人民币汇率退出盯住美元的时间选择上必须看到这一点，否则，就不可能作出准确的判断。当前由于希腊债务危机更加突出，在国际上人民币汇率问题已经相对降温，但是笔者分析，由

---

① 本文写于 2010 年 5 月 12 日，未曾公开发表。2010 年 6 月 19 日，中国人民银行宣布重启汇率改革。

于即将举行几次重要的双边会谈，退出盯住的时间有可能选在会谈结束后的一段时间，这个时间点有可能是 6 月或 7 月。

那么，会选择什么样的退出方式呢？综合当前的言论和预测，大体上可以分为四类：一是一次性升值到位；二是一次性升值加每年小幅升值；三是恢复小幅升值走势；四是参考一篮子货币进行调整，增加汇率弹性，实现双向波动。国内外要求和主张一次性升值到位的人不少。美国著名智库彼得森国际经济研究所说人民币对美元比价被低估了 41%，尽管该机构并未直接提出让人民币一次性升值 41%，但是其司马昭之心路人皆知。还有位法国的经济学家说，人民币汇率至少低估 100%。国内也有机构和个别经济学家提出，下一步人民币应该一次性升值到位，然后实现自由浮动。一次性升值到位"好说不好做"。冥冥之中，存在那么一个均衡汇率点或小的均衡汇率区间，但是当前的经济研究水平还不足以测算出这个唯一解。在国际上，一国主权货币对主要国际货币汇率一次性大幅贬值的例子屡见不鲜，而一次性大幅升值的例子可是鲜有耳闻，因为这将对其出口大大不利。国内有位研究人员提出一次性升值 10% 加每年升值 3% 的建议，认为这样可以避免热钱大量进出，也不至于因一次性大幅升值到位而使已进入的热钱集中流出，经过几年就能达到均衡汇率水平。类似方案的赞成者也不算少。这一方案听来很有道理，但事实上，并不能阻止热钱的大量流入。如果是每年升值 3%，那就等于是给投机资本一个无风险且有固定收益的保证，而这样的机会它们是绝不会放过的，这个道理很简单、很清楚。当前绝大部分人，都认为退出盯住就是恢复到小幅升值的原有轨道上，当然这也可以看作是他们主张的。

下一步人民币汇率该怎么走，必须总结前一段"小步快走"式升值做法的经验和教训。如果国际收支项目仅仅限于进出口贸易等经常项目，而国际间不存在大量伺机投机获利的资本，这种渐进升值逐步向均衡汇率靠近的做法确实对实体经济的冲击很小，是很理想的方案。但是，当前恰恰不能忽视的就是在国际间存在的大量伺机获利甚至具有攻击性、破坏性、毁灭性的热钱。我国自 2005 年 7 月 21 日实行汇率改革以来，"小步快走"的升值做法，不仅没有逐步消除市场的升值预期，反而是在大量热钱的流入情况下增加了我国货币政策的调控难度，强化了市场对于人民币升值的预期以及放大了市场预期升值的幅度。

因此，真正回到最初制定的"参考一篮子货币进行调节、有管理的浮动汇率制度"汇率改革方案上来，实现人民币汇率的双向波动，不断增强汇率弹性，是最佳的也是最可行的退出方案。

当然，我们应该加大宣传力度化解升值预期，给市场以人民币汇率将维持相对稳定和坚定的市场信心。

对于失衡的贸易，应该侧重于采取逐步提高资源价格、降低出口退税率等来给出口降温，与此同时，通过降低关税、进口环节税率、非关税壁垒等措施鼓励和增加进口，尽快实现贸易的平衡。如果贸易不能够很好地实现平衡，其他国家就会借此要求人民币升值，而市场就会有人民币升值的预期并以此作为投机和攻击的对象。

不必担心汇率战①

二十国集团（G20）财长和央行行长韩国庆州会议召开前的一段时间里，国际和国内的新闻媒体和网络都在报道和讨论汇率战争的问题。一时之间，各方剑拔弩张，言辞之间也充满了火药味，好像毫无讨价还价的余地，一场汇率战争似乎一触即发、不可避免。尽管在韩国庆州召开的 G20 财长和央行行长会议并没有因为汇率问题不欢而散，甚至在汇率问题上取得了远超预料的结果，但是仍有一部分人和机构寄望于 11 月 11 日至 12 日的 G20 首尔峰会，希望部分发达国家能够"逼"部分发展中国家在汇率问题上作出大的让步，使后者允许自己的货币大幅升值。

一、汇率战的矛头直指人民币

9 月 29 日，美众议院以 348 票对 79 票通过一项对中国和其他低估货币币值的国家进行惩罚的议案，授权美国政府相关机构对来自"人为"贬低本国货币汇率的国家出口产品征收一定的关税。日前，美国著名经济学家史蒂芬·罗奇表示，美国中期选举后，这一法案有可能会在参议院获得通过，在选举中失利的民主党总统奥巴马也可能迫于形势不会否决这一法案。

美国财长盖特纳 10 月 7 日在华盛顿智库布鲁金斯学会演讲谈到人民币汇率问题的时候，语气跟以往明显不同，表示过去美国争取通过双边努力解决人民币汇率问题的尝试已经失败，现在美国将改变策略，加强多边努力，敦促中国加快汇率政策调整的速度。也正因为如此，人们纷纷猜测美国财政部可能会

---

① 本文完成于 2010 年 11 月 3 日，发表于《中国外汇》2010 年 12 月。

在 10 月 15 日每半年一次的汇率报告中将中国列为汇率"操纵国"。尽管这一报告已经推迟发布，但是美国政商两界要求施压人民币升值的力量并未减少。

10 月初，中欧第十三次峰会期间，欧盟官员对记者表示，欧盟不会通过旨在惩罚中国汇率政策的法案，但欧盟的诉求是人民币对包括欧元在内的一篮子主要货币升值 5%，还有欧盟关心的"关键点还有时间——何时能看到中国汇率改革的效果"。

二、是美国在挑起汇率战

随着 9 月 15 日，日本政府干预外汇市场将日元对美元汇率一举由 83 日元/美元推高到 85 日元/美元附近，其他一些国家也纷纷表示将干预外汇市场，遏制本币对美元的强劲升值势头。一时之间，汇率战争好像真的已经硝烟四起。

其实，这些国家之所以干预外汇市场是因为近来一段时间本国货币对美元迅速升值，担心过高的汇率会影响到本国出口和经济增长。之所以会出现这种情况，主因是美国通过再次实施量化宽松的货币政策进而放任美元贬值。美元汇率指数自 2010 年 6 月初的 88 点一路下跌至 11 月初的 76 点附近，短短 5 个月时间跌幅超过 13%。美国再次启用量化宽松的货币政策后，国际游资纷纷流向其他发达国家和新兴市场国家，这些国家和地区的货币对美元纷纷升值。目前日元对美元汇率离 1995 年创出的 79.75 日元/美元历史最高水平只有一步之遥，突破前期这一历史最高水平并创出新高指日可待。澳大利亚元已于 11 月 2 日的盘中交易中创出 1.0022 美元/澳大利亚元的自 1982 年 8 月以来 28 年来的最高水平。

由此可见，美国政府放任美元贬值才是引起本轮汇率恐慌的源头和罪魁祸首。2010 年初，美国总统奥巴马发表国情咨文表示要在未来 5 年使美国的出口额翻一番。这令市场普遍担心美国将采取美元贬值的办法来促进这一目标的实现。

如今，美国将汇率战争的责任引导到人民币身上，说人民币没有加快升值，显然是在推卸责任，是在将其他国家对美元的愤怒引导到人民币身上，这种做法是"贼喊捉贼"。

三、人民币汇率仍应坚持参考一篮子货币进行调整

自 9 月 10 日至 G20 财长和央行行长韩国庆州会议前的一段时间里，人民币对美元汇率连续升值了 2000 多个基点，这被很多研究机构和个人理解为中国迫于美国压力作出的让步。事实上并非如此，这主要是中国实行参考一篮子货币进行调整的汇率机制在发生作用的结果，这一期间恰好是美元加速下跌，参考一篮子货币进行调整的结果必然是人民币对美元升值。由此可见，中国也是美国不负责任放任美元下跌的受害者。有关数据也表明，近来国际热钱也加大了对我国流入的力度，这种流入也进一步加大了人民币的升值压力。

中国怎样才能够有效抵御汇率战呢？笔者认为，在人民币汇率问题上应该继续坚持参考一篮子货币调整的汇率机制不能动摇，并且要通过加大宣传让市场理解未来一段时间内中国仍然坚持这一机制，而不会迫于所谓国际压力而被动升值。在贸易政策上，我们应该切实继续努力，采取诸如增加进口、为出口增速适度降温等措施，控制贸易顺差规模，甚至可以庄严地向国际宣布中国实现国际贸易平衡的时间表。我们应该看到，其他国家要求人民币升值的主要理由就是中国已经持续存在的贸易顺差。但无论从理论上还是实践上，单纯的本币升值并不能解决贸易不平衡问题，尤其在当前国际流动性泛滥、国际游资伺机投机获利的大环境下，不当的本币升值措施不仅不能扭转国际收支失衡，甚至会进一步恶化这种不平衡，并有可能酿成货币危机和经济危机。

国际收支双顺差是升值压力根源[①]

资本套利放大了国际收支顺差，而顺差又转变成外汇储备。当前，我国外汇储备的增减情况已经成为观察人民币升值的窗口。

"只要仍然存在较大规模的国际收支顺差，外汇储备就会继续增长，市场就会存在升值预期。"建设银行总行高级研究员赵庆明告诉第一财经日报《财商》。

在赵庆明看来，只有出口降温，进口加大，实现资本双向流动，才有助于缓解人民币升值压力。

一、未来5～10年升值趋势不改

《财商》：最近业内关于人民币汇率可能进入贬值通道的声音多了起来，您觉得未来是继续保持单边升值，还是确实已近尾声呢？

赵庆明：如果真是这样的，我们倒是求之不得的，但实际上我不觉得是这样。市场存在做空人民币相对于美元之外的货币行为，因为日元、欧元、澳大利亚元对于人民币的双向波动性特别强，存在做空空间，但是对美元还远远没有。

最近一段时间，非美货币涨势很好，人民币基本上对美元是相对稳定的，这种情况下人民币相对于非美货币来说就是贬值的，一些衍生品从这个角度来说可以以人民币为标的来卖空人民币。

《财商》：为什么？

---

① 这是《第一财经日报》记者艾经纬、实习记者张蕾对我的专访的原文。发表在《第一财经日报》2011年7月30日，发表时略有删减。

赵庆明：人民币对美元汇率，我早就希望它进入一个双向波动，但实际上还是挺难。由于仍然存在较大规模的国际收支顺差，人民币兑美元升值的大趋势还没有改变，不过因为人民币已经累计起来较大的升幅，未来人民币对美元汇率双向波动的趋势会比以前明显些。

《财商》：是不是人民币汇率形成机制还存在问题？

赵庆明：我觉得现在的主要问题是国际收支不平衡的问题。只有国际收支平衡，外汇市场的供给和需求才会趋于平衡。现在是大规模的国际顺差，供需肯定是不平衡的，这是由基本面决定的。将人民币对美元的波动区间由千分之五放到千分之十，我觉得没多大意义，如果能够用足千分之五的话，那么一年按220个工作日来计算，也是极其可观的。

《财商》：那您认为人民币的升值还会延续多久？

赵庆明：这个我们应该找一些参照物，现在谈得最多的就是日元。

日元升值的轨迹可以从时间和涨幅两个维度来说，从1970年到1995年，日元对美元汇率从360:1上涨到79.75:1，用了25年的时间。我们的起点就是1994年8.7:1，虽然不会按照日元的幅度涨，但整体上我觉得升值到1美元对2~4元的区间是没问题的，这是从购买力平价来讲的。

《财商》：还要升值50%左右？

赵庆明：我倒不希望这样，但事实上很难逆转。美元自身购买力的下降也会影响人民币对美元汇率的升值幅度。

《财商》：时间周期呢？

赵庆明：借鉴从日元对美元的历史看，未来5—10年人民币兑美元的大的趋势仍然会是升值走向的，只是波动性会逐渐地加强，甚至个别在较短时间内会有比较深度的跌幅。

二、国际收支双顺差是决定因素

《财商》：从全球利率水平差异来看，国内较高的利率水平是不是导致人民币升值压力的原因呢？

赵庆明：关于汇率的利率平价理论，就是直接将利率与汇率联系在一起的理论，这说明了汇率与货币政策存在着直接的联系。但这是一个非常简单的理论，有非常严格的前提条件。目前汇率受到货币政策的影响更多地体现在资产组合理论上，即资本为了套利会从利率低的国家向利率高的国家流动，从而推高了流入国货币的汇率。这种基于套利的资本流入也放大了国际收支顺差，而顺差又会转变成外汇储备。当前，我国外汇储备的增减情况已经成为市场观察人民币升值的窗口。

另外我们实行信贷规模管制，一些企业从国内借不到钱，于是从国外借钱，这导致国际收支顺差进一步扩大，而顺差扩大，也进一步加大了升值压力。

《财商》：问题又绕回到国际收支顺差，双顺差格局不改变，市场预期就不变，就会导致升值？

赵庆明：对，国际收支情况是市场观察汇率走势最主要的一个指标。只要仍然存在较大规模的国际收支顺差，外汇储备继续高速增长，市场就会存在升值预期。

《财商》：国际收支顺差局面怎么改？

赵庆明：其实汇率因素对国际收支影响并不大，信贷管制不应该这么强，否则企业都去找外国银行贷款，美元贷款利率1%左右，而人民币贷款利率在7%～8%，甚至更高，特别是在房地产行业，很多企业从境外融资，包括利用外资和境外外汇贷款。

我国国际收支顺差有两大主要来源，一是贸易顺差，二是直接投资顺差。

贸易顺差方面，主要是出口太多，目前出口动力仍然强劲，而现在对外商还有税收减免，很多外商投资企业都是从事出口加工贸易的。此外，出口退税应该大幅降低甚至取消。

进口方面，我们经常说国外设置贸易壁垒，但实际上我们在进口上也有很多壁垒，其实宝马汽车在国外就三四万美元，到我国国内就能卖到五六十万元人民币，甚至过百万元，主要是一些贸易壁垒导致的。我们需要加大进口，但不是通过政府采购团的方式加大进口，而是应该从根本上放松进口、扩大进口。

《财商》：还有资本项目顺差。

赵庆明：资本项目顺差主要体现在外商直接投资（FDI）与我国对外直接投资（ODI）之间的顺差上。我们现在直接利用外资还是在大幅增长，国家外汇管理局说要实现资本的双向流动，但是我们的海外投资太少，一方面是所投的非洲等地容量太小，二是欧美的投资壁垒很复杂。其实我国对FDI在全世界大国中是最开放的，应该设置资本、技术、环保门槛，小作坊式的外企不应该来。其实国内资金很丰富，却在大幅利用外资，这很可悲。

《财商》：其实是经济一盘棋的问题？

赵庆明：对，如果能从基本面解决问题多好，出口降降温，进口加大，实现资本双向流动，如果这样仍然解决不了国际收支顺差问题，再去调汇率，这样就不会很被动。

三、未来几年资本依旧净流入

《财商》：按照您判断的人民币升值幅度和周期，这对资产价格乃至当前的资产泡沫会有何影响？

赵庆明：从目前来看，对国际资本的吸引力还是很大的，至少不存在撤出的问题，当然资本任何时候都是双向流动的，有进入的也有流出的，但未来几年肯定还是净流入的状态。

《财商》：我们对热钱的监测到位吗？

赵庆明：很难监测的，很多热钱隐藏在经常项目下，譬如贸易合同中一个杯子报价 1 亿元，本是个普通的杯子也就值 1 美元，但非得说是古董，那也没办法。

《财商》：升值可以抑制通胀吗？

赵庆明：我觉得不太可能。从外国来看，澳大利亚元、欧元升值也没改变通胀局面。目前，国内通胀是受大宗商品影响，有人说是输入型通胀，其实是全球价格联动，还有我国劳动力成本上升，并且劳动力供应受制于刘易斯拐点和扩大消费，工资仍将保持上涨趋势，所以说汇率升值不会有多大效果。

《财商》：通胀不解决，资产泡沫还是会膨胀下去吗？

赵庆明：我觉得未必有那么严重，资产泡沫有两个，一个是房地产，一个是股市，股市除了中小板和创业板，别的没有多少泡沫。

而房地产泡沫问题更多是政策的不当导致的，特别是土地财政的问题。改变土地财政，加强房地产业调控，特别是改变对房地产的定性，使其回归到衣食住行的"住"字上，而不是投资投机品。此外，还应该征收房地产税、遗产税，加大存量房进入市场。随着工资和收入上涨，只要房价不再继续上涨，无须大幅下跌，这个泡沫也就化解了。

解读外汇占款减少和人民币汇率预期逆转①

记者：11 月初至今，人民币对美元中间价持续贬值。您认为造成人民币出现持续贬值的原因是什么？下一阶段人民币的走势如何？

赵庆明：最近一段时间，人民币对美元开盘中间价持续走低的主因是参考一篮子货币进行调节的汇率机制在发挥作用的结果。10 月底以来，非美货币多数走软，美元指数由 75 左右一路上涨到 11 月 25 日的接近 80，在这种情况下，根据人民币参考一篮子货币进行调节的汇率机制，人民币对美元汇率就应该是走软。这个期间人民币对美元汇率基本上与美元指数走势恰好相反。自 2005 年 7 月 21 日，人民币汇率改革坚持自主性、可控性、渐进性，人民币汇率机制被概括为参考一篮子货币进行调节的、有管理的浮动汇率制度。从坚持的这三项原则和具体实行的汇率制度来看，人民币汇率制度有着相当的灵活性，尤其是参考一篮子，既可以是 100% 地紧盯住篮子货币，又可以是完全自主浮动。因此，在我国的汇率制度未改变的情况下，下一阶段人民币汇率走势仍会在紧盯住一篮子货币与完全自主浮动之间灵活性变动。尽管"一篮子货币"外界无从具体知道货币及其权重构成，但是美元指数在一定程度上能够称得上是最好用的参照物，尤其在紧盯住一篮子货币时，如果美元指数下跌，人民币对美元汇率就会升值，相反，则对美元汇率贬值。从当前美元指数走势看，下一阶段，人民币对美元开盘中间价有走强的趋势。

记者：实则香港市场在 9 月末就已经出现人民币贬值的走势和预期，与当时的内地市场出现明显的背离。您认为造成此现象的原因？

赵庆明：香港是一个高度开放的国际金融中心，香港的人民币 NDF 和人

---

① 本文为 2011 年 12 月 3 日接受《上海证券报》记者的专访。

民币汇率即期市场具有高度的市场化，这是与内地相对封闭的人民币外汇市场最大的区别之处。9 月末以来，香港人民币出现贬值走势与预期，主要因素是这个阶段美元走强，又加之由于欧债危机带来的不确定性，全球避险资金重新青睐美国金融市场和美元，香港的资金也有流向美国和美元之势，另外一个不容忽视的重要因素是自 6 月以来，国际上出现了看空中国经济和看空人民币的论调，在遇到美元走强的情况下，人民币对美元自然会走弱。这种情况，其实已并非第一次在香港出现。

记者：此次人民币一改以往单边升值的预期，汇率预期出现分化。您认为这对于完善人民币汇率形成机制，实现人民币资本项目可兑换是否有利？人民币距离均衡汇率还有多远？

赵庆明：其实，市场上出现人民币贬值预期并非第一次，2008 年 12 月初也出现过类似情况，只是由于当时中国人民银行强力将汇率维持在相对稳定状态，又加上中国政府及时推出刺激经济计划，以及美国深陷经济金融危机之中，那次贬值预期持续时间较短。当前对人民币汇率预期称不上分化，应该是逆转，由升值预期逆转为了贬值预期，在内地的人民币汇率也是呈现为贬值预期的，这可由上海外汇交易中心的人民币对美元汇率走势可以看出，9 月底以来，市场的盘中走势多数时间相对于开盘中间价是贬值甚至是处于跌停的位置。如果市场上对人民币汇率走势的预期是高度分化的，这当然有利于人民币汇率制度由当前参考一篮子货币进行调节的、有管理的浮动汇率制度过渡到自由浮动汇率制度，也有利于推进资本项目可兑换。根据我个人的研究，当前的人民币汇率离均衡汇率状态还有一段距离，当然，随着越来越逼近均衡汇率区间，未来人民币对美元汇率将呈现出更显著的双向波动走势。

记者：伴随着人民币升值预期减弱，跨境资本流动也出现新的变化，这从 2011 年 9 月、10 月的外汇储备、银行代客结售汇、外汇占款等数据中可窥趋势。您认为造成资本流动出现波动的原因是什么？这种趋势会否延续，并造成持续性的资本外流？

赵庆明：根据我的观察和测算，9 月我国外汇储备出现月度净减少主因是这期间非美货币贬值造成我国外汇储备中欧元、英镑、澳大利亚元等非美元资产折算成美元时出现损失，9 月中央银行的外汇占款仍是正增长，增加额相对于此前基本正常。10 月，央行外汇占款净减少 893.4 亿元。但是综合银行代客收付汇和代客结售汇以及我国其他国际收支项目看，出现这种净减少主要是企业和个人收汇和结汇出现相对减少导致，企业和个人的购汇和对外付汇基本正常，从这个角度看，还不能说是热钱流出或者说是资本外流。造成企业和个人收汇和结汇相对减少的主因是市场上出现了人民币贬值预期。还有一点必须指出，所谓的热钱在任何一个时点上既存在流入也存在流出，不是单向的，还由于我国对资本项目仍然实行高度管制，所谓的热钱集中大量流出也不大可能发生。流入我国的热钱主要是通过贸易、FDI及相关外债、个人汇款等渠道，同时也是主要通过这些渠道流出，这些渠道本身的性质也决定了不可能短时间内出现大量集中流出。从未来人民币汇率更趋于双向波动来看，未来流入的热钱会有所减少，流出会逐步增多。

记者：目前人民币汇率暂时地贬值，10月外汇占款也出现负增长，您觉得这是否会增加货币政策的自主性？对于后续货币政策有何影响？货币政策的"预调微调"里，汇率会不会有什么表现？

赵庆明：央行外汇占款减少，我个人认为会增加货币政策的自主性。以前，央行外汇占款持续增加且增加较多，迫使央行不断地通过发行央票、回购、提高存款准备金率等来对冲投放出去的外汇占款。从当前的市场形势来看，外汇占款净减少有可能会持续一段时间，因此，仍存在继续下调存款准备金率的可能。未来货币政策的"预调微调"里，人民币汇率不可能承担大任。至于人民币汇率，官方在未来一段时间内极有可能采取紧盯住一篮子货币调节的方式。

人民币即期汇率连跌背后^①

  自 11 月 30 日以来，中国外汇交易中心人民币对美元盘中交易价连续数日相对于开盘价触及跌停。其实，自 9 月底以来，多数交易日盘中交易价低于开盘中间价，人民币处于弱势状态。与此同时，在市场上弥漫着强烈的人民币贬值预期。自 2005 年 7 月 21 日汇率改革以来，在 2008 年 12 月初也一度出现过贬值走势和贬值预期，但当时持续的时间不长，大约一周时间就结束了，而如今这次却已经持续了一个月有余，并且近期还出现相对开盘中间价连续跌停的情况。市场上关于热钱正大量流出中国、国际资本在大量做空人民币等听起来骇人的论点也在不断传播，并且在不断强化市场的贬值预期。有专家指出此时正是增加人民币汇率弹性、加快汇率改革的好时机。当然，也有专家认为当前我国出口增速放缓、前景不明，正好可以通过人民币贬值来保出口。一时之间，关于人民币汇率的各种说法莫衷一是，让人颇有些费思量。人民币汇率是继续升值还是真的要贬值，下一步如何走呢？

  形成本轮人民币贬值预期的因素相对复杂。大体可以归结为三个方面：

  一是国际上出现看空中国经济以及因为中国经济实际增速放缓从而看空人民币的声音。自 2011 年 6 月，国际上出现看空中国经济的言论。基于中国当时趋紧的宏观调控，特别是由于收紧流动性和加强房地产调控，他们认为中国的投资增长必然受到很大影响，特别是地方融资平台贷款和房地产业贷款可能出现大量不良，这会迫使银行进一步收紧信贷，而信贷投放减少必然又会反作用于实体经济，经济存在硬着陆的风险。2011 年以来，我国经济增速确实在逐季下滑，预计第四季度 GDP 同比增速会回落到 9% 以内。

---

  ① 本文完成于 2011 年 12 月 13 日，发表于次日的《京华时报》，发表时编辑有删减，此为原文。

二是由于欧债危机深化，全球资金出于避险需要回流美国，从而推高了美元汇率。8 月以来，由于欧债危机持续深化，全球资本重新青睐美元，纷纷回流美国，此时香港的美元也出现回流之势，美元走强使得香港的人民币即期汇率和 NDF 报价出现逆转，由此前显示升值变为贬值。这一变化发生在 9 月末，并很快传递到内地的人民币外汇市场。

三是由于人民币外汇市场仍处于发育初期，极不成熟，市场预期容易出现一边倒。无论是内地还是香港的人民币外汇市场，尽管后者的市场化程度很高、受管制较少，但是它们都处于发育初期，交易量不大，市场缺乏深度和广度，对人民币汇率的预期容易出现一边倒，也就是市场要么是升值预期，大家都看涨；要么是贬值预期，大家都看跌。由于存在这种一边倒的预期，市场参与者的交易行为也就趋于一致，要卖出大家都卖出，要买入大家都买入，这在一定程度上又会强化既有的预期。还有，尽管境内外两个外汇市场是分割的，但是预期则会相互传染，甚至相互强化。

从现有数据上看，无法得出热钱大量流出的判断。当前出现外汇占款减少主要是因为外汇收入和居民（包括企业和个人）结汇相对减少所致，居民购汇和外汇支出相对正常。根据国家外汇管理局数据，10 月银行代客售汇（也就是企业和个人的购汇）为 1120.6 亿美元，与前几个月相比基本正常；银行代客结汇（也就是企业和个人卖出外汇）为 1152.36 亿美元，相较前 5 个月均在 1350 亿美元以上，其回落特别明显，从而导致 10 月银行代客结售汇顺差仅为 31.76 亿美元，相较此前 9 个月平均每个月结售汇顺差 423.05 亿美元，减少了 92.5%，不可谓不显著。10 月香港人民币存款余额比 9 月不增反减，净减少 37 亿元，而前 9 个月平均每个月增加 341.44 亿元，这种逆转相当于使内地 10 月外汇流入净减少了约 60 亿美元。

当前，国际资本不敢大量做空人民币。从内地外汇市场来看，尽管早已经实现经常项目可兑换，但是这种可兑换是基于实际贸易合同才能购买外汇，个人购汇也受到额度管制，而资本项目下的居民购汇更是受到严格管制，因此，在内地不存在国际资本做空人民币的机制。理论上，国际资本可以利用香港的人民币外汇市场大量做空人民币，但实际上，香港人民币汇率的报价并非不受内地人民币汇率报价的影响，后者是前者的价值中枢，在这种情况下，国际资本绝不敢大量下赌注。实际情况也是这样，自 9 月底以来，香港人民币汇率报价还是相对稳定的，尽管显示远期略有贬值。

近来人民币对美元盘中交易价连触跌停，但是开盘中间价相对坚挺，这已充分说明了央行的意图和决心。当前情况下，央行不可能增加波动区间，也不可能进行所谓的顺势而为放任人民币贬值。如果这样，市场上的人民币汇率则会贬值更多，会造成更多混乱，这并不符合经济需要。当前以及未来一段时间，我国仍将坚持参考一篮子货币进行调节的、有管理的浮动汇率制度，维持人民币汇率的相对稳定。

2012 年人民币汇率及国际化展望[①]

记者：2011 年人民币对美元汇率中间价升值超 5%。结合 2012 年国际国内的经济形势，主流观点认为人民币仍将升值，但升幅将缩窄，您预计 2012 年人民币升幅将达几何？有声音认为，随着短期流动资金流入压力减轻、贸易顺差减少，人民币升值压力逐步减轻，您怎么看？

赵庆明：我预计 2012 年人民币对美元仍将呈现升值走势，全年的最大升幅有可能达到或超过 5%，即存在进入到 6 以下的机会。中国的贸易顺差已经连续 3 年出现回落，2012 年的货物贸易顺差仍将继续收窄，但是双顺差的局面还没有改变，双顺差的规模也未必能有大的改观，并且人民币外汇市场处于发育初期，缺乏深度和广度，市场预期容易出现一边倒，人民币升值压力还与发达国家的施压有较大关系，因此，综合来看，2012 年人民币升值压力未必就轻。

记者：从 2011 年 11 月底开始，人民币即期交易价连续触及每日交易区间下限，日间波动加大，较 2008 年国际金融危机时波动更剧烈，但此期间中间价依旧保持升值态势。在汇率改革六年后，有声音认为今年汇率双向波动将成为常态，您如何看待？全国金融工作会议指出，进一步完善人民币汇率形成机制，对于如何完善，您有何建议？

赵庆明：理论上看，一种高估或低估的货币汇率在向均衡汇率回归的过程中，越接近均衡汇率状态，双向波动性会越显著。2005 年 7 月 21 日启动汇率改革至今，人民币兑美元已经累计升值超过 30%，应该说，更加逼近均衡汇率区间。但是在当前仍然实行参考一篮子货币进行调节的、有管理的浮动汇率制度，仍然坚持自主性、可控性、渐进性三原则的情况下，未来人民币对美元

---

① 本文是 2012 年 1 月 16 日《上海证券报》记者王媛对我的专访。

汇率的走势不仅取决于央行基于宏观经济判断而要实行的货币政策，同时，也无法忽略外围市场和国家对人民币汇率施加的压力。我个人早就倾向于人民币汇率实现双向波动，但是在汇率制度以及我国持续的国际收支顺差没有根本改革的情况下，盼望实现人民币汇率双向波动仍然困难。至于如何完善人民币汇率形成机制，我认为根本的一个前提条件是实现国际收支基本平衡。如果仍然是大规模的顺差，完善人民币汇率形成机制就不可能落到实处。

记者：2011 年人民币在 NDF 市场的剧烈波动，并未影响人民币国际化进程。目前，人民币跨境贸易结算蓬勃增长，香港人民币离岸市场逐步深入发展。但诸如汇率、资本项目可兑换等顶层设计、改革尚未完成，您觉得 2012 年人民币国际化的推进会有何措施？同时，会带来哪些风险？

赵庆明：2011 年人民币在 NDF 市场的剧烈波动，尽管没有影响到官方在推进人民币国际化方面的进程，但是我们也看到人民币在外围尤其是香港受欢迎的程度是在下降的，香港的人民币存款增长也出现了停滞。从国际货币的基本功能看，人民币国际化的主要政策均已经推出，我个人感觉 2012 年出台关于人民币国际化方面的重大政策措施的可能性不大，应该主要是补充和完善既有的政策措施。当前，人民币在国际结算中的份额还不大，在境外的存量也不大，尽管会不时产生对人民币国际化不利的事件、言论或预期，但是都不可能带来较大风险。

记者：2011 年第四季度，伴随人民币升值预期下降，跨境资金流入的压力也在减少，个别月份甚至出现了外汇占款负增长，银行代客结售汇也出现逆差。您认为这个趋势是否可以持续？您预计，2012 年，央行在货币政策尤其是存款准备金、公开市场操作等数量型工具上会有何举动？

赵庆明：这种外汇占款负增长、银行代客结售汇逆差的现象应该是短期的、阶段性的，我个人认为拐点还未出现，这个现象不大可能成为趋势。如果外汇占款负增长较多，或者持续的时间较长，存款准备金率就存在相应下调的可能和必要，因为当初上调存款准备金率的一个主要目的就是对冲外汇占款的增加。如果外汇占款减少较多或持续时间较长，当然有必要通过下调存款准备金率来应对外汇占款的减少，以保持银行体系流动性的稳定。当然，央行到底是采取下调存款准备金率还是公开市场操作、抑或是二者同时采用，一方面取决于外汇占款变化的规模，另一方面取决于央行对这两大手段的偏好或取舍。我个人预测存在继续下调存款准备金率的可能性，但是到底有几次还要看实际情况的变化。

适度加大人民币汇率波动幅度^①

一、形势分析

年初以来人民币汇率有升有贬，双向波动特征显著，同时又实现了相对稳定，为我国出口创造了良好的汇率环境。2012 年第一个交易日开盘中间价为 6.3001 元/美元，今年开盘中间价的最高点为 5 月 2 日 6.2670 元/美元，最低点为 8 月 16 日的 6.3495 元/美元，11 月 6 日的开盘中间价为 6.3078 元/美元，较年初下跌了 77 点。年初至今的最大波幅仅为 1.3%。即使按照 8 月盘中创出的接近 6.40 元/美元最低交易价，与近期 6.2380 元/美元的最高价，最大波幅也仅为 2.56%。同期，美元指数的最大波幅则为 7.40%。人民币兑美元汇率如此稳定，主要原因是自 2011 年第四季度以来，人民币兑美元汇率的开盘中间价紧盯住一篮子货币的结果。也正是这种严格地盯住一篮子货币的定价机制，既在 2012 年 1~8 月市场上有强烈的人民币贬值预期时，防止了人民币汇率大幅贬值，也在自 9 月初以来，市场上重新出现人民币升值预期时，实现了汇率的相对稳定。还有一点很重要，整体上看，2012 年人民币汇率在国际上没有遇到政治压力。结合目前的外汇市场走势以及出口形势，预计 2012 年全年人民币兑美元开盘中间价将保持相对稳定或略有升值，升值幅度可能不会超过 1%。

人民币汇率预期由此前的贬值在近期转向升值，原因相对复杂。自 2011 年 9 月，内地外汇市场人民币汇率盘中交易价走低以来，国内外关于人民币贬

---

① 本文完成于 2012 年 11 月 10 日，奥巴马顺利取得连任之际。

图1　人民币汇率中间价对美元

值的言论也多起来，还有香港外汇市场上人民币 NDF 报价出现明显贬值走势，进一步强化了内地的企业和个人对人民币汇率贬值预期，企业和个人偏向于增持外汇、减少结汇，2012 年前 8 个月，我国外汇存款增加 1400 亿美元，比 2011 年底外汇存款余额增长 50.88%。8 月底到 9 月初，中国外汇市场上人民币汇率贬值预期基本消失，升值预期开始出现。于是，企业和个人开始抛售此前一段时间囤积在手的外汇存款，一个显著例证是 2012 年 9 月外汇存款不增反而减少了 12.21 亿美元，而此前 8 个月，月均增加外汇存款 175 亿美元。个人认为促进人民币汇率预期发生转向的主因是我国贸易顺差在逐季扩大。2012 年第一季度，我国贸易顺差仅为 6.7 亿美元，第二季度为 682.5 亿美元，第三季度为 793.9 亿美元。顺差的扩大直接增加了外汇市场的外汇供给。9 月 13 日，美联储宣布实施第三次量化宽松后，国际市场上开始看空美元而看多非美货币，这在一定程度上对已经出现的人民币汇率升值预期起到了支撑和强化的作用。近日，国际游资大量流入香港，香港金融管理局连续多日入市释放港元。这也进一步强化了内地外汇市场上人民币升值预期，至 11 月 6 日，人民币兑美元盘中交易价已经出现 7 个涨停。

　　2012 年前三个季度，实现贸易顺差 1483.1 亿美元，接近 2011 年全年的 1551.4 亿美元，2012 年全年贸易顺差有望超过 2000 亿美元，创出 2009 年以来的新高。

　　2012 年前三个季度，央行外汇占款增加 2908.28 亿元，预计全年央行外汇占款增加额在 5000 亿元左右，相对应地，为外汇储备贡献约 800 亿美元。

二、未来预测与政策建议

米特·罗姆尼在竞选期间，发话一旦当选总统，上任的第一天就会给人民币贴上"汇率操纵"的标签。尽管奥巴马在竞选期间没有拿人民币汇率来说，但是这并不表明奥巴马不再将人民币汇率视为问题。个人预计，人民币汇率问题仍然会成为中美未来一段时间内不可避免的一个焦点问题。其中 2012 年中国贸易顺差重新扩大会成为它们施加政治压力的依据和借口。奥巴马接下来的首要任务就是刺激经济增长。2012 年初奥巴马提出 5 年内实现美国出口贸易倍增计划，2012 年由于忙于竞选，在出口上并没有多少实质性的动作，既然已经实现连任，2013 年在出口刺激上的措施必然增加，这也就必然会对人民币汇率施加压力。

与此同时，主要国家贸易保护主义倾向有加强趋势。就当前主要国际机构的预测来看，2013 年世界经济增速会比 2012 年有所加快，尤其对美国经济更加乐观。从这个角度看，2013 年中国出口的环境有所改善。但是，整体上看，2013 年世界经济仍然充满了不确定性。欧洲经济已经身陷泥潭长达 5 年，2013 年的压力尤其大。已经有很多国家打出"贸易牌"，试图通过减少进口以促进本国生产，以此提振就业和拯救经济。当前的一种看法是，2013 年的全球贸易保护主义会更加严重。商务部最新发布的《中国对外贸易形势报告（2012 年秋季）》显示，中国是贸易保护主义的最大受害者，2012 年前三个季度，中国出口产品遭遇国外贸易救济调查 55 起，增长 38%，涉案金额 243 亿美元，增长近 8 倍。据英国智库经济政策研究中心的"世界贸易预警"项目监测，2008 年国际金融危机爆发以来，全球 40% 的贸易保护主义措施是针对中国的。

从缓和与主要国家的关系看，2013 年在继续坚持参考一篮子货币进行调整的、有管理的浮动汇率制度的同时，应该适度加大人民币汇率的波动幅度。2012 年初至今，人民币兑美元汇率开盘中间价的最大波幅仅为 1.3%。这种过于狭窄的波幅很容易被人归结为是在紧盯美元，容易授人以汇率操纵的口实。

提出扩大人民币汇率波幅，还基于以下几点：

一是不能迷信汇率稳定对出口的支持作用。我国出口一遇到困难，往往就要求维持汇率稳定，甚至要求人民币汇率贬值。央行确实也呼应这些需要想方设法维持汇率的稳定。但实际上，中国企业出口订单的多少最直接、最主要的影响因素是外需，而不是价格，出口企业的汇率风险能够通过汇率风险管理工具、签订短订单、在合同中添加价格调整条款等方式最大限度地进行规避和管理。

二是加大汇率波幅有利于分化市场预期，为下一步汇率改革创造条件。当前中国外汇市场的预期容易一边倒，不是升值预期，就是贬值预期，于是外汇市场上相应的行为就是：要买大家都买，要卖大家都卖，导致企业和个人要么囤积外汇，要么将外汇视为"烫手山芋"而急于卖出。这是极不正常的。

三是出口导向型的增长模式到应该调整的时候了。2012 年我国货物出口有望实现 8% 左右的增长，而据主要国际组织的预测，2012 年全球贸易增长仅在 2.5% 左右。实际上，近年中国出口在世界市场中的份额还是在扩大的。当前中国货物出口已经占到全球份额的 11% 左右，居世界第一。整体上看，中国的出口市场份额已经到了极限。出口导向型的增长模式似乎已经走到了头，也到该改变的时候了，而汇率波动有利于促进出口产业升级。

警惕日元人为贬值　但跟随贬值不可取①

安倍政府力推货币贬值政策以刺激经济是以邻为壑之举，但过度强调"货币战争"，甚至建议中国加入货币战，不免掺杂了过多的情绪化或民族化情节在其中，缺乏理性，更无益于问题的解决。如果中韩等亚洲国家真的加入货币战，反而会导致更复杂、更糟糕的局面。

一、日元急跌某种程度上是对前期过于强势的回归

尽管刚经历了一波迅速贬值，如果时间维度略微拉长，就会看到日元汇率相对于其他货币并未明显贬值。如此这样说，并非是为当下日本安倍政府不负责任的货币政策说情或开脱，只是希望理性地分析和认识。

就主要国际货币来看，自雷曼兄弟破产以来，日元是少有的强势货币。2008 年 9 月 15 日雷曼兄弟破产时，美元对日元汇率在 105 日元/美元左右。自 1995 年 4 月创出 79.75 日元/美元历史高点后，美元对日元汇率基本上在 100 日元/美元以上。2008 年 3 月中曾短暂突破 100 日元/美元，一度接近 95 日元/美元。雷曼兄弟破产后，直到 2012 年中，日元汇率整体上则是走强的。2010 年 10 月底，曾试探上攻 80 日元/美元，离 1995 年 4 月时的历史高点仅一步之遥。2011 年 3 月 11 日，日本发生大地震后，日元汇率迅速冲破此前的历史高点，创出了 76.25 日元/美元的新高点，此后经过短暂调整，在 2011 年 10 月外汇市场盘中交易曾瞬间突破 75 日元/美元。此后，直到 2012 年 11 月初，日元对美元汇率基本上在 75～80 日元/美元的狭小区间内波动。对于日元的这种

---

① 本文完成于 2013 年 3 月 7 日，主要内容以《应对日元贬值之道》为题发表在《上海证券报》2013 年 4 月 3 日。

强势，学术界（也包括部分市场机构）并不理解，因为在危机期间日本的经济表现并不明显地好于欧美，甚至更差。2011 年 3 月 11 日大地震后，日本震后重建也并没有像市场所预期的那样带来一波经济景气。

2012 年 11 月 16 日，野田佳彦宣布解散众议院，日本开始大选。在此之前，日本前首相安倍晋三已决定再度出山参加竞选，并赢得了党内选举。在竞选活动中，安倍晋三多次指出日元汇率高估是日本经济衰退的原因，并表示重新当选首相后，将促使日元贬值以提振日本经济。由于日本自民党有望在大选中获胜，随着选情的清晰，日元汇率开始走低。12 月 16 日，安倍如期当选日本新一届首相，日元汇率开始加速贬值。到 2013 年 3 月 12 日，日元对美元汇率一度突破 96 日元/美元，相对于 2012 年中 75 日元/美元的水平，贬值超过28%，即使与 2012 年日本大选启动时相比，也跌去了 20%。不过，当前日元对美元汇率仍然高于危机前的水平。有很多机构预测，日元对美元汇率 2013年有望跌破 100 日元/美元。不过，进入 2013 年 2 月后，日元汇率出现明显的横盘迹象。

雷曼兄弟破产至今，美元指数绝大多数时间低于危机时的 80，目前在82～83，与危机前水平相当。而欧元则基本上处于贬值状态。2008 年 7 月，欧元对美元曾越过 1.60 美元/欧元，创出了自诞生以来的最高点。雷曼兄弟破产时，欧元对美元汇率在 1.43 美元/欧元左右。2013 年以来，欧元对美元汇率先是上涨，并在 2 月 1 日一度向上突破 1.37 美元/欧元，但此后至今，则呈现一路下跌走势，目前在 1.28 美元/欧元左右，远低于危机前水平。

自 2005 年 7 月 21 日至今，人民币对日元升值幅度为 10%，而同期人民币对美元升值幅度为 29%（相对于 2005 年 7 月 21 日的 8.11 元/美元计算），相对来看，日元并未明显贬值。实际上在 2009 年初到 2012 年底四年的绝大部分时间里，人民币对日元实际上处于贬值的状态，这与人民币对美元持续升值的状态形成显著的对照。

二、日本经济衰退主因并非日元高汇率所致

安倍晋三在竞选中提出的主要刺激政策就包括让日元贬值来刺激出口。实际上日本经济的持续低迷和衰退并非过去几年日元升值所致。

首先，必须指出的是，日本经济的实际表现并没有宏观数据所表现得那么

差。衡量一国经济状况的经济指标除了 GDP 外，还有失业率。多年来，日本的失业率都维持在 5% 以下（当然，这在某种程度上也与日本特有的用工制度有关）。日本失业率没有明显的上升，恰恰说明了日本经济还是不错的。当前失业率仅为 4.2%，在经济发达大国里面是最低的。在劳动人口逐步减少的情况下，再用 GDP 来衡量日本经济状况就不准确了。因为劳动是两大生产要素之一，在劳动生产率（TFP）无法提高的情况下，劳动人口的减少必然导致产出也就是 GDP 的萎缩。根据日本政府部门的统计，日本人口自 2007 年起连续下降，2011 年日本的人口减少了 20.4 万人，达到自 1947 年开始跟踪以来人口减少的最高峰。到 2011 年底，日本 65 岁以上的老年人口已达到人口总数的23%，而 15 岁以下的儿童人数则下降到 13%。

以 GDP 衡量的经济衰退带有必然性，除了人口因素外，还因为日本企业错失技术创新时机。21 世纪初，美国互联网技术发展得如火如荼，引领了全球新一轮技术创新，日本则被甩在了后面。最近几年，韩国企业在家电、手机等日本传统优势领域全面超越日本企业，甚至在汽车方面与日企的差距也在大大收窄。曾经长期在家电领域称霸全球的日本三大家电生产商夏普、松下、索尼近年来纷纷出现巨额亏损，主要原因是技术创新上出现了失误而在全球市场竞争中败下阵来。当然，不能否认近年日元的走强对它们确实有一定的负面影响。

劳动人口减少并且伴随着企业技术创新方面的失误，这才是日本经济持续低迷的主因，如果单纯依靠宽松的货币政策以及不负责任的货币贬值政策，而不正视问题的根源，日本经济仍将会在原地打转，不可能从根本上走出困境。

三、日元急剧贬值未必利己，但一定损人

不可否认，日元贬值对日本经济会有正面影响，但因为不是对症下药，所以日元贬值并不能从根本上解决日本经济长期以来的不景气问题，也就是说未必利己。但是，日元的急剧贬值一定损人。

首先，会打破亚洲各国之间的业已形成的贸易秩序，尤其考虑到当前全球经济复苏仍很脆弱的环境下，有可能使周边国家重新陷入困境。日本作为亚洲的发达经济体，以及与周边国家多年来形成的广泛而深入的经贸联系，在某种程度上，日本可以说仍是亚洲经济的核心。因此，日元的急剧贬值必将抑制周

边国家对日本的出口。这不能不说是一种以邻为壑的不道德的刺激手段。

其次，会造成周边国家持有的日本金融资产大幅缩水。亚洲金融危机后，包括中国在内的多数亚洲国家和地区有意增加了外汇储备，特别是最近几年，中国、韩国、中国台湾、中国香港等经济体外汇储备增加较多，因为经贸联系密切的缘故，最近几年它们都在增持日本国债等日本金融资产。据笔者观察，全球外汇储备中投资日元的外汇储备主要来自亚洲国家和地区。因此，日元的急剧贬值必然导致亚洲各国（地区）外汇储备中日元资产价值的大幅缩水。

四、人民币跟随贬值策略不可取

同样是实施量化宽松的货币政策，美国的第三次和第四次量化宽松政策和欧洲中央银行的 OMT 并没有受到过多的指责和引来"货币战争"的担忧，这是因为欧美的量化宽松并不直指本币汇率，而是通过维持低成本融资来刺激消费和投资，然而日本政府当下的政策却是直指汇率，希望通过日元大幅贬值来刺激出口带动经济增长。如果中韩等亚洲国家为了对冲日元贬值的不利影响也使各自货币跟随贬值，"货币战争"真的就要来了，必然引发一轮竞争性的货币贬值大战，造成更多的动荡和不安，整个亚洲地区都可能陷入到混乱之中，2008 年国际金融危机的主战场就可能从第二个主战场欧洲转移到第三个主战场亚洲，全球经济的复苏之旅将更渺茫和遥远。

因此，无论如何，跟随贬值策略绝不可取，但是也不能、不应放任日本政府人为地日元贬值政策。中国、韩国应该通过双边和多边场合与日本协商、谈判，要日本清醒地认识到操纵日元贬值的不利后果，帮助日本找出日本经济困境的根源，采取对症下药的正确措施，而不是动辄采取以邻为壑的政策。

中国当前汇改的紧要事是什么①

据媒体报道，4月18日，中国人民银行副行长、国家外汇管理局局长易纲在华盛顿表示中国将于近期扩大人民币波幅。瑞银驻伦敦的一位分析师在第一时间发表报告称，中国央行可能在未来三天内扩大人民币汇率波幅。瑞银中国首席经济学家汪涛预测，人民币汇率波幅可能扩大至2%。一时之间，关于中国即将扩大人民币对美元汇率波幅的报道和解读铺天而来。那个周末平静度过，没见央行宣布调整人民币汇率波幅；又两个周末过去了，还是一片平静。尽管一片平静，但是市场似乎仍然在期待"靴子"落地。事实上，2013年初以来，就不断有研究机构和个人预测或建议扩大人民币对美元汇率波幅。3月初，原央行货币政策委员会委员、中国社科院研究员余永定就提出人民币对美元日波幅限制可以由1%扩大到5%甚至7%。日前，国务院常务会议研究部署2013年深化经济体制改革重点工作中提出"稳步推出利率汇率市场化改革措施"。笔者认为，简单地扩大波幅没有必要也没有意义，当前中国汇率改革紧要的事不是扩大波幅这样的技术细节，而是应该首先实现贸易平衡和国际收支平衡，在解决了外汇市场长期存在的供求失衡后，逐步放松实需交易原则，促进外汇市场成熟。

一、当前波幅已经够用

2012年4月16日，央行将银行间即期外汇市场人民币兑美元交易价浮动幅度由千分之五扩大至百分之一，即每日银行间即期外汇市场人民币兑美元的

---

① 本文完成于2013年5月8日，以《当前汇率最紧要的不是扩大波幅》为题发表在《上海证券报》2013年5月28日。

交易价可在中国外汇交易中心对外公布的当日人民币兑美元中间价上下百分之一的幅度内浮动。此前在 2010 年 11 月 19 日，央行已经发文决定：人民币对欧元、日元、港元、英镑交易价在中国外汇交易中心公布的人民币对该货币汇率中间价上下 3% 的幅度内浮动。人民币对马来西亚林吉特交易价在中国外汇交易中心公布的人民币对林吉特汇率中间价上下 5% 的幅度内浮动。

2012 年扩大人民币对美元汇率波幅后，我们看到对于当时的贬值预期没有任何化解作用，也没有阻止住当时的所谓"热钱"撤出局面。2012 年 9 月以后，市场对于人民币汇率的预期又转向升值，外汇资金重又呈现净流入的状态，即所谓"热钱"重返中国。

其实，自 2012 年 4 月 16 日将人民币兑美元汇率日内波幅放大后，从国际外汇市场的运行实践看，这一幅度已经够用。首先要清楚，这 1% 的波幅是针对开盘中间价的上下波幅，如果按照最高价与最低价之间波动来看，波动区间是 2%。

从国际外汇市场运行的实践来看，无论是主要的国际货币还是一些国际化程度不高的国家货币对美元的日内波幅很少有超过 2% 的时候。这里先解释一下，除了极少数国家的货币是首先与欧元等国际货币挂钩外，绝大多数非美货币都是首先确定与美元的汇率（无论是实行了浮动汇率的还是仍在实行管理浮动汇率制度的货币），也就是常说的将美元作为"锚"，它们之间的汇率构成基础汇率，其他非美货币之间的汇率都是建立在它们与美元之间的基础汇率之上套算出来的，国际金融教科书上称之为"套算汇率"。多说一句，尽管我们搞了人民币对日元、人民币对澳大利亚元的直接交易，做市商的报价仍然要依靠"人民币对美元"和"日元对美元"这两个基础汇率来套算出"人民币对日元"的报价。同样，做市商对"人民币对澳大利亚元"的报价也一定是建立在"人民币对美元"和"澳大利亚元对美元"基础之上。事实上，分列全球第二、第三大国际货币的欧元与日元之间的汇率也是在"欧元对美元"和"日元对美元"这两个基础汇率之上套算出来的，当然我们似乎看不出这一套算过程，欧元对美元、日元对美元、欧元对日元这三个汇率对似乎是独立存在的，它们之间一旦出现套汇空间，大量的套汇交易就很快使得它们之间的汇率回到无套汇空间的相对稳定的兑换率上，由于前两个汇率对之间的交易量远大于后一个，所以后一个汇率对即"欧元对日元"一定是无形之中建立在前两者之上。也正是因为非美货币之间的汇率是套算而来，所以它们之间汇率的日内波幅超过2%较为常见。这也正是早在2010年11月19日，央行将人民币对欧元、日元、港元、英镑的日波动幅度扩大到中间价上下3%，人民币对马来西亚林吉特日波动幅度扩大到中间价上下5%的原因所在。

国际外汇市场基本上是可以连续24小时交易的全球性连续市场，尤其对于那些国际化程度较高的货币来说，几乎可以连续24小时交易。每个周一，首先是新西兰的外汇市场开盘，然后是澳大利亚，再接着是东京、香港、新加坡、法兰克福、巴黎、伦敦，伦敦还未休市，美国东海岸纽约和西海岸的外汇市场也相继开盘，美国西海岸的外汇市场收盘不久，周二的新西兰外汇市场又重新开盘，所以说，国际外汇市场几乎是一个可以连续24小时交易的市场。一般情况下，一个交易日内非美货币对美元的汇率波幅往往较小，一个年度的波幅往往也只有百分之几或百分之十几，超过20%的年度有，但是并不多。例如，2012年度，欧元对美元的汇率波幅为11.3%，美元对日元的波幅为13.4%。笔者截取了2012年9月28日至2013年5月3日156个交易日，对日元对美元汇率的波动情况进行了计算和统计，日内波幅（最高价与最低价之差除以该日的算术平均价）超过1%的交易日只有57个，占36.5%，也就是说63.5%的时间里波幅不超过1%；超过2%的只有8个交易日，占5.1%，也就是说94.9%的时间里波幅在2%以内；而超过2.5%的交易日只有2个，即2月25日的4.1%和4月4日的3.88%，只占1.3%，即98%以上的时间里波幅在2.5%以内。事实上，之所以截取这段时间来统计和测算，是因为这段时间日元贬值幅度很大（贬值幅度为22%），并且多数交易日内，汇率波动剧烈。根据笔者对日元对美元汇率的粗略统计，以前很少有这样剧烈波动的时候。为了对照，笔者还对上述时间段内，欧元对美元的汇率波动也做了计算和统计，波动幅度超过1%的交易日为27个，占17.3%；又发现，在波幅超过1%的所有交易日里，有14个交易日波幅在1.0%至1.1%之间，超过1.1%的只有13个交易日，超过1.5%的交易日只有6个，也就是说96.2%的时间里波幅在1.5%以下；超过2%波幅的交易日只有1个，即2013年2月25日的2.03%，也就是说99.4%的时间里欧元对美元汇率的日波动幅度在2%以内。

对于一些国际化程度较低或根本没有国际化的国家货币来说，并不存在连续24小时交易的全球性外汇市场，其汇率受到政府或央行干预的程度更大，一个交易日波动的幅度往往更小。

汇率是以一种货币表示的另一种货币的价格。在正常情况下，尤其对于经济规模较大的国家来说，其中央银行都将币值稳定包括汇率稳定作为主要目标之一，因此，其货币的汇率是较为稳定的，尤其是维护对锚定货币汇率的稳定。也只有稳定的汇率才有利于本国企业参与国际经济交往，也才有利于经济增长和促进就业，也正因为如此，第二次世界大战后布雷顿森林体系的主要目标之一就是在国际间建立起稳定的固定汇率制度，以保证全球经济稳定增长和实现充分就业。后来布雷顿森林体系崩溃，浮动汇率制度取代固定汇率制度成为国际间主要的汇率制度。尽管各主要发达国家政府或央行都声称不干预汇率，标榜自己实行"自由浮动汇率制度"，但是事实上，发达国家之间通过国际协调——其中最著名的就是《广场协议》——来影响汇率走势，或者个别国家通过背后的某些操作来影响汇率，所以并没有完全自由浮动的汇率安排，都是有管理的浮动，无非是管理的程度不同，所以学术界称其为"肮脏"浮动。

也正因为汇率主要服务于实体经济，所以汇率不可能像股票一样大幅波动。我们能够经常看到股票价格短时间内大幅上涨和下跌，我们国内有涨跌停板的限制，尽管有此限制，也仍然见到有的股票短时间内价格翻番或上涨数倍，也有的股票价格短时间内跌去一半以上；在那些没有涨跌停板限制的股市，也会时不时地见到一只股票一天内涨个几倍或者下跌90%以上。但是对于汇率来说，除了政变、战争、货币危机等特殊时期，尤其在正常的平稳时期，汇率是相当稳定的，就如上面分析的，一个交易日内波幅超过2%的交易并不常见。将人民币对美元汇率日内波幅放大到5%或者7%，不具有可行性。一日内本币升值5%或7%甚至更多，对于尚未支付货款的进口以及进口商来说，一定欢欣鼓舞，因为一日之间就可以节约相应幅度的成本，而对于出口以及出口商来说则可能不仅会削减了利润，甚至要亏损了，因为对于多数出口商品来说，账面利润率往往只有3%～5%。据了解我国义乌小商品城的一些出口账面利润率连1%都不到，过大的升值幅度必然导致大部分出口商无法适应和生存。而如果是一日内贬值5%，就不要说是7%或者更多了，尤其对于国际化程度不高的发展中国家的货币来说，这样的跌幅必然导致居民和市场的惊慌，此时已经出现或蕴含着货币危机了。可以回顾亚洲金融危机期间，当时泰铢等亚洲国家货币一天内的贬值幅度达到或超过5%的交易日也并不多见，就已经使市场一片惊慌失措了。不要以为人民币对美元汇率会一直上涨，不会出现贬值。2005年7月21日汇率改革以来，人民币汇率至少出现了两波明显的贬值行情。第一波是 2008 年 12 月的第一周，连续五个交易日盘中跌停。第二波是 2011 年 11 月下旬到 12 月初，出现了连续十几个跌停交易日。第二波贬值行情肇始于 2011 年 6 月香港市场上人民币贬值预期，到 9 月，中国内地外汇市场上人民币汇率开始走弱，到了 11 月下旬开始出现跌停，市场弥漫着强烈的贬值预期，国际收支出现顺差不顺收，出现了所谓的"热钱"撤出的迹象，这种情形一直持续到 2012 年 8 月底。如果真的允许人民币对美元汇率日内波幅扩大到 5%，一旦出现贬值预期和贬值走势，并且真的发生一日内贬值5%，就不单纯是进来的"热钱"会大幅撤出的问题了，就连"冷钱"也会跟风逃跑，对实体经济的打击和伤害就更不可设想。

由此我们可以说，对国际化程度还很低、交易主要限于中国境内的人民币，其对美元汇率日间 2% 的波动幅度完全够用。当然，未来人民币成为一种主要的国际货币和国际外汇市场主要的交易对象后，其对美元汇率的日间波幅多数交易日内也会在 2% 以内。

二、深化汇率改革有两件紧要事须做

第一项紧要事就是要实现贸易平衡和国际收支平衡。

贸易差额是市场观察一国货币汇率会贬值还是会升值的最主要和最常用的指标，尤其是对于发展中国家的货币来说。我国自 1994 年以来连年出现贸易顺差，2005 年以来贸易顺差的规模更是达到千亿美元以上的规模。从 2005 年到 2012 年海关统计的货物贸易顺差累计超过 1.6 万亿美元。从 2005 年至 2013 年 3 月，只有 4 个月出现贸易逆差，逆差总金额不足 500 亿美元。我国持续大规模的贸易顺差还成为其他国家不断施压人民币升值的借口和人民币汇率存在低估的论据。

国际收支不平衡反映到外汇市场上就是外汇供需不平衡。我国自 2005 年以来一直是持续的国际收支顺差，仅在 2012 年顺差的规模较小，央行外汇占款新增额仅为 4200 亿元，其他几年都在万亿元以上的规模。2007 年如果将注资中投部分考虑在内，央行新增外汇占款超过 5 万亿元人民币。从 2005 年初到 2013 年 3 月底，央行外汇占款增加了近 20 万亿元，如果将注资中投部分考虑在内，则超过了 21 万亿元。外汇供求失衡，如果放任市场去决定价格，必然是美元贬值、人民币升值。在外汇供求失衡的情况下，人民币汇率也就不可能真正波动起来。实现贸易平衡和国际收支平衡，是深化人民币汇率改革的一项基础性工作。

第二项紧要工作就是要放松外汇交易的实需原则，积极培育外汇市场，促进外汇市场尽快成熟。

当前中国外汇市场极不成熟，缺乏深度和广度，没有价格发现功能。外汇市场上交易者的预期和行为往往高度一致。从1994年人民币汇率并轨以来，我国建立起了规范的近似于交易所形态的银行间外汇市场。为了防止投机，我国金融管理当局一直强调外汇交易的实需原则，无论是银行与客户之间的外汇零售市场，还是银行间的外汇批发市场，都应该按照实际需要进行外汇的买卖。2005年7月21日实施人民币汇率形成机制改革以来，尽管在即期外汇市场推行了做市制度，还逐步推出了远期、掉期、期权等交易方式，但是仍然强调和坚持外汇交易实需原则，外汇市场的发育程度基本上没有变化。如果说2005年7月21日汇率改革时中国外汇市场（尤指银行间市场）发育程度是1岁的婴儿，那么当前也仍是一个1岁的婴儿。自2005年7月21日至今，市场上对人民币汇率的预期大体分为五个阶段，其中两个贬值预期阶段、三个升值预期阶段。2005年7月21日至2008年9月雷曼兄弟破产前后，是强烈的升值预期阶段，尤其在2008年元旦前后，市场上一度预期人民币兑美元年升值幅度会在13%～15%。雷曼兄弟破产后不久，因为中国出口大幅下滑，开始出现人民币贬值的建议和主张，尤其是2008年11月，市场预期由升值预期很快转变为贬值预期，在12月初的第一周，银行间外汇市场人民币兑美元汇率连续5天跌停，此后随着人民币兑美元开盘中间价的稳定才逐渐稳定下来，并且事实上恢复到了以前的紧盯住美元的状态，直到2010年6月19日重启汇率改革。此后，直到2011年9月，市场上对人民币汇率的预期是升值预期。2011年10月后，随着国际上看空中国经济和看空人民币，以及中国经济增速回落，市场上对人民币汇率的预期又瞬间转为贬值预期，在11月和12月曾经连续出现10余个交易日的盘中跌停，尽管后来打开了跌停，但是直到2012年8月末，盘中交易价相对开盘中间价也一直处于下跌状态，其间11个月有5个月央行外汇占款出现负增长，出现了所谓的"热钱"撤离中国。2012年9月至今，又转为升值预期，并且在12月连续出现了10余个交易日的连续涨停，此后尽管没有再出现涨停，但多数时间也处于接近涨停的状态。

一个成熟的外汇市场或者说一个货币国际化程度较高货币的外汇市场的最

主要特征是：其市场交易者中看涨与看跌的大体相当，交易的价格弹性高，也就是说较小的价格变动就会有大量的交易。而当前我国的外汇市场则是：投资者的预期高度一致，要看涨都看涨，要看跌都看跌，因此，交易行为也基本上高度一致，除了抛补因零售端形成的缺口外，也基本上是要买都买、要卖都卖，谈不上有价格弹性，如果没有央行的参与，甚至谈不上流动性。一个成熟的外汇市场上绝大部分交易都没有真实的支付需求（即所谓"实需"），而是出于博取汇差或投机的目的，较小的价格波动往往就会引起大量的交易以及相反方向的交易，而相反的交易方向则能起到抑制过度的贬值或升值的作用，汇率反而相对稳定，这也就是我们看到主要国际货币之间的汇率波动往往并不大的内在机制。

人民币外汇市场尤其是银行间具有批发性质的外汇市场，应该逐步放开实需原则，只有让形形色色的出于不同交易目的的交易者都进来，市场的流动性才会改善，市场上的预期才会分化和分散，价格弹性才会提高，市场的价格发现功能才会得以挖掘和实现。交易受到高度管制的市场是不可能发挥出市场的价格发现功能的。当然，放松实需交易原则并不等于放任市场、完全不管。金融管理当局可以通过制定交易规则、监测交易、分析交易信息等对市场实施监管，在特殊时期也可以直接入市买卖（所谓的入市干预），维持汇率的相对稳定和防止汇率大起大落。

人民币的升值逻辑①

5 月 27 日，人民币对美元开盘中间价为 6.1811 元/美元，再次创出新高，就开盘中间价来看，2013 年已经累计升值幅度为 1.69%。在当前日元大幅贬值、中国经济增长乏力、尤其是中小型出口企业经营状况相当困难的情况下，人民币不贬反升似乎不合情理。是否能够如大部分人所希望或预期的那样，人民币应该贬值或至少维持汇率稳定呢？在有管理的浮动汇率制度下，人民币汇率相对坚挺意欲何为呢？

一、日元持续贬值，为何人民币未跟随贬值

早在 2012 年还在党内竞选党首时，安倍晋三就直指日元汇率，将日本经济衰退归咎于日元汇率高估，并表示重新当选首相后，将促使日元贬值以提振日本经济。2013 年 5 月 22 日，日元兑美元汇率一度接近 104 日元/美元，最近几日回调到 102 日元/美元左右，相比 2012 年 11 月初大约 80 日元/美元的水平，至今已经贬值超过 20%。如此短时间内大幅贬值，在国际外汇市场上是极为罕见的。日本是亚洲最大的发达经济体，与周边国家多年来形成了广泛而深入的经贸和金融联系，在某种程度上，日本可以说仍是亚洲经济的核心。因此，日元的急剧贬值必将抑制周边国家对日本的出口，这不能不说是一种以邻为壑的、不道德的刺激经济手段。

针对日元快速贬值，有种颇受欢迎的声音，就是建议其他亚洲国家的货币也跟随贬值，来对冲日元贬值对自身的不利影响。

---

① 本文完成于 2013 年 5 月 28 日，发表于《南方周末》2013 年 5 月 30 日，发表时编辑对文字有所修改。此为作者原文。

但是，跟随贬值策略并不可取。如果中韩等亚洲国家果真使各自货币跟随贬值，"货币战争"真的就要来了，必然引发一轮竞争性的货币贬值大战，造成更多的动荡和不安，整个亚洲地区都可能陷入到混乱之中，2008年国际金融危机的主战场就可能从第二个主战场欧洲转移到第三个主战场亚洲，全球经济的复苏之旅将更渺茫和遥远。

这并非危言耸听。当前，国际投机资本巴不得亚洲国家间打起"货币战争"来。中韩等亚洲国家之所以不采取跟随贬值策略，并非"充大头"，而是看到了其中的危机。

既然跟随贬值策略不可取，但是也不能和不应放任日本政府人为地日元贬值政策。中韩等国应该通过双边和多边场合充分表达对日元过快贬值的担忧，通过与日本谈判或协商，要日本清醒地认识到操纵日元贬值的不利后果，约束日本不负责任的汇率政策，防止日元进一步的大幅贬值，同时也要帮助日本找出日本经济困境的根源，采取对症下药的正确措施，而不是动辄采取以邻为壑的政策。

有人要问，既然不能采取跟随日元贬值的策略，那是否可以像2012年一样维持人民币汇率的相对稳定呢？2012年全年，就开盘中间价来说，升值幅度仅为0.25%，即使按照盘中交易价，全年的最大波动幅度仅为1.15%，这在技术层面上往往会被认为是紧盯住美元。从2005年7月21日汇率改革启动之日起，我国宣布实行"以市场供求为基础的、参考一篮子货币进行调节的、有管理的浮动汇率制度"，如果长期维持对美元汇率的紧盯住状态，会授人以"汇率操纵"的口实，也与我国政府当前提出的"稳步推进汇率市场化改革"的目标不相符。据悉，2013年3月20日，美国民主党和共和党合计101位议员再提议案，准备再次就人民币汇率问题向中国施压。在2008年雷曼兄弟破产后，我国为了应对国际金融危机，一度将人民币紧盯住美元，直到2010年6月19日重新启动汇率改革。当时是特殊时期，这一举措在开始时，主要国家予以默认，但是到了后期，来自各方面的压力则逐步增加。从我国自身来说，也不得不谨慎选择时机予以退出。

二、官方似乎有意以升值促转型

党的十八大报告中明确提出加快形成新的经济发展方式，把推动发展的立足点转到提高质量和效益上来，使经济发展更多依靠内需特别是消费需求拉动。

转变经济发展方式，实现经济转型，已经刻不容缓。旧的经济增长方式已经难以为继。改革开始以来，尽管也多次强调要实现经济集约增长、强调环境保护，但事实上一直实行的是粗放式经济增长模式。粗放式经济增长主要是靠高投入和牺牲环境取得的，被形象地概括为"三高一资"（高成本、高污染、高能耗、资源型）。目前已经到了难以为继的地步。我国石油、铁矿石等主要能源和资源大量依靠进口，出现了"中国进口什么、什么就大幅涨价"的怪现象，我们多付了外汇，不仅没有讨到好评，结果还招致其他国家指责我们造成了能源安全和资源紧张。近期出现的"镉大米"、中药重金属超标等事件也暴露出我们环境污染的严重程度。据国内一家媒体记者实地走访发现，湖南毒大米产地遍布化工厂，农民取污水灌溉农田。另据国外一家媒体报道，中国有40%~70%的土壤已经被重金属和化肥污染。从需求来看，我国经济增长过度依赖投资和出口。根据国家统计局支出法核算的 GDP，最终消费占比由 2000年的 62.3% 下降到 2011 年的 49.1%，而同期资本形成则由 35.3% 上升到48.3%，净出口所占比重则持续在 2.0% 以上，2005—2008 年均在 5.0% 以上，最高的 2007 年达到了 8.8% 的历史最高点。最近几年投资对经济增长的拉动效应明显减弱。2002 年至 2008 年，我国的投资乘数平均为 1.51，而 2009 年至2012 年，下降为 0.90，2012 年仅为 0.73，即固定投资中多投出去的 1 元，仅能使 GDP 增加 0.73 元。而过度依赖出口，则不仅招致我国成为国际上遭受"双反"（反倾销、反补贴）最多的国家，而且也成为欧美国家施压人民币升值的主要借口。

人民币汇率升值有利于促进经济转型，尤其是有利于中国出口产业的转型升级。2004 年底，由于工作关系，当时笔者接触到很多来自其他部门的报告，谈论我国很多出口行业利润率很低，例如纺织品和服装行业，指出如果人民币大幅升值，这些行业必然陷入困境，工人将大批失业。2005 年 7 月 21 日，央行启动汇率改革并对人民币对美元汇率一次性升值 2.1%。后来我们看到的实际结果是，这些行业非但没有陷入亏损和破产，出口增速反而加快，国际市场份额不降反升，多数企业通过实施产品升级，利润率不但没有下降反而有所增加。自汇率改革以来，人民币对美元已经累计升值 33%，但在此期间，中国的出口并未受阻。据统计和测算，2005 年我国货物出口占全球的份额为

7.26%，到 2012 年提高到 11% 左右。

不过整体上看，我国出口商品的质量仍然不高，附加价值低。经济合作与发展组织（OECD）和世界贸易组织（WTO）2012 年共同开发出了"贸易增加值统计体系"，试图更加准确地评估一国在国际贸易中的地位。传统算法以各国海关统计的出入境数据作为统计基础，而新体系仅计算一国参与全球产业链中的真实增加值部分。按传统算法，2012 年中国贸易总额为 3.87 万亿美元，超过美国的 3.82 万亿美元，成为世界第一大贸易国。但是按照新算法，我国某研究机构得出的结论是，我国贸易总量仅为美国的六成左右，美国仍为第一大贸易国。由此可见，我国出口产业升级的压力和任务仍然很重，而人民币汇率升值则是可以采用的一个重要手段。

三、让人民币汇率逐步回归均衡汇率状态，为汇率市场化和资本项目可兑换做准备

在 5 月 6 日，国务院常务会议确定的"2013 年深化经济体制改革重点工作"中确定："稳步推出利率汇率市场化改革措施，提出人民币资本项目可兑换的操作方案"。

国际上有个著名的"不可能三角"，讲的是一国无法同时实现独立的货币政策、资本自由流动和汇率稳定。在一国实现了资本自由流动（即资本项目可兑换）后，如果要想实行独立的货币政策，必然要允许汇率自由浮动，而不可能实行固定汇率制度。当前，我国就是实行的有管理的浮动汇率制度，本质上还不属于浮动汇率制度。

一旦实现了资本项目可兑换，汇率也必然高度市场化。此时，本币的汇率水平应该是在均衡汇率状态。如果汇率存在明显的低估，则必然吸引大量资本流入，汇率会在短时间内被推高，而且往往会被推到高于均衡汇率的水平，即出现所谓"超涨"；如果汇率存在明显的高估，本国资本则担心汇率水平无法持续而大量流出，汇率也会在短时间内被推低，而且往往被推到低于均衡汇率的水平，即出现所谓"超跌"。无论是超涨还是超跌，都会对经济产生不利影响。因此，为了在实现资本项目可兑换后，市场上对未来汇率的预期相对分化，即一半人看涨另一半人看跌，汇率能够相对稳定而不至于大涨或大跌，都希望在完成资本项目可兑换以前，本币汇率能够进入到均衡汇率水平。目前来

看，人民币汇率仍然存在某种程度的低估。为了未来能够平稳地转变到浮动汇率阶段，当前有必要通过逐步升值的办法让人民币回归到均衡汇率状态。由于无法准确计算出均衡汇率值，官方往往采取试错法，有时会快速升值，然后维持相对稳定，看看是否达到均衡汇率水平，如果涨过了，也会向相反的方向调整，直到既无明显的升值压力也没有明显的贬值压力，即被认为进入到了均衡汇率状态。

日前，被指有央行背景的一份研究报告《新形势下对外开放的战略布局》中提出：制定并公布人民币可兑换的路线图、时间表，明确 2015 年末实现可兑换。尽管外界质疑如此短时间内完成资本项目可兑换困难重重，几乎是不可能完成的任务，但是种种迹象表明，资本项目可兑换在提速，而汇率也必然要加速向均衡汇率状态回归。

走走停停的汇改①

如果仔细看2005年7月21日汇率改革以来人民币对美元中间价走势图，会发现在2008年中到2010年中有一段近两年的极为平坦的走势，这个阶段人民币对美元汇率重新回到了事实上的紧盯住美元状态。2008年初到年中的7月16日，人民币对美元汇率中间价升值幅度达到7.2%，是自1994年初人民币汇率并轨以来，人民币对美元汇率升值速度最快的阶段。2007年下半年人民币汇率显示出加速升值的走势，当时很多机构预测，2008年人民币对美元全年升值将达到13%~15%。如果按2008年上半年的升值速度，确实全年升值13%~15%根本不成问题。

然而，就像6月，天总有不测风云。2008年上半年全球大宗商品价格疯狂冲高的同时，美国次贷危机的暗潮也在积聚力量，寻找最后爆发的机会。事实上，2008年中盛夏时节，中国的出口企业已经开始感受到了一丝丝寒意。中国政府一举停止了此前连续数次的调降出口退税的措施，转而开始上调出口退税，以保出口。2008年9月15日，雷曼兄弟宣布破产，经济金融危机席卷全球。人民币对美元汇率在坚持了一周坚挺状态并在9月23日创出6.8009元/美元的当时历史新高后，转而走弱。我国出口企业已有的海外订单也开始被外国进口商纷纷取消，新订单更是一落千丈。与此同时，市场上开始出现人民币汇率贬值的声音，希望政府用人民币汇率贬值的办法来保出口。到了12月1日，人民币对美元盘中交易价出现跌停，此后数日尽管开盘中间价相对稳定，盘中即期交易价仍然是连续跌停状态。经过一段时间的博弈，市场最终认识到政府不会让人民币贬值，并且人民币对美元汇率——无论是开盘中间价还

---

① 本文完成于2014年6月12日，主要内容以《汇改十年》发表在《经济观察报》2014年6月30日。

是市场上的即期交易价，几乎稳定不动。自此，开始了长达一年半的事实上的紧盯住美元的汇率制度。这一幕并不陌生。1998年亚洲金融危机期间，中国政府对外正式宣布人民币汇率不贬值，并开始将汇率紧盯住美元，中断了1994年初以来实行的以市场供求为基础的、有管理的浮动汇率制度。那次中断，一直持续到2005年7月21日启动汇率改革。

紧盯住美元后，在存在正利差且预期未来人民币仍然会升值的情况下，热钱流入量并未减少。2007年9月美联储开始降息，到2008年底，联邦基金利率降至几乎零利率，尽管雷曼兄弟破产后，中国也开始减息，并且短时间内5次减息，但一年期存款利率仍然高达2.25%，这一利率水平甚至高于当时美元贷款利率。在2009年前两个月外汇储备减少340亿美元的情况下，全年净增加4531亿美元，仅比此前2007年的历史最高点4619亿美元略少，说明了2009年后10个月资本又重新大量流入中国。

冻结汇率，尽管起到了稳定市场信心、防止资本外逃的作用，但是这也破坏了市场机制作用的发挥，反而积累了更多的问题。1998年紧盯住美元后，受益于固定汇率对出口贸易的促进作用，迟迟没有重新回到汇率市场化的改革轨道上。进入2002年之后，国际上出现人民币升值论，坚持汇改自主性原则，使得中国政府不愿在外力下重启市场化改革。而越拖延压力越大，对人民币升值的预期越浓，预期人民币升值的幅度越来越大，这就是为什么2005年7月21日启动汇率改革后人民币呈现了显著的单边上涨走势，并且由于存在无风险套利，热钱大量流入，推高了外汇储备的增加，也加大了货币政策操作的难度。2004年底，中国官方外汇储备仅6199亿美元，到2009年末，已经达到23992亿美元，与此同时，央行外汇占款余额大幅增加，由45940亿元增加到175155亿元，净增加近13万亿元，超过同期基础货币的投放，央行不得不创新发行央票和提高存款准备金率的办法来对冲持续攀升的外汇占款。从2004年4月首次上调存款准备金率算起，到2008年6月，一共19次上调，法定存准率由7%一路上调至17.5%。

进入2010年后，随着中国经济增速的复苏以及出口的高速增长，特别是以美国为首重新施压人民币升值，中国央行在6月19日宣布重启汇率改革。此后，人民币对美元汇率继续此前的单边升值走势，到年底，仅半年时间升值幅度就达到3.1%。2010年10月20日，央行实施了国际金融危机后的首次加息，中外利差进一步扩大。在利差、升值以及国内房地产价格上涨的多重套利吸引下，热钱流入量进一步加大。2010 年度央行外汇占款净增加 3.16 万亿元，超过 2009 年的 2.55 万亿元，仅次于 2008 年的 3.45 万亿元。为了对冲外汇占款，存款准备金率也经过短暂的下调后从 2010 年 1 月重又开始上调，全年上调 6 次，到年底达到了 18.5%。

进入 2011 年后，人民币对美元汇率继续呈现显著的单边升值走势。于是，在外汇占款持续增加的同时，央行接连不断提高存款准备金率来对冲，2011 年上半年每月都上调一次存款准备金率，到 2011 年 6 月，存款准备金率达到了 21.5% 的历史最高水平。这一水平可能在所有大国经济中都是绝无仅有的。2011 年前 9 个月，央行外汇占款新增额达到 2.71 万亿元，如果照此速度发展下去，全年将达到 3.6 万亿元以上，超过 2008 年的 3.45 万亿元，再创历史最高量。然而，自 2011 年中，宏观经济出现所谓"二次探底"走势，外围市场出现唱空人民币汇率的声音。进入第四季度，境内市场形成了较为一致的贬值预期，然而，由于担心所谓的热钱撤离和资本外逃，尽管盘中即期交易价曾一度连续出现十多个交易日的跌停，但是人民币对美元汇率开盘中间价的报价基本上维持了强势，人民币汇率实质上并没有贬值。2011 年全年人民币对美元汇率升值幅度达到 5.1%。尽管维持了人民币对美元开盘中间价的强势，但是第四季度三个月央行外汇占款连续出现负增长，累计减少 1465 亿元，说明出现资本净流出。

2012 年前三个季度市场呈现强烈的贬值预期，但是通过管理开盘中间价以及可能存在的窗口指导，市场上人民币对美元汇率走势称得上相对稳定。进入第四季度后，贬值预期消失，并很快转为升值预期。2012 年全年人民币对美元汇率升值幅度仅 1.54%，是除了紧盯住美元的 2009 年之外，涨幅最小的一年。全年的外汇占款仅增加 4946 亿元，还不及历史最高单月新增额。全年外汇储备仅增加 1304 亿美元，国际收支实现了梦寐以求的基本平衡。

但这是短暂的。当时有人乐观地认为中国外汇储备出现拐点，今后不会再大量增加，就连官方报告也作出乐观展望。笔者当时对一位长期跟踪报道中国汇率问题的资深媒体记者说，这仅仅是暂时的，一旦市场对人民币汇率的预期转向升值，外汇储备将再次大幅增加。2013 年，外汇储备增加了 5097 亿美元，余额达到 3.82 万亿美元，是 2008 年底的近两倍。从新增央行外汇占款来看，除了闹钱荒的 6 月出现了 91 亿元的减少以及 7 月、8 月新增较少外，其余月份月度新增额均超过 1000 亿元，全年新增 27770 亿元，是上年度的 5.6 倍多。尤其是进入第四季度以来，人民币对美元汇率又呈显著的单边上涨走势，并且市场上弥漫着强烈的升值预期，热钱也呈现增加流入之势。从 2013 年 10 月到 2014 年 1 月，月度新增央行外汇占款月均接近 4000 亿元，从四个月移动平均值来看，处于历史次高水平。

从 2005 年 7 月 21 日启动汇率改革以来，到 2014 年 1 月底，汇率改革呈现走走停停的状态，存在升值预期时，市场走势呈现出显著的单边升值走势，尽管也有开盘中间价相对于上一交易日报价下跌的时候，甚至从统计上看，上涨与下跌的交易日大体相当，但是涨多跌少，并没有改变单边升值的走势，并且这种走势反过来强化了市场进一步看多的预期，在存在无风险套利空间的情况下，热钱近似猖狂地流入。有一段时间里，相关部门的几位高级官员甚至在公开场合说人民币汇率将是"小步快跑"式升值，这种讲话加上实际上的单边升值走势等于给投机者吃下了无风险套利的"定心丸"。而在市场预期短时间内逆转为贬值预期时，由于担心热钱撤离和资本外逃，不敢放任汇率贬值，于是便通过稳定或控制开盘中间价的办法来稳定市场即期汇率，当市场意识到这一点时，热钱便重又大量进入，所以我们看到外汇储备基本上呈现为持续增加。

好在我们看到从 2014 年春节后，货币当局终于出其不意地改变了汇率的走势，加大了汇率的波动性，并且分化了市场的预期，这不仅起到了遏制外汇资金大量净流入，并且由于市场预期相对分化，也没有造成热钱集中撤离和资本大量外逃，从整体上看，外汇流出入变得相对均衡。当然这也许是建立在人民币对美元汇率已经累计了 35% 的涨幅、已经更加接近均衡汇率的基础上，市场预期到了容易分化的时候。

希望未来货币管理当局坚定推行汇率改革，综合运用多种措施加大汇率的波动性，消灭无风险套利空间，降低汇率改革成本，从而顺利完成汇率市场化和人民币资本项目可兑换。

人民币汇率波动加剧　凸显市场化提升[①]

本周二（12月9日）在中国外汇交易中心，人民币对美元即期汇率一度跌破6.20元/美元。尽管下午收盘时回到6.19元/美元以内，但由于连续两日的大幅下跌，最大跌幅累计超过500个基点，跌幅达到0.8%，恰又遇上股市的调整，引出很多猜测甚至是恐慌。个人认为，本轮汇率走低更多的是市场因素在发挥作用的结果。随着汇率市场的进一步推进，人民币汇率双向波动将成为"新常态"。

美元持续走强，使市场对人民币汇率的预期愈发转向看空。美元汇率自2014年7月初以来持续上涨，到12月8日美元指数一度达到89.55，相对于7月初的低点79.75，累计升幅12.3%。几乎所有非美货币对美元汇率都有显著贬值，卢布、日元、欧元等对美元汇率都创出了近年来的新低、甚至是历史新低，最惨烈的卢布从7月初到现在对美元汇率贬值幅度超过60%。

反观人民币汇率，尽管美元汇率自7月初以来出现持续上涨，但是直到10月底，这一期间人民币对美元汇率反而略有升值，综合一篮子货币的人民币实际有效汇率升值幅度则更加显著。人民币汇率升值不利于我国出口商品的国际竞争力，于是预测和呼吁人民币汇率贬值的声音开始增加。12月8日上午，海关总署公布11月贸易数据，尽管贸易顺差创出历史新高，但是出口同比仅增长4.9%，比上月大幅回落6.6个百分点，增幅连续两个月出现回落。这一信息加上美元指数创出新高，且近期呼吁贬值声音增多的情况下，强化了人民币贬值预期，外汇市场上人民币汇率显著走软。还有，进入11月以来的人民币对美元汇率相对走弱，似乎也给了市场官方可能会允许人民币汇率贬值

[①]　本文写于2014年12月10日，发表于《经济参考报》2014年12月11日。

来保出口的感觉，逐步强化了人民币汇率走弱的预期。

汇率市场化的推进，就是官方干预的减少、市场作用的提升。自2005年7月21日我国重启汇率改革以来，人民币对美元汇率已经累计升值35%，更加接近均衡汇率，具备了放松汇率管制、进一步发挥市场决定汇率的条件。2014年3月，央行放宽了人民币对美元汇率的波动幅度，让市场发挥更大的作用。2014年以来，央行外汇占款余额基本稳定，这从侧面表明央行基本正逐步退出所谓的日常性干预。在后发国家中，很多国家都采用出口导向型经济增长战略，因此，往往实行相对稳定的盯住汇率制度，通过维持汇率的相对低估和稳定，来促进出口。但随着经济增长，维持汇率低估和稳定的难度就会越来越大，不仅会有来自国外的升值压力，也会遭遇来自国内的压力。汇率市场化也是市场经济体制的内在要求。我国实体经济部门应加强汇率风险管理能力建设，注重使用远期、掉期、期货等汇率衍生品来管理汇率风险。由于我国长期实行相对稳定的汇率制度，实体经济部门相对缺乏汇率风险意识，也较少使用避险工具。毫无疑问，未来人民币汇率的波动性将更加显著，波动的幅度也会比以前更大，不能再寄希望于官方会维持汇率的稳定。汇率风险并不可怕。对于实体经济部门，短期应对汇率风险的手段可以采用诸如远期结售汇以及汇率掉期、期货、期权等工具对冲汇率波动；从中长期来看，更主要的是要靠技术创新来提高产品的市场竞争力和自身的定价权。

美元走强的大趋势下，
人民币汇率将往何方[①]

摘要： 受国际外汇市场非美元货币大幅贬值影响，近期国内外对人民币汇率也开始看空，尤其是在人民币对美元盘中即期交易价相对开盘中间价出现跌停后，对人民币汇率悲观预期成为主流。

中国经济和金融状况远好于欧洲和俄罗斯，欧元、卢布的命运不会在人民币身上重演。中国经济并不逊于强劲复苏的美国经济，这构成了人民币对美元汇率稳定的物质基础。当前我国仍实行有管理的浮动汇率制度，有管理的目的就是通过维持汇率的相对稳定来稳定经济和金融。

当然随着汇率市场化的推进，人民币汇率受主要经济指标、外围市场情绪等短期因素的影响，波动性将更加显著。

关键词： 人民币　美元　汇率　贬值

近期，国际外汇市场波诡云谲，煞是热闹。先是卢布大跌，后是瑞士央行放弃欧元与瑞士法郎的上限，瑞士法郎瞬间上涨 30% 以上，紧接着就是欧洲中央银行推出欧版量化宽松，使欧元对美元汇率短短 3 个交易日最大跌幅接近 5%。受外围因素影响，人民币汇率也出现走弱迹象。一时之间，出现了各种关于人民币汇率走势的预测或猜疑，尤其是悲观者，似乎一个比一个悲观。在可以预期的美元将继续走强的大趋势下，人民币汇率将走向何方呢？欧元抑或卢布的命运会在人民币身上重演吗？

---

① 本文完成于 2015 年 2 月 6 日，主要内容以《美元走强，人民币怎么办？》发表于《经济观察报》2015 年 2 月 16 日。

一、有两股力量推动美元汇率上涨

在国际外汇市场上，由洲际交易所拥有的美元指数是衡量美元汇率走势的最常使用的一个指标。自 2014 年 7 月初以来，美元指数呈现明显的单边强势上涨的态势。到 2015 年 1 月 26 日，美元指数一度超过 95.5，与 2014 年 7 月初的 80 相比，上涨幅度接近 20%。具体来看，过去一年里，美元对欧元、日元等主要国际货币的汇率的最大涨幅也在 20% 左右，对卢布更是升值了 200%以上。

在分析美元汇率上涨的因素前，首先要明白汇率是什么？汇率是货币之间的相对价格，或者说，是以一种货币表示的另一种货币的价格。汇率的变化可能是由其中一种货币引起，也可能由两种货币同时变化引起。因此，推动本轮美元汇率上涨的因素，大体可以分为两个部分，一部分是美元自身价值相对回升导致的美元汇率主动上涨，另一部分是欧元、日元等货币自身贬值导致的美元汇率的被动上涨。

随着美联储逐步减少量化宽松下的购债规模，在美国经济持续复苏向好的情况下，美元自身的购买力在相对回升。在美联储一轮又一轮推出量化宽松措施时，因为市场上的美元在增加，即所谓的"货币滥发"，所以，我们看到的是美元对其他主要货币汇率的下跌。2008 年国际金融危机后，主要发达国家的央行都在推行量化宽松，其中美联储的规模最大，所以美元对主要货币的汇率在下跌。美国经济复苏和就业的明显改善，促使美联储决定自 2014 年初开始逐步缩减量化宽松下的购债规模。在其他主要经济体仍处于加大货币政策量化宽松时，美联储率先启动了货币政策回归正常的进程。到 2014 年 10 月底，美联储最终结束了量化宽松。这一举措，加上美国经济增长强劲，美元潜在购买力相比以前推出量化宽松时，就是在相对回升。2014 年 7 月初直到 11 月初，美元指数上涨，主因就是美元内在购买力的相对回升推动的。也正是这个缘故，我们看到这个阶段，金价也是明显地与美元指数呈现出应有的"跷跷板"走势。

2014 年 11 月后，美元指数继续上涨的同时，金价反而随之上涨，违反了过往的规律，因为这个阶段美元汇率的上涨主要是其他货币贬值导致，整个全球金融风险加大，所以金价上涨。2014 年 9 月初，欧洲中央银行意外降低三大利率，并决定自 10 月开始购买 ABS，实施第二轮定向长期再融资操作（TL-TRO），欧洲版的量化宽松也开始酝酿。到 10 月底美联储决定结束量化宽松时，市场上关于欧央行推出量化宽松的预期更加强烈。此后，美元指数上涨的主要推动力转为欧元等非美货币的贬值而被动升值。11 月底到 12 月中旬的卢布暴跌，就是最典型的非美货币贬值行为。2015 年 1 月 22 日，欧洲中央银行正式推出欧版量化宽松，欧元内在购买力将因此而大幅缩水，所以，我们看到欧元对美元汇率一举跌破 1.15 的多日支撑，直接滑向了 1.10，短短 3 日贬值接近 5%。由于欧元在美元指数中比重接近 60%，所以这直接将美元指数由 93 推高到了 95.5。

看清楚美元汇率上涨的因素，有助于我们正确判断和预测人民币对美元汇率的走势。

二、人民币不同于欧元，更不同于卢布

假设外部环境是稳定不变的，从长期来看，一国货币的汇率是由其货币的内在购买力决定的，而内在购买力又主要取决于该国实行什么样的货币政策。有的国家实行以物价稳定为主要目标的货币政策，有的实行低通胀目标，有的则是容忍较高通胀率。实际通胀率越高，货币内在购买力就减少得越多。从历史上来看，没有哪种货币的购买力是稳定不变的，都或多或少地存在通胀率。因此，对于一国货币汇率来说，就看其货币购买力相对国外（主要是美国）的变化（包括预期变化）程度。如果与国外相比其货币购买力相对降低，那么，反映到汇率上，就会下跌；如果是购买力相对提高，那么，其汇率就会上涨。

本轮欧元汇率下跌从 2014 年 5 月初开始，主因就是在美联储货币政策回归正常之际，欧洲中央银行却在相反的方向上进一步增加货币投放。2014 年第一季度差强人意的欧元区宏观数据公布后，市场预期欧洲中央银行将采取进一步的放松措施。2014 年 5 月，欧洲中央银行货币政策会议释放出政策放松的信号。于是，欧元汇率开始下跌。6 月初，欧洲中央银行果断行动，不仅将基准的主要再融资利率下调 10 个基点至 0.15%，更是将隔夜存款利率由此前的零降至 -0.1%，进入负利率时代，此外，还引入初始规模为 4000 亿欧元定向长期再融资（TLTRO）操作。9 月初，又再次降息和扩大 TLTRO 的规模。

2015 年 1 月 22 日，正式决定推出欧版的量化宽松。一系列以宽松为主基调的货币政策，其目的尽管是试图以此刺激经济，但毫无疑问，欧元的内在购买力在逐步削减。

卢布汇率危机更多源于明显不利的经济金融形势以及复杂的政治因素。2013 年下半年以后，俄罗斯经济就明显进入"滞胀"状态。2013 年俄罗斯经济增长仅有 1.3%，比上年大幅回落 3.1 个百分点，而物价不断上涨，CPI 涨幅达到 6.8%。与此同时，出现了明显的资本外流迹象，2013 年度资本净流出超过 600 亿美元。进入 2014 年，克里米亚并入俄罗斯领土后，美欧对俄罗斯开始实施一轮又一轮制裁，俄罗斯资本流出更加严重。为了应对资本流出以及不断攀升的物价，俄罗斯央行不断加息。而加息更不利于本已陷入停滞的实体经济。2014 年 7 月后，油价开始大幅下跌。俄罗斯经济高度依赖石油、天然气以及石油产品。油气及石油产品出口占俄罗斯货物出口的一半以上，高时达到三分之二。俄罗斯财政收入中也有近半来自石油、天然气及相关产品。油价持续且无反弹迹象地单边快速下跌，对已陷入困境的俄罗斯经济更是雪上加霜。遭受这一系列的打击后，卢布想不出现危机都难。

回过头来，看中国的经济和金融。整体情况还是相当不错的。过去三年，中国经济增速尽管相比此前有明显的回落，2014 年增速还比此前两年进一步回落了 0.3 个百分点，但这主要是因为中国经济增速换挡下的自然回落。7% 以上的增速在全球各大经济体中仍然是最高的。此外，过去几年我国就业形势良好，城镇新增就业人口不仅没有减少，反而逐年增加。这进一步佐证了中国当前经济增速的回落主要是增速换挡所致，而不能说成是一般经济学意义上的经济下行。通胀率也在连年回落，PPI 已经是连续三十几个月同比负增长，无论是对内还是对外，人民币的购买力都是在相对提升。正是这个原因，构成了人民币对美元汇率相对坚挺和稳定的基础；也正是这个因素，可以相信在未来一段时间，人民币对美元仍能够维持相对稳定。

三、人民币汇率波动性会更加显著，但仍将相对稳定

有专家建议人民币适度贬值来促进出口，从而拉动经济更快增长。在当前美元汇率普遍被看涨的情况下，毫无疑问，这种声音对市场上看空人民币汇率的预期起到了强化的作用。

理论上看，一国货币汇率下跌有利于促进出口，抑制进口，有利于经济增长。但实际中，其中的内在逻辑并没有这么简单。无论是学术性研究得出的结论，还是从一些大国的经验来看，本币贬值对本国进出口的作用远没有教科书上描述的那么大。

日本近两年来大力推行"安倍经济学"，其中一项政策就是促使日元贬值来促进出口。日元对美元汇率也确实出现了大幅度的贬值，从当初的75日元/美元贬值到如今的120日元/美元，贬幅达到37.5%［通过（120 - 75）/120计算而来］。贬值幅度不可谓不可观，结果是怎么样的呢？日本的贸易逆差反而不断扩大。2013年日本贸易逆差达到11.47万亿日元，几乎比上年逆差额6.94万亿日元增长了一倍，2014年贸易逆差进一步增加到12.79万亿日元，创出了日本贸易逆差的历史最高纪录。尽管过去三年中国进出口增速没有"达标"，相比较来看，中国出口增速仍然远高于全球贸易增速。2008年国际金融危机以来，全球贸易增速一改此前数倍于全球经济增速的规律，增速反而比后者还要低。注意到这个现实就应该看到中国出口增速不算低。

从相关学术研究结论来看，影响出口的主要因素是外需、成本，汇率因素权重相对较小。还有一点不能忽视，过去三年中国的贸易顺差连年扩大，2014年达到创纪录的3800多亿美元。如果中国真的采用人民币汇率贬值的手段来促进出口，势必会招致其他国家的反对，得不偿失。

随着人民币汇率市场化的逐步推进，以及人民币对美元汇率已经累计升值30%以上，人民币汇率已经更加靠近均衡汇率状态，人民币对美元汇率应该更富有弹性，波动性也会因逐步推进汇率市场化而更加显著。尤其是在逐步与国际外汇市场接轨的情况下，国际外汇市场的情绪也必然传递到人民币汇率身上，在短期里使得人民币汇率波动更加显著。2014年人民币对美元汇率走势就一改过去单边升值以及部分时间紧盯住美元的走势，波动性更加显著，全年波幅达到3.7%，这是显著区别于以前的。随着市场力量的逐步提升，行政管制逐步减少，人民币汇率的弹性将进一步提高，波动性也会更加显著，波幅也将逐步放大。预计2015年人民币对美元汇率的波幅有可能进一步扩大，以体现汇率市场化向前推进的进程，对美元汇率的低点可能低于2014年的6.2676元/美元，目前看触及以及低于6.30元/美元的可能性不大，而高点也完全有可能高于2014年6.0406元/美元的高点。

补充一点，当前我国实行的仍然是有管理的浮动汇率制度，并没有完全市场化。管理的目的就是通过维持汇率的相对稳定来稳定经济和金融。再加上我国经济状况良好、通胀压力不大、人民币内在购买力相对稳定等这些坚实的物质基础，有理由相信人民币对美元汇率能够也定会维持相对稳定，不存在大幅贬值的可能。

而事实上，央行维持人民币汇率相对稳定的决心也是极为明显的。尽管 1 月 22 日欧央行宣布实施量化宽松以来，在岸市场人民币对美元汇率相对开盘中间价连续处于接近跌停状态，但是由于开盘中间价相对稳定，从 1 月 23 日至 2 月 6 日，最低为 6.1385 元/美元，最高为 6.1261 元/美元，仅波动了 124 点，所以这个阶段外汇市场上人民币对美元汇率也仅在 6.2161 ~ 6.2606 元/美元的相对狭窄的区间内波动，远没有像 "连续跌停" 所描述的那样恐怖。人民币对美元的开盘中间价是当前以及未来一段时间，中国 "有管理的浮动汇率制度" 的最重要手段。

人民币汇率相对稳定符合我国利益最大化[①]

近期，外汇市场上人民币对美元即期交易价相对开盘中间价连续处于所谓"跌停"状态。2015 年 2 月最后一个交易日一举突破 2014 年最低点，最低跌至 6.2699 元/美元。3 月首个交易日，外汇市场一开盘人民币对美元汇率更是直破 6.27 元/美元，全天即期交易价始终贴近相对开盘中间价 2% 的跌停下限。这种状况引起了境内外人士的关注或者说担心，诸如是不是人民币汇率已经进入贬值通道？是不是中国人民银行或政府会用贬值的办法来刺激出口？是不是应该将人民币资产大量转化为外币？

一、人民币走弱主要是外围大环境所致

本轮人民币汇率走弱始于 2014 年 11 月初。2014 年初至 4 月底，人民币汇率经历了一波下跌，从 6.04 元/美元一直下跌至 6.26 元/美元左右，跌幅达 3.6%。此后，直至 11 月初，人民币汇率又走出一波反弹行情，最高反弹至 6.11 元/美元左右。从 2014 年 11 月初的高点算起，当前的人民币对美元汇率已下跌 2.6%。目前来看，本轮走弱仍在正酣时，尚看不出结束的迹象。相对于 2005 年 7 月 21 日汇率改革至 2013 年底，人民币汇率要么相对单边显著升值、要么在市场贬值比较强烈时央行强力维持稳定，2014 年初至今的两波较为显著的贬值，确实引人关注。

不过，分析其中原因，笔者认为本轮人民币汇率走弱主要是外围大环境美元走强、非美货币走弱所致。美元指数是衡量美元汇率走势的最常使用的一个

---

① 本文完成于 2015 年 3 月 3 日，发表于《上海证券报》2015 年 3 月 13 日，发表时编辑有所删减，此为原文。

指标。由洲际交易所（ICE）拥有的美元指数，自 2014 年 7 月初以来，呈现明显的单边强势上涨的态势。到 2015 年 1 月 26 日，美元指数一度超过 95.5，与 2014 年 7 月初的 80 相比，上涨幅度接近 20%。此后，美元指数有所回落，但近日又开始回升。从美元对具体货币来看，过去这一段时间里，美元对欧元、日元等主要国际货币汇率累计涨幅在 20% 左右，对卢布更是升值了 200% 以上。美元持续大幅度走强、非美元货币几乎全线持续大幅走弱的情况下，无论是国际市场（指人民币离岸市场）还是境内外汇市场，市场交易主体必然不看好人民币汇率的走势，会怀疑人民币汇率的强势能否持续，又加上中国出口表现相对低迷，必然会导致市场主体增持美元而相对减持人民币。事实上，我们也确实看到 2014 年下半年以来，中国外汇储备出现了减少，2014 年下半年累计净减少1502 亿美元，同期，央行月度外汇占款多为减少，半年累计减少 1450 亿元人民币。市场参与者偏向增持美元、减持人民币，这必然导致人民币汇率走弱。

二、人民币汇率仍具备相对稳定的"物质"基础

真正决定汇率的因素还是汇率背后的经济基本面。要观察人民币对美元汇率的大趋势是升是降、还是能够大体稳定，首要的是看两国经济基本面的相对情况。相对于日本、欧元区等发达国家仍然深陷衰退之中，美国经济复苏强劲，在 2013 年增长 2.2% 的基础上，2014 年增长 2.4%，连续三年在 2% 以上，毫无疑问美国经济已经走出了衰退回到了正常轨道上，也正因为如此，美联储不仅结束了量化宽松，并开始着手讨论何时加息的问题。正是美国经济基本面的好转和货币政策的回归正常，促使了美元对欧元、日元等几乎所有非美货币的升值。不过就中美经济的对比来看，尽管中国经济增速有所回落，并且2015 年仍有可能继续回落，但是中国的经济增速在大国中仍然是最高的，还有一点是中国经济结构在改善、增长的质量效益在提高。因此，中美经济基本面相对来说仍然是稳定的，这构成了人民币对美元汇率能够维持相对稳定的物质基础。还有一个重要的物质基础就是巨额的外汇储备。

三、人民币汇率贬值无助于扩大出口

近期，尤其是 1 月 22 日欧洲中央银行推出欧版量化宽松后，人民币汇率

走弱还与市场担心中国政府会用人民币汇率贬值的办法来刺激出口有关。有部分专家不断建议应该用人民币汇率贬值来刺激出口，说人民币汇率已经高估从而抑制了中国的出口。在某种程度上，这种声音对看空人民币汇率预期以及市场上的实际走弱起到了强化的作用。人民币汇率是否高估并无定论。而且，从我国贸易顺差过去三年不断加大来看，2014年更是创出了历史新高，根本上是难言高估的。诚然，过去三年我国出口贸易均低于预期目标，2014年仅增长6.1%，为2010年以来的新低。但是如果从全球角度来看，我国出口增速仍然远高于全球贸易增长水平，我国出口在全球中的份额仍然在提高。在国际金融危机前，全球贸易增速数倍于全球GDP增速，但是危机后，反而是低于后者。如此来看，我国的出口并没有那么糟，远高于全球增长水平。

而且，更为重要的是，人民币汇率并不一定能够促进出口。理论上看，一国货币汇率下跌有利于促进出口、抑制进口，从而促进经济增长。但实践中，其中的内在逻辑并没有这么简单。无论是一些严肃的学术性研究得出的结论，还是从一些大国的经验来看，本币贬值对本国进出口的作用远没有教科书上描述的那么大。安倍晋三2012年底再度执政以来，日元对美元汇率出现了大幅度的贬值，从当初的75日元/美元贬值到如今的120日元/美元，贬幅达到37.5%。贬值幅度不可谓不可观，结果怎么样呢？日本的贸易逆差反而不断扩大。2013年日本贸易逆差达到11.47万亿日元，几乎比上年逆差额6.94万亿日元增长了一倍，2014年贸易逆差进一步增加到12.79万亿日元，创出了日本贸易逆差的历史最高纪录。从相关学术研究结论来看，影响出口的主要因素是外需、成本，汇率因素的权重较小。

四、若大幅走弱，人民币国际化成绩将归零

有部分专家建议中国学习日本那样采取贬值的办法来促进出口。对此，笔者并不赞同，除了以上分析的日元贬值并未达到拉动经济增长的目的外，最重要的一点是，尽管日元大幅贬值但是并没有引起资本从日本大量外流，而在我国，一旦市场预期到人民币汇率将大幅贬值，很难避免资本不大量外流。安倍晋三政府主要是通过量化宽松来间接实现日元贬值的，大规模的量化宽松首先带动了股市的持续上涨，增加了对境内外资本的吸引力，事实上也是这样，日本股指涨幅远超过日元汇率贬值的幅度。因此，在这一过程

中，资本并没有大规模地从日本流出，2015 年 1 月底日本的外汇储备相对于 2012 年底还增加了 67 亿美元即是明证。当前，我国无法实行安倍晋三上台后实行的货币政策，因此如果无法做到让股市大幅上涨从而留住资本的话，放任或人为地让人民币汇率大幅走弱，资本一定会从中国大量外流，这反过来将可能进一步强化市场上人民币汇率贬值的预期和加大跌幅，并进一步加大资本外流，从而形成恶性循环。这种推理并非是纸上谈兵，很多发展中国家都遭遇过。

还有，如果人民币汇率大幅走弱，过去几年好不容易取得的人民币国际化成绩将会归零。自 2014 年 11 月人民币汇率走弱且国际上看空人民币以来，在跨境结算方面，人民币流入已经大于流出。如果让国际投资者认定人民币汇率将大幅贬值，对他们来说，人民币资产将成为"烫手山芋"，几年间流出的人民币将在短时间内大量流回。

在当前以及未来一段时间里，通过有管理的浮动汇率制度来维持人民币汇率的相对稳定，最符合我国的利益。

五、应加快人民币外汇市场建设

当然，维持人民币汇率相对稳定，既不是要固定不动，也不是要完全放由市场决定。重新回到紧盯住美元的汇率安排上，没有必要，更不符合既定的汇率市场化的改革方向。人民币汇率市场化改革是我国全面深化改革的既定内容之一，是充分发挥市场在资源配置中起决定性作用的条件之一。当然，对于我们这样一个外汇市场仍然不够完善、汇率的价格弹性不足的货币来说，汇率市场化应该渐进推进，需要经历一个相对漫长的过程。相对于此前，2014 年初以来，人民币对美元汇率波动更加显著，真正出现了上下波动，波幅达到 3.7%。笔者预计，2015 年的波幅有望达到 5%，低点已经低于 2014 年的低点，预计下限在 6.30 元/美元左右，高点也完全有可能高于 2014 年高点，破 6 并非没有可能。

当前的市场状况再次提醒我们，比人民币汇率波动自身更为重要的是，应该加快人民币外汇市场的建设。对于后开放国家来说，由于市场化改革往往相对缓慢，又加上国内经济规模较小，很难出现一个有规模、有深度和广度以及富有价格弹性的外汇市场，所以，市场上的汇率预期容易出现一边倒，本币汇率暴涨暴跌，从而对国内经济产生严重的不利冲击。

对本次汇率改革的几点看法[①]

2015 年 8 月 11 日 9 点 25 分，央行以一则"关于完善人民币兑美元汇率中间价报价"的声明实施了一次小型的汇率改革。

就此次汇率改革的内容看，是让人民币对美元开盘中间价的形成机制"实至名归"。关于开盘中间价如何形成，此前并未见央行有正式对外公布的书面规定。根据中国外汇交易中心的介绍，人民币对美元汇率中间价的形成方式为："交易中心于每日银行间外汇市场开盘前向外汇市场做市商询价，并将全部做市商报价作为人民币对美元汇率中间价的计算样本，去掉最高和最低报价后，将剩余做市商报价加权平均，得到当日人民币对美元汇率中间价，权重由交易中心根据报价方在银行间外汇市场的交易量及报价情况等指标综合确定"。在过去大部分时间里，开盘中间价与盘中的即期交易价呈现持续性的偏离状态，因此，资深的观察家和市场的主要参与者早就质疑开盘中间价并不是按照中国外汇交易中心公布的上述方式形成。试想，上一个交易日即期收盘价相对于当日的开盘中间价已经处于或接近跌停状态，今日几乎所有做市商怎么会将外汇交易中心的"询价"报在昨日的开盘中间价附近而不是收盘价附近呢？这是任何理性选择的做市商都绝不可能作出的报价！因此，有理由确定此前中国外汇交易中心人民币对美元开盘中间价并未如其公布的形成方式来形成，而是另有"秘密方式"。其实，这个所谓的秘密对于资深的观察家和外汇市场的主要参与者来说，早就不是什么秘密，大家都心知肚明，无非是不愿意揭穿这层"皇帝的新衣"而已。

从第一个交易日的情况看，又似乎不是简单地回归名义上的开盘中间价形

[①] 本文写于 2015 年 8 月 12 日中午，未曾公开发表。

成机制。8 月 10 日，人民币对美元即期交易的收盘价为 6.2097 元/美元，即使做市商在 8 月 11 日报价之前已经获知了此次改革的内容，从稳健安全的角度，并结合上一交易日收市后国际外汇市场相对平静，他们大部分的报价应该不会与上一交易日收盘价有较大差异，而我们看到的开盘中间价却是 6.2298 元/美元，出现了 201 个基点的下跌，幅度为 0.32%，从外汇市场的角度看，这一幅度是可观的。而根据 Wind 资讯显示的数据，实际开盘价为 6.2530 元/美元，较上一个交易日的收盘价出现 0.7% 的跌幅，这个幅度更有些不可思议。当然，汇率改革首日有些异常可以理解，因此，还至少需要结合接下来几个交易日的情况来综合考察是否真的回归真正名义上的形成机制。

受制于内外压力，可能会出现一波阶段性的小幅贬值。从国内来看，近年来，就有不少要求人民币贬值的声音和压力。最早可以追溯到 2012 年底日本安倍晋三上台后日元贬值趋势显著后。2014 年中开始，美元指数开始持续走强后，要求人民币贬值的声音和压力进一步增加，不仅有部分经济学家持续呼吁，商务部门、出口企业、部分行业组织等也均要求人民币贬值。有一位颇有市场知名度的经济学家甚至声称，中国如果不采取人民币汇率贬值的措施，其他任何刺激措施都不会发挥作用。2015 年上半年出口仅增长 0.9%，年初商务部确定的 8% 的增长目标毫无疑问地将连续第四年头无法实现。作为中国出口的最大代言人，商务部近年来一直积极呼吁人民币贬值。从国外来看，美国仍然认为人民币汇率是低估，应该升值而不是贬值。中国仍然是美国最大的贸易逆差来源国。而中国整体的货物贸易顺差 2015 年上半年不是减少了，而是进一步扩大，是 2014 年同期的 2.5 倍。因此，综合来看，笔者认为，本轮人民币汇率可能会出现 5% 的跌幅，会贬值至 6.50～6.55 元/美元。5% 的跌幅可能是中外都能够接受的幅度。一则体现市场化的深化，2014 年波幅达到 3.7%，2015 年波幅不应该比上年低（对于这一点，我年初时就是如此预测，但是自 3 月 20 日以来走势上的紧盯住美元状态让我日渐迷惑，前不久我甚至开始怀疑年初的预测了）；二则这一幅度足够安慰出口企业和商务部门；三则美国能够接受，不会有太强烈的反对和施压。

过大贬值幅度将导致严重的资本外流，所以本轮贬值幅度不会太大。诸多方面的原因，富裕阶层、民营企业存在资本流出的本能和内在需求。如果本次汇率改革出现过大的贬值幅度，一定会导致更多的资本流出，这可能并不是官方想看到的结果。

贬值不可能带动股市的上涨，而可能导致进一步的下跌。有研究人员认为，人民币贬值可能会像日本 2012 年底以来的日元贬值一样会带来一波股市的持续上涨。笔者认为，这种可能性完全没有。首先，中国股市自 2014 年中以来，已经有了极为可观的涨幅，部分主力机构已经获得了极为可观的收益，有的已经在高位离场，有的即使现在离场也有不俗的收益。其次，正如以上所述，贬值将导致国内私人资本大量离开祖国。而日本当时的情况是股市处于谷底，尽管日元汇率贬值，但是都预期股票会涨，并且同期内，股指涨幅远超过汇率跌幅，所以，整体上看，资本不是净流出反而是净流入。而当前，对于中国来说，如果人民币汇率"跌跌不休"，并且市场形成了严重一致的贬值预期，境内私人资本必将大量流出，股市则因失血进一步下跌，而无上涨可能。当然，部分以出口为主的上市公司可能会因受益而出现上涨。但是也会有相当部分以进口为主的上市公司被进一步卖空。

贬值对出口有正面影响，但是作用极为有限。商务部门和部分专家主张人民币贬值的逻辑有两个。一是从微观层面看，人民币贬值有利于改善出口企业的利润率和利润。认为人民币贬值×%，出口的人民币收入就会增加×%，利润也会相应地增加，或者即使部分贬值让利给进口商，利润仍然会部分增加，并且因为有所降价而出现出口量上的增加，无论怎样，出口企业都会获得更多的好处。笔者多年的调研结果表明，精明的外商几乎会把贬值的所有好处都拿走，但是订单往往不会增加。二是从宏观层面看，人民币贬值有利于增加出口。教科书上都是这么说的，但是事实往往复杂得多。无论实际经验还是严肃的计量分析，汇率对于出口的影响程度都极为有限，外需是出口的决定性因素，其次是包括工资、税收等在内的成本，汇率因素往往处于第三位。中国的出口份额已经居世界第一位，进一步增加的空间极为有限，而更重要的是，当前世界贸易处于极度低迷期。在 2008 年之前，全球货物贸易增速大约为全球经济增速的 2.5 倍。而 2008 年国际金融危机后，世界货物贸易增速反而低于全球经济增速，如果考虑到前者是现价之比、后者是不变价之比，世界货物贸易增速就更为缓慢。其中一个原因是全球贸易商品的价格涨幅较小，部分大宗商品甚至出现价格下跌；另一个主要原因就是贸易量的绝对低迷，危机后，为了增加就业，主要发达国家都努力推动再工业化，这对于进口工业品存在替代作用。必须看到，过去几年，中国的出口状况在大国中仍然是最好的，一个有力的证据就是中国货物贸易在全球的份额由 2008 年的不到 9% 提高到 2014 年的 12.2%。仍然停留在过去 8% 的出口增速目标，显然是不顾国际市场现状的不切实际的盲目目标。

其实，本次汇率改革的苗头此前已有显露。7 月 24 日，国务院办公厅发布《关于促进进出口稳定增长的若干意见》（国办发〔2015〕55 号）中提到"完善人民币汇率市场化形成机制，扩大人民币汇率双向浮动区间"。当时对于"扩大人民币汇率双向浮动区间"，市场机构几乎一致的解读是会将人民币对美元的波动幅度由上下 2% 扩大到 3%，笔者当时可能是唯一不这样看的专家，围绕中间价上下 2% 的波幅（实际波幅 4%）已经足够，从主要国际货币对美元的日间波幅来看，85% 的时间内小于 2%，超过 4% 的波幅几乎没有。汇率不是股价，如果单日涨幅或跌幅达到 5% 就已经称得上是货币危机。所以，对人民币汇率来说，绝没有必要进一步扩大围绕中间价的上下波幅。本次，央行如此改革可谓完全出乎市场的预料。央行的心思，就像是女孩的心思，你别猜，你猜也猜不到！

贬值到一定程度后，汇率的下一步如何走，目前尚无法判定。昨天一早，我在写给一位朋友的微信中还说，首先看 6.30（以下均为收盘价），第二步是 6.35，如果在 6.35 以上连续一周，建议增加美元资产配置，并看空中国股市。昨天已经收在 6.30 以上，今天又轻松破了 6.40（写作时还未收盘），我仍然坚持可能会在 6.50～6.55 一带稳定，不会继续下滑，但是达到这一界线后，再如何走，目前我尚无法确定。是像 3 月 20 日至 8 月 10 日之间那样小区间内横盘整理？还是立即逆转缓慢走强？还是根本出乎我的预测，继续走低？目前真的无法确定，就像上段尾句所说央行的心思像女孩的心思，你猜也猜不着。不过，我仍然坚信本轮走低有效破 6.55 的可能性几乎没有。

对于中国这样一个外汇市场，任何汇率改革都难！因为没有足够深度和广度的外汇市场，要想形成一个市场预期大体一半看涨一半看跌、有良好价格弹性的汇率，一个字"难"！两个字"能吗"？三个字"不可能"！仍然坚持外汇交易的实需原则，没有场内的外汇期货市场，如何能够形成一个有深度和广度的、富有价格弹性的外汇市场呢？四个字"绝无可能"！

中央已经决定要让市场在资源配置中发挥决定性的作用，汇率市场化也已经是既定目标，而要真正落实市场在汇率形成以及外汇资金配置中的决定性作用，一是要致力于建立市场，如果没有一个至少在形式上完备的外汇市场，市场的决定性就无法发挥；二是逐步减少过时和正在过时的管制，首当其冲就是实需原则，没有适度投机的外汇市场不可能具有良好的价格发现功能。

人民币汇率在岸与离岸价格引导关系研究[①]

摘要： 本文运用定量分析方法对比了 2014 年 3 月 15 日央行扩大人民币对美元即期汇率波幅前后，在岸（CNY 市场）、离岸（CNH、NDF 市场）人民币汇率之间的关系是否出现了新变化。实证检验结果表明：一是 CNY 市场的人民币汇率在扩大波幅前后均引导 CNH、NDF 市场的人民币汇率，且 CNY 对 CNH 市场的影响在扩大波幅后增强了；二是 NDF 市场对 CNH 和 CNY 市场的影响在扩大波幅后有所减弱；三是 CNY 市场扩大波幅后，NDF 对 CNH 市场的影响有所减小，而 CNH 对 NDF 市场的影响有所增加。基于以上结果，为巩固在岸市场人民币汇率的定价权，建议：一是逐步放松实需原则，提高在岸市场的流动性；二是发展场内人民币外汇期货期权交易，进一步拓宽在岸市场的深度和广度。

关键词： 在岸市场　离岸市场　人民币汇率定价权

一、引言

对于在境外有一定使用量的货币来说，其外汇市场就会存在境内和境外两个外汇市场。这两个外汇市场的融合程度，在很大程度上取决于该货币的国际化程度。在实现了汇率市场化和资本项目开放的情况下，国际化程度越高的货币，其境内外两个外汇市场的融合程度往往就会越高。相反，如果国际化程度不高，其境内外两个外汇市场就会存在一定程度的割裂。如今，主要国际货币之间的外汇交易市场几乎是全球范围内连续 24 小时交易，因为资本可以跨境

---

① 本文初稿完成于 2015 年 9 月，与郭孟旸合作完成，刊发在《衍生品评论》（内刊）2015 年底 12 期 9 月 25 日，于 2016 年 1 月进一步修改完善。

自由流动，境内外的外汇市场高度联通，已经很难区分境内与境外。

因为一种货币存在境内外两个外汇市场，如果它们融合程度不高，就会存在两个汇率体系（或称为价格体系）。既然存在两个价格体系，就存在一个定价权的问题，即它们之间的价格是什么关系，是境内价格引导境外价格？还是境外价格引导境内价格？抑或是两个价格相互影响不存在显著的引导与被引导的关系？对于它们之间的价格关系，比较理想的是境内价格引导境外价格，即一国货币汇率的定价权掌握在国内，如果定价权被境外掌握，则可能是危险的，不仅汇率管理要看人脸色，而且汇率本身可能成为被投机或袭击的目标而引发货币危机。从国际上看，在绝大部分新兴市场国家和发展中国家，它们往往将本币对美元的汇率维持或紧或松的盯住。即使对于美元之外的主要国际货币，例如日元、欧元等，它们的货币当局也非常注重其货币对美元汇率的变化，一旦波动幅度超过某个区间，就会通过各种方式施加影响或干预，即它们也注重维持汇率的定价权。

对人民币来说，由于我国仍然实行较多的资本项目管制，又加上并未完全实现汇率市场化，因此，存在境内外两个相对独立的外汇市场。人民币境外的外汇市场以及境外的汇率，又常被称为人民币离岸外汇市场和离岸汇率。自2009年我国推行人民币跨境贸易结算以来，人民币离岸市场发展迅速。据中国人民银行发布的《人民币国际化报告（2015年）》，2014年中国香港、新加坡、伦敦等主要离岸市场人民币外汇日均交易量超过2300亿美元，而同期境内市场（含银行间市场和银行代客市场）日均交易量仅为550亿美元。

自2014年3月15日，中国人民银行扩大人民币对美元即期汇率波幅以来，人民币对美元汇率告别了过去的那种单边升值为主的走势，境内外人民币汇率的波动性更加显著。基于这种新情况，我们借鉴已有的相关研究、运用定量的方法对人民币在岸和离岸两个汇率体系之间的关系进行重新检验，以期发现它们之间是否出现了新的变化。

二、文献综述

由于美元在国际货币体系中处于轴心位置，针对某种货币汇率的研究也就集中在该种货币对美元汇率上。其实，这也是基于现实的必然选择。从全球外汇市场交易量的统计就能充分地看出，全球外汇市场上主要是对美元的外汇交易。根据国际清算银行三年一次的统计，与美元的外汇交易占全部外汇交易的份额基本上都在85%以上，非美元货币之间的外汇交易仅在10%～15%。除个别国家的货币因为历史原因与欧元等个别国际货币维持某种特殊的紧密安排外，绝大部分国家货币的外汇交易中对美元的外汇交易量都占有绝对份额，因此，对美元的汇率也是最重要的，尤其对于广大发展中国家和部分发达国家，其对本币汇率的管理主要是管理本币对美元的汇率。在提及某种货币的汇率时，如果不具体指明对哪种货币的汇率，一般也都是指对美元的汇率。我国人民币的外汇交易，无论在岸和离岸，也都是主要对美元的交易。据中国外汇交易中心的统计，2014年银行间外汇即期市场上，人民币对美元的交易量占全部外汇交易量的比重为94.5%，人民币对欧元、日元等其他所有外币的交易量之和仅占5.5%。因此，在对人民币汇率的定量研究中，一般都是研究人民币对美元的汇率。

关于境内外相对分割的外汇市场之间汇率关系的定量研究。王凯立等（2006）研究发现，在禁止台湾法人参加新台币海外NDF市场后，新台币NDF价格与新台币即期汇率由相互影响转为NDF对即期汇率的单向影响。

在香港人民币CNH市场建立之前，研究集中于境外人民币NDF市场与境内CNY市场的关系。多数研究认为，在岸人民币市场是NDF市场的信息中心，定价信息基本是由在岸市场向境外市场传递（黄学军、吴冲锋，2006；代幼渝、杨莹，2007；李晓峰、陈华，2008等）。而巴曙松（2010）对境内即期汇率和境外NDF市场的研究结论为，NDF市场对境内人民币市场起到价格前瞻作用。

在香港CNH市场建立后，研究者开始关注境内CNY市场与境外CNH市场、NDF市场三个市场间的联系。He Dong（2011）和Craig等（2013）对CNY市场和CNH市场的研究表明，在岸人民币汇率仍然起到了"锚"的作用，是离岸人民币汇率的格兰杰成因，特别是当离岸人民币汇率进一步走弱时，市场存在力量拉动其向在岸人民币汇率靠拢。伍戈、裴诚（2012）采用AR－GARCH等模型检验了三大市场之间的联动关系，结论为：CNY市场仍然具备人民币汇率定价的主动性，对CNH市场的价格具有引导作用；而NDF市场对CNY市场和CNH市场定价的前瞻性减弱，并会受到后两个市场的影响。修晶（2012）检验了人民币在岸市场（CNY）即期汇率、香港人民币离岸市场（CNH）即期汇率和海外人民币无本金交割市场（NDF）远期汇率之间的交互关系。研究结果表明，三个市场相关程度较强，信息传递较快；2007 年前人民币在岸市场即期汇率与离岸市场即期汇率波动性关系不强，2007 年后波动性影响显著，说明人民币国际化影响在加强。Samar 和 Joong（2012）的研究发现，在岸 CNY 即期市场会对离岸 CNH 即期市场产生影响，而离岸远期汇率会对在岸远期汇率产生影响，且 CNY 市场和 CNH 市场之间的波动具有溢出效应，溢出效应会随着离岸市场的发展而增大。王晋斌、倪颖（2015）的研究表明，人民币在岸市场是一个"不完全"的定价中心，因为离岸即期市场对在岸即期市场存在小幅的溢出效应，且三大市场之间也存在着一定的波动和冲击溢出效应。因此，稳定在岸人民币汇率定价预期是降低汇率过度波动的关键。

本文在前人研究的基础上，侧重检验 2014 年 3 月 15 日中国人民银行宣布人民币兑美元日间波幅从围绕中间价上下 1% 扩大至 2% 后，在岸与离岸人民币汇率间的引导关系，试图分析扩大波幅后境内外市场的联系和引导关系有什么变化，并根据研究结论提出相关政策建议。

三、人民币在岸和离岸外汇市场简述与研究对象的选择

（一）市场简述

在岸人民币外汇市场，缩写为 CNY 市场。CNY 市场起源于 1994 年外汇体制改革。1994 年初人民币汇率并轨的同时，开始实施结售汇制度，并建立了全国银行间外汇市场。在 2001 年加入世界贸易组织（WTO）之后，中国进出口蓬勃发展，结售汇金额大幅增加，CNY 市场由此经历了一段高速发展期。2005 年 7 月 21 日，央行宣布人民币汇率形成机制汇率改革，实行以市场供求为基础、参考一篮子货币进行调节、有管理的浮动汇率制。新一轮汇率改革促进了 CNY 市场的进一步发展。汇率改革初期，每日银行间外汇市场美元对人民币的交易价在人民银行公布的美元交易中间价上下千分之三的幅度内浮动。2007 年 5 月 21 日起，浮动幅度由千分之三扩大至千分之五。2012 年 4 月 16 日，汇率波幅由千分之五扩大至 1%。2014 年 3 月 17 日，汇率波幅进一步扩至 2%。CNY 市场的参与者主要是境内的金融机构，而其中又以商业银行为主。CNY 市场的现有产品包括即期、远期、掉期、货币互换及期权。

离岸人民币外汇市场，根据发展历史的长短以及是否交割本金，主要分为 NDF 市场和 CNH 市场两部分。

境外人民币 NDF 市场发端于 1996 年。为了应对中国的外汇管制以及境外对人民币的大幅需求，1996 年人民币 NDF 市场在境外出现。目前，新加坡、东京和中国香港均存在较为活跃的人民币 NDF 市场，其中中国香港人民币 NDF 市场是最主要的离岸人民币远期外汇交易市场。该市场的行情反映了国际社会对于远期人民币汇率的预期。NDF 市场的参与者主要是贸易商、境外投资机构、银行、对冲基金等。NDF 市场的产品是不同期限结构的无本金交割远期。2005 年人民币汇率改革后伴随着升值预期，NDF 市场发展迅猛。在境外 CNH 市场出现之前，人民币 NDF 市场是境外最重要的人民币外汇市场，如今的重要性有所降低。

境外人民币 CNH 市场是随着人民币跨境贸易结算的发展，于 2010 年 7 月在香港逐步形成的。中国人民银行与香港金融管理局签订了关于扩大人民币贸易结算的补充合作备忘录，以拓宽潜在人民币持有者的来源和人民币金融产品的种类，并与中银香港签署新的清算协议。由于香港金融管理局对该市场的监管是基于宏观层面的，因此，CNH 市场几乎是一个自由竞争的市场，该市场的价格能够反映该市场内人民币的供求关系。CNH 市场的参与者与 NDF 市场相似。CNH 市场的产品包括人民币即期、远期、期权等外汇交易，以及债券、基金、结构性产品等。

（二）研究对象的选择

尽管我国仍然实行较为严格的资本项目管制，对境内外两个人民币外汇市场也采取人为地分割，但是由于境内从事国际贸易和对外投资的公司纷纷到香港以及其他金融中心设立子公司，通过集团内部的资金转移以及内保外贷、外保内贷等方式，利用境内外人民币汇率的价差进行套利和风险管理。一些在中国投资的来自欧美的跨国公司也采取类似方式进行套利和风险管理。因此，人民币境内外两个外汇市场之间并非完全割裂。

在 CNY 市场上，尽管存在远期和掉期交易，并且它们的交易量已经于 2014 年超过即期交易，但是即期交易仍然是最重要的，因为在境内人民币即期汇率是最被关心和关注的，使用的范围也最广。因此，在进行实证检验时，我们采用在岸市场人民币对美元的即期交易汇率，而不是开盘中间价。因为前者才是人民币外汇市场上银行间的实际成交价，也是银行代客市场即期结售汇汇率的定价基础。之所以不选择开盘中间价，主要是因为它与即期交易价在多数时间里存在较为严重的背离，它主要行使管理日间即期汇率波动幅度的作用（注：2015 年 8 月 11 日之后有所改变）。这也是我们与此前相关研究的最大区别，例如伍戈、裴诚（2012）就是选择开盘中间价来进行定量分析的。

CNH 市场上尽管也有人民币外汇的即期和远期交易，相对来说它的即期报价更被重视，并被企业用来与 CNY 市场的即期报价相比较而进行套利。人民币 NDF 市场的一年期报价常被用来观察境外市场对人民币汇率未来走势的多空方向；如果 NDF 市场报价（间接报价法）相对即期汇率升水，往往认为市场在看空人民币；相反，如果是贴水，则认为未来人民币汇率会升值。

因此，在研究对象上，我们选择的是 CNY 市场的即期交易、CNH 市场的即期交易和 NDF 市场一年期远期交易。

四、实证检验

（一）样本数据选取

本文选取 CNY 市场即期汇率每日买盘收盘价、CNH 市场每日即期定盘价及香港 NDF 市场 12 个月远期合约收盘价。数据来源于 Wind 资讯，数据时间为 2012 年 1 月 4 日至 2015 年 8 月 10 日。后续的实证检验中，样本分为"全部时间区间""扩大波幅前"和"扩大波幅后"三个区间。以 2014 年 3 月 15 日人民币汇率波幅扩大至 2% 的改革来划分，2012 年 1 月 4 日至 2014 年 3 月 14 日为"扩大波幅前"；2014 年 3 月 17 日至 2015 年 8 月 10 日为"扩大波幅后"。

如图 1 所示，三个市场的价格走势基本趋同，尤其在波动比较大的时间段，三者走势基本相同。样本时间段内，2012 年初至 2014 年初，人民币基本呈较为明显的单边升值态势；2014 年初以后，人民币对美元汇率的波动性更加显著。

对三个汇率的时间序列剔除"日历黑洞"（因不同市场的节假日和休市日不同而使不同市场的收益率无法比较的现象）的影响，计算出收益率序列。下文中三个市场的收益率序列分别以 CNY、CNH、NDF 表示。

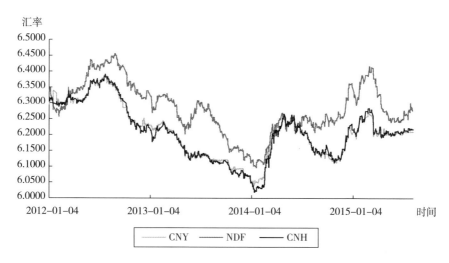

数据来源：Wind 数据。

图1　三个市场汇率的时间序列

（二）样本数据收益率序列的统计特征描述

1. 均值

全部时间区间内（见表1），三个市场的收益率均值为负，因此，整体上看，人民币呈升值走势。对比扩大波幅前后两个时间区间，CNH 市场均值由负转正（但几乎为 0），说明 CNH 市场的人民币汇率接近均衡，而 CNY 市场、NDF 市场的人民币汇率仍为负，说明仍然保持升值走势。

表1　　　　　　　　　　全部时间区间

	均值	标准差	偏度	峰度	J－B 统计量
CNY	－ 0. 0000259	0. 00097	－ 0. 0246	9. 113752	1151. 004
CNH	－ 0. 0000213	0. 00105	0. 1884	5. 512527	198. 7547
NDF	－ 0. 0000147	0. 0012	0. 0564	4. 538592	73. 18512

2. 标准差（波动率）

如表1所示，NDF 市场波动率较大，其次是 CNH 市场，二者的波动率比较接近。CNY 市场波动率最小。由于 NDF 市场和 CNH 市场采取完全市场化的运作机制，因此波动率大于 CNY 市场。对比扩大波幅前后（见表2和表3），3 个市场的标准差（波动性）均有所增加，且 CNY 市场的波动率在扩大波幅后的时间区间内明显加大。

表2   扩大波幅前的样本区间

	均值	标准差	偏度	峰度	J－B 统计量
CNY	－ 0.0000273	0.00088	0.0369	6.579641	261.1928
CNH	－ 0.0000392	0.00096	0.3859	6.136309	212.5557
NDF	－ 0.0000104	0.00118	－ 0.0662	4.438647	42.5275

表3   扩大波幅后的样本区间

	均值	标准差	偏度	峰度	J－B 统计量
CNY	－ 0.0000232	0.00113	－ 0.0824	9.945007	502.7113
CNH	0.0000136	0.00121	－ 0.0427	4.556239	25.3038
NDF	－ 0.0000231	0.00124	0.2658	4.681607	32.2693

3. 正态分布检验

从表1来看，三个市场的 Jarque－Bera 统计量都在 0.95 的置信区间上拒绝正态分布的假设。CNY 市场的收益率偏度为负，左侧的尾部较长；峰度较大，为尖峰分布，收益率较为密集地分布在众数周围。CNH 市场、CNY 市场偏度为正，右侧尾部较长。CNH 市场、NDF 市场的峰度均超过 3 但小于 CNY 市场的峰度。

对比扩大波幅的前后，三个市场的 Jarque－Bera 统计量仍拒绝正态分布的假设，统计性质变化不大。

（三）平稳性检验

与其他资产的收益率序列相似，无论是全部时间区间、还是波幅前后的两个区间，三个市场外汇收益率均在 1% 的显著水平下平稳（见表4、表5、表6），符合格兰杰因果检验的前提条件，可以进行格兰杰因果检验。

表4   全部时间区间

变量	ADF 值	P 值	1% 临界值	5% 临界值	10% 临界值
CNY	－ 26.9387	0.0000	－ 3.4390	－ 2.8652	－ 2.5688
CNH	－ 25.4450	0.0000	－ 3.4390	－ 2.8652	－ 2.5688
NDF	－ 20.8547	0.0000	－ 3.4390	－ 2.8652	－ 2.5688

表5   扩大波幅前的样本区间

变量	ADF 值	P 值	1% 临界值	5% 临界值	10% 临界值
CNY	− 22.6191	0.000	− 3.4435	− 2.8672	− 2.5699
CNH	− 20.5520	0.000	− 3.4435	− 2.8672	− 2.5699
NDF	− 21.0005	0.000	− 3.4435	− 2.8672	− 2.5699

表6   扩大波幅后的样本区间

变量	ADF 值	P 值	1% 临界值	5% 临界值	10% 临界值
CNY	− 15.0658	0.0000	− 3.4564	− 2.8729	− 2.5729
CNH	− 14.8940	0.0000	− 3.4564	− 2.8729	− 2.5729
NDF	− 12.5770	0.0000	− 3.4564	− 2.8729	− 2.5729

（四）格兰杰因果检验

在三个区间中都出现的现象为，在5%的显著水平下，CNY 是 CNH 的格兰杰原因，CNY 也是 NDF 的格兰杰原因。在岸人民币市场起到了"锚"的作用，为离岸人民币市场的格兰杰原因。这个结果与香港金融管理局 He Dong（2011）和 IMF 的 Craig 等（2013）的研究结果一致。

如表7所示，对比扩大波幅前后的两个区间，可以看出，扩大波幅前，在5%的显著水平下，NDF 是 CNH 的格兰杰原因；在10%的显著水平下，NDF 也是 CNY 的格兰杰原因。扩大波幅后，NDF 不再是 CNY 和 CNH 的格兰杰原因。这说明 NDF 市场的影响力在波幅扩大后变弱了。

表7   格兰杰因果检验结果

原假设	全部时间区间	扩大波幅前	扩大波幅后
	F 统计量	F 统计量	F 统计量
CNH 不是 CNY 的格兰杰原因	0.1968	1.7221	0.7742
CNY 不是 CNH 的格兰杰原因	74.3329 ***	39.1374 ***	35.0269 ***
CNH 不是 NDF 的格兰杰原因	1.0751	0.5623	0.7156
NDF 不是 CNH 的格兰杰原因	0.8957	3.8269 **	0.6101
CNY 不是 NDF 的格兰杰原因	15.7231 ***	13.3409 ***	4.1781 **
NDF 不是 CNY 的格兰杰原因	0.2877	2.6639 *	1.4369

注：*** 代表显著性水平在0.001，** 代表显著性水平在0.05，* 代表显著性水平在0.1。

He Dong（2011）和 IMF 的 Craig 等（2013）的研究结论可以解释这种现象。这两篇文章对 CNY 市场和 CNH 市场的研究表明 CNY 市场是"锚"，市场通过套利活动来拉动 CNH 向 CNY 汇率靠拢。同时，Craig 等（2013）研究发现：由于我国并未完全开放资本账户，资本流入我国境内比流出我国的难度要小，涉及资本流入的套利行为效率高于涉及资本流出的套利行为[1]。当汇价呈现 CNY > CNH，即 CNH 相对 CNY 走强时，套利行为涉及资本流出，套利活动使 CNY 与 CNH 的价差收敛需要平均近一个月；当 CNY < CNH，即 CNH 相对 CNY 走弱时，套利行为涉及资本流入，仅需平均一星期价差就会收敛。

通过观察表 2、表 3 的均值可看出：扩大波幅前，CNY > CNH；扩大波幅后，CNY < CNH。我们对 CNY 与 CNH 价差做双样本异方差假设下的 t 检验也进一步证明：扩大波幅前，CNY 减 CNH 价差显著大于 0；扩大波幅后，CNY 减 CNH 价差显著小于 0。扩大波幅后，CNH 市场的汇率相对于 CNY 走弱（CNY < CNH），市场套利力量拉动其向在岸 CNY 人民币汇率靠拢的力量大于扩大波幅前 CNH 相对 CNY 走强（CNY > CNH）时。

综上，He Dong（2011）和 IMF 的 Craig 等（2013）的研究成果可以作为"扩大波幅后 CNY 成为影响离岸汇率的格兰杰原因，而 NDF 市场的影响相对变小，不再成为 CNH、CNY 市场格兰杰原因的现象"的一种解释。

（五）交叉相关系数检验结果

交叉相关系数的目的是为了观察不同市场滞后期对当期价格的影响，考察不同市场间的信息传递速度。交叉相关系数大小可以衡量相关程度的高低；而不同滞后期的交叉相关系数的显著性则可衡量信息传递持续的时长。

如表 8 所示，从交叉相关系数的数值和显著性来看，无论是全部时间区间还是扩大波幅前后两个区间，都是 CNY 市场对 CNH 市场的影响更大。此结果与格兰杰因果检验的结果相一致。扩大波幅后，CNY 市场对 CNH 市场的影响比扩大波幅前更大，滞后一期的交叉相关系数增大了 0.0946，信息溢出效应显著。

---

① "8·11 汇率改革"前后，国家外汇管理局对资本账户的管控重点可能有区别；涉及资本流出套利活动和涉及资本流入套利活动的示例请见附录的附图 1 和附图 2。

表8   交叉相关系数检验结果

	全部时间区间			扩大波幅前			扩大波幅后	
Lag	CNH, CNY(−i)	CNH, CNY(+i)	Lag	CNH, CNY(−i)	CNH, CNY(+i)	Lag	CNH, CNY(−i)	CNH, CNY(+i)
0	0.4578 ***	0.4578 ***	0	0.4562 ***	0.4562 ***	0	0.4600 ***	0.4600 ***
1	0.3821 ***	−0.0245	1	0.3332 ***	−0.0756 *	1	0.4278 ***	0.0206
2	0.0156	−0.0016	2	0.0752 *	0.0487	2	−0.0616 *	−0.0662 *
3	−0.0509 *	−0.0026	3	−0.0453 *	0.0437	3	−0.0773 *	−0.0825 *
4	0.0346	0.1169 *	4	0.0248	0.1653 **	4	0.0387	0.0274
5	0.0243	0.0718 *	5	0.0691 *	0.0391	5	−0.0434 *	0.0482
6	0.0303	−0.0198	6	0.0741 *	−0.0632 *	6	−0.0423 *	0.0248
7	0.0391	−0.0166	7	0.0132	−0.0019	7	0.0697 *	0.0067
8	0.0593 *	0.0064	8	0.0278	−0.0097	8	0.0561 *	−0.0022
9	−0.0241	0.0032	9	0.0641 *	0.0522 *	9	−0.0962 *	−0.0296
10	0.0374	−0.0322	10	0.0483	0.0714 *	10	0.0693 *	−0.0356
11	0.0595 *	0.0502 *	11	0.1003 *	−0.0293	11	0.0236	0.0167
12	0.0248	0.0754 *	12	0.0500 *	0.0511 *	12	−0.0202	0.0554 *

注：*** 代表显著性水平在 0.001，** 代表显著性水平在 0.05，* 代表显著性水平在 0.1。

如表9所示，与CNY和CNH间的结果相似，全部样本区间和扩大波幅前后的数据均显示CNY市场对NDF市场的影响更大（NDF市场受上一期CNY市场的影响大于反方向的影响）。此结果也与格兰杰因果检验的结果相一致。滞后4个交易日的NDF市场也向CNY市场传递信息。对比扩大波幅前后，从显著性来看，扩大波幅前的时间区间里，滞后一期的CNY，NDF（−i）的交叉相关系数为−0.0981，显著性水平也在0.1左右，而市场扩大波幅后的时间区间里，滞后一期的CNY，NDF（−i）的交叉相关系数为0.0408，且不再显著。说明扩大波幅前，NDF对CNY市场有一定的影响，而扩大波幅后，影响变得很小。

表9　　　　　　　　　　　　交叉相关系数检验结果（续）

	全部时间区间			扩大波幅前			扩大波幅后	
Lag	CNY, NDF(−i)	CNY, NDF(+i)	Lag	CNY, NDF(−i)	CNY, NDF(+i)	Lag	CNY, NDF(−i)	CNY, NDF(+i)
0	0.3405 ***	0.3405 ***	0	0.3813 ***	0.3813 ***	0	0.2859 ***	0.2859 ***
1	− 0.0332	0.2115 **	1	− 0.0981 *	0.2268 **	1	0.0408	0.1926 **
2	− 0.0187	0.0137	2	0.0456	0.0267	2	− 0.1292 *	− 0.0074
3	0.0181	− 0.0717 *	3	0.047	− 0.1076 *	3	− 0.0687 *	− 0.033
4	0.133 *	− 0.0014	4	0.1349 *	0.0164	4	0.069 *	− 0.0311
5	0.0649 *	0.0013	5	0.0137	0.0399	5	0.0718 *	− 0.0452 *
6	− 0.0166	0.0101	6	− 0.074 *	0.0298	6	0.0467	− 0.016
7	− 0.0126	0.0227	7	− 0.0359	− 0.007	7	0.0185	0.0593 *
8	− 0.0416 *	0.0799 *	8	− 0.0133	0.0519 *	8	− 0.0866 *	0.0926 *
9	0.0225	0.0355	9	0.0851 *	0.0219	9	− 0.0421 *	0.0744 *
10	− 0.0084	0.0206	10	0.0619 *	0.0258	10	− 0.0715 *	0.0409
11	0.0566 *	0.0494 *	11	− 0.0213	0.1212 *	11	0.0715 *	− 0.0243
12	0.0087	0.0655 *	12	0.0246	0.0692 *	12	− 0.0271	0.0518 *

注：*** 代表显著性水平在0.001，** 代表显著性水平在0.05，* 代表显著性水平在0.1。

如表10所示，全部时间区间和扩大波幅前后两个区间，从交叉相关系数的显著性来看，NDF市场和CNH市场相互影响；而从交叉相关系数的数值大小来看，NDF市场和CNH市场之间的相互影响规模有限。在扩大波幅后，CNH市场对NDF市场的影响比扩大波幅前略有增大，滞后期数也变多了，但各期的交叉相关系数都较小，显著性水平也在10%左右。说明CNY在岸市场波幅的扩大对不同离岸市场之间的相互关系也有影响，具体的影响机制可作为后续研究的一种选择。

表10　　　　　　　　　　　　交叉相关系数检验结果（续）

	全部时间区间			扩大波幅前			扩大波幅后	
Lag	CNH, NDF(−i)	CNH, NDF(+i)	Lag	CNH, NDF(−i)	CNH, NDF(+i)	Lag	CNH, NDF(−i)	CNH, NDF(+i)
0	0.6697 ***	0.6697 ***	0	0.7689 ***	0.7689 ***	0	0.5308 ***	0.5308 ***
1	0.0065	0.077 *	1	− 0.026	0.0712 *	1	0.0471	0.0872 *
2	− 0.0609 *	− 0.0409	2	− 0.0418 *	− 0.06 *	2	− 0.1007 *	− 0.0139
3	− 0.0504 *	− 0.0385	3	− 0.0309	− 0.03	3	− 0.1118 *	− 0.0574 *

	全部时间区间			扩大波幅前			扩大波幅后	
Lag	CNH, NDF(-i)	CNH, NDF(+i)	Lag	CNH, NDF(-i)	CNH, NDF(+i)	Lag	CNH, NDF(-i)	CNH, NDF(+i)
4	0.0125	0.0103	4	0.0171	0.0418	4	-0.0322	-0.0414 *
5	0.1124 *	0.0163	5	0.0767 *	0.0456	5	0.1086 *	-0.0307
6	0.0684 *	0.0327	6	0.0633 *	0.0157	6	0.0381	0.0504 *
7	-0.0056	0.0337	7	-0.0492 *	-0.0034	7	0.047	0.0734 *
8	-0.0311	0.0323	8	-0.0304	-0.0174	8	-0.0354	0.1046 *
9	-0.0154	0.0312	9	0.0228	0.0361	9	-0.038	0.0796 *
10	0.0041	0.0226	10	0.0242	0.0467	10	-0.0315	0.0094
11	0.0512 *	0.0639 *	11	0.0588 *	0.0847 *	11	0.0172	0.0277
12	0.0353	0.0496 *	12	-0.0187	0.0332	12	0.0503 *	0.0182

注：*** 代表显著性水平在 0.001，** 代表显著性水平在 0.05，* 代表显著性水平在 0.1。

（六）VAR 模型回归检验结果

建立 VAR 模型的目的是为了观察三个市场之间的价格溢出关系。具体模型如下：

$$R_{cny,t} = \mu_{cny} + \sum_{i=1}^{k} \alpha_{yy,i} R_{cny,t-i} + \sum_{i=1}^{k} \alpha_{hy,i} R_{cnh,t-i} + \sum_{i=1}^{k} \alpha_{fy,i} R_{ndf,t-i} + \varepsilon_{cny,t}$$

$$R_{cnh,t} = \mu_{cnh} + \sum_{i=1}^{k} \alpha_{hh,i} R_{cnh,t-i} + \sum_{i=1}^{k} \alpha_{yh,i} R_{cny,t-i} + \sum_{i=1}^{k} \alpha_{fh,i} R_{ndf,t-i} + \varepsilon_{cnh,t}$$

$$R_{ndf,t} = \mu_{ndf} + \sum_{i=1}^{k} \alpha_{ff,i} R_{ndf,t-i} + \sum_{i=1}^{k} \alpha_{hf,i} R_{cnh,t-i} + \sum_{i=1}^{k} \alpha_{yf,i} R_{cny,t-i} + \varepsilon_{ndf,t}$$

模型中 R 代表各个市场的收益率；$\alpha_{mn,i}$ 表示从 m 市场到 n 市场的信息溢出，如果系数不为零且显著，说明 $t-i$ 期的 m 市场可以解释 t 期 n 市场的变化。

1. VAR 模型滞后阶数的选择

根据 EViews 软件滞后阶数检验的结果，首先考虑 AIC 和 SC 准则，当这两个准则显示最优滞后阶数相同时就选择其显示的滞后阶数；但当这两个准则显示的最优滞后阶数矛盾时，多个同类型文献的惯例做法（Clarida 等，2003；Huber，2015；李琴，2004；贺小波等，2013 等）是用似然比检验加以选择。

本文的情况是 AIC 准则显示滞后二阶最优而 SC 准则显示滞后一阶最优，因此通过似然比检验比较这两个滞后阶数进行最终选择。似然比检验对有效小样本不适用，本文数据量较大，符合使用似然比检验抉择出最佳滞后阶数的条件。检验结果简要呈现于表 11。

表 11　　　　　　　　　　　　模型滞后阶数选择准则

全部时间区间			扩大波幅前			扩大波幅后		
滞后阶数	1	2	滞后阶数	1	2	滞后阶数	1	2
LR	179.7005	31.2062	LR	111.2766	20.5070	LR	77.4939	22.0913
AIC	−33.6225	−33.6412*	AIC	−34.3099	−34.3158*	AIC	−32.7086	−32.7281*
SC	−33.5465*	−33.5082	SC	−34.2057*	−34.1334	SC	−32.5361*	−32.4263
假设滞后一阶优于滞后二阶的似然比检验统计量	148.4943***		假设滞后一阶优于滞后二阶的似然比检验统计量	90.7696***		假设滞后一阶优于滞后二阶的似然比检验统计量	55.4026***	

注：*** 代表显著性水平在 0.001，** 代表显著性水平在 0.05，* 代表显著性水平在 0.1。

从表 11 可看出，无论是全部时间区间还是扩大波幅前后，似然比检验统计量均可拒绝"假设滞后一阶优于滞后二阶"的原假设，因此这三种时间区间的 VAR 模型我们均选择滞后二阶。

2. VAR 模型稳定性检验

VAR 模型稳定性的检验方法是观察 AR 特征多项式的根和单位圆的关系。

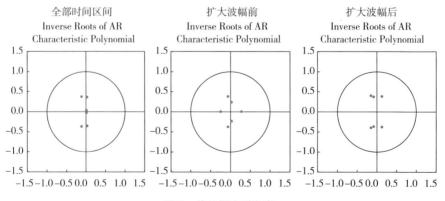

图 2　单位圆和特征根

我们发现，无论是全部时间区间还是扩大波幅前后，AR 特征方程特征根的倒数绝对值均小于 1，即位于单位圆内，因此 VAR 模型是稳定的。

3. VAR 模型回归结果

从表 12 可以看出，无论是全部时间区间还是扩大波幅前后两个时间区间，NDF 市场和 CNH 市场都不能对 CNY 市场产生影响。

表 12   VAR 模型回归结果

CNY	全部时间区间	扩大波幅前	扩大波幅后
CNY（−1）	0.0152	0.0122	0.0232
t 统计量	0.3562	0.2325	0.3164
CNY（−2）	−0.0579	0.0194	−0.1563
t 统计量	−1.2405	0.3463	−1.8832
CNH（−1）	0.0081	−0.0054	0.0573
t 统计量	0.1506	−0.0746	0.6550
CNH（−2）	0.0473	0.0334	0.0643
t 统计量	0.9610	0.4947	0.8165
NDF（−1）	−0.0280	−0.0773	0.0445
t 统计量	−0.6890	−1.4522	0.6439
NDF（−2）	−0.0252	0.0121	−0.1021
t 统计量	−0.6221	0.2249	−1.4888

注：*** 代表显著性水平在 0.001，** 代表显著性水平在 0.05，* 代表显著性水平在 0.1。

如表 13 所示，从全部时间区间看，CNY 市场对 CNH 市场有影响。扩大波幅前，滞后一期和二期的 CNY 市场和滞后一期的 NDF 市场都对 CNH 市场有影响，从系数来看，CNY 市场对 CNH 市场收益率有正向拉动作用，NDF 市场对 CNH 市场收益率拉动为负向。而扩大波幅后，从显著性来看，只有 CNY 市场对 CNH 市场有影响，NDF 市场的影响不再显著。此外，对比扩大波幅前后，CNY 市场对 CNH 市场的信息传递效率提升了。扩大波幅前，滞后一期和二期的 CNY 市场都对 CNH 市场有影响；扩大波幅后，仅滞后一期的 CNY 市场对 CNH 市场有影响。

表13   VAR 模型回归结果（续）

CNH	全部时间区间	扩大波幅前	扩大波幅后
CNY （-1）	0.5147 ***	0.4689 ***	0.5846 ***
t 统计量	12.3086	8.8501	8.4829
CNY （-2）	0.1406 **	0.1846 **	0.1070
t 统计量	3.0741	3.2724	1.3727
CNH （-1）	-0.1580 **	-0.0235	-0.2590 **
t 统计量	-2.9944	-0.3196	-3.1483
CNH （-2）	-0.0596	-0.0327	-0.1050
t 统计量	-1.2354	-0.4815	-1.4193
NDF （-1）	-0.0617	-0.1678 **	0.0286
t 统计量	-1.5530	-3.1322	0.4404
NDF （-2）	-0.0414	-0.0229	-0.0919
t 统计量	-1.0424	-0.4229	-1.4262

注：*** 代表显著性水平在 0.001，** 代表显著性水平在 0.05，* 代表显著性水平在 0.1。

如表 14 所示，无论是全部时间区间还是扩大波幅前后两个时间区间，CNY 市场都对 NDF 市场有显著影响。

表14   VAR 模型回归结果（续）

NDF	全部时间区间	扩大波幅前	扩大波幅后
CNY （-1）	0.2854 ***	0.3486 ***	0.2183 **
t 统计量	5.5601	5.0366	2.7819
CNY （-2）	0.0925	0.1346	0.0353
t 统计量	1.6473	1.8268	0.3980
CNH （-1）	-0.0842	-0.0861	-0.0458
t 统计量	-1.3004	-0.8982	-0.4891
CNH （-2）	0.0307	-0.0084	0.0607
t 统计量	0.5179	-0.0947	0.7201
NDF （-1）	0.0186	-0.0139	0.0442
t 统计量	0.3817	-0.1991	0.5974
NDF （-2）	-0.1493 **	-0.095	-0.2124 **
t 统计量	-3.0646	-1.3423	-2.8961

注：*** 代表显著性水平在 0.001，** 代表显著性水平在 0.05，* 代表显著性水平在 0.1。

五、结论和政策建议

（一）结论

通过上述实证检验，可得出以下结论：一是无论是全部时间区间还是扩大波幅前后的两个时间区间，在岸 CNY 市场的人民币汇率引导两个离岸市场 CNH、NDF 的人民币汇率，且 CNY 市场对 CNH 市场的影响在扩大波幅后增强了；二是扩大波幅前的时间区间中，NDF 市场对 CNH 市场和 CNY 市场有一定影响，而在扩大波幅后，这种影响减弱了；三是 CNY 市场扩大波幅后，CNH 和 NDF 两个离岸市场间的影响也发生了变化，NDF 市场对 CNH 市场的影响有所减小，而 CNH 市场对 NDF 市场的影响有所增加。

（二）政策建议

人民币汇率市场化改革是我国全面深化改革的既定内容之一，是充分发挥市场在资源配置中起决定性作用的条件之一。2014 年 3 月 15 日实施的扩大波幅的改革以及央行逐步退出常态式干预，进一步增强了市场在人民币汇率形成中的作用。从以上的计量分析可以看出，这些举措提高了在岸市场人民币汇率的定价权。但我们也要看到，对于我国这样一个外汇市场仍然不够完善、汇率的价格弹性不足的货币来说，汇率市场化仍然会是一个相对漫长的过程。为了进一步巩固在岸市场人民币汇率的定价权，更好地维持我国金融稳定、更好地服务实体经济，提出如下建议。

一是逐步放松实需原则，进一步提高在岸市场的流动性。放松实需原则就是要允许以博取汇率波动价差为目的的投资和投机交易。20 世纪 70 年代初，美国著名金融学家米尔顿·弗里德曼就撰文指出，只有避险交易的外汇交易市场是不存在的，必须允许外汇市场上有投机交易，因为市场需要投机商来承担未平仓合约带来的市场风险，并且投机活动的发展可以使市场价格的波动趋于平稳，有效减轻大规模贸易活动对市场的不对称冲击。弗里德曼还指出，投机交易越活跃，交易量就越大，外贸商进行避险操作就越容易，避险成本也会降低。在人民币离岸市场上，人民币外汇交易并没有实需原则的限制，离岸市场的交易量已经大幅超过在岸市场的规模。如果这种情况持续下去，在岸市场有被边缘化的危险，定价权也必将丧失。

二是发展场内人民币外汇期货期权交易，进一步拓宽在岸市场的深度和广度。从全球外汇市场来看，场内与场外相互补充、相互促进共同构成了完整的外汇市场。由于场内外汇交易价格和成交量更加透明，对市场预期有很好的引导作用，有利于拓展外汇市场的深度和广度。过去几年，随着境外人民币流通量的扩大，中国香港交易所、新加坡交易所、芝加哥商业交易所（CME）、莫斯科交易所等近十家境外交易所上市了人民币对美元等期货产品（仍然不断有境外交易所准备推出人民币外汇期货产品），并且交易量持续增长。而我国境内则迟迟没有推出场内的人民币外汇交易产品。弗里德曼当年针对境外交易所纷纷推出的美元汇率期货就指出，在美国国内设立该市场比设在境外更符合美国的国家利益。2008年国际金融危机后，为了控制风险，全球金融衍生品出现了场外交易场内化倾向。从这个角度来讲，我国也有必要尽快推进场内人民币外汇期货期权交易市场的建设。

附录

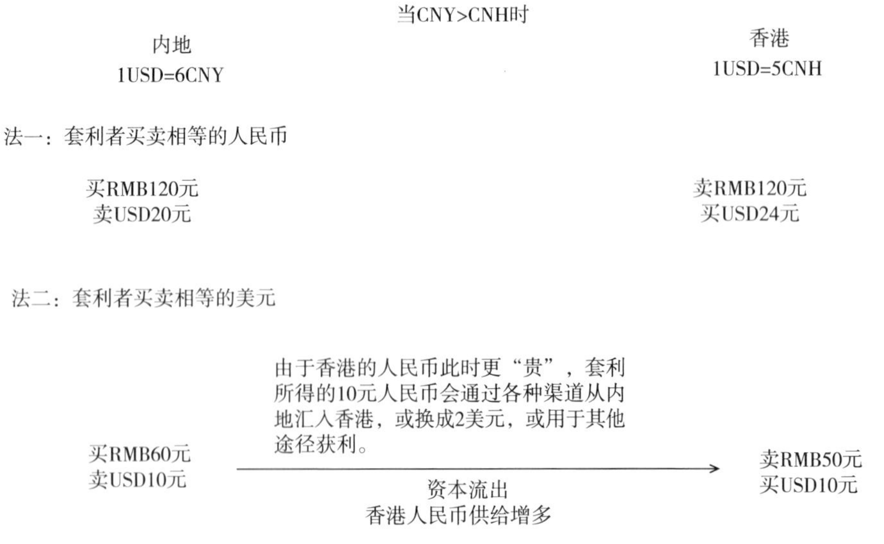

当CNY>CNH时

内地		香港
1USD=6CNY		1USD=5CNH

法一：套利者买卖相等的人民币

买RMB120元		卖RMB120元
卖USD20元		买USD24元

法二：套利者买卖相等的美元

由于香港的人民币此时更"贵"，套利所得的10元人民币会通过各种渠道从内地汇入香港，或换成2美元，或用于其他途径获利。

买RMB60元	资本流出	卖RMB50元
卖USD10元	香港人民币供给增多	买USD10元

附图1　涉及资本流出的套利活动示例

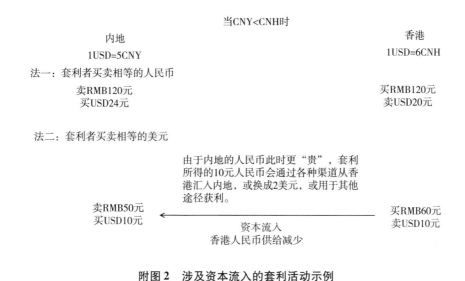

附图2　涉及资本流入的套利活动示例

参考文献

［1］代幼渝，杨莹．人民币境外 NDF 汇率、境内远期汇率与即期汇率的关系的实证研究［J］．国际金融研究，2007（10）：72－80.

［2］黄学军，吴冲锋．离岸人民币非交割远期与境内即期汇率价格的互动：改革前后［J］．金融研究，2006（11）：83－89.

［3］贺晓波，贾雪．汇率传递对中国出口价格的影响——基于向量自回归模型和状态空间模型［J］．首都经济贸易大学学报，2013（1）：62－69.

［4］李琴．FDI 流入与我国对外贸易关系的实证分析［J］．世界经济研究，2004（9）：75－79.

［5］李晓峰，陈华．人民币即期汇率市场与境外衍生市场之间的信息流动关系研究［J］．金融研究，2008（5）：14－24.

［6］米尔顿·弗里德曼．外汇期货市场的必要性［J］．沙石，康达，付迟，黎琦嘉，译．金融期货研究，2014（17）：1－12.

［7］王凯立，吴军奉．台湾即期、远期和无本金交割远期外汇交易关联性研究——市场关闭政策分析［J］．经济论文（中国台湾），2006（34）：21－36.

［8］王晋斌，倪颖．人民币在岸市场已经是一个非完全定价中心［J］.

经济理论与经济管理，2015（3）：85 - 93.

［9］伍戈，裴诚. 境内外人民币汇率价格关系的定量研究［J］. 金融研究，2012（9）：62 - 72.

［10］修晶. 人民币国际化进程中不同市场汇率关联性的实证研究——基于 CNY、CNH 和 NDF 市场的数据［J］. 南方金融，2012（8）：17 - 22.

［11］严敏、巴曙松. 人民币即期汇率与境内外远期汇率动态关联——监管政策出台之后［J］. 财经研究，2010（2）：15 - 25.

［12］Clarida. R. , Sarno. L. , Taylor. P, Valente. G. The Out - of - sample Success of Term Structure Models as Exchange Rate Predictors：A Step Beyond ［J］. Journal of International Economics, 2003, 5（60）：61 - 83.

［13］Craig. R. , Hua. C. , Ng. P. , and Yuen. R. Development of the Renminbi Market in Hong Kong SAR：Assessing Onshore - Offshore Market Integration ［R］. IMF Working Paper, 2013：WP/13/268.

［14］He. D. One Currency Two Markets：Causality and Dynamic between the CNY and CNH Markets ［R］. HKMA Working Paper, 2011.

［15］Huber. F. Forecasting Exchange Rates Using Multivariate Threshold Models ［J］. The B. E. Journal of Macroeconomics, 2015, 16（1）：193 - 210.

［16］Samar. M. , Joong. S. K. RMB Internationalization：Onshore/Offshore Links ［R］. IMF Working Paper, 2012：WP/12/133.

英国退欧不会对人民币国际化
产生实质影响[①]

当英国退欧公投计票结果陆续披露，支持退欧票数超过留欧票数且差距逐渐拉大时，在恐慌和投机力量的相互作用下，国际金价短时间内上涨逾 100 美元/盎司，最大涨幅超过 8%，金价一度越过 1358 美元/盎司，创出两年来新高。汇市方面，英镑兑美元汇率一度跌幅超过 11%，最低到 1.32 美元/英镑一线，创 1985 年 10 月以来的最低水平；除了日元兑美元大涨、幅度一度接近 7% 外，美元对多数非美货币均出现可观涨幅，美元指数一度涨幅达到 3.6%。亚洲交易时段的大多数股市也因之出现大幅调整。

一、公投结果符合英国与欧洲大陆的历史关系

尽管此前陆续公布的民调显示，英国公民中支持退欧与支持留欧的比重大体相当，甚至前者略微超过后者，但是公投前，多数观察家甚至金融市场价格自身都认为退欧公投不过是英国政治家之间的一场闹剧。

尽管英国退欧公投结果并非国际市场所期盼，但是符合英国与欧洲大陆的历史关系。据说，英国人从不把英国当成欧洲的一部分，英国是英国，欧洲大陆是欧洲大陆。第二次世界大战后，英国与欧盟的关系一直是若即若离，对于加入欧洲大家庭总有些心不甘情不愿，或者说是三心二意。

对于欧盟的前身欧洲经济共同体，英国最初的态度是不屑。1951 年 4 月，

---

① 本文完成于 2016 年 6 月 24 日，以《英国脱欧不会对人民币产生实质影响》发表于《经济观察报》2016 年 6 月 27 日。

法国、联邦德国、意大利、比利时、荷兰、卢森堡西欧六国宣布成立欧洲煤钢共同体。欧洲煤钢共同体成立时，曾经希望英国加入组织。可是，由于英国自恃有英联邦国家及美国的贸易支持，加上认为加入会失去部分主权及丧失部分国内经济的管理权力，最后拒绝加入。1957 年 3 月，上述六国正式签署《罗马条约》，成立欧洲经济共同体，欧洲经济一体化向前迈出了一大步。此后，英国非常后悔并曾经三番五次申请加入欧洲经济共同体，据说是因为当时法国总统夏尔·戴高乐极力反对，才让英国加入未果。

英国眼见欧洲经济共同体日益发展，又加之第二次世界大战后西欧各国经济恢复较快，英国担心被欧洲大陆日益边缘化，于是在 1960 年 1 月，联合奥地利、丹麦、挪威、葡萄牙、瑞士、瑞典六国正式签署了《欧洲自由贸易联盟条约》，成立欧洲自由贸易联盟，意图以此来对抗欧洲经济共同体。

1965 年 4 月 8 日，法国、德国、意大利、荷兰、比利时、卢森堡六国签订《布鲁塞尔条约》，决定将欧洲煤钢共同体、欧洲原子能共同体和欧洲经济共同体统一起来，统称欧洲共同体。欧洲共同体在经济和政治方面一体化程度日趋提高，在国际上的地位也随之不断提高。反观欧洲自由贸易联盟，由于成员国经济水平参差不齐，又实行松散的政府间合作，该联盟很难与欧洲共同体抗衡。于是，在 1972 年底，英国退出联盟，第二年初英国终于如愿以偿加入欧洲共同体。丹麦和爱尔兰也同期加入，欧洲共同体的成员国扩大到 9 个。

尽管终于加入了欧洲经济共同体，但是英国一直比较特立独行。当欧洲一体化政策和进程符合英国国家利益时，英国是一个积极的推动者；反之，就会成为一个旁观者甚至阻挠者。1979 年 3 月 13 日，欧洲经济共同体九国政府首脑会议决定即日建立"欧洲货币体系"。欧洲货币体系的两大主要内容是：一是模仿特别提款权（SDR）创建欧洲货币单位（ECU），由欧洲共同体九国货币组成的一个"货币篮子"来定值，每五年调整一次；二是成员国货币对ECU 汇率以及成员国货币之间的汇率保持相对稳定，这一机制被称为联合浮动或蛇形浮动。尽管英镑是 ECU 创建之初的九种货币之一，但直到 1990 年 10 月，英国才正式加入这一货币体系。不幸的是，两年之后的 1992 年 9 月，在索罗斯狙击英镑、爆发英镑危机后，英镑退出了这一体系。1999 年欧盟推出统一货币欧元时，英国也没有加入。此外，英国迄今没有加入欧盟国家的《申根协定》。

二、退欧是负和游戏，英国受伤会更重

据专业人士介绍，英国本次退欧公投的性质属于建议性，因为在本次投票的条款中没有具有法律效应这样的条款，所以英国议会或政府可以不理睬。这是理论上的分析。该专业人士也介绍，如果政府不理睬此次公投结果，将导致一系列严重后果。

不过，即使英国议会和政府决议退欧，也将是一个相对漫长的过程。根据《欧盟条约》第 50 项条款，欧盟成员国若要脱离欧盟，必须通知欧洲理事会并要得到准许，两年缓冲期过后便可正式离开欧盟。英国在缓冲期内须与欧盟商讨如何处理两者之间的关系，待得到其他 27 个成员国的同意后，达成协议，再交由欧洲议会表决，得到过半数支持通过才可算得上"和平分手"。早前，欧洲理事会主席图斯克表示，如果英国最终选择脱欧，或要花上 7 年时间去跟欧盟商讨两者的关系。图斯克亦以婚姻来比喻脱欧公投，他称："每一个家庭都知道，离婚对所有人都是创伤"。

英国退欧在全球的影响尤其是对国际金融市场的影响应该是短期的，不大可能从根本上改变与此不直接相关国家股票市场和货币汇率的走势，但是对英国与欧盟来说一定是负和游戏，对英国自身来说受到的损失应该是巨大的。

就欧盟与英国的关系来说，应该是英国更离不开欧盟。此次退欧公投的一个导火索是接纳来自中东的伊斯兰难民问题。根据欧盟分配，部分难民进入英国，这引起了英国民众情绪上的极大反弹。对于二者之间的关系，一向被外界认为，英国只想获得作为欧盟成员国的好处，而不想承担责任和义务。因为有自己独立的货币和货币政策，又能充分享受欧盟大家庭的好处，所以我们看到 2008 年国际金融危机以来，英国与美国是发达国家中唯有的经济复苏更快、率先走出危机的国家。在复苏方面，英国甚至还要早于和好于美国。尽管英国没有加入欧元，但伦敦却享受欧元最大的交易和清算份额。据说，伦敦在全球欧元交易市场所占到的比重接近 40%，这比起 17 个欧元区国家的总和还要多。正因为如此，早就有欧元区国家对此不满，并一度上诉至欧洲法院。此次公投前，欧元区有关国家官员就威胁，一旦英国退欧，将把欧元的交易和清算中心转移至欧元区内。也正因为这个威胁，在伦敦金融城的主要国际性金融机构今后可能将人员和业务重心向欧洲大陆的金融中心转移。

即使退欧，欧元区以及欧盟受到的不利影响也要远小于英国，并且有数倍于英国民众的欧盟民众来分担，从个人来说，受到的损失会更小。此前，部分分析师认为一旦英国退欧，对欧元与英镑汇率的打击应该是同等程度的。从当天市场的实际表现来看，欧元汇率下跌幅度远小于英镑。笔者认为，英国退欧，不包括英国在内的欧盟在经济上甚至会是收益大于损失。因为此前一些借助伦敦和借助英国而主要业务对象是欧洲大陆的国际性机构，今后会直接进入欧盟，从而会因为新投资的涌入，带动欧洲大陆的就业增加和经济增长。

也不必担心英国退欧对欧盟其他成员国的所谓示范效应。英国本来就算不上是欧盟事务的核心国家。目前来看，德国、法国、意大利均没有退欧之意。其他人口较少和经济规模较小的富裕成员国，退欧也不会得到什么好处。近几年新加入的成员国应该是欧盟大家庭的净受益者，还指望背靠大树好乘凉，也不会退出。当然，对于欧盟尤其是欧元区这个集体来说，确实存在协调成本太大、政策出台不够及时灵活等问题。此次英国退欧事件，也许会加快欧盟决策机制的改革。

三、英国退欧对中国不利影响有限

由于英国在中国对外贸易、利用外资等领域的比重较低，英国退欧对中国实体经济的不利影响将极为有限。对英国的货物出口额占我国出口总额的比重约为2.5%，进口占1%左右。来自英国的外商直接投资（FDI）占我国年度利用外商投资总额的比重不足0.5%。尽管英国是我国企业对外投资（ODI）比较喜欢的发达国家，但是近年来的占比也仅在1%左右。因此，英国退欧对我国实体经济的不利影响可以忽略不计。

如果英国果真经此公投后正式退欧，将可能加快正在变化中的世界格局，有利于中国地位的提升。世界格局中主要参与者的地位必然是此消彼长的。尽管英国一直是欧盟里一个三心二意的成员，但是如果它真的退出，势必会削弱欧洲大陆作为一个整体在世界格局中的重要性。退欧后，英国可能采取远交近攻的外交政策，这将有利于中国稳固与英国的关系。尽管过去几年中国经济增速有所放缓、未来也依然会继续放缓，但中国无论是经济总量还是在其他方面的国际影响力，都处于上升通道。

对人民币汇率的贬值压力不大。有人担心英国退欧将对人民币汇率形成贬

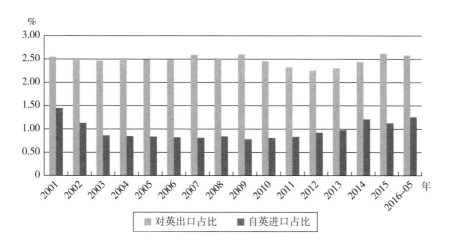

数据来源：Wind。

图 1　我国对英国货物进出口情况

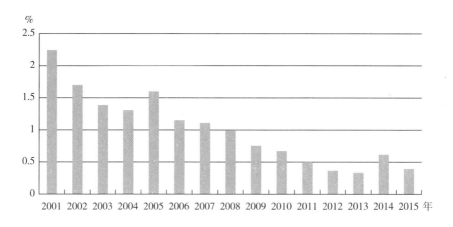

数据来源：Wind。

图 2　我国来自英国的 FDI 情况

值压力，以及不利于人民币国际化和中国企业通过英国进入欧洲大陆。对于这些担心，笔者感觉是没有必要的，尤其是对人民币汇率和人民币国际化可能产生不利影响的担心，是完全没有必要的。对于人民币汇率，我们当时实行的是参考一篮子货币进行调节的、有管理的浮动汇率制度。2015 年 12 月中旬推出三个货币篮子的人民币指数以来，我们已经观察到在美元汇率走弱时，通过人民币指数的一定程度的走弱，来减少人民币对美元的升值幅度；相反，在美元

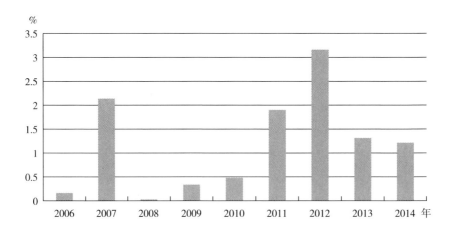

数据来源：Wind。

图3　我国在英国的对外直接投资

走强时，我们也看到通过人民币指数的一定程度的走强，来减小人民币对美元的贬值幅度。从英国公投当天的外汇市场走势我们也看到，人民币汇率远比其他货币汇率要稳定得多。补充一点，英国退欧主要对英镑汇率产生影响，欧元受到的冲击要小得多，这也决定了美元不可能因此而大幅走强。

对于人民币国际化，更不会有实质性的影响。没有一种货币的国际化是靠位于其他国家的国际金融中心来获得支撑和取得成功的。尽管目前伦敦成为仅次于中国香港的人民币离岸中心，但是伦敦作为国际金融中心的地位无论升降，对人民币国际化均不构成实质性影响。人民币能否国际化以及国际化程度如何，归根到底取决于我们国家的综合实力。国别货币充当国际货币，拼的是国家的综合实力。当前主要国际货币的地位和排名就是相关国家（包括联盟）综合实力的排名。综合实力不仅包括经济规模，还包括科技实力、政治和军事实力，以及金融实力。

顺便多说一句，人民币国际化将是一个漫长的过程，不能操之过急，更不能拔苗助长。国别货币成为国际货币都要经历一个漫长的过程。即使在金属本位制度下，英镑成为大行其道的世界货币（国际货币的最高形态），也是借着工业革命率先在英国产生以及英国通过侵略成为"日不落帝国"之后。美国大约在1880年前后经济总量超过英国本土（不包括英国的殖民地），世界科技的重心大约也在第一次世界大战前后由西欧转移到了北美，但是直到1944

年，美国人通过美元直接挂钩黄金的特殊安排，才让美元坐上了国际货币的头把交椅。结合过去四十余年日元国际化的经验教训，以及过去几年人民币国际化的经历，我们应该再次清晰地看到，人民币国际化将是一个长期的过程，不会一蹴而就，会有曲折。这一漫长过程也是不以个人意志为转移的，不能操之过急，更不能拔苗助长。我们都知道，拔苗助长的结果，并不是加快生长，而是苗死。

探析我国出口低迷的深层次原因①

——"人民币汇率"与"美国再工业化"孰重孰轻

摘要： 为探索 2012—2016 年我国出口低迷的深层次原因，本文首先分析了国际经济贸易环境的变化，发现在全球贸易低速增长的背景之下，2012 年以来，我国的商品出口表现仍相对良好。危机后，美国再工业化取得良好进展，对其进口产生替代效应。本文使用 ARDL 模型，并在经典出口影响因素模型中加入再工业化影响因素来进行实证研究，结果发现：长期来看，外需对我国出口有显著的正面影响，美国再工业化对出口有显著的负面影响，而人民币实际有效汇率对出口则并无长期显著影响。根据实证研究结论，我们建议：应正确认识并接受我国出口"低迷"的现实；"保出口"应从保"量"转向保"质"；应将人民币汇率政策放在促进人民币国际化、降低资本流出压力、促进出口等更广视野下综合考虑。

关键词： 出口　再工业化　汇率

2012 年是我国出口由此前两位数增长降为个位数增长的转折之年。除 2009 年主要受国际金融危机影响出现负增长外，2002 年至 2011 年，我国出口年增幅均在两位数以上，并且几乎都是 20% 以上增速（其中只有 2008 年低于 20%，为 17.23%）。但自 2012 年以来，我国出口增速逐年回落。到 2015 年、2016 年转为负增长，月度出口额同比增速几乎均为负数。

针对出口增速大幅放缓，部分人士认为是人民币汇率高估导致了出口的低

---

① 本文完成于 2017 年 5 月，与郭孟旸合作完成。

迷，因此，极力主张人民币汇率应当大幅度贬值来刺激出口。在 2014 年初人民币对美元汇率创出 2005 年 7 月 21 日汇率改革以来的新高后，开始转向走弱，尤其是 2015 年 8 月 11 日改革人民币汇率开盘中间价形成机制后，人民币汇率无论是对美元的名义汇率，还是基于一篮子的有效汇率，均出现了明显的贬值。到 2016 年底，相对 2014 年初，人民币对美元汇率已经累计贬值 13.6%，国际清算银行测算的人民币实际有效汇率贬值幅度也接近 6%，但出口非但未明显改善，下滑幅度甚至有所扩大。按美元计价，2015 年我国出口金额同比下降 2.94%，2016 年同比下降 7.7%。与之形成鲜明对比的是，2005 年 7 月至 2013 年底，人民币汇率基本上持续升值，人民币对美元汇率累计升值 33%，实际有效汇率升值 39.1%，而这一期间我国出口却保持高速增长。经这一简单的对照可以发现，人民币汇率贬值不仅没有刺激我国的出口，甚至起到了相反的作用。

2012 年以来我国出口低迷、差强人意，到底是人民币汇率高估造成的、还是另有原因？人民币汇率的相对贬值为何没有起到刺激出口、反而使出口更差呢？这是本文将要研究和回答的主要问题。

一、文献综述

已经有大量文献对人民币汇率变动与我国出口的关系进行了研究，根据研究结论的不同，大致分为两类。第一类研究结果可概括为人民币汇率对出口没有显著影响或出口的汇率弹性在统计上不确定。李稻葵和李丹宁（2006）定量分析的结果表明，人民币对美元的名义汇率和实际汇率的变化对于中国对美国的出口以及中国从美国的进口的变化没有统计上显著的相关性。赵勇和雷达（2013）的研究发现人民币升值在抑制既有出口总额的同时却促进了新出口关系的建立，这两种截然相反的力量使得在总量意义上人民币升值对出口的影响不显著。周诚君等（2014）研究发现汇率仅是影响出口的因素之一，其影响方向和力度大小还取决于其他结构性制度性条件，而外部需求、出口商品结构、经济发展阶段、劳动力成本、比较优势变化等因素对中国出口有更重要、更确定的影响。吴小康（2016）整理了人民币汇率变动与出口规模相关研究，发现时间序列回归在统计上无法确定汇率对出口的影响，但面板数据回归大多发现本币升值导致出口显著减少，并且数据越微观结果越稳健，但面板数据回归的结果即便通过了统计显著检验，也并没有得到一个在经济上足够显著的出口汇率弹性。伍戈和肖潇（2016）的研究发现，主要贸易伙伴需求水平的提高是我国出口竞争力增强的重要外部因素，本国出口品种类的丰富在一定程度上增强了我国的出口品在国际上的竞争能力；虽然汇率政策在提升一国出口竞争力中有一定作用，但一国应当根据经济形势，采取适时灵活的汇率政策，不宜过分依赖汇率贬值这一工具。

第二类研究的结果则可概括为人民币汇率升值不利出口。李宏彬等（2011）的研究结果表明，人民币实际有效汇率每升值 1%，企业实际出口值减少 0.99%，实际进口值减少 0.71%。李宪铎和黄昌利（2014）的研究结果发现人民币实际有效汇率水平显著地负向影响出口，而实际有效汇率的波动并不显著影响出口。

从研究方法来看，研究汇率与出口的关系常用的方法以时间序列或面板数据的回归分析为主，具体包括协整回归，VAR 模型和 ARDL 模型等。

除了关注人民币汇率与中国出口关系的相关文献外，我们还检索了美国"再工业化"对我国出口影响方面的文献。2009 年奥巴马就任美国总统后兑现竞选中的承诺推行"再工业化"政策。2009 年 2 月，奥巴马签署了《复兴与再投资法案》，要求国会授权 7870 亿美元为振兴制造业的战略计划提供资金。同年 12 月，白宫发布《重振美国制造业框架》报告，制定了振兴制造业的举措。2010 年 8 月，奥巴马签署了《美国制造业促进法案》，标志着美国"再工业化"战略序幕的正式拉开。如果奥巴马总统的"再工业化"政策能够产生效果，不仅能够增加美国就业、降低失业率，而且从供给方面看，会产生进口替代效应，由原来的直接进口变为自己生产，这将相对减少美国的进口。第二次世界大战以来，美国一直是世界第一大进口国。因此，不能忽视美国"再工业化"对世界贸易的影响，尤其是中国作为美国的第一大进口来源国，可能会受到不利冲击。宾建成（2011）认为，"再工业化"对我国出口的影响在短期内还未显现，但长期将逐步明显，我国与美国同业竞争制造业产品的出口难度将进一步加大。徐建伟（2013）认为，美国的"再工业化"战略对中美贸易将不会造成巨大的影响，在相当长的时期内中美贸易格局将不会出现太大的改变。彭清华和邱伟杰（2014）在对企业技术进步路径进行分析后，认为美国"再工业化"将从资本回流、技术壁垒和产品竞争这三个方面对我国产品出口带来限制性影响。

以上美国再工业化对我国出口影响的相关研究多从理论层面进行逻辑推理分析，由于研究较早，缺乏足够的数据，因此，实证研究和定量分析较少，缺乏说服力。

时至 2016 年底，有了更多的时间序列数据，尤其是美国"再工业化"方面，更容易找到衡量其进展的有效数据。因此，我们在充分借鉴既有研究的基础上，尝试定量分析人民币汇率和外需，尤其是美国再工业化对我国出口的影响，并结合定量分析的结果提出我们的政策建议。

二、2008 年国际金融危机以来全球贸易环境的变化

无论是宏观经济理论还是实证研究，一般均认为，一国的出口主要受外需和价格两大因素影响，而价格中汇率又是最重要的因素。因此，在分析我国的出口形势时，除了关注汇率因素外，不能忽视外需即国际经济贸易环境的变化。

（一）2008 年后全球贸易转入低速增长

2008 年 9 月国际金融危机爆发后，尽管经过两年调整，全球贸易重新恢复增长，但是增速较此前显著回落。2008 年 9 月雷曼兄弟破产，引爆国际金融和经济危机，全球贸易也随之进入冰点状态。根据世界贸易组织（WTO）统计，2009 年全球商品出口金额 12.54 万亿美元，比 2008 年大幅下降 22.3%，这是 1948 年以来 9 次出现全球贸易年度衰退中降幅最大的一次。不过，随着全球主要国家迅速采取了前所未有的反危机措施，2010 年全球商品贸易基本恢复到危机前水平。但是，此后全球商品贸易的增速大幅低于此前阶段。2011 年到 2014 年的四年年均增速仅有 5.57%，不仅低于 2002 年到 2008 年期间年均 16.39% 的增速，也低于 1980 年到 2002 年期间年均 7.32% 的增速。随着 2014 年下半年全球大宗商品价格持续大幅下行，2015 年全球商品出口贸易金额较上年大幅下降 13.24%，尽管 2016 年初全球大宗商品价格触底开始进入反弹，2016 年全球商品出口贸易金额比上年仍然下跌了 3.24%。

荷兰经济政策分析局（Bureau for Economic Policy Analysis，CPB）关于全球贸易量指数方面的统计，可能更能准确地反映出 2008 年前后全球贸易增速

的变化。根据图1可见，2008年前后两个阶段的斜率明显不同。根据CPB统计，2002年初至2008年初，全球进出口贸易指数6年间年均增速为7.61%，2011年初至2016年初5年间年均增速仅为1.84%。

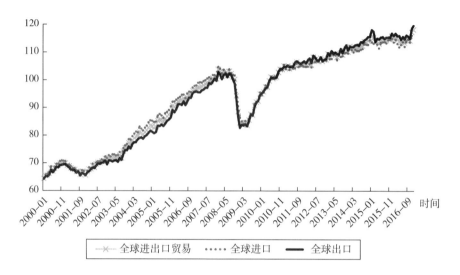

数据来源：CPB World Trade Monitor。

图1　经历V形反弹后全球贸易进入低速增长阶段

相对于全球贸易形势发生的变化，或者说放在整个全球贸易背景之下，2012年以来，我国的商品出口表现仍然称得上良好。我国商品出口在全球出口贸易中的份额由2008年的8.9%上升到2015年的13.8%，基本上延续了此前的上升势头。尽管2016年份额较上年回落0.6个百分点到13.2%，但是这一份额仍然高于2014年。2016年是过去几年人民币汇率（无论是对美元的名义汇率还是BIS测算的实际有效汇率）贬值幅度最大的一年，而我国出口在全球的份额不增反降。整体上看，过去几年我国商品出口贸易大幅跑赢全球（见图2）。

（二）美国再工业化的进展与进口替代效应

经历2008年国际金融危机后，全球贸易转入低速增长，除了与这个阶段全球经济增速相对此前放缓有关外，与发达国家一系列促进就业的政策、增加了自身的工业产出从而替代了进口亦应该有密切关系。我们看到，无论是美国还是日本、德国以及整个欧元区国家，失业率都已经从危机后的高点明显回

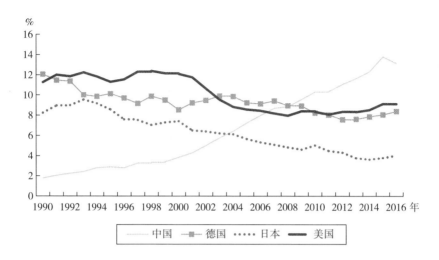

数据来源：WTO。

图2　中国与其他几个贸易大国全球贸易份额的变化

落，甚至目前德国、日本的失业率已经低于危机前的最好水平。由于数据的可获得性，以及在发达国家中美国的"再工业化"进展最为显著，以下只分析美国的再工业化的情况。

美国作为世界霸主，早在20世纪初就实现了工业化，而到了21世纪，随着全球化进程、信息技术革命和其他发展中国家工业化进程的开启，美国逐渐开始了"去工业化"进程。参见图3，第二次世界大战后到1979年，美国制造业就业人数虽有波动，但呈缓慢上升趋势。1980—2000年，制造业就业人数呈现明显的上下波动走势，但运行中枢基本稳定。而2001年至2010年上半年，美国制造业逐年衰落，具体表现为制造业就业人数逐年减少和制造业增加值占比逐年降低（见图3、图4）。2000年3月至2010年2月，制造业就业人数累计净减少了584.9万人，每年净减少58.49万人。

然而自2010年3月以来，美国私人制造业就业人数几乎一路上升，截至2017年3月，净增加了93.9万人。表面上看，7年时间美国私人制造业就业人数增加了不到100万人，似乎微不足道，但是如果比较其此前每年净减少58.5万人来说，这段期间相对增加的就业人数超过了500万人，由此可见这段时间美国"再工业化"的实际成效非同一般。

美国制造业增加值占GDP的比重的变化也能够显示出2010年以来美国再工业化的效果。从1966年到2009年，美国制造业增加值占GDP的比重由

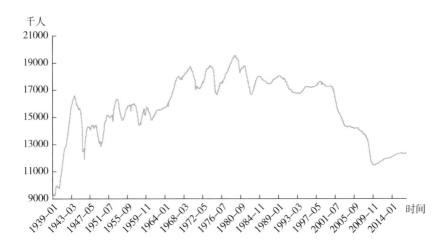

数据来源：Wind。

图 3　美国制造业就业人数

数据来源：Wind。

图 4　美国制造业增加值占 GDP 比重的走势

26% 下降到 12%，年均下降 0.33 个百分点。而 2010 年以来，这一占比基本稳定在 12% 以上，持续时间已经长达 7 年，这是此前未有过的（见图 4）。美国"再工业化"之所以能够取得成效，除了与奥巴马上任总统后推出的相关刺激政策有关外，可能更得益于美国低廉的能源价格和富有弹性的就业市场。一是在页岩气革命的推动下，美国能源价格尤其是天然气价格大幅走低。能源成本是制造业生产成本中的一项重要成本，个别工业制成品中的能源成本超过一半。我们根据对中国情况的估计，工业制成品中仅电力成本一项占比就在15%左右。根据波士顿咨询公司2016年下半年发布的一份"全球制造业成本竞争力"报告，2004年至2014年，美国的天然气价格下降了25%，电力成本仅上升30%，而美国之外的多数国家，天然气价格上涨了98%，电价上涨了75%。二是美国更有弹性的就业市场。由于美国工会势力相对较弱、工资相对容易调整，因此，在发达国家中，美国的就业市场一向以富有弹性、容易出清而著称。

美国的"再工业化"产生了一定的进口替代效应。2000年至2008年，美国进口消费品占美国零售销售总额的比例逐年上升，从8.9%上升至最高13.5%，其中，美国从中国进口的消费品占美国全部进口消费品的比例从3.1%上升至10%。而2010年至2014年，美国进口消费品占美国零售销售总额的比例和从中国进口的消费品占美国全部进口消费品的比例则基本保持稳定、不再继续上升，到了2015—2016年，这两个比例甚至有所下降。进口消费品占比的降低意味着美国非进口（国产）消费品占比的提升，这也从侧面说明了美国的"再工业化"对进口有替代作用（见图5、图6）。

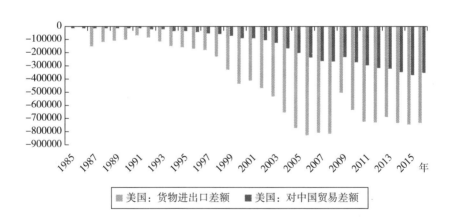

数据来源：Wind。

图5　美国贸易逆差

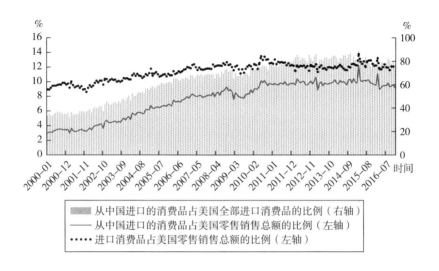

数据来源：Wind。

图6　进口消费品占美国零售销售总额的比例

三、模型选择与实证分析

本部分将运用计量模型，定量分析汇率、外需以及美国再工业化对我国出口（尤其是对美国出口）的影响。

（一）经典出口影响因素模型的检验结果

根据巴里·艾肯格林（2013）的经典出口模型，出口取决于外需和汇率，由此得到方程（1）。

$$ex_t = \alpha + \beta\, reer_t + \gamma\, gdp_t + e_t \qquad (1)$$

式中，ex_t 为美元计价的我国对美国的季度实际出口金额，我们用出口价格指数作为平减因子对我国对美国美元计价出口名义金额进行平减后得到实际出口金额；$reer_t$ 为人民币季度平均实际有效汇率；gdp_t 是以美国季度实际 GDP（折年数）来衡量的外需，我们对每个变量均进行了对数变换。样本区间为 2001 年第一季度至 2016 年第四季度。用 Q ＝ ［Q1，Q2，Q3］代表季节性虚拟变量。

表1 方程（1）回归结果

对数变化后的变量	常数项	实际有效汇率	GDP	Q1	Q2	Q3	趋势项	调整后 R²	DW 统计值
系数	8.4013	-2.3060	1.5802	-0.1354	-0.0415	0.0253	0.0356	0.9700	0.3253
标准误	7.8350	0.2890	0.7623	0.0367	0.0365	0.0365	0.0041		
t 值	1.0723	-7.9840	2.0729	-3.6878	-1.1373	0.6926	8.6949		
P 值	0.2881	0.0000	0.0427	0.0005	0.2602	0.4914	0.0000		

由于 DW 统计量的值远小于 2，说明方程存在严重的自相关问题，我们对模型和变量采用广义差分法进行处理。利用残差一阶自回归得到的自相关系数，对变量进行广义差分变换以剔除原模型自相关问题的影响，得到差分后的变量进行回归，结果如表 2 所示。

表2 广义差分法回归结果

广义差分法	常数项	实际有效汇率	GDP	Q1	Q2	Q3	调整后 R²	DW 统计值
系数	-3.3829	-0.0608	5.0736	-0.1401	0.1396	0.1042	0.9001	1.8370
标准误	0.5488	0.1998	0.5793	0.0148	0.0151	0.0146		
t 值	-6.1638	-0.3045	8.7583	-9.4662	9.2264	7.1169		
P 值	0.0000	0.7619	0.0000	0.0000	0.0000	0.0000		

由表 2 可见，DW 统计值已比较接近 2，自相关问题得到解决。从检验结果来看，GDP 的系数为正且显著，说明"外需是出口的主要影响因素"，而实际有效汇率对出口没有统计上显著的影响。

（二）在上述经典出口模型中加入美国"再工业化"因素

1. ARDL 模型

在对时间序列变量之间长期关系进行研究的方法中，常用的方法是协整检验及向量自回归模型（VAR）。但是，协整检验要求变量均为一阶单整，VAR 模型对变量滞后阶数的选择等方面存在一定的不确定性，为了使建模过程更为稳健，我们考虑使用 ARDL（Autoregressive Distributed Lag Approach）模型，即自回归分布滞后模型和边界检验（Bound Test）来进行检验。ARDL 和边界检验最大的优点就在于无须检验变量是否是平稳还是一阶单整，无论是均为平稳的变量，还是均为一阶单整的变量，还是既有平稳又有一阶单整的变量均可用该模型进行估计，因此 ARDL 模型的稳健性较好，也被广泛用于研究对外贸易和金融等方面的问题（王宇雯等，2009；Islam 等，2011；胡宗义等，2016）。

2. 衡量"再工业化"变量的选取

我们采用制造业增加值占比来衡量"再工业化"，加入经典出口模型以衡量美国"再工业化"对我国对美出口的影响。制造业就业人数和制造业增加值占比这两个变量均可衡量美国的"再工业化"进程，但是制造业就业人数与模型中用美国 GDP 来衡量的外需这两个变量相关度较高，易引发多重共线性问题，导致回归模型参数估计的标准误增大，因此我们最终选用制造业增加值占比来衡量"再工业化"。

定义 mg 为制造业增加值的占比，其他变量的定义和字母简写与方程（1）中相同。每个变量仍然均取对数变换。受数据可得性的限制，样本时间区间为2005 年第一季度至 2016 年第四季度。

3. 平稳性检验

经 ADF 单位根检验可知，实际有效汇率 reer 为平稳序列 I（0），而对美国出口 ex、美国 GDP 和美国制造业增加值占比 mg 为非平稳序列，有一阶单位根I（1），因此 ARDL 模型是适用的（见表 3）。

表3 平稳性检验结果

水平值	ex	reer	GDP	mg
ADF 值	− 2. 3930	− 3. 9014	− 1. 4779	− 2. 1970
P 值	0. 3777	0. 0199	0. 8229	0. 4801
1% 临界值	− 4. 1923	− 4. 1706	− 4. 1706	− 4. 1658
5% 临界值	− 3. 5208	− 3. 5107	− 3. 5107	− 3. 5085
10% 临界值	− 3. 1913	− 3. 1855	− 3. 1855	− 3. 1842

一阶差分	ex	GDP	mg
ADF 值	− 3. 3011	− 4. 3265	− 8. 2143
P 值	0. 0211	0. 0012	0. 0000
1% 临界值	− 3. 5966	− 3. 5812	− 3. 5812
5% 临界值	− 2. 9332	− 2. 9266	− 2. 9266
10% 临界值	− 2. 6049	− 2. 6014	− 2. 6014

4. 长期均衡关系与 ARDL 模型的边界检验

为确定变量间是否存在长期均衡关系，可对 ARDL 模型进行边界检验。

本文中 ARDL 模型的一般形式如下：

$$ex_t = \alpha + \sum_{i=1}^{n} \beta_i \, ex_{t-i} + \sum_{i=0}^{n} \gamma_i \, reer_{t-i} + \sum_{i=0}^{n} \delta_i \, GDP_{t-i} + \sum_{i=0}^{n} \theta_i \, mg_{t-i} + \rho Q + e_t$$

$$(2)$$

其中，$reer$、GDP 和 mg 的长期均衡系数如下：

$reer$ 长期均衡系数 $\lambda_1 = \sum_{i=0}^{n} \gamma_i / (1 - \sum_{i=1}^{n} \beta_i)$

GDP 长期均衡系数 $\lambda_2 = \sum_{i=0}^{n} \delta_i / (1 - \sum_{i=1}^{n} \beta_i)$

mg 长期均衡系数 $\lambda_3 = \sum_{i=0}^{n} \theta_i / (1 - \sum_{i=1}^{n} \beta_i)$

ARDL 边界检验的原假设是变量间不存在长期均衡关系，即长期均衡系数均为 0。Pesaran 等（2001）证明，在原假设成立的情况下，F 统计量服从一个非标准的渐进分布，并给出了 F 统计量的上下边界值。如果 F 统计量大于上边界值，即可拒绝原假设，说明变量间存在长期均衡关系；如果 F 统计量小于下边界值，则接受原假设，说明变量间不存在长期均衡关系；如果 F 统计量介于上下边界值之间，则无法确定是否存在长期均衡关系。只有当 ARDL 模型通过了边界检验，才能说明变量间具有长期均衡关系，方可进行下一步分析，否则说明 ARDL 模型不适用。

建立 ARDL 模型的过程中，本文综合考虑 AIC 准则和 SC 准则选择来选定变量滞后期数。考虑到依据 AIC 准则选择滞后阶数会产生变量滞后阶数过多和过度拟合的问题，我们最终根据 SC 准则，建立 ex、$reer$、GDP 和 mg 的滞后阶数分别为 1、0、2、0 的模型。建立 ARDL 模型后进行边界检验，结果参见表 4。

表4 　　　　　　　　　　边界检验结果

原假设：不存在长期关系		
F 统计量	4.5572	
显著性临界值	I0 边界	I1 边界
10%	2.72	3.77
5%	3.23	4.35
2.50%	3.69	4.89
1%	4.29	5.61

F 统计量的值为 4.5572，大于 5% 显著性下 I（1）的边界值 4.35，拒绝了不存在长期关系的原假设，说明变量间在 5% 的显著性条件下存在长期均衡关系。

5. ARDL 模型的误差修正形式中短期变动和长期均衡关系的实证检验

对一般形式的 ARDL 模型进行变换，即等式两边同时减去滞后一阶的解释变量，再同时加上和减去被解释变量的滞后一阶项及其系数，进行合并同类项后可得到 ARDL 模型的误差修正形式。

具体到本文，对方程（2）进行变换后得到 ARDL 模型的误差修正形式如下：

$$\Delta ex_t = \alpha + \sum_{i=0}^{n} \beta_i \Delta ex_{t-i} + \sum_{i=0}^{n} \gamma_i \Delta reer_{t-i} + \sum_{i=0}^{n} \delta_i \Delta GDP_{t-i}$$

$$+ \sum_{i=0}^{n} \theta_i \Delta mg_{t-i} + \lambda\, ecm_{t-1} + \rho'Q + e_t \qquad (3)$$

方程（3）中，误差修正项 ecm 的定义为

$$ecm_t = ex_t - (\lambda_1\, reer_t + \lambda_2\, GDP_t + \lambda_3\, mg_t + \rho''Q + c) \qquad (4)$$

式中，λ_1、λ_2、λ_3 为方程（2）中提及的长期均衡系数。

从方程（3）来看，我国对美国出口 ex 的变动一是受到 reer、GDP 和 mg 变动的短期冲击；二是受到误差修正项 ecm 向着长期均衡方向的拉动，可见只有误差修正项的系数为负，模型才会收敛。对方程（3）和方程（4）中的参数进行检验，结果见表 5 和表 6。

表 5　　　　　　　　　　出口与其他变量误差修正模型检验结果

变量	系数	标准误	t 值	P 值
D(reer)	0.1100	0.0613	1.7931	0.0814
D(GDP)	0.1400	0.5733	0.2442	0.8084
D(GDP(−1))	−0.4929	0.8391	−0.5874	0.5606
D(mg)	−0.7100	0.2227	−3.1884	0.0030
D(Q1)	3.6412	0.0143	255.1163	0.0000
D(Q2)	2.8084	0.0140	200.1276	0.0000
D(Q3)	−3.3310	0.0127	−261.8454	0.0000
ecm(−1)	−0.6891	0.0235	−29.3299	0.0000

表6　　　　　　　　　出口与其他变量长期关系的检验结果

变量	系数	标准误	t 值	P 值
reer	0.1596	0.0893	1.7882	0.0822
GDP	1.3913	0.1860	7.4819	0.0000
mg	−1.0304	0.3102	−3.3217	0.0021
Q1	5.2843	0.1726	30.6088	0.0000
Q2	4.0757	0.1364	29.8745	0.0000
Q3	−4.8342	0.1718	−28.1383	0.0000
C	−0.5916	1.3717	−0.4313	0.6689

参见表5，误差修正项ecm（−1）的系数为负且显著，意味着偏离长期均衡的冲击会向均衡调整，模型收敛。短期实际有效汇率的变动D（reer）和当期及前一期GDP的变动D（GDP）和D（GDP（−1））均不显著，而短期美国制造业增加值占比的变动D（mg）为负且显著，说明当美国"再工业化"的程度提升时，短期内我国对美国出口即受到负面影响。

参见表6，从长期均衡关系来看，外需对我国出口有显著的正面影响，而美国"再工业化"对我国出口有显著的负面影响（见表5）。长期来看，在其他条件不变的情况下，美国GDP每增加1%，我国对美国出口增加1.39%；美国制造业增加值占比每提高1%，我国对美国出口减少1.03%。实际有效汇率项的系数不显著，不能拒绝其为零的原假设，说明汇率对出口并无长期显著影响。

此外，关于汇率对出口影响并不显著的原因，我们认为可能有以下两点：一是进口方需求缺乏弹性或出口商供给缺乏弹性。例如人民币贬值后，外商要求相应的降价，但购买量并不增加，这种情况下，出口商难以获得好处，出口金额也不会增加，或者是企业由于其他条件的限制，恐没有足够的能力来扩大生产及出口的规模；或者是人民币升值后，由于部分出口产品可替代性不强，出口不会明显下降。二是汇率的变动不能完全传导至出口（或进口）价格。例如人民币贬值后，企业由于各种其他原因并未调低出口价格，出口情况并未发生改变；或人民币升值后，企业反而调低出口价格，出口量增加，出口金额反而扩大。

四、结论与政策建议

本文的研究结果表明，无论是从直观分析还是运用 ARDL 模型进行定量分析，美国正在进行的"再工业化"进程对我国的出口均存在显著的负面影响，而人民币汇率变化（尤其是贬值）对出口的影响则并不显著。美国的新任总统特朗普为了实现其竞选时提出的"让工作和工业重返美国"的目标，有望推出一些新的政策措施促进美国的"再工业化"更上一个台阶。若此，美国进一步的"再工业化"将继续发挥进口替代的作用。基于以上分析，我们提出如下政策建议：

首先，应正确认识并接受我国出口"低迷"的现实。当前以及未来一段时间，我国出口贸易仍难以避免要持续低迷，虽然 2017 年全球贸易在全球经济复苏的带动下有望相应回暖，我国出口增速也有望好于 2016 年，但我国出口增速仍然难以恢复到危机前的速度。这其中有两大主因：一是我国出口产品的成本仍将继续上升。对于后发国家，劳动力成本即工资上升是经济发展必然的结果和具体体现。因此，2008 年起，部分低端出口商品正在从中国转移到生产成本更低的国家，目前这一国际间产业转移的趋势仍在继续。二是部分发达国家在能源成本低、劳动力市场弹性大等支持下的"再工业化"进程仍然会持续，这对进口有一定的替代作用，因此全球货物贸易增速和我国出口增速均难以恢复到危机前的速度。

其次，"保出口"应从保"量"转向保"质"。由于我国外贸依存度较高，整个出口部门吸收了大量的劳动力，仍然有保持出口稳定的必要。但是，鉴于必然的国际间产业转移以及当前的全球贸易形势，我国保出口的重点应该从传统的保"量"转移到保"质"上，提高出口商品档次和科技含量、附加价值，这也符合我国正在大力推进的供给侧结构性改革。

最后，应将人民币汇率政策放在促进人民币国际化、降低资本流出压力、促进出口等更广视野下综合考虑。有部分专家主张通过人民币汇率贬值来促进出口。自 2015 年 8 月 11 日以来，无论是人民币对美元的市场汇率还是根据一篮子货币计算出的人民币有效汇率指数均已经出现了显著的贬值，但是，出口低迷的状况并没有得到扭转。本文的研究结果也表明，汇率对我国出口的影响远远不如发达国家"再工业化"对我国出口的影响显著。人民币汇率贬值无助于刺激出口，但对人民币国际化和资本流动则产生了极为显著的不利影响。根据环球同业银行金融电讯协会的最新统计，2016 年人民币的全球支付总额同比下降了 29.5%，人民币在国际支付中的排名已经由 2015 年 8 月的全球第 4 位下降到了 2016 年 12 月的第 6 位，同期，市场份额由 2.79% 下降到了 1.68%，倒退到了 2014 年中时的水平。人民币汇率贬值还造成了资本大量流出。2014 年初至 2016 年 12 月底，央行外汇占款累计净减少了 49790.08 亿元，其中 2015 年 8 月后减少额达到了 41460.53 亿元，约折合 6188 亿美元，资本流出压力可见一斑。

参考文献

［1］巴里·艾肯格林．全球失衡与布雷顿森林的教训［M］．大连：东北财经大学出版社，2013.

［2］宾建成．欧美"再工业化"趋势分析及政策建议［J］．国际贸易，2011（2）：23－25.

［3］胡宗义，郑瑶．金融发展、对外贸易与能源消费——基于 ARDL 模型的实证研究［J］．湖南大学学报（社会科学版），2016，30（4）：107－113.

［4］李稻葵，李丹宁．中美贸易顺差：根本原因在哪里？［J］．国际经济评论，2006（5）：13－16.

［5］李宏彬，马弘，熊艳艳等．人民币汇率对企业进出口贸易的影响——来自中国企业的实证研究［J］．金融研究，2011（2）：1－16.

［6］李宪铎，黄昌利．新汇改后人民币实际有效汇率对出口的影响：2005Q3—2013Q3［J］．宏观经济研究，2014（4）：32－40.

［7］彭清华，邱伟杰．美国"再工业化"战略对我国企业技术进步路径的影响［J］．中共南京市委党校学报，2014（4）：37－41.

［8］王宇雯．人民币实际有效汇率及其波动对我国出口结构的影响——基于 ARDL—ECM 模型的实证研究［J］．数量经济技术经济研究，2009（6）：53－63.

［9］吴小康．为什么出口规模与人民币汇率弱相关——一个文献综述［J］．中央财经大学学报，2016（10）：94－104.

［10］伍戈，肖潇．中国出口竞争力的决定因素分析［J］．金融发展评论，2016（9）：1－15.

［11］徐建伟. 美国制造业回归对我国的影响及对策［J］. 宏观经济管理, 2013（2）：83 - 85.

［12］赵勇, 雷达. 金融发展、出口边际与"汇率不相关之谜"［J］. 世界经济, 2013（10）：3 - 26.

［13］周诚君, 傅勇, 万阿俊. 人民币升值是影响中国出口的主要因素吗——理论与实证研究［J］. 金融研究, 2014（11）：1 - 21.

［14］Islam F, Hye Q M A, Shahbaz M. Import - economic Growth Nexus：ARDL Approach to Cointegration［J］. Journal of Chinese Economic and Foreign Trade Studies, 2012, 5（3）：194 - 214.

［15］Pesaran M H, Shin Y, Smith R J. Bounds Testing Approaches to the Analysis of Level Relationships［J］. Journal of Applied Econometrics, 2001, 16（3）：289 - 326.

今年以来人民币汇率走强的
原因分析及几点建议①

　　在当前人民币汇率定价机制下，人民币对美元汇率未来半年以及一年可能以上涨为主。我年初作出的预测，即使人民币汇率会有所贬值，最低点也就到6.9999，怎么都破不了7，高点可能涨到6.45，为什么取一个6.45呢？这是基于7%~8%的波幅。有的时候预测人民币汇率比较简单，因为我们过去几年也都在搞汇率的市场化，就是波动幅度要逐渐地加大。看看过去几年，波幅是3%、5%、8%。为了体现汇率市场化的进程，我认为2017年不会回到3%的波动区间，5%应该是超过的，大体上应该与2016年差不多。如果按照这个幅度来算就是6.45~6.99。我相信这个预测可能也要被打脸的。既然今天也要求作一下预测，我仍然坚持这个年初的预测。

　　当然，作出这个判断的主要依据是美元汇率已经进入下跌通道。经过近9年的上涨（2008年3月至2017年1月3日），美元指数在2017年初创出本轮上涨的高点103.82后，已经转入下跌通道，如果未来不出现欧元破产、大的世界格局演变，未来5~7年，美元汇率或者说美元指数将以下跌为主，美元指数的最低点将极有可能低于上一轮71.15的低点，破70的可能性极大。前段时间，我国有个别研究人员认为，美元汇率已经超跌，而欧元汇率已经涨到了基本面无力支撑的程度。我想帮助大家回忆一下的是，2008年初，欧元对美元汇率一度超过1.60，如今在1.19左右，从2008年来看，欧元汇率仍然处于相对低点。

---

　　① 本文是作者2017年9月1日在新华社高端智库"下半年人民币汇率走势"闭门研讨会上所讲的主要内容。

当然，美元汇率的下跌不会是匀速的，有时快、有时慢，某些阶段还会出现较大幅度的反弹。下半年，美元汇率就极有可能出现一波较为有力度的反弹，其中因素，一是快速下跌之后的技术性反弹。年初至今，美元指数的下跌幅度超过了10%，欧元兑美元汇率升值则超过了13%，同期，很多非美货币对美元升值都在10%以上；二是如果美国出现较好的宏观数据以及美联储将可能采取的缩表、加息，都有可能促使美元汇率反弹。如果美元如期出现反弹，在当前人民币汇率定价机制下，人民币对美元汇率将会出现一波下跌。

对于人民币汇率，我个人有几点建议：

一是定价机制要让外界相信，即制度要让人可信。2015年12月11日推出三个货币篮子以来，相对于2005年7月21日汇率改革后所说的参考一篮子定价有了明确的参照系，与篮子货币的指数更加密切，但是可信性仍然不好。年初至端午节时，美元指数已经出现了7%左右的跌幅，同期俄罗斯卢布对美元升值了近10%，而我们的人民币对美元尽管有所上涨，却是极为稳定，涨了不到1%，三个货币篮子指数则是明显下跌。端午节期间，通过自律组织推出所谓"逆周期调节因子"后，人民币对美元出现的上涨，更多的是回到了紧盯住三个货币篮子的定价机制上，而不是什么逆周期因子发挥作用。而最近3个工作日，在美元指数有所反弹下，人民币对美元汇率却出现了逆市上涨。有人解释为补涨。但是从定价机制来看，这却会让市场无所适从。用一个具有可信的定价机制来定价，并不一定就会形成市场的投机，反而应该是更有利于分化市场对人民币汇率的预期，更有利于减少投机。因为市场上对于美元汇率的预期绝大多数时间里是高度分化的。

二是不能再将人民币汇率作为调节个别经济指标的工具来使用。现在，市场上已经出现了人民币升值不利于出口的声音。不可否认，人民币汇率的波动一定会影响进出口。我们的一项实证研究表明，对我国出口影响最主要的因素是外需，汇率的影响较弱。必须看到，人民币汇率不仅影响出口，还严重影响资本流动、影响人民币国际地位。人民币汇率稳定以及升值时，我国资本流出压力就小；人民币汇率下跌以及有明显贬值预期时，资本流出的压力就大，二者有相互影响的关系，但我个人认为汇率变化在前，是主因。当前，人民币汇率已经成为影响多项指标的变量，不能再简单地主要从对外贸易角度来看待人民币汇率，而是应该基于更广泛的角度，将资本流动、人民币国际化都要考虑进来。

　　三是切切实实推出一些有利于完善汇率形成机制，尤其是有利于完善和深化外汇市场建设的改革措施。"8·11汇率改革"以来推出的几项措施花里胡哨，算不上是实质性的改革措施。这么评价的一个证据就是，我国的外汇市场在深度和广度上没有因这几项措施而有任何改进，仍然是一个严重的单边预期市场。还有，企业和个人可用的汇率风险管理工具以及相应的便利性，没有任何实质性的改善。这些花里胡哨的措施，其他国家在汇率市场化的过程中没有采用过。当然，它们没用，并不表明我们不可以用。但是不具有实质性，反而降低了我们既有制度的可信性。

美元短期或反弹　但难改长期走弱趋势[①]

【**本期导读**】9 月 12 日，人民币兑美元中间价调低 280 个基点，报 6.5277 元/美元，终结 11 日连升，结束了 2011 年以来最长的连涨纪录。同日，公开市场人民币汇率在经历两日调整之后再次抬头。人民币结束连涨态势与央行 9 月 8 日出台的政策有无关系？美元汇率会如何走？又将如何影响人民币走势？金融界网站邀请北京金融衍生品研究院首席经济学家赵庆明详解人民币升值背后的迷局。

【**核心观点**】

1. 市场对央行下发的《中国人民银行关于调整外汇风险准备金政策的通知》影响存在误读，取消准备金制度，会给商业银行释放更多的外汇，在人民币上涨的背景下，商业银行理性的选择必然是更多地选择结汇，这应该是产生升值的压力。当然，由于释放的外汇资金量应该不大，对市场的实际影响可以忽略不计。所以，人民币这两天的下跌跟这一政策的出台并无太大关系。

2. 中美经济对比决定了人民币升、美元贬的格局。中国经济持续企稳回升，美国经济难有进一步的边际改善，加上欧元区的强势，从根本上奠定了美元贬、人民币升的格局。

3. 9 月 20 日，美联储有议息会议，可能会决定缩表，年底还可能会加息，加上税改前景变得乐观以及美元已经长时间下跌，综合考虑，美元可能会迎来一波反弹。而随着美元的反弹，人民币也会迎来一波调整。

4. 8 月贸易数据不佳不能怪人民币升值，对大国来说，往往进口和出口是

[①] 本文是 2017 年 9 月 13 日作者接受金融界网站专访的内容。

混合在一起的，而且大国有一定的市场影响力。对大国来说，影响出口最主要的因素是外需而不是汇率。汇率对大国贸易进出口的影响并不像教科书上强调的那么严重。

第一节 人民币由涨转跌与央行政策关系不大

金融界：人民币在经历 11 连涨之后迎来调整，连续两天下跌，您如何看待这种表现？

赵庆明：一种货币的汇率不可能一直单边上涨，这种调整并不奇怪。首先，上周五美元汇率出现反弹迹象。其次，跌久必涨、涨久必跌，这是市场的规律。我认为人民币汇率出现调整是市场的自然反应。

金融界：市场解读认为上周五央行下发的《中国人民银行关于调整外汇风险准备金政策的通知》扭转了人民币持续升值的态势，为什么您的判断认为这是市场自然走势呢？

赵庆明：当时央行要求商业银行提供 20% 的外汇风险准备金是为了应对当时较强的人民币贬值压力和资本流出压力，提高远期购汇成本来减少购汇力度，要求银行想做远期售汇业务就必须提交准备金，这一政策诞生之初就决定了这是一个临时性政策，当市场发生变化的时候，退出是必然的。

至于市场的解读我觉得很奇怪，取消准备金制度，会给商业银行释放更多的外汇，在人民币上涨的背景下，商业银行理性的选择必然是更多地选择结汇，这应该是产生升值的压力。当然，由于释放的外汇资金量应该不大，对市场的实际影响可以忽略不计。所以，人民币这两天的下跌跟这一政策的出台并无太大关系。

第二节 中美经济对比决定了人民币升、美元贬的格局

金融界：9 月 8 日，人民币即期大幅收涨创近 17 个月新高，中间价亦 10 连升创近 16 个月新高。这次强劲升势背后的逻辑是什么？短期看来，影响人民币汇率的因素主要有哪些？

赵庆明：看人民币汇率走势不应该局限于眼前，应该把时间维度拉长来看。年初，市场上弥漫着一种看空人民币的悲观情绪，但人民币并没有如预计

的那样跌破 7，究其原因，主要有以下几个方面。

首先，从基本面看，也就是中美经济情况对比分析，中国经济自进入 2017 年以来，延续了 2016 年下半年的回升转暖态势，而反观美国经济，2017 年第一季度 GDP 增速仅为 1.2%，第二季度的 3% 还是建立在第一季度基数较低的基础之上实现的，整体呈现疲软的态势。两国经济状况的对比从根本上决定了人民币升、美元贬的格局。

其次，从国际外汇市场的情况看，我们当下执行的是以市场供求为基础、参考一篮子货币、有管理的汇率浮动制度。在这种制度下，人民币对美元的汇率就主要参考美元对欧元的汇率，或者是看美元指数。美元在年初创新高之后，开始跌跌不休。年初至今，欧元对美元升值了 13% 左右，根据我们的定价机制，人民币对美元汇率肯定要跟着涨的。

最后，市场预期的变化影响了市场的结汇行为。端午节之前，市场对人民币的预期还是贬值得多，但是随着人民币的走强，企业结汇在增加，结汇需求的增加带来了市场上美元供给的增加，改变了之前的市场供求关系。

金融界：您很久以前就提到过，我国人民币外汇市场仍是一个缺乏深度和广度的市场，还不够成熟，市场预期容易一边倒，导致企业和个人要么囤积外汇，要么将外汇视为"烫手山芋"而急于卖出，这也容易招致国际游资集中流入或流出。您认为这种情况得到好转了吗？我们的外汇市场还需要哪些改革？

赵庆明：总体来说，我们的外汇市场还是朝着更好的方向在前进。在这个过程中，会有螺旋式前进，甚至于阶段性"倒车"，但都不影响向前发展的大方向。在市场的涨跌过程中，市场主体都会逐渐成熟，尽管我国外汇市场仍不是理想的深度和广度，但我认为现在的外汇市场比"8·11"汇率改革之前弹性好了很多，深度和广度也得到了一定的拓展。

金融界：如果要达到您理想中的"深度和广度"，还需要我们的外汇市场作出哪些改革？

赵庆明：目前看来，这个是任重而道远。首先，我们还不是一个高度市场化的汇率机制，货币当局在其中的权重很高，要想成为成熟的市场肯定需要改革。其次，市场主体也需要培育和成长。一些企业协会要求汇率稳定，其实就是不成熟的表现。最后，市场需要丰富的产品，不仅要有场内产品，还要有场外，要有外汇期货、外汇期权等各种产品，而且市场的限制措施要逐渐退出。

目前个人换汇或者是基于人民币汇率的交易都是受到严格限制的，企业想要做远期结汇、期权等，也必须基于未来的投资或者贸易的实际需要才能做，这叫实需原则。在市场还要求实需原则的情况下，这个市场也一定是浅的，不可能有深度和广度。因此，外汇市场想要达到理想的深度和广度，应该说任重道远或者说是一个长期的过程。

金融界：您刚才提到汇率制度，其实目前市场对这块的观点是截然相反的，一方观点认为应该放开，另一方认为不可以一下子放开。您怎么看？您认为我们当下到了汇率改革的窗口了吗？

赵庆明：我国的改革不像原来的苏联和东欧的那些国家，它们是所谓的"休克疗法"。我们从改革开放以来，就在推行一种循序渐进的改革方式。因为中国是一个大国，这些因素决定了我们的每一步都要谨慎，不可能采取"休克疗法"。其实，从国际经验看，也并没有充分的证据能够说明到底哪种改革方式更好，但循序渐进的改革方式更加适合中国却是肯定的。

未来或许我们的改革推进速度会加快，但是也不可能采取那种激进的做法。

金融界：从我国改革这么多年的经验来看，这种循序渐进的、谨慎的做法还是比较适合中国的。

赵庆明：对，其实对于一些小国来说，假如它的人口数量不大，经济规模不大，它可能会激进一些、快一点，即使有痛苦，可能也是比较短暂的。但我们不一样，我们是大国，而且一直在强调要做一个负责任的大国，这就要确保尽量不成为国际风险的来源。太过激进的做法容易诱发风险。当初苏联解体之后，俄罗斯就是采用了激进的改革方式，除了其自身受损之外，对国际冲击也是很大的。

第三节　美元短期或有反弹　但难改长期走弱趋势

金融界：接下来请您谈谈美元走势，核心就是您对美元短期、长期的走势判断是什么？对于投资美元的投资者，现在可以抄底吗？已经拿在手中的美元又要如何处理呢？

赵庆明：从基本面上看，我认为美国经济改善的空间已经不大，而反观欧洲，正处于蒸蒸日上的过程中，所以我看好欧元上涨，并不看好美元。

实际上国际外汇市场最重要的就是欧元对美元汇率，目前欧元对美元汇率在 1.2 左右，而 2008 年初尚在 1.6。如果从 2008 年看到现在，实际上欧元汇率还是处于一个低位水平，我认为欧元汇率在未来 5～7 年内会重新刷新对美元的高点。

从周期性上看，从 1972 年至今，美元指数已经走完了两个完整的周期，现在进入第三个周期，而这个周期中的上涨周期已经结束，现在是进入下跌阶段，上一波 2008 年美元指数低点是在 71 左右，而目前美元指数维持在 91 左右，比那时候的低点还是高了不少。从周期性来说，美元的周期大概是 16 年左右，往往有 8～9 年的上涨，然后再有 7～8 年的下跌。当然，美元指数的下跌也不是直线下跌，有时快有时慢，其中也会有反弹。

从年初到现在 8 个多月的时间内，美元指数的下跌速度很快，而从美国国内即将发生的几件事情看，我认为短期内美元可能会有反弹，甚至可以说已经在反弹。9 月 20 日，美联储有议息会议，可能会决定缩表，年底还可能会加息，加上税改前景变得乐观以及美元已经长时间下跌，综合考虑，美元可能会迎来一波反弹。而随着美元的反弹，人民币也会迎来一波调整。

至于对投资者的建议，对散户来说，适当地配置一些美元资产，不要太关心它的短期汇率的涨跌，当然配置比重不要过大。

金融界：如果您对美元中长期的判断是下跌的话，那人民币的区间在哪里？是否要面对持续升值的过程？

赵庆明：持续升值肯定不会，大方向是升值，但是过程肯定是涨涨跌跌的。至于下限，肯定不会突破 7。而上限的预测就比较复杂，这涉及汇率制度的改革以及当下限制资本流动政策的取消问题。

金融界：我们也注意到外汇储备的问题，连续 7 个月增加，未来会持续吗？

赵庆明：我认为这 7 个月外汇储备的上涨还是来自投资收益和汇率折算。从 2 月到 7 月，央行外汇占款都在下降，当然，下降额已经大幅收窄，其中 7 月仅下降了 40 多亿元，可以说外汇市场供需已经平衡，8 月外汇占款有可能转正，所以说资本流出对外汇储备的消耗影响不大。但是未来外汇储备增加和减少的幅度都不会很大。尽管汇率在上涨，但是资本流入的量不会很大。市场正在走向逐渐成熟，未来资本流出和流入会处于动态平衡中。

第四节　8月贸易数据不佳不能怪人民币升值

金融界：还有一个数据，8月的外贸增速出现了超预期回落，这是否是人民币升值所导致？

赵庆明：这完全与人民币升值没有关系。人民币大幅升值主要在8月，6月和7月还是比较缓和的，而对贸易影响需要一定时间，不可能立竿见影，因此，不能把8月的贸易的变化归咎于人民币升值。主要原因可能是基数原因，2016年贸易好转是从五六月开始的，所以2016年8月基数已经提高了。

汇率的变化对个体进口与出口以及对小国的影响很大，但是对大国从宏观贸易层面看影响非常有限。这些都是有实证研究支持的。比如说对于中国、美国、日本、德国等一些大国，从过去，甚至是从20世纪70年代到现在，汇率对于它们的进出口的影响是非常弱的，甚至可以忽略不计。

因为对大国来说，往往进口和出口是混合在一起的，而且大国有一定的市场影响力。对大国来说，影响出口最主要的因素是外需而不是汇率。汇率对大国贸易进出口的影响并不像教科书上强调的那么严重。

金融界：有一个观点认为，随着中国大国地位的持续提升，人民币计价的资产会越来越值钱，您对投资者的建议是什么？

赵庆明：对于资产配置，最理想的方式就是不要把鸡蛋放到一个篮子里，不要单方面去赌，如果既不出国旅游，也没有留学需要，那就老老实实拿着人民币计价资产，防止资产越折腾越少。

为什么市场关注人民币汇率破 7？ ①

【导读】针对近期人民币汇率问题，滙智财富专访了国际金融问题资深专家赵庆明博士，他认为，破不破 7 并非无关紧要，因为 6.9999 与 7.0001 有本质的区别。因为人民币外汇市场很"浅"，人民币汇率并不具备自动调节机制。资本管制只管君子不管"小人"，人民币持续贬值时，资本实际流出压力就会明显加大。人民币汇率不能仅考虑出口，还应考虑进口和人民币国际化的需要，因此，人民币汇率相对稳定才符合中国利益最大化。针对未来汇改，赵博士建议加大市场化改革，并积极呼应企业和家庭财产保值增值需要，在放松实需交易原则的情况下，为他们提供市场化的汇率风险管理工具。

近期人民币兑美元汇率波动较大，甚至 2018 年 8 月 15 日，一度跌至 6.93 元/美元。8 月 24 日中国外汇交易中心发布重启"逆周期因子"，人民币兑美元进一步从 6.8789 元/美元升值至 6.8299 元/美元。9 月 10 日，人民币对美元汇率中间价报 6.8389 元/美元，较前一交易日下跌 177 个基点。

滙智财富今日就人民币汇率问题，专访国际金融问题资深专家赵庆明博士。

6.9999 与 7.0001 有本质的区别

滙智君：2018 年 4 月底以来，人民币汇率持续走弱。8 月 15 日，人民币汇率一度跌至 6.93 元/美元，离 7 仅一步之遥，因此，市场上破 7 的预期明显增加。与此同时，市场中关于保不保 7 的争论再次出现。前不久，在伊春召开

---

① 本专访是滙智财富公众号对笔者的专访，发表于 2018 年 9 月 14 日。此次选入，有所改动。

的某论坛上，国内一位知名经济学家就"觉得7跟6.9没什么区别。大家执著于某一个特定的数字是非理性的，央行设法使市场理性起来"，并建议央行"向市场发一个信息，保7不是我们的目标，我们没有任何一个汇率目标要保"。随后，也有财经作家撰文进一步指出7.1与6.9没有实质差别。

请问，您对破7有何看法？您是主张保7呢，还是认为不用保？

赵庆明：我预测货币当局对本轮货币贬值的容忍度或放任度相比2016年那波在提高，确实可能放弃保7，但是我主张保7。

为什么呢？因为6.9999与7.0001有本质的区别，更别说7.1与6.9的差别了。

7.1与6.9二者相差接近3%，汇率上1%的下跌，与个股10%的下跌大体相当，如果短时间内下跌3%，影响一定是极其巨大的。想想看一些龙头股票两三天内暴跌30%，市场会慌成什么样子？

2018年8月13日，土耳其里拉首次破7，在国际上就引起了极大的关注。人民币已经成为主要的国际货币，相当于龙头股票之一，如果破7其影响力一定远超土耳其里拉的暴跌。

在人民币汇率上，我常说6.9999与7.0001尽管相差只有两个基点，但是它们有着本质区别。在2016年年末那波人民币贬值过程中，我非常坚定地认为不会破7，人民币汇率即使跌至6.9999，也不会破7，因为6.9999与7.0001有本质性的区别。当前，我仍然持此看法。

单就从数字本身，或从会计角度看，2个基点确实微不足道。但是作为汇率，它们真的是本质性的区别。

我们知道，在军事上，关口意义重大，守住或攻下重要关口，意义不同。守住了重要关口，意味着成功阻止了敌人的进攻，若是失守，接下来可能就会是节节败退，而敌人则会长驱直入，甚至直逼京城，面临灭亡危险。我们也知道，在商品定价上，商家往往定价99元、199元，而不是100元、200元，尽管只有1元之差，但是购买者心理认识上的差异巨大。我们还知道，在股市上，股指有很多关键点位，一旦跌破，投资者的信心就会扭转，市场就会跌向下一个关键点位。在汇率上，也是这样，如果人民币破7，绝大多数国人不会认为在7.1会得到支撑，市场上破8、甚至破9的预期就会涌来。

不要迷信汇率自动调节机制

滙智君：有专家观点认为，汇率是会自动调节的，下跌到一定程度多方就会占上风，多空形势就会逆转，因此，不必担心人民币汇率的下跌，反而认为越是干预，空方的力量会越大，反而破坏了市场机制发挥作用。对此，您怎么看？

赵庆明：这种说法听起来很有道理。但是并不符合我们看到的历史。

汇率自动调节机制，是有条件的，就是要有一个有深度广度、成熟完善的外汇市场。从国际上看，发达国家金融市场成熟完善，汇率的自我调节机制相对较好，尽管如此，主要国际货币之间汇率也经常出现"超调"，即涨过头或跌过头。对于新兴市场和发展中国家来说，其外汇市场不够成熟完善，普遍缺乏深度和广度，市场很"浅"，处于上涨通道时还好，一旦市场信心恶化，就容易出现暴跌。不用说太远，1997 年亚洲金融危机以来，国际上这样的例子比比皆是。

具体到我国，尽管人民币已经加入到 SDR 货币篮子，已经成为一个有国际影响力的国际货币，但是，人民币的外汇市场仍然缺乏广度和深度，是极不成熟的。人民银行易纲行长在 2018 年 7 月 3 日还进一步重申"我国是实行以市场供求为基础的、参考一篮子货币调节的、有管理的浮动汇率制度"。市场在人民币汇率形成中仅仅是基础性作用，还不是决定性作用，我国对外汇交易还强调实需原则，这些都决定和说明了我国外汇市场缺乏深度和广度，不可能起到"自动调节机制"。

2005 年 7 月 21 日汇改以来，人民币汇率往往呈现明显的单边预期，看涨时基本上都看涨，看跌时基本上又是一边倒的看跌。外汇市场本来就容易出现"超调"，就新兴市场和发展中国家货币汇率来看，如果仍由市场决定，"超调"程度一定会更严重。

资本管制只管君子不管"小人"

滙智君：还有一种说法是，当前外汇管制效果不错，汇率跌点儿没什么，资本不会大幅外流，您认同吗？

赵庆明：人民币汇率贬值以及有较强贬值时，资本流出压力就明显加大。尽管2017年人民币对美元升值了不少，但是由于大部分时间里贬值预期都比较强烈，仍有大量资本流出。根据国际收支平衡表，2017年经常账户和非储备性质的金融账户实现合计3135亿美元的双顺差，但是因交易增加的外汇储备仅有915亿美元，净误差与遗漏项下有2219亿美元的流出。

当然，这些流出不会全是资本流出，也有部分是因为统计原因造成的，但是无论怎么估计，其中大部分应该是资本流出。

2018年7月，央行外汇占款增加了108.71亿元。因此，有专家分析认为，尽管人民币在7月份贬值较多，但是外汇反而是净流入，说明资本流出压力不大。但是，我想说，已经不能单纯看央行外汇占款了。资本流出压力可能通过其他科目进行了"掩藏"。央行与"外汇"（实质上是外汇占款）科目并列的"其他国外资产"科目在7月份净减少了161.68亿元，整个"国外资产"科目下降了53.51亿元，这可能更为准确地反映出7月份的资本流出状况，而此前两个月是小幅净增加。

银行代客结售汇方面也有类似反映，2018年4－6月合计顺差444.79亿美元，平均为每个月顺差近150亿美元，而7月变成逆差4.28亿美元。由于多方面的原因，我国资本流出渠道非常复杂，仅仅这些数据上的变化未必能够准确反映。

举一个简单的例子，我国资本账户管理非常严厉，所以，很多企业就是通过进出口来转移资金，向外转移资金主要通过出口低报价格、进口高报价格，从而实现资本的转出，尤其是在跨国公司内部，通过这种内部定价方式跨境转移资金非常便利，并且很好地规避了管制。

不要觉得跨国公司离我们很遥远，我们很多企业，包括国企和民企，都已经成为跨国公司，通过跨国公司内部定价方式跨境转移资金，既隐蔽又迅速。资本管制不能说没有效果，但是也不能高估。

在人民币大幅贬值以及贬值预期强烈时，作为理性人的企业和大部分高净值家庭，总会想方设法将人民币资产转化成外币资产。我总说资本管制是管君子而不管"小人"。这里的"小人"是指经济学意义上的"理性人"。

滙智君：在保汇率还是保外储方面，您是什么主张？

赵庆明：这个争论已经有一段时间了，2016年年底和2017年年初争论最激烈。当时，我应某家官方媒体邀请，专门针对此争论撰文谈了我的看法。我是主张保汇率。放弃汇率任由汇率贬值，想保外储也不可能。

为什么会这样呢？因为汇率大幅贬值，资本流出压力一定加大，商业银行出现的外汇头寸缺口必然会传导到央行那里，外储进而出现下降。

还有，我想说的是，外储的主要作用就是来维护国际收支平衡，来维持汇率相对稳定。如果完全放弃汇率，还要外储干什么？过去几年的事实表明，汇率稳定时，资本流出压力就会明显减小，外储才不会大幅下降，相反，汇率贬值加大时，资本流出压力加大，外储明显下降。

人民币汇率不能仅考虑出口，还应考虑进口和人民币国际化的需要

滙智君：当前中美贸易摩擦情况下，有不少专家主张人民币适度贬值来对冲美国加征的关税，您怎么看呢？

赵庆明：这种主张挺有市场，很受欢迎。表面上看，人民币适度贬值后，我国出口商可以相应下调美元报价，但结汇后的人民币收入保持不变，美国进口商缴了关税后仍能按以前的美元价格在美国出售中国产的商品，美国老百姓没有多花钱，这似乎是一个皆大欢喜的完美结局。真的完美吗？

不是！仅看这个出口，里面还多了一块美国政府加征的关税，这块关税收入到底来自哪里？来自中国出口商的让渡，因为他降低了出口商品的美元报价。

这还不是最主要的！最主要的是，人民币汇率贬值后，从美国进口的商品，如果美国的出口商不降低美元报价，我国进口商按人民币计算支付的成本就会相应增加。还有，中国从其他国家进口的商品因为主要是用美元支付也会增加进口成本，最终转移到中国消费者身上。

单从中美之间的进出口商品看，因为加征关税和人民币贬值，美国消费者仍然可以按照此前的美元价格购买中国商品，基本上没有受到影响，而中国消费者购买从美国进口的商品，不仅因为人民币贬值要多支付人民币，还要为加征的惩罚性关税再买单，与美国消费者比起来，为什么我们中国的消费者要额外负担这两块成本呢？因为我们中国人支付能力强、更富有？

还有，让人民币汇率下跌来对冲贸易战的不利影响，不仅会增加资本流出压力，对于人民币国际化、人民币国际地位也会产生不利影响。有专家已经指

出，因为人民币汇率上的大幅贬值，相对于欧元、日元等，人民币在 SDR 中的实际权重已经降到 2017 年初以来的最低点，已经大幅低于名义权重。更有甚者，人民币持续的显著贬值，尤其在其他主要国际货币汇率相对稳定的情况下，人民币国际化不会前进而会退步。

2015 年 8 月份以来，人民币国际化以及在主要国际场合的排名基本上是下降的、退步的，为什么？就是因为人民币汇率贬值。

人民币汇率相对稳定才符合中国利益最大化

滙智君：您是主张人民币汇率相对稳定？

赵庆明：对，我一向主张人民币汇率要维持相对稳定。人民币汇率相对稳定才符合中国利益最大化。

我们当前实行的是以市场供求为基础的、参考一篮子货币调整的、有管理的浮动汇率制度。有管理，不仅要考虑出口，也应该考虑进口；不仅要考虑贸易，还应该考虑资本流动；不仅要考虑国内，还应考虑人民币国际化和已经取得的国际地位。管理浮动汇率制度的要义，就在于维持汇率的相对稳定，而不能假借市场之手任由汇率过度波动。

滙智君：央行重启逆周期因子后，很多专家指出本波人民币贬值已经结束，人民币汇率已经到了官方不能接受的继续贬值的价位，对此您怎么看？

赵庆明：因为 2017 年 5 月末到 2018 年初首次使用逆周期因子时，人民币对美元汇率出现了一波上涨，所以，很多人预测重启逆周期因子意味着本轮人民币汇率已经结束。我不这样认为。

上次所谓逆周期因子时，人民币汇率之所以上涨，是因为美元汇率出现下跌，大部分非美货币在上涨。2017 年初，美元指数最高 103.82，到 5 月底，美元指数已经下跌到 97 左右，当时欧元、日元等对美元汇率上涨了百分之七八，而同期人民币对美元汇率仅涨了百分之一左右。在我看来，所谓的在汇率报价中启动逆周期因子，无非就是借机退出当时对美元汇率的软盯住。

逆周期因子是个很神秘的盒子，我之所以这么说，是很难真正实行汇率报价中的逆周期因子。首先，逆周期逆哪个周期？最容易的理解是逆宏观周期。当宏观经济处于下行时，实施逆周期，意味着让本币汇率贬值来刺激经济复苏。

但是，判断宏观经济处于经济周期的哪个位置并不容易，所谓不识庐山真面目，只缘身在此山中。往往只有经过一段时间后，才能判定过去某个时间宏观经济处于经济周期的哪个位置。是逆外汇市场自身的周期吗？如果是这个周期，当市场处于上涨时，就应该下跌，下跌时就应该上涨，汇率的实际表现大体上应该是涨涨跌跌，呈现横盘走势才对。

但是我们看到的上个所谓逆周期因子实施阶段，人民币对美元汇率几乎是单边上涨的。我身边有几位计量功底不错的研究人员就是否真的存在逆周期因子做过测算，结果比较有趣，有的说通过计量确实发现了逆周期因子在起作用，有的则说经过测算根本没有逆周期因子的存在。

本次重启逆周期因子可能更多的是货币当局向外传递维持汇率相对稳定的决心，试图以此化解市场上高度一致的贬值预期，因此，还不能确定央行重启逆周期因子就可以视作本轮人民币汇率贬值已结束。

我认为，人民币当前以及未来一段时间的走势，将主要取决于两大因素：一是美元汇率的走势。可以参看美元指数走势，如果美元指数仍然走强，人民币汇率就会继续贬值，而不是升值；二是要看中美贸易战的演变。若是向恶化的方向演变，人民币汇率仍可能大幅贬值，若是向缓和缓解和解的方面发展，即使美元继续走强，人民币汇率也难有大幅贬值。

加大市场化改革，为企业和家庭提供市场化的汇率风险管理工具

*滙智君：*2014 年以来，人民币汇率波动明显加大，汇率改革方面也推出了不少举措，但是人民币汇率似乎仍然缺乏弹性，市场预期还是容易一边倒，某些阶段资本流出压力较大，请问您对汇率改革有什么建议？

*赵庆明：*尽管 2014 年以来，尤其是 2015 年 8 月 11 日以来，在汇改上推出了一些举措，但是我认为实质性的改革措施不多，尤其是外汇市场建设方面有效进展不多，外汇市场仍然缺乏深度和广度，外汇市场仍然很"浅"，所以汇率预期往往呈现一边倒。而且，在汇率管理上，还是特别专注于为出口服务。

我个人认为，在汇改方面，应该加大市场化改革，尤其是应该侧重加强外汇市场建设。没有一个有深度广度、成熟完善的外汇市场，汇率就不可能具有自动调节机制，汇率就容易暴涨暴跌，资本不是大量流入就是大量流出，从而

对宏观经济和金融稳定产生不利冲击。具体建议有三点：

一是在汇率管理方面不应过度侧重某一目标，而是应该统筹兼顾出口、进口、资本流动、人民币国际化等多个方面。过度侧重用于某一目标，不仅与汇率市场化的大方向背道而驰，而且会在市场主体之间人为地造成不公平。

二是积极回应我国家庭财富保值增值的现实、庞大、迫切的需要。不能一方面收紧外汇管理，不允许兑换、不允许汇出；另一方面口头上"人无贬基"，实际上却是跌跌不休。中国国民（尤其是高净值家庭群体），财富总量已经非常巨大，但是配置的外币资产很少，即在汇率风险上是完全暴露的，所以对汇率非常敏感。我个人甚至觉得，中国人是全球对汇率最敏感的国民。我有个家在农村资产过百万的亲戚，前不久还问我是不是应该换一部分美元。光靠堵是不行的，必须满足他们面对汇率风险时有效管理汇率风险、实现财富保值增值的现实需求。

三是放松实需交易原则，允许个人和企业自由使用外汇期货、外汇期权等工具，来管理汇率风险和进行汇率投资。这是满足企业和家庭管理汇率风险的最主要最常用的工具。这些交易性的工具到期以轧差为主，基本上不影响当前的资本项目管理。而且，这有利于拓展我国外汇市场的广度和深度，加速外汇市场的成熟完善。

第三章

外汇市场建设

完善外汇市场建设 提高人民币汇率弹性①

摘要： 本报告首先回顾了中国外汇市场的发展历史，描述了中国外汇市场的现状，总结出当前中国外汇市场存在的不足之处：一是市场缺乏价格弹性；二是尚不具备良好的价格发现功能，反而是容易形成单边预期；三是即期汇率与远期汇率价差大，不具备避险功能；四是境内外人民币外汇市场割裂严重；五是在某种程度上造成了人民币国际化的畸形发展。

中国当前面临汇率市场化和资本项目可兑换的双重压力和任务。通过理论分析以及相关国家的实践，我们认为应该让汇率市场化略先于资本项目可兑换。如果能够在资本项目可兑换完成前就建立一个有深度和广度、富有价格弹性的外汇市场，将有利于平衡资本的流出入，减少资本大进或大出的概率，实现中国经济和金融的相对稳定。

为了进一步完善外汇市场、提高人民币汇率弹性，我们提出三项建议：一是放宽外汇交易的实需原则，允许以博取汇差为目的的外汇投资和投机交易；二是放弃浮动区间管制，充分放手做市商来做市；三是发展交易所内的人民币汇率期货。

关键词： 人民币汇率 资本项目可兑换 外汇占款 结售汇

日前，关于人民币汇率的话题再次吸引了各方的眼球。正在人们猜测人民币对美元汇率何日突破 6 进入 5 时代时，人民币汇率却突然掉头向下，出现了连续下跌。2 月份最后一周，人民币对美元开盘中间价两日上涨、三日下跌，五个交易日的开盘中间价累计下跌 38 点，应该说是微不足道的。然

---

① 本文完成于 2014 年 3 月 6 日，主要内容曾以《让市场在汇率形成机制中起决定性作用》发表在《上海证券报》2014 年 3 月 12 日。

而，外汇市场上即期交易价在 2 月 27 日一度探至近一年以来的最低点 6.1808 元/美元，这一价位与 2014 年 1 月 14 日创出的最高点 6.0406 元/美元相比，跌幅达到 2.26%。尽管 2005 年 7 月 21 日汇率改革以来，也曾多次甚至连续多日出现过盘中跌停的时期，然而，从即期交易价来看，如此短时间内累计出现如此大幅度的下跌尚属首次。尤其是在美国启动量化宽松退出情况下普遍认为将对新兴市场国家货币产生贬值压力，且确实有个别新兴市场国家的货币出现了大幅贬值的国际背景下，人民币此时的"惊人一跌"确实容易引人担忧和"瞎想"。一时之间，各种解读、猜测和展望出现在各种媒体之上。

人民币汇率问题之所以不时地进入人们的视野，成为热点焦点问题，归根到底在于汇率改革还不彻底，外汇市场不够成熟和完善，汇率缺乏应有的弹性，企业和个人缺乏可以灵活运用的汇率风险管理工具。2005 年 7 月 21 日启动汇率改革至今，人民币对美元名义汇率已经升值 35%，更加靠近均衡汇率，市场的预期也日趋分化。因此，当前正是可以按照《中共中央关于全面深化改革若干重大问题的决定》要求，退出常态式干预，加快汇率改革，放松实需交易原则，增加交易品种，进一步培育和完善外汇市场，发挥市场在人民币汇率形成机制中起决定性作用的好时机。

一、中国外汇市场的现状和不足

1994 年初人民币汇率并轨，中国开始实行以市场供求为基础的有管理的浮动汇率制度。汇率并轨不久，央行成立中国外汇交易中心作为银行间外汇交易市场，逐步取代此前分散在全国多地的外汇调剂中心。到 1998 年 12 月 1 日，央行决定在全国范围内取消外商投资企业外汇调剂业务，外商投资企业的外汇买卖均纳入银行结售汇体系，外汇调剂市场寿终正寝。至此，中国外汇交易中心成为全国统一的银行间外汇市场。这一市场既是外汇指定银行因客户结售汇形成外汇敞口头寸而平仓的市场，也是央行确保"有管理的浮动汇率制度"平稳运行的操作平台。外汇指定银行与企业和个人之间的结售汇市场（即外汇零售市场）主要由于经常项目产生，由于资本项目实行严格管理，资本项下外汇交易需求不大。因此，整体上看外汇市场的交易规模极为有限。其实，实行有管理的浮动汇率制度的目的就是维持汇率的相对稳定，促进贸易发展，以此实现出口导向型的经济增长战略。直到2005年7月21日新的一轮汇率改革启动之前，银行间外汇市场只有即期交易一个品种，主要的交易对象是人民币对美元。这个阶段央行也是外汇市场的一个普通参与者，央行仅在外汇指定银行之间的交易无法出清时通过投入或购买外汇来帮助市场实现出清。此阶段，中国的外汇市场（包括银行对客户的零售市场也包括银行间的批发市场）处于发育初期。尤其是亚洲金融危机后，中国汇率制度逐步演变为事实上的紧盯住美元的汇率制度。这个阶段中国外汇市场基本上不具备价格发现功能。

2005年7月21日，央行宣布汇率改革，终止了紧盯住美元的汇率制度，开始实行以市场供求为基础的、参考一篮子货币进行调节的有管理的浮动汇率制度。启动汇率改革后，外汇市场建设步伐也有所加快。在外汇零售市场上，商业银行对企业客户不仅提供即期外汇交易，而且为了满足客户外汇风险管理的需要，逐步开办了远期、掉期、期权等外汇衍生品交易；在银行间外汇市场上，陆续推出了远期、掉期业务，在即期交易上除了继续原有的竞价交易外，还引进做市商制度，提供询价交易。

根据中国外汇交易中心的介绍，汇率改革以来人民币对美元汇率中间价的形成方式为：交易中心于每日银行间外汇市场开盘前向外汇市场做市商询价，并将全部做市商报价作为人民币对美元汇率中间价的计算样本，去掉最高和最低报价后，将剩余做市商报价加权平均，得到当日人民币对美元汇率中间价。权重由交易中心根据报价方在银行间外汇市场的交易量及报价情况等指标综合确定。

但实际上，汇率改革以后，多数时间并没能按照这一方式来确定人民币对美元的开盘中间价。汇率改革至今，市场上对人民币对美元汇率的预期呈现强烈的单边性，不是升值预期就是贬值预期。汇率改革初期，人民币对美元呈现明显的升值走势，对后市的预期也几乎是一致看涨，于是热钱夹杂在正常的渠道内流入进一步推高了外汇净流入的规模，外汇市场上外汇供给远大于需求。为了防止汇率过快升值，央行不得不入市大量购买外汇，形成了所谓的"常态式外汇市场干预"（见周小川行长《全面深化金融业改革开放　加快完善金融市场体系》）。2008年9月雷曼兄弟公司破产后，中国出口由高速增长变为大幅下降，有专家建议中国应该用贬值人民币汇率来保出口，于是市场上对人民币汇率的预期也由升值预期短时间内逆转为贬值预期。2008年12月的第一周，银行间外汇市场上的即期交易价相对开盘价连续出现跌停，央行为了维持汇率的稳定，也担心如果放任贬值可能会造成大量资本外流，会对已经遇冷的实体经济雪上加霜，所以自 2008 年 12 月起又逐步实行了事实上的紧盯住美元的汇率制度，市场很快认识到央行不会让人民币贬值，在存在中外正利差以及中国经济很快复苏后，热钱重新大幅度进入中国，央行重又通过"常态式干预"吸收过多的外汇供给，既帮助市场出清，也达到了维持汇率稳定的目的，直到 2010 年 6 月 19 日重启汇率改革。重启汇率改革后，市场上又呈现出高度一致的升值预期，外汇仍然呈现大量的净流入。为了防止人民币过快升值，央行仍然不得不实施"常态式干预"来吸收国外的外汇供给，帮助市场出清。这一状态持续到 2011 年第三季度末。这一阶段，人民币汇率的一个典型特征是：即期市场的盘中交易价相对开盘中间价呈明显持续性的升值走势，这反证了中国外汇交易中心不可能是按照公布的中间价定价方式来确定人民币对美元即期交易的开盘中间价。补充一点，2011 年 4 月 16 日，央行将即期外汇市场上人民币对美元汇率的波幅由上下 0.5% 扩大到 1%，但这并没有改变当时市场上存在的升值预期。进入 2011 年第四季度，因为中国经济出现二次衰退，人民币对美元即期汇率盘中连续 20 余个交易日出现跌停，但是央行还是通过维持开盘中间价稳定的办法来实现了人民币汇率的相对稳定。2012 年 8 月末 9 月初，市场上对人民币的预期又转向了升值，人民币对美元即期交易的盘中价相对于开盘中间价持续走强。

总结 2005 年 7 月 21 日汇率改革以来的央行对外汇市场的"常态式干预"，其主要手段一是控制开盘中间价，只要维持住了开盘中间价的稳定，即期交易价的涨或跌也就维持在了一定范围内；二是直接入市买卖外汇，帮助市场出清（见图 1）。

当前中国外汇市场的不足之处主要体现在以下几个方面：

一是市场缺乏价格弹性。一个成熟、完善的外汇市场的最主要特征是：其市场交易者中看涨与看跌的大体相当，交易的价格弹性高，也就是说较小的价格变动就会有大量的交易。而当前我国的外汇市场则是：投资者的预期高度一致，要看涨都看涨，要看跌都看跌。因此，交易行为也基本上高度一致，基本上都是要买都买，要卖都卖，谈不上有价格弹性，如果没有央行的参与，甚至谈不上流动性。一个成熟完善的外汇市场上绝大部分交易都没有真实的支付需求（即所谓"实需"原则），而是出于博取汇差或投机的目的，较小的价格波

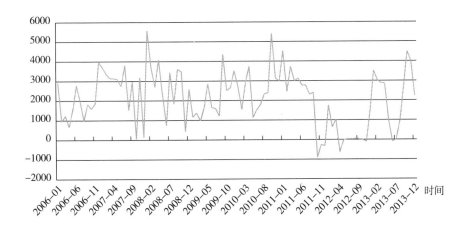

数据来源：中国人民银行网站。

图1　2006年以来央行月度外汇占款增减走势

动往往就会引起大量的交易以及相反方向的交易，而相反的交易方向则能起到抑制过度的贬值或升值的作用，汇率反而相对稳定，这也就是我们看到主要国际货币之间的汇率波动往往并不大的内在机制。根据世界贸易组织统计，2012年全球商品和服务总出口量为22.6万亿美元。又据BIS的统计，2013年4月全球外汇市场日均交易量为5.35万亿美元（见表1）。国际外汇市场上，90%以上的交易都是基于投机和汇率风险管理的交易，基于实需的交易可能连2%都不到。而我国仍然强调外汇交易的实需原则，尤其是零售市场一端，如果不是经常项目下的收支、限额以内的资本项下结售汇以及经过批准的资本项目交易，根本不能进行即期交易和远期交易（包括掉期）。而银行间市场尽管已经允许银行可以有一定程度的投机交易，但是银行的外汇交易仍然主要是为了抛补因为零售端形成的外汇敞口。据初步统计，2013年我国商品和服务贸易量为4.62万亿美元，而2013年我国银行代客结售汇总金额为3.26万亿美元，平均每个交易日仅137亿美元；代客远期结售汇总金额为5721亿美元，平均每个交易日仅为24亿美元；银行间外汇市场2013年外汇交易总规模为7.51万亿美元，平均每个交易日为315.4亿美元，其中即期交易日均为171.2亿美元，掉期和远期日均为144.2亿美元（见表2和表3）。对于中国如此大的经济规模来说，如此小的外汇交易规模，不足以形成一个有弹性的汇率和有深度的外汇市场。

表1 全球外汇市场交易额

净额①，4月日均，单位：十亿美元

年	1998	2001	2004	2007	2010	2013
即期交易	568	386	631	1005	1488	2046
直接远期	128	130	209	362	475	680
外汇掉期	734	656	954	1714	1759	2228
货币互换	10	7	21	31	43	54
期权和其他外汇产品②	87	60	119	212	207	337
合　　计	1527	1239	1934	3324	3971	5345

注：①根据当地和跨境交易商双重计算调整。②"其他外汇产品"主要覆盖那些高杠杆、可变名义面值和无法分解成单一普通成分的交易。

数据来源：BIS三年一度的全球外汇市场调查报告。

表2 银行代客结售汇及代客远期结售汇　　　单位：亿美元

年	结汇	售汇	结售汇顺差	远期结汇	远期售汇	远期净结汇
2010	13304.75	9327.59	3977.16	1655.81	1171.52	484.29
2011	15978.59	12300.43	3678.16	1913.28	1958.37	−45.08
2012	15692.62	14587.03	1105.59	1814.48	1826.85	−12.38
2013	18243.98	14346.72	3897.26	3521.34	2200.13	1321.21

数据来源：国家外汇管理局网站。

表3 银行间外汇市场交易情况　　　单位：亿美元

年	即期	掉期	远期	合计
2009	29326	8018	98	37442
2010	30352	12837	327	43516
2011	35538	17710	2146	55394
2012	33548	25184	866	59598
2013	40746.35	33989.91	323.65	75059.91

数据来源：2009年至2012年数据由相关各期《货币政策执行报告》整理而来，2013年数据根据www.chinamoney.com.cn相关月度数据汇总而来。

二是尚不具备良好的价格发现功能，反而是容易形成单边预期。因为央行的"常态式干预"，尽管实现了汇率的相对稳定，避免了大涨或大跌，但是市场应有的价格发现功能却被破坏。此外，在人为规定一个浮动区间限制的情况下，央行的"常态式干预"还容易形成并强化市场的单边预期，而一旦形成了单边预期，外汇市场的供求失衡就会进一步加剧，从而形成恶性循环。

三是即期汇率与远期汇率价差大，不具备避险功能。汇率市场化程度越高的货币，其对美元汇率（因为绝大多数货币都是以美元为锚，所以对美元汇率就是该货币的基础汇率）的即期价与远期价的价差就越小，例如日元对美元、欧元对美元等的即期价与12个月远期价的价差往往只有3~5个点。只有即期汇率与远期汇率价差不大，企业才有使用远期外汇交易管理汇率风险的积极性，并且也只有较小的价差才能使企业运用远期外汇交易有效地规避掉汇率风险。汇率改革以来，多数时候，人民币对美元的即期汇率和远期汇率差价较大，在人民币汇率升值幅度基本可预测的情况下，对于某些企业来说，使用远期交易反而增加了损失。

四是境内外人民币外汇市场割裂严重。多数国际货币其本国外汇市场与境外外汇市场构成了一个有机而统一的整体，境内外汇率基本上不存在价差。而对资本项目可兑换程度和国际化程度较低的货币来说，其境内外的外汇市场往往是割裂的，境内外汇率往往会存在明显的价差。但是由于坚持外汇交易的实需原则，由于央行的"常态式干预"，我国人民币境内外外汇市场的割裂程度似乎更严重，多数时候境内外汇率价差更显著。

五是在某种程度上造成了人民币国际化的畸形发展。汇率改革以来，由于外汇市场自身的不足，形成的人民币单边预期导致了同期人民币国际化的畸形发展。当市场上为人民币升值预期时，内地与香港之间的人民币跨境就呈现净流出状态，香港人民币存款就增加，人民币升值预期强烈时，增加尤其迅猛；但是，当市场上为人民币贬值预期时，正好相反，内地与香港之间的人民币跨境就呈现净流入状态，香港人民币存款余额不增反减（见图2）。由于多数时间市场上是人民币升值预期，香港企业和个人愿意增持人民币资产，却不愿意借用人民币贷款，因为如果真的升值了，借款人会付出更高的借贷成本，不划算，所以香港积累的人民币资金要依靠内地来帮着解决出路问题。据统计，2013年12月末，香港的人民币贷款余额仅有1156亿元，仅占当期香港人民币存款余额8604.72亿元的13.4%。这种"一头在外、另一头在内"的人民币国际化的模式是极不健康的。

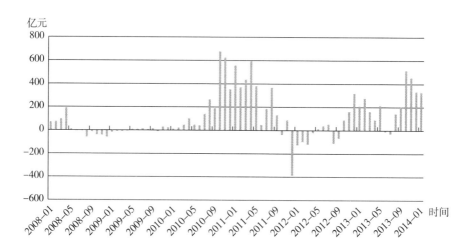

数据来源：香港金融管理局网站。

图2　2008年以来香港人民币存款月度增加额

二、人民币汇率市场化应该先于资本项目可兑换

实现人民币汇率市场化与资本项目可兑换已经列入了党的十八届三中全会报告中，目前来看，最迟2020年均要实现。根据著名的"不可能三角"理论，一国在资本自由流动、汇率稳定和货币政策独立性三者之间不可能兼得。与资本项目可兑换搭配的必然是自由浮动的汇率制度，即要实现汇率市场化，对中国这样的大国必然如此。亚洲金融危机之所以发生，是因为相关国家在放开了资本自由流动的情况下，还试图维持汇率的稳定，在国际收支恶化的情况下，汇率成了国际游资的投机和攻击目标。

在理论和实践上均证明了"不可能三角"的存在，但是对于后开放国家，由固定汇率和资本管制组合如何过渡到浮动汇率制度和资本项目可兑换组合，应选择什么样的路径却没有充分的论证。逻辑上看，由前一个组合到后一个组合有三条路径可选，一是汇率市场化与资本项目可兑换同步推进，二是汇率市场化先于资本项目可兑换完成，三是资本项目可兑换先于汇率市场化完成。第一条路径，逻辑上可行，实践中应该很难判断和把握。而第三条路径，由于汇率相对稳定更有利于对外贸易的发展，所以很多国家货币管理当局往往自觉或不自觉地（主因应是来自国内政府或实体经济部门的压力）会尽可能维持汇率相对稳定，拖延汇率放开的时间，想尽可能多地享受汇率稳定对经济的促进作用。在出现国际收支危机苗头时可能更不愿意放开汇率，甚至有可能进一步收紧对汇率的管理，而一旦被国际投机资本盯上，则就成为它们猎杀的目标。亚洲金融危机前，相关亚洲国家就是这种情形。所以，通过排除法，似乎只有第二条路径最值得选择。

笔者倾向于第二条路径，尤其对于中国这样一个经济大国，在面临巨量国际投机资本"围城"和"窥伺"的大环境下，应首先加快汇率市场化，形成一个有深度、有广度、富有价格弹性的外汇市场，再实现资本项目可兑换，在这种情况下，有弹性的汇率会起到平衡资本的流出入作用，减少资本因为流出入不对称而对实体经济的不利冲击。

有一种担心，认为如果要加快实现汇率市场化，就要放宽外汇交易的限制，尤其是不能再坚持外汇交易的实需原则，应该允许投资投机交易的存在，而这必然导致资本项目管制的失效。这种担心没有必要。实际上，外汇投资投机交易与资本项目可兑换不能划等号。外汇投资投机交易的目的是资本通过时间维度上的汇率变动来博取收益，不一定寻求跨境流动，只要有过剩资本，就存在投资投机交易的需求，而资本项目可兑换不仅有货币兑换的需求，还有跨境的流动。

还有一点，现在从时机上看，也具备加快汇率市场化的条件。汇率改革以来，人民币对美元名义汇率已经升值了35%。又据国际清算银行的测算，同期人民币实际有效汇率亦有近40%的升值。当前人民币汇率比以往任何时候都更接近均衡汇率状态，更有利于加快汇率市场化。

三、拓展外汇市场深度和广度、提高汇率弹性的建议

首先，对本国居民放宽外汇交易的实需原则，允许以博取汇差为目的的外汇投资和投机交易。只有连续大量的外汇交易，才能挖掘出外汇市场的价格发现功能。如果交易缺乏连续性，且交易规模不大，不可能形成真正有弹性的汇率。只要放开了实需原则，远期外汇交易（包括掉期、期货、期权在内）的需求就会大量增加，这将有利于缩小即期汇率与远期汇率的价差。其实，这一价差在某种程度上是汇率弹性的检测指标，价差越小，汇率弹性就会越好，也有利于企业和个人运用远期交易来有效管理汇率风险。根据国际清算银行历次

对全球外汇市场交易的调查，即期外汇交易量占全部外汇交易量的比重一般在三分之一左右。一般认为即期交易往往有真实的贸易背景，当然，远期交易到期也会导致即期交易的发生。据测算，2013年我国商业银行代客远期结售汇量仅为当年代客即期结售汇量的17.6%。根据中国外汇交易中心的统计，在银行间外汇市场上，尽管包括掉期在内的远期交易量在过去几年增长速度都超过即期外汇交易，但是在交易量上，还是小于前者。2013年度即期交易量为4.07万亿美元，掉期和远期交易量为3.43万亿美元（见表2和表3）。

其次，放弃浮动区间管制，充分放手做市商来做市。有人主张将围绕开盘中间价的波动幅度由当前的上下1%扩大到2%甚至5%。笔者曾对2012年9月28日至2013年5月3日期间156个交易日美元对欧元、美元对日元的日内汇率波幅做过计算和统计，在大约95%的交易时间里，日内汇率波幅小于2%。对于新兴市场国家的货币来说，在正常的情况下，其货币对美元汇率的日内波幅往往更小，如果一天内波幅超过2%，尤其是下跌超过2%，往往会是灾难性的，甚至会被认为发生了货币危机。简单地扩大波动区间没有必要也没有意义。其实，人为地设置一个浮动区间也没有意义，反而更容易成为袭击的目标。有些计量分析认为股市涨跌停板的设计反而加大了股价的波动程度。对于外汇市场，放弃浮动区间的管制，可能反而更有利于汇率减少波动、实现稳定，因为外汇市场的最主要参与者大型商业银行本身往往同时具有大量的外汇资产和大量的外汇负债，自身就有维持汇率稳定的内在需求和动机。央行应该充分信赖和放手让选定的外汇做市商来做市。做市商制度的先进性就在于这一制度有维护价格稳定的内在需求。培养我国大型商业银行的做市能力，也是其自身转型和适应国际化竞争的需要。相对国际大型金融机构，我国大型商业银行诸多不足中的一点就是缺乏做市能力。这里补充一点，我国当前实行以市场供求为基础的、参考一篮子货币进行调节的、有管理的浮动汇率制度。而同时，中国外汇交易中心宣称每个交易日的开盘中间价是由外汇市场做市商的报价加权平均而来。事实上，这二者之间存在矛盾。"参考一篮子货币进行调节"，由于官方并没有公开货币篮子的构成及权重，做市商不可能据此报价，而如果放手做市商来报价，它们的报价在多数时候不可能与"隐藏"在背后的那个货币篮子确定的汇率相一致。而根据笔者的跟踪分析，汇率改革至今，多数时候根本无法实现中国外汇交易中心宣称的那样由做市商的报价形成开盘中间价。人民币对美元汇率累计升值幅度已经达到35%，毫无疑问当前汇率水平更加靠近均衡汇率，市场对未来人民币汇率的预期也愈发分化。尽管当前还不具备完全转向自由浮动汇率制度的条件，但官方应该逐步放弃或放松一篮子货币对汇率的约束，给市场尤其是做市商更多的汇率定价权，逐步增强市场在人民币汇率定价中的作用。

最后，发展交易所内的人民币汇率期货。如果还是担心放松外汇交易实需原则会导致资本项目管制难度加大的话，那么交易所内的人民币汇率期货交易可以完全没有这种担心，因为绝大多数期货交易合约在交割前就会对冲掉，实际交割的合约数量极少。而且，对于后开放国家，发展交易所内的汇率期货，可能有意想不到的好处。这是因为交易所市场的进入门槛相对较低，参与者更多，参与者的交易动机也更加多样化，又加上集中交易、连续交易、交易数据更透明等特点，其形成的汇率更容易被市场参与者认可，这反而会有利于促进场外市场的深化和成熟。中国外汇交易中心属于场外市场，是银行间的外汇市场，尽管交易量并不算太少，但是市场对参与者的准入门槛高，交易者数量极为有限，交易时断时续不够连续，交易数据也不够透明公开。所以，尽管汇率改革以来，人民币对美元汇率已经累计升值了35%，当前汇率水平仍被认为存在一定程度的低估。这可能也源于我们缺乏一个能尽可能满足各级各类投资者参与的人民币汇率期货的交易所市场。有实证研究表明，外汇期货交易所市场比场外市场拥有更多的信息优势。1971年8月，美国时任总统尼克松宣布停止履行美元兑换黄金的义务，布雷顿森林体系处于崩溃边缘。1972年5月，芝加哥商业交易所（CME）推出了全球首款外汇期货交易品种，当时布雷顿森林体系并未完全崩溃，主要货币之间还未完全实行浮动汇率制度。2005年7月中国实行汇率改革至今已近9年，我们仍然没有发展人民币汇率期货的交易所市场，这不能不说是一大缺憾和不足。大力发展交易所内的人民币汇率期货，通过场内市场和场外市场的联动，将更加有利于发挥出市场的汇率发现功能，早日形成一个能够帮助市场供求自动出清的均衡汇率。

金融发展与宏观经济波动[①]

——来自世界 214 个国家的经验证据

摘要： 1997 年东南亚危机之后，学界将关注的目标转向金融发展与宏观经济波动的研究。一些学者指出，金融体系脆弱是东南亚危机的根本原因。本文分别从信贷市场、资本市场和金融衍生品市场三个角度分析了金融发展对宏观经济波动的影响机理，以 1961—2012 年 214 个国家的宏观数据为样本，引入了利率、FDI、劳动力、出口、TFP、M2、政府公共支出、汇率等控制变量，采用时间维度的固定效应模型，验证了金融发展与 GDP、投资、消费增速波动率的统计关系。结果表明，金融发展与以上三者为显著的负相关关系，即金融发展程度越高，宏观经济波动率越低，这将有助于解释新兴市场国家为什么波动率高于发达国家的经济现象。

关键词： 金融发展　宏观经济波动　国际经验　消费　投资

本文通过计算 1961—2012 年 G7 国家和新兴市场国家的平均经济波动率[②]，发现新兴市场国家[③]的经济波动率为 G7 国家的 2 倍，即以 G7 为代表的西方发达国家的经济波动远小于新兴市场国家。Stéphane Pallage、Michel A.

[①] 本文完成于 2014 年 9 月，由王宇鹏与赵庆明合作完成，发表于《国际金融研究》2015 年 2 月，获《国际金融研究》杂志 2015 年度优秀论文三等奖。

[②] 本文计算波动率采用的方式是计算每 10 年的 GDP 增长率标准差，即分别计算 1961—1970 年、1971—1980 年、1981—1990 年、1991—2000 年、2001—2012 年的 GDP 增长率标准差，然后再取平均值。

[③] 新兴市场国家包括中国、印度、俄罗斯、土耳其、印度尼西亚、韩国、墨西哥、菲律宾、南非、埃及、巴西、阿根廷、马来西亚、新加坡、泰国。

Robe（2003）也有类似的观点，指出发展中国家的经济波动率远大于美国。

宏观经济波动影响着社会福利、经济增长和宏观调控。首先，宏观经济波动会降低整体的社会福利，在一些比较贫穷的国家，因为经济波动带来的福利损失甚至超过了经济增长带来的福利增加（Stéphane Pallage，Michel A. Robe，2003）。其次，宏观经济波动会降低经济增长速度，Jean Imbs（2007）证明了宏观经济波动和经济增长的负相关性。最后，宏观经济波动还会给宏观经济调控带来难度，未来经济的不确定性将使得经济预期难度加大，货币政策和财政政策将失去前瞻性。降低宏观经济波动有望成为宏观经济调控的第五大目标[①]。

国内外学者对影响宏观经济波动的因素进行了广泛的研究。从供给面来看，学者分别研究了全要素生产率（TFP）（郭庆旺、贾俊雪，2004）、投资（沈坤荣、孙文杰，2004）、劳动力（黄赜琳，2006）对经济波动的影响；从需求面来看，学者分别研究了消费（刘方，2009）、公共投资（刘国亮、臧旭恒，2005）、信贷（穆争社，2005）、货币供给（毛彦军、王晓芳，2012）、出口（刘士宁，2013）等方面对经济波动的影响。此外，还有学者从产业结构（彭冲、李春风等，2013）、经济预期（庄子罐、崔小勇等，2012）、石油价格（侯乃堃、齐中英，2011）、房地产价格（杨俊杰，2012）、外商直接投资（FDI）（梁军，2005）等方面研究经济波动。但在过去很长一段时间内，大家都忽略了影响宏观经济波动的一个重要因素——金融发展，本文认为通过引入金融发展因素将更有助于解释新兴市场国家的经济波动率大于西方发达国家这一现象。

近年来，亦有从金融发展的角度解释宏观经济波动的研究，研究方法以实证为主。按照采用模型不同可以划分为 DSGE、GARCH、多变量横截面计量模型、TVAR 模型、ECM 模型等6种，几乎囊括了经济学大部分的实证方法。这些研究为后来研究者提供了历史参考，但是也存在着几个不足：第一，有的模型仅仅使用一国数据拟合，而且数据时间跨度比较短，很容易出现"伪回归"等错误结论。第二，在多变量横截面模型中，没有引入足够的控制变量，大部分文献只是引入利率、汇率、M2、政府公共支出等几个变量，而忽略了出口、全要素生产率、劳动力供给能力、FDI 等变量，未能从供给和需求角度两个方面引入所有的控制变量，影响估计结果的准确性。本文认为经济增长由需求和

---

① 其他四大目标分别为经济增长、物价稳定、充分就业、国际收支平衡。

供给两个角度决定，因此，需要将需求和供给两个角度的影响因素尽可能全部纳入模型作为控制变量。第三，标准差本身受到量纲的影响，即数字越大，标准差往往也越大，在以往的文献中，未考虑标准差这一特点，在本文中引入GDP增速作为控制变量来消除因为GDP增速大小而导致的标准差差异。第四，样本时间跨度和国家覆盖面需要进一步提高，才能增加结论说服力。

本文建立固定效应面板模型，以 1961—2012 年 214 个国家的经济数据为样本，从供给和需求两个方面引入影响经济增长的控制变量，分别验证 GDP 增速波动率、投资增速波动率、消费增速波动率与金融发展程度之间的关系。

本文章节安排如下：第一部分为文献综述，第二部分为理论机制，第三部分为散点图分析，第四部分为计量模型建立，第五部分为计量结果解释，第六部分为结论与政策建议。

一、文献综述

研究金融发展与经济增长的文献汗牛充栋，但研究金融发展与经济波动的文献相对较少。最早引起学界开始关注金融发展与经济波动问题的经济现象是 1997 年东南亚经济危机：尽管东南亚国家有低通胀、财政收支平衡、令人瞩目的 8% 的增长速度等积极的经济数据，却也在 1997 年爆发了空前的经济危机，最主要的原因在于这些国家的金融体系问题（Denize，2002）。之后，一些学者观察到，最近 20 年美国的经济波动要远远小于之前的 30 年，并指出减缓经济波动的来源是金融创新（Jermann、Quadrini，2006）。

目前，研究金融发展与经济波动的文献都集中于实证领域。综述国内外文献，研究可以大概分为 6 类：通过分析国民经济各个部门的资金流量关系，得出金融发展与经济波动的关系；建立动态随机一般均衡模型（DSGE），分析金融冲击对宏观经济的影响；GARCH 模型；多变量横截面计量模型；TVAR 模型；ECM 模型。详述如下：

（1）余永定（1996）是我国最早研究经济稳定的经济学家。他建立了各个宏观经济部门的资金流量关系式，分析了金融结构变化对宏观经济稳定的影响，并得出结论，必须继续深化金融改革，发展规范化的直接融资不但可以对微观经济发生巨大作用，对宏观经济的稳定也会产生积极作用。

（2）Christiano、Motto 和 Rostagno（2009）建立了一个包含金融市场的

DSGE 模型，用欧洲和美国数据进行拟合，指出来自金融市场的冲击对于解释经济周期有着重要的作用。袁申国、陈平和刘兰凤（2011）建立一个小型开放经济模型，模拟结果显示含金融加速器模型模拟数据与实际数据特征更接近，验证了开放经济中金融加速器的存在，并得出金融加速器主要传播和放大投资效率和货币政策冲击对经济的影响的结论。郡莉莉和王一鸣（2012）运用一个包含三种金融市场冲击的 DSGE 模型研究随着金融市场的发展，金融市场冲击对中国经济波动的影响以及这种影响的变化，指出金融市场的发展将降低贷款冲击和融资效率冲击对宏观经济的影响。Pengfei Wang 和 Yi Wen（2013）研究得出金融市场发展能够促进信贷资源的有效分配，从而能够降低非金融冲击对总产出的影响。

（3）姚耀军、彭璐和曾小懿（2013）基于中国 2001—2012 年月度时间序列数据，利用含外生变量的 GARCH 模型对中国金融发展的宏观经济波动平抑效应进行实证检验，发现金融发展具有显著的宏观经济波动平抑效应。

（4）朱彤、漆鑫和李磊（2011）运用我国 28 个省市 1978—2009 年面板数据，通过检验金融发展与人均实际 GDP 波动性的关系，发现我国金融系统本身的逐步完善较大程度上抵消了外生波动对我国人均实际 GDP 波动性的影响，从而有效地降低了我国经济对外生冲击的敏感性。姚耀军和鲍晓辉（2013）基于 1994—2010 年中国省级面板数据研究发现，尽管中国金融中介发展具有显著的货币冲击减震效应，但总体而言，中国还未到达金融中介发展对经济波动产生平抑效应的阶段。王翔、李凌（2009）运用 1993—2005 年中国分省面板数据，检验了中国的金融发展、经济波动和经济增长三者之间的关系。研究发现，随着我国金融系统市场化改革的逐步推进和完善，金融发展可以降低经济增长对外生冲击的敏感性。Denizer、Lyigun 和 Owen（2000）以 1956—1998 年 70 个国家的数据为样本，运用固定效应模型，发现银行业提供的风险管理和信息处理对于平抑经济波动有着重要的作用。Wahid 和 Jalil（2010）采用中国 1977—2006 年数据对金融发展与经济波动之间的关系进行分析，得出金融发展有助于平缓经济波动的结论。

（5）赵振全、于震和刘淼（2007）运用门限向量自回归（TVAR）模型在宏观层面上对中国信贷市场与宏观经济波动的非线性关联展开实证研究，检验表明：信贷市场在宏观经济波动过程中既是重要的波动源，同时也是波动的有力传导媒介，运用金融加速器理论有助于合理解释中国宏观经济波动的轨迹特征。

（6）Darrat、Salah 和 Abosedra（2005）运用 ECM 模型分析了埃及数据，发现金融发展显著抑制长期经济波动，对于短期波动没有明显作用。

综上所述，目前的文献取得了一些研究进展，但是还存在以下问题：第一，一些时间序列模型采用单一国家数据拟合，存在"伪回归"的可能性，结论存在争议；第二，在横截面模型中，存在控制变量引入不全面的问题，需要从需求和供给两个角度考虑全面引入控制变量，避免出现回归结果偏误；第三，样本时间跨度和国家覆盖面需要进一步提高，才能增加结论说服力。

二、理论机制

宏观经济波动是与宏观经济稳定对立的词语，一般来说，只要满足"经济增长速度稳定、物价稳定、充分就业"三大目标，就属于宏观经济稳定；反之，则属于宏观经济波动。目前没有一个关于金融发展与宏观经济波动完整的理论框架，其理论机制说法并不一致，总结国内外的文献，其理论机制主要来自金融加速理论、投资风险分散理论、金融衍生品风险管理三个方面，分别对应信贷市场、资本市场和金融衍生品市场，详述如下。

第一个理论依据来自金融加速理论，描述的是信贷市场，最早由伯南克和格特勒（1989）提出。伯南克和格特勒在 1989 年发表的《代理成本、净值与经济波动》中提出金融加速器理论。他们认为，在信贷市场中，由于存在借款人和贷款人之间的信息不对称，贷款金额取决于企业的现金流量和净资本，当企业遭受到经济中的正向冲击或负向冲击时，其现金流量和净资本会随宏观经济波动而升高或降低，贷款金额也会随着波动，企业投资也会因宏观经济波动而波动，经过信贷市场的放大作用，宏观经济受到的冲击会进一步放大，这种效应称为金融加速器效应，即代理成本是反经济周期变化的，在经济萧条时上升，在经济扩张时下降，所以它们在经济周期中有放大效应。而金融市场的充分发展会降低信息不对称的程度，降低信贷市场代理成本，进而缓解金融加速器效应，降低宏观经济的波动。

第二个理论依据来自投资风险分散理论，描述的是资本市场，最早由 Acemoglu 和 Zilibotti（1997）提出。通过金融发展，金融体系的风险分散功能更加完善，这也有助于降低整个经济的波动。分散风险理论的代表人物是凯夫斯（R. E. Caves）和斯蒂文斯（G. V. Stevens）。他们从马科维茨的证券组合理论出发，认为对外直接投资多样化是分散风险的结果，因此，证券组合理论的依据也是该理论的基础。市场经济中，经济主体面临各种各样的风险，金融市场可以为参与者提供分散、降低风险的机会，利用组合投资来分散投资于单一金融资产面临的非系统风险。金融市场的完善将会使得金融资产标的更加丰富，使得分散投资更加有效。通过分散风险，降低经济冲击对单个经济体的影响，有效缓解和分散了不利冲击，减缓了经济冲击导致的宏观经济波动。金融市场越发达、越有广度，可提供的金融产品就越多，分散风险的工具就越多，从而能够更有效地避免风险的冲击，降低波动率。

第三个理论依据来自金融衍生品市场的风险转移、对冲、分散等风险管理功能的完善。在没有金融市场之前，尤其没有金融风险管理工具之前，个体的风险需要自己全部承担，当遇到比较大的风险时，将遭遇毁灭性打击，个体的风险不能有效地分散。上升到宏观层面，当遭受冲击时，经济体将直面冲击，波动自然也会比较大。当一些风险管理工具推出之后，这一现象得到很大的改观。银行产品的完善（比如福费廷、保理等国际贸易融资工具）、保险市场的建立（农业保险产品等）、金融衍生品市场新产品的不断推出（比如股指期货、CDS 等）将为居民和机构提供丰富的风险管理工具，可以有效地转移、对冲、分散非系统性风险和一部分系统性风险。当宏观经济的局部或全部受到冲击时，可以有效缓解冲击，降低宏观经济波动率。

三、散点图分析

散点图是计量分析的基础，为了对金融发展程度与经济波动有一个直观的认识，本文的分析从描绘散点图做起。本文以横坐标轴为金融发展程度，纵坐标轴为宏观经济波动率，描绘散点图。本文采用 GDP、居民消费、固定资本形成增速的标准差作为宏观经济波动程度的衡量指标，以私人信贷规模占 GDP 的比例作为金融发展程度的衡量指标，以 10 年为一间隔计算标准差，私人信贷规模占 GDP 比例取 10 年平均值，即分别计算 1961—1970 年、1971—1980 年、1981—1990 年、1991—2000 年、2001—2012 年的标准差和私人信贷规模占 GDP 比例的平均值。本文的样本来自 214 个国家，数据来自世界银行数据库。由于异常值对于散点图的直观认识有较大影响，本文剔除了包括标准差数值过大情况下的异常值。

关于使用私人信贷规模占 GDP 的比重作为金融发展程度衡量指标需要作一个说明。在很多文献里，大家采用 M2/GDP 作为金融发展程度的衡量指标，但是根据费雪货币方程式，货币供应量受到货币流通速度的影响，因此，M2/GDP 也受到货币流通速度的影响，而各个国家由于金融发展程度不同、国情不同，货币流通速度有很大的差异，因此，采用 M2/GDP 作为衡量指标会有较大的偏差。由于在经济落后的国家，信贷资源都比较集中于政府部门或者国有企业，如果不区分私人信贷和政府信贷，把所有信贷规模占 GDP 的比重作

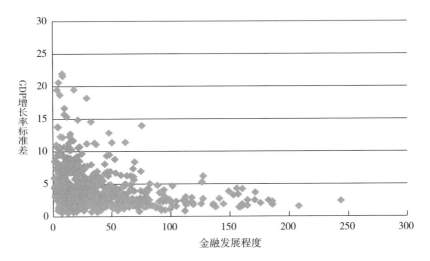

图 1　GDP 增长率标准差与金融发展程度散点图

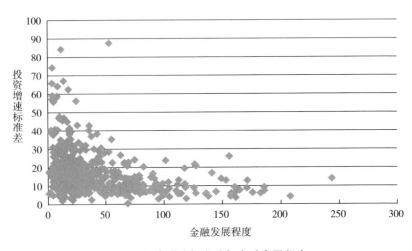

图 2　投资增速标准差与金融发展程度

为金融发展程度的衡量指标会高估经济落后国家的金融发展程度。因此，信贷规模占 GDP 的比重不能作为金融发展程度的衡量指标。基于这两方面考虑，本文采用私人信贷规模作为金融发展程度的衡量指标。

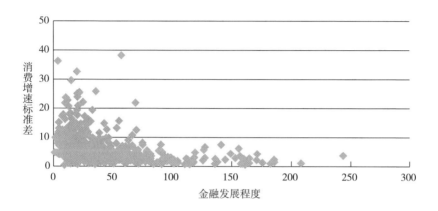

图3 消费增速标准差与金融发展程度

观察散点图，我们发现，三个散点图非常相似。在金融发展程度比较低的数值区间，GDP、消费、固定资本形成增速的标准差数值非常分散，而且比较大的波动率都集中于这一区间；而在金融发展程度比较高的数值区间，GDP、消费、固定资本形成增速的波动率都比较低，而且非常集中。根据散点图的观察，GDP、消费、固定资本形成的波动率都和金融发展程度有关系，我们可以初步得出结论，宏观经济波动率受金融发展程度的影响，金融发展程度越高，宏观经济波动率越低，宏观经济越稳定。但仅仅依据散点图的观察，得出这一结论并不严谨，需要进一步的验证，本文在下文中建立了计量经济模型，在控制其他变量的影响下，验证金融发展程度和经济波动率之间的关系。

四、计量模型建立

（一）模型设定

通过上节散点图分析，得出初步结论，即金融发展将会平抑经济波动。本部分将对该结论进行严格的实证分析，用计量方法得出更加严密的结论。本文的计量模型有三个，分别验证 GDP、消费、固定资本形成的增长率波动率与金融发展程度之间的关系。由于每个时间段有特定的宏观经济环境，这是没法观测的，因此，本文采用时间维度的固定效应模型、时间效应模型和混合模型同时进行估计，并根据 HAUSMAN 检验来确定最终选择的模型。

（1）第一个计量模型验证 GDP 增长率波动率与金融发展程度之间的关系，模型设定如下：

$$GDP\_volality = \alpha + \beta \, Finance\_Development_{it} + X_{it} \times \gamma + \eta_t + \varepsilon_{it}$$

式中，GDP_volality 表示 GDP 增长率波动率，本文采用标准差作为经济波动率的衡量指标。此外，为区别于其他研究，本文认为持续的平稳增长也属于经济稳定，标准差的计算对象是经济增长率，而非人均 GDP。Finance_Development_{it} 表示金融发展程度，如散点图分析部分所述，本文采用私人信贷规模占 GDP 的比例作为金融发展程度的衡量指标。X_{it} 是一组控制变量，包括 FDI 占 GDP 比例、实际有效汇率、利率、出口增速、M2 增速、政府公共支出占 GDP 比例、TFP、劳动力增速 8 个变量的标准差以及 GDP 增速。η_t 表示固定效应或者随机效应，ε_{it} 表示残差。由于没有直接的 TFP 数据，本文采用劳动力受高等教育的比例作为 TFP 的代理变量。

表 1　　　　　　　　　　　　第一个模型因变量和自变量

	第一个模型	
	变量含义	变量
因变量	GDP 增速波动率	GDP_volality
自变量	金融发展程度	Finance_development
	利率	Interest_rate
	外商直接投资	FDI
	劳动力增速波动率	Labor_force
	GDP 增速	GDP_growth
	出口增速波动率	Export
	全要素生产率	TFP
	M2 增速波动率	M2
	公共支出波动率	Public_expenditure
	汇率波动率	Exchange_rate

（2）第二个计量模型验证固定资本形成波动率与金融发展程度之间的关系，模型设定如下：

$$Investment\_volality = \alpha + \beta \, Finance\_Development_{it}$$
$$+ X_{it} \times \gamma + \eta_t / \eta_i + \varepsilon_{it}$$

式中，$Investment\_volality$ 表示固定资本形成增速波动率；X_{it} 是一组控制变量，包括利率、M2 增速、汇率、FDI、政府公共支出、GDP 增速 6 个控制变量；η_t 表示固定效应或者随机效应；ε_{it} 表示残差。

（3）第三个计量模型验证消费增长率波动率与金融发展程度之间的关系，模型设定如下：

$$Consumption\_volality = \alpha + \beta \, Finance\_Development_{it}$$
$$+ X_{it} \times \gamma + \eta_t / \eta_i + \varepsilon_{it}$$

式中，$Consumption\_volality$ 表示消费增长率波动率；X_{it} 是一组控制变量，包括 GDP 增速波动率、利率波动率、汇率波动率、CPI 波动率和 GDP 增速 5 个变量；η_t 表示固定效应或者随机效应；ε_{it} 表示残差。

表2　　　　　　　　　　第二个和第三个模型自变量和因变量

	第二个模型		第三个模型	
	变量含义	变量	变量含义	变量
因变量	投资增速波动率	Investment_volality	消费增速波动率	Consumption_volality
自变量	金融发展程度	Finance_development	金融发展程度	Finance_development
	利率波动率	Interest_rate	GDP 增速波动率	GDP_volality
	汇率波动率	Exchange_rate	利率波动率	Interest_rate
	FDI 波动率	FDI	汇率波动率	Exchange_rate
	M2 增速波动率	M2	GDP 增长速度	GDP_growth
	公共支出波动率	Public_expenditure	CPI 波动率	CPI
	GDP 增长速度	GDP_growth		

（二）控制变量说明

在第一个模型中，短期经济增长由需求和供给两个方面的力量共同决定，经济波动率也由这两方面的因素共同决定，本文力争将这些影响因素都作为控制变量。从需求面来看，根据国民收入恒等式 $Y = C + I + G + X - M$，消费、投资、出口"三驾马车"和政府购买都是需求面的影响因素；从供给面来看，根据生产函数 $Y = F(K, AL)$，供给由资本、劳动力供给和全要素生产率共同决定。此外，FDI、汇率、利率、M2 也通过间接渠道影响需求和供给。由于消费和投资增速波动率也受金融发展程度的影响，因此，消费和投资不直接作为控制变量，而且将消费、投资的影响因素作为控制变量。为了不遗漏变量，本文将消费、投资以外的影响因素都引入控制变量。

在第二个模型中，利率、M2、政府公共支出影响着国内投资规模的大小，汇率通过影响资本流动影响投资，FDI 通过资本流动直接影响国内投资规模。因此，本文将利率、M2 增速、汇率、FDI、政府公共支出作为固定资本形成的影响变量。

在三个模型中，根据凯恩斯的绝对收入假说，消费由收入决定，本文将 GDP 作为收入的替代变量。此外，利率影响居民在消费和投资之间的分配，汇率影响居民对海外产品的购买能力，CPI 影响着居民的实际购买能力，因此，本文将 GDP、利率、汇率、CPI 都作为消费的影响变量。

（三）数据来源及处理

本文采用 1961—2012 年 214 个国家的数据作为样本，所有数据来自世界银行数据库[①]。除金融发展程度之外，由于计量模型式子的两端变量都为波动率，即标准差，一年的数据不足以计算标准差，本文以 10 年为一阶段，分别计算 1961—1970 年、1971—1980 年、1981—1990 年、1991—2000 年、2001—2012 年 5 个时间段各个变量的标准差。这里要对为什么没有采用变异系数作为波动率的衡量指标作一个说明，当变量有正有负时，平均值会变得比较小，这时候变异系数会异常地放大，有时候为负数，这些都会影响计量结果，而标准差不会受到变量正负的影响，始终为正数，因此，本文采用标准差作为宏观经济波动率的衡量指标。

五、计量结果解释

（一）模型 1

本文对模型 1 分别采用混合面板、固定效应、随机效应模型进行了估计，

---

① https：//data. worldbank. org.

估计结果如表3所示。三种估计都通过F检验，拟合优度都为28%，在所有自变量中，只有常数项、变量Finance_development和Interest_rate通过t检验，变量FDI、Labor_force、GDP_growth、Export、TFP、M2、Public_expenditure、Exchange_rate都未通过t检验。

表3 第一个模型计量估计结果

变量	估计1 Pool data		估计2 Fixed Effect		估计3 Random Effect	
	Coefficient	Prob.	Coefficient	Prob.	Coefficient	Prob.
常数项	3.260	0.000	3.311	0.000	3.287	0.000
Finance_development	−0.010	0.028	−0.011	0.030	−0.011	0.023
Interest_rate	0.105	0.011	0.105	0.012	0.105	0.012
FDI	0.007	0.913	0.006	0.922	0.006	0.886
Labor_force	10.42	0.746	9.878	0.761	8.975	0.753
GDP_growth	−0.088	0.305	−0.094	0.298	−0.096	0.301
Export	0.001	0.855	0.001	0.883	0.001	0.865
TFP	0.070	0.192	0.069	0.207	0.070	0.200
M2	−0.003	0.412	−0.003	0.418	−0.003	0.420
Public_expenditure	0.023	0.691	0.024	0.686	0.023	0.694
Exchange_rate	0.000	0.913	0.000	0.933	0.001	0.924
F检验和拟合优度	Prob（F−statistic）：0.0028 R^2：0.28		Prob（F−statistic）：0.0052 R^2：0.28		Prob（F−statistic）：0.0047 R^2：0.28	

本文对模型进行了HAUSMAN检验，检验P值 <0.001，拒绝原假设，因此本文在后面的实证研究中都采用固定效应模型。本文逐渐剔除不显著变量（如表4所示），然后剔除变量Exchange_rate，得到估计结果4，变量Labor_force、GDP_growth开始变得t检验显著，但是，变量GDP_growth与预期符号相反，即GDP增长速度越快，反而波动率越小，计量检验结果与理论分析不符合，这可能有不显著的变量干扰估计结果导致。本文继续剔除不显著变量M2、Public_expenditure，得到估计结果5，变量FDI、Labor_force、GDP_growth、Export都通过t检验，GDP_growth变量还是反常，只有变量TFP不显著。本文继续剔除变量TFP，得到估计结果6，所有变量都通过t检验，GDP_growth与GDP_volality为显著的正相关关系。

表4 第一个模型计量估计结果

变量	估计4 Fixed Effect		估计5 Fixed Effect		估计6 Fixed Effect	
	Coefficient	Prob.	Coefficient	Prob.	Coefficient	Prob.
常数项	4.369888	0.000	4.029	0.000	2.179	0.000
Finance＿development	−0.015969	0.003	−0.0172	0.000	−0.010	0.019
Interest＿rate	0.048287	0.022	0.046	0.002	0.096	0.000
FDI	0.068686	0.347	0.145	0.010	0.204	0.000
Labor＿force	28.13455	0.024	26.230	0.000	24.680	0.001
GDP＿growth	−0.186272	0.019	−0.241	0.000	0.128	0.034
Export	0.008300	0.385	0.017	0.042	0.020	0.044
TFP	0.032959	0.561	0.061	0.202		
M2	−0.002014	0.342				
Public＿expenditure	−0.026491	0.711				
Exchange＿rate						
F检验和拟合优度	Prob（F−statistic）：<0.001 R^2：0.22		Prob（F−statistic）：<0.001 R^2：0.27		Prob（F−statistic）<0.001 R^2：0.26	

在5个估计结果中，变量 Finance＿development 与 GDP＿volality 都为显著的负相关关系，与散点图分析结果一致，即金融发展程度的提高有助于降低经济增长波动率，金融发展程度每提高1个单位，GDP 增速波动率将下降0.01。此外，利率、FDI、劳动力增速、GDP 发展水平、出口增速都与经济增长波动率有着显著的关系，利率、FDI、劳动力增速、出口增速的波动都会加大经济波动程度，GDP 发展水平也与经济波动有着显著的正相关关系，GDP 增长速度越高，经济越容易发生大的波动。

变量 M2、Public＿expenditure 与 GDP＿volality 统计关系不显著，原因在于：货币政策和财政政策都为平抑经济周期的工具，在经济萧条时，政府会增加货币供给和财政支出来刺激经济；当经济过热时，政府会降低货币供给和削减财政支出来抑制经济过热，M2 与公共支出起到平抑经济周期的作用，因此，它们与经济增长波动率并不相关。这也说明，正确操作的货币政策和财政政策会起到稳定经济的作用。变量 TFP 与 GDP _ volality 统计关系不显著，这可能与指标的选择有一定关系，此外，由于 TFP 的代理变量受过高等教育的劳动力比例缺乏数据的国家比较多，这也可能是导致统计关系不显著的重要原因。

（二）模型 2

本文首先采用固定效应和随机效应模型进行了估计，如表 5 所示。除常数项外，其他变量都未通过 t 检验，F 检验也不显著，固定效应和随机效应估计结果类似，本文采用 HAUSMAN 检验进行固定效应和随机效应的检验，P 值 < 0.001，拒绝原假设，说明本文应该采用固定效应模型进行估计。在模型的估计 3 和估计 4 中，都采用固定效应模型进行估计。

表 5   第二个模型计量估计结果

变量	估计 1		估计 2	
	Fixed Effect		Random Effect	
	Coefficient	Prob.	Coefficient	Prob.
常数项	21.834	0.003	20.983	0.002
Finance _ development	− 0.087	0.101	− 0.076	0.091
Interest _ rate	0.7410	0.130	0.7405	0.140
Exchange _ rate	− 0.015	0.848	− 0.027	0.856
FDI	0.177	0.828	0.156	0.845
M2	− 0.068	0.156	− 0.067	0.275
Public _ expenditure	0.251	0.708	0.232	0.706
GDP _ growth	− 0.769	0.447	− 0.789	0.437
F 检验和拟合优度	Prob (F − statistic)：0.25 R^2：0.09		Prob (F − statistic)：0.24 R^2：0.09	

在剔除变量 GDP _ growth 后，得到估计结果 3，各个变量 t 检验和 F 检验都不显著。进一步剔除变量 M2、Public _ expenditure 后，得到估计结果 4，变

量 Finance_development、Interest_rate、Exchange_rate、FDI 都通过 t 检验，模型估计结构有了大的改观，F 检验也显著，拟合优度也有进一步的提高，如表 6 所示。

表6 第二个模型估计结果

变量	估计3		估计4	
	Fixed Effect		Fixed Effect	
	Coefficient	Prob.	Coefficient	Prob.
常数项	18.533	0.002	15.997	0.000
Finance_development	−0.079	0.128	−0.0791	0.007
Interest_rate	0.757	0.121	0.464	0.009
Exchange_rate	−0.022	0.782	−0.000	0.012
FDI	0.215	0.791	0.885	0.066
M2	−0.058	0.209		
Public_expenditure	0.258	0.699		
GDP_growth				
F 检验和拟合优度	Prob（F−statistic）：0.21 R^2：0.09		Prob（F−statistic）：<0.001 R^2：0.12	

变量 Finance_development 与 Investment_volality 有着显著的负相关关系，与散点图分析结论一致，金融发展程度的提高有助于降低投资的波动率。与第一模型不同的是，GDP 增速与投资波动率并不相关，并不是 GDP 增速越快，投资波动率越大。变量 M2、Public_expenditure 与 Investment_volality 不相关，原因也在于货币政策和财政政策的反周期操作。

（三）模型 3

本文首先采用固定效应和随机效应模型进行了估计，两种方法估计结果类似，估计结果如表 7 所示。除变量 GDP_volality 外，其他变量都没有通过 t 检验。本文采用 HAUSMAN 检验进行检验，P 值 <0.001，拒绝原假设，说明本文应采用固定效应模型进行估计，在估计 3 和估计 4 中，本文都采用固定效应模型进行估计。

表 7 第三个模型计量结果

变量	估计 1		估计 2	
	Fixed Effect		Random Effect	
	Coefficient	Prob.	Coefficient	Prob.
常数项	4.117	0.423	4.729	0.467
Finance _ development	− 0.055	0.156	− 0.058	0.241
GDP _ volality	1.284	0.080	1.321	0.073
Interest _ rate	0.176	0.502	0.187	0.603
Exchange _ rate	− 0.047	0.485	− 0.048	0.568
CPI	0.010	0.790	0.015	0.839
GDP _ growth	0.516	0.434	0.645	0.672
F 检验和拟合优度	Prob（F − statistic）：0.08 R^2：0.07		Prob（F − statistic）：0.09 R^2：0.07	

表 8 第三个模型计量结果

变量	估计 3		估计 4	
	Fixed Effect		Fixed Effect	
	Coefficient	Prob.	Coefficient	Prob.
常数项	6.202	0.158	4.655	0.005
Finance _ development	− 0.061	0.117	− 0.045	0.021
GDP _ volality	1.334	0.068	1.176	0.000
Interest _ rate	0.117	0.642		
Exchange _ rate	− 0.047	0.483		
CPI	0.011	0.767		
GDP _ growth				
F 检验和拟合优度	Prob（F − statistic）：0.07 R^2：0.07		Prob（F − statistic）：< 0.001 R^2：0.07	

剔除变量 GDP _ growth，再次进行估计，估计结果并没有明显的改变。剔除变量 Interest _ rate、Exchange _ rate 后再次进行估计，变量 Finance _ development 开始显著，但是变量 CPI 不显著。剔除变量 CPI 后，得到最后的估计结果。

变量 Finance_development 与变量 Consumption_volality 为显著的负相关关系，金融发展程度的提高有助于降低消费的波动，与散点图分析结论一致。此外，消费与收入的提高密切相关，收入水平的波动会导致消费的波动。利率、汇率、CPI 波动率与消费波动率关系不显著。

六、结论与政策建议

本文首先对关于金融发展与宏观经济波动的文献进行综述，并指出已有文献存在的不足；其次，对金融发展对宏观经济波动的影响机理分别从信贷市场、资本市场和金融衍生品市场进行了分析；再次，对金融发展与宏观经济波动描绘了散点图，从直观上分析了金融发展与宏观经济波动的关系，初步得出结论，金融发展与 GDP 增速波动率、消费增速波动率、投资增速波动率呈负相关关系；然后，采用固定效应面板模型，在控制其他变量影响的基础上，分别分析了金融发展对 GDP 增速波动率、消费增速波动率、投资增速波动率的影响，实证结果表明，金融发展与以上三者关系都为显著的负相关关系，金融发展将抑制宏观经济波动，金融发展程度越高，将有助于稳定宏观经济；最后，基于以上理论和实证分析，本文给出以下五点政策建议。

第一，将经济稳定作为宏观调控的第五大目标。按照经典教科书的说法，宏观经济调控有四大目标，即经济增长、物价稳定，充分就业和国际收支平衡。越来越多的研究表明，宏观经济波动将会损失社会福利：在一些经济落后国家，因为经济波动损失的福利甚至超过了因经济增长带来的福利。因此，有必要将维持宏观经济稳定提升到与四大目标相同的地位，尽可能减少因为宏观调控对经济带来的冲击，提高宏观经济稳定性。

第二，加快发展多层次金融市场体系，提高金融市场深度和广度。金融市场的发展不仅有助于经济增长，提高经济效益，而且可以平抑经济周期，稳定经济波动。我们有必要加快多层次金融体系的建设。"多层次"体现在两个方面：一方面，提高金融市场的深度，金融深度是对金融中介规模的衡量，意味着金融资源的多寡，我们要全面、稳定、均衡地发展货币、外汇、债券、股票、信托、保险、金融衍生品等市场，提高金融资源的可获得性；另一方面，提高金融市场的广度，金融广度是对金融产品多样性的衡量，反映了金融产品的可获得性，不同的投资者有着不同的期望收益和风险偏好，对于金融产品有着多样性、个性化的需求，我们要不断丰富金融产品的种类，不断推出新产品，全面提高金融市场宽度。此外，中国金融市场还存在中小企业融资难、直接融资比例低等问题，这些都需要不断地通过推进多层次金融市场的建设来得以解决，比如，通过发展普惠金融、鼓励发展中小金融机构等来解决中小企业融资难的问题。

第三，加速金融衍生品市场的发展，构建金融风险管理工具体系。金融衍生品市场是目前中国金融市场发展的短板。随着中国金融市场改革的不断深化，资本项目可兑换、利率市场化、汇率市场化、人民币国际化都是未来的发展趋势，但是这些发展都需要提供相应的金融衍生品作为风险管理工具。以2013 年 6 月"钱荒"为例，同业拆放利率大幅波动，市场主体亟需对应的利率期货、期权等风险管理工具来对冲风险，而此时的中国货币市场并没有对应的利率衍生产品，市场陷入恐慌之中，束手无策。

第四，完善金融市场体系是资本项目开放的前提。根据实证研究，FDI 的流动是造成宏观经济波动的重要原因。避免资本流动带来的冲击，首先必须有完善的金融市场体系，完善的金融市场体系有利于增加金融市场的弹性，缓冲国际资本流动，提高金融市场在遭遇资本流动冲击时的承受能力。此外，要逐步分阶段放开资本市场，提升资本监管能力。为了避免宏观经济的大起大落，要逐步放开资本市场，不能一蹴而就，要有条件、分类别、分阶段放开资本市场的可自由兑换；要提升流动资本的监管能力，放开资本市场可兑换，并不意味着放任自流，而是要更加提升监管能力，不仅要准确监测资本的流动情况，还要有应对异常资本流动的能力，使资本的流入和流出都在可控制范围之内，避免对宏观经济带来不稳定的因素。

第五，提升财政政策和货币政策在"稳经济"中的作用。在我们的实证结果中，财政公共支出、M2 与宏观经济波动的统计关系并不显著，说明财政、货币政策对宏观经济稳定性有着重要的调控作用。在实现经济增长、物价稳定、充分就业和国际收支平衡四大目标的同时，要兼顾财政政策和货币政策在平抑经济周期，稳定宏观经济方面的作用，提高宏观经济稳定性。

现在对文章开头部分提出的问题：为什么新兴市场国家比发达国家的经济波动率高，进行一个回答。本文认为有以下两个因素导致了这一结果：首先，发达国家金融发展程度高，发达的信贷市场、完备的资本市场和品种齐全的金融衍生品市场提高了金融市场的深度和广度，金融市场良好的弹性能够有效降低冲击对宏观经济的影响，从而降低了宏观经济波动率；其次，新兴市场国家FDI波动程度要大于发达国家，由于新兴市场国家人均有效资本比较低，因此，边际产出比较高，国外资本涌入新兴市场国家的欲望比较高，在经济繁荣的时候，国际资本大量流入，当经济遇到不利冲击、大萧条时，资本又会大量流出，资本的流进、流出会比较频繁，导致新兴市场国家经济波动率高。

目前，关于经济增长的理论研究已经非常多，而对于金融发展对宏观经济波动影响的研究都为实证研究，缺乏理论方面的研究，更加缺乏一个微观方面的理论基础。未来关于宏观经济波动的研究将成为一个重要的研究方向，而建立一个宏观经济波动的微观模型将有助于解决这一理论问题。

参考文献

［1］余永定．国民收入分配、金融结构与宏观经济稳定［J］．经济研究，1996（12）：34 - 40.

［2］郭庆旺，贾俊雪．中国经济波动的解释：投资冲击与全要素生产率冲击［J］．管理世界，2004（7）：22 - 28.

［3］沈坤荣，孙文杰．投资效率、资本形成与宏观经济波动——基于金融发展视角的实证研究［J］．中国社会科学，2004（6）：52 - 63 + 205.

［4］穆争社．论信贷配给对宏观经济波动的影响［J］．金融研究，2005（1）：74 - 81.

［5］刘国亮，臧旭恒．消费结构演变、公共投资增长与经济波动［J］．经济学动态，2005（3）：27 - 31.

［6］梁军．从FDI看世界经济波动对我国经济增长的影响［J］．国际贸易问题，2005（8）：62 - 67.

［7］黄赜琳．技术冲击和劳动供给对经济波动的影响分析——基于可分劳动RBC模型的实证检验［J］．财经研究，2006（6）：98 - 109.

［8］王翔，李凌．中国的金融发展、经济波动与经济增长：一项基于面板数据的研究［J］．上海经济研究，2009（2）：34 - 43.

［9］赵振全，于震，刘淼．金融加速器效应在中国存在吗？［J］．经济研究，2007（6）：27 - 38.

［10］刘方. 消费冲击与中国经济波动［J］. 经济经纬, 2009 (6): 1 - 4.

［11］侯乃堃, 齐中英. 石油价格波动不确定性测度及其对经济波动的影响研究［J］. 财贸经济, 2011 (2): 125 - 131.

［12］朱彤, 漆鑫, 李磊. 金融发展、外生冲击与经济波动——基于我国省级面板数据的研究［J］. 商业经济与管理, 2011 (1): 52 - 59.

［13］毛彦军, 王晓芳. 货币供给冲击、货币需求冲击与中国宏观经济波动［J］. 财贸研究, 2012 (2): 100 - 107.

［14］杨俊杰. 房地产价格波动对宏观经济波动的微观作用机制探究［J］. 经济研究, 2012 (S1): 117 - 127.

［15］庄子罐, 崔小勇, 龚六堂, 邹恒甫. 预期与经济波动——预期冲击是驱动中国经济波动的主要力量吗?［J］. 经济研究, 2012 (6): 46 - 59.

［16］姚耀军, 鲍晓辉. 金融中介发展平抑了经济波动吗? ——来自中国的经验证据［J］. 财经研究, 2013 (1): 61 - 70 + 81.

［17］刘士宁. 外贸、外资冲击与中国宏观经济波动［J］. 华东理工大学学报 (社会科学版), 2013 (1): 74 - 80.

［18］彭冲, 李春风, 李玉双. 产业结构变迁对经济波动的动态影响研究［J］. 产业经济研究, 2013 (3): 91 - 100.

［19］姚耀军, 彭璐, 曾小懿. 中国金融发展对宏观经济波动的平抑效应——基于 EGARCH 模型的经验分析［J］. 江汉学术, 2013 (6): 5 - 10.

［20］Acemoglu, Zilibotti. Was Prometheus Unbound by Chance? Risk, Diversication and Growth［J］. Journal of Political Economics, 1997, 105 (4): 709 - 751.

［21］S Pallage, MA Robe. On the Welfare Cost of Economic Fluctuations in Developing Countries［J］. International Economic Review, 2003, 44 (2).

［22］Ali F. Darrat, Salah S. Abosedra, Hassan Y. Aly. Assessing the Role of Financial Deepening in Business Cycles: The Experience of the United Arab Emirates［J］. Applied Financial Economics, 2005, 15 (7).

［23］U Jermann, V Quadrini. Financial Innovations and Macroeconomic Volatility. National Bureau of Economics Research working paper, 2006.

［24］Jean Imbs. Growth and Volatility［J］. Journal of Monetary Economics, 2007, 54 (7).

［25］Cevdet Denizer, Murat F. Iyigun, Ann L. Owen. Finance and Macroeconomic Volatility. Policy Research Working Paper, 2487.

［26］L Christiano, R Motto, M Rostagno. Financial Factors in Economic Fluctuations. Meeting papers, 2010.

［27］Pengfei Wang, Yi Wen. Financial Development and Long – Run Volatility Trends. Federal Reserve Bank of St. Louis Working Paper Series, 2013 – 003A.

［28］Wahid, Jalil. Financial development and GDP volatility in China ［J］. Economic Notes, 2010, 39（1）: 27 – 41.

汇率、利率市场化需要金融期货助力与保驾①

从国际上看，汇率、利率市场化与以汇率利率为标的的金融期货市场的发展大体同步。金融期货发展不仅为企业提供了成本较低的风险管理工具，而且助力汇率、利率市场化的深化，与现货市场一道共同形成了富有价格弹性的汇率和利率。我国汇率、利率市场化已经棋至中盘，实体经济部门面临的汇率、利率风险逐步加大，若要顺利拿下全局，根据国际上相关国家的经验教训，已经到了迫切需要金融期货市场来助力和保驾护航的时刻。

一、从国际上看，汇率、利率市场化与金融期货市场发展大体同步

以金融为标的的期货、期权、掉期等交易方式主要是在 20 世纪 70 年代初布雷顿森林体系崩溃后，随着汇率、利率市场化而逐步发展起来的。第二次世界大战结束初期布雷顿森林体系建立至 20 世纪 70 年代初，在国际间普遍实行固定汇率制度，货币之间的汇率是固定不变的（当然汇率可调整，但调整要经过国际货币基金组织同意，一经调整仍要固定下来），不存在汇率风险，也就不需要期货、期权交易来管理汇率风险。这个阶段，绝大多数国家对本国货币的利率也是管制的，存贷款利率甚至国债、债券等都是由金融管理当局（或政府）来确定和调整，不存在利率风险，也就没有交易以利率为标的的期货和期权的需要。

1. 汇率市场化与外汇期货期权的诞生

众所周知，布雷顿森林体系在 20 世纪 70 年代初崩溃后，开启了以金融衍

---

① 本文是工作报告，完成于 2014 年 11 月。

生品交易为主要内容的现代金融创新时代。美元汇率市场化是从美元与黄金逐步脱钩开始的。布雷顿森林体系的主要内容就是美元与黄金挂钩，1 盎司黄金兑换 35 美元，其他国家货币与美元挂钩，实行可调整的固定汇率制度。到了 20 世纪 50 年代末，随着欧洲国家国际收支改善，部分国家开始用手中的美元向美联储兑换黄金，美国的黄金储备开始减少。当注意到黄金储备开始减少时，美国政府对美元挂钩黄金的决心就开始动摇。越南战争爆发后，美国的国际收支进一步恶化，黄金储备大幅度缩减。到 1968 年 3 月，当市场发现美国黄金储备只够偿付其对外短期负债的三分之一时，伦敦、巴黎、苏黎世等地黄金市场爆发了空前的抛美元购黄金的狂潮。为了防止黄金储备进一步减少，美国政府要求英国自 3 月 15 日起暂时关闭伦敦黄金市场，并宣布停止在伦敦黄金市场按照官价出售黄金。1971 年 8 月 15 日，时任美国总统宣布实行"新经济政策"，其中一项政策就是停止每盎司黄金 35 美元官方兑换义务。自此，1971 年 12 月十国集团通过的《史密森协议》同意美元对黄金贬值 7.89%，黄金官价由 35 美元盎司提高到 38 美元/盎司，同时将各国货币对美元平价汇率的波动范围由 ±1% 扩大到 ±2.5%，尽管没有恢复官方的黄金兑换，但是基本精神仍然是维持固定汇率制度。1972 年 6 月，英国首先放弃固定汇率，让英镑汇率自由浮动。1973 年 1 月，尼克松政府宣布部分解除价格管制，美国通胀压力进一步上升。1 月底，瑞士法郎自由浮动。2 月 12 日，尼克松政府再次宣布美元对黄金贬值 10%。3 月，十国集团正式宣布停止为重建固定汇率制度所采取的努力。此后，更多的货币汇率开始自由浮动。至此，以固定汇率制度为主要内容的布雷顿森林体系彻底崩溃。

《史密森协议》后，由于汇率浮动幅度扩大，汇率风险加大，外汇期货应运而生。针对管理汇率风险的需要，1972 年 5 月 16 日，芝加哥商业交易所（CME）推出美元对英镑、德国马克、日元等 7 种货币的外汇期货。外汇期货在美国正式诞生。此前，1970 年 4 月，当时的纽约棉花交易所曾尝试推出外汇期货，但是由于合约设计缺陷以及时机不对而夭折。1973 年初布雷顿森林体系崩溃后，汇率风险进一步上升，避险需求也进一步上升，1973 年度 CME 的外汇期货交易量比上年增长了两倍多。1978 年，纽约商品交易所（NYMEX）也上市了外汇期货。1982 年，费城股票交易所上市了首个外汇期权。

澳大利亚是第二个推出外汇期货的国家。1976 年 11 月 29 日，澳大利亚政府将澳大利亚元对一篮子货币贬值 17.5%，并由固定汇率制度转向爬行盯住。

1980 年，悉尼期货交易所上市了以澳大利亚元交割的外汇期货。

英国紧跟澳大利亚也推出外汇期货。1982 年 9 月 30 日，伦敦国际金融期货期权交易所（LIFFE）成立，当年 10 月首先推出美元/英镑、美元/西德马克期货交易。随后，又推出美元/瑞士法郎、美元/日元等外汇期货品种。1985 年，LIFFE 推出外汇期权交易。

巴西是发展中国家最早推出外汇期货的国家。1987 年，巴西放松了资本流出入限制。为了满足市场的汇率风险管理需求，当年外汇期货即在巴西期货交易所（BM&F）上市，并获得成功。

2. 利率市场化与国债期货是天然的孪生兄弟

利率和汇率是资金对内与对外价格的两种表现形式。汇率与利率之间有着密切的联系。利率平价理论是描述利率与汇率之间关系的最简明的理论。汇率市场化也必然要求利率市场化。布雷顿森林体系后期，在固定汇率制度出现松动的同时，美国利率管制也开始逐步放松，几乎与此同时，旨在管理利率风险的国债期货诞生。

面对通货膨胀和金融脱媒，进入 20 世纪 60 年代以后，美联储以 Q 条例为主要内容的利率管制越来越不适应经济金融的发展，受到了越来越多的挑战。在美国国内，商业银行为了生存，一系列规避利率管制的金融创新，例如利率可自由浮动的回购协议、可转让支付命令（NOW）账户、大额可转让存单（CDs）等自 20 世纪 60 年代末开始陆续出现。与此同时，美国商业银行也开始大量利用离岸的欧洲美元市场进行借贷活动，以规避 Q 条例的管制。利率管制不仅阻碍了商业银行的发展，美国国债发行也受到了严重影响。1918 年，美国政府制定了 4.25% 的长期国债利率上限。1965 年开始，受制于国债利率上限，美国国债发行受阻。进入 20 世纪 70 年代后，美国开始逐步放松利率管制。到 1986 年 4 月，最后一项受管制利率——存折储蓄账户利率管制放开。至此，Q 条例完全终结，利率市场化得以全面实现。美国利率市场化，是政府管理通胀、提高宏观调控能力的需要，也是商业银行应对金融脱媒、恢复竞争力的需要。

利率市场化启动后，国债期货随之诞生。美国芝加哥期货交易所（CBOT）于 1975 年 10 月 20 日推出了政府国民抵押协会抵押凭证（GNMA）期货合约，这是美国第一张利率期货合约。1976 年 1 月 6 日，芝加哥商品交易所（CME）创造性地将商品期货的风险管理经验应用到金融市场，推出 90

天期国库券期货合约，这是美国第一张国债期货合约，也是世界上最早的国债期货，美国国债期货市场就此产生。1977 年 8 月，CBOT 推出了 30 年期长期国债期货合约。1978 年 9 月，CBOT 推出了 1 年期短期国库券期货合约。此后，为了满足市场需求，CBOT 又陆续推出 2 年期、5 年期、10 年期等国债期货交易品种。

英国利率市场化开始启动的时间与美国大体相同。从 20 世纪 70 年代初开始到 1981 年，英格兰银行取消最低贷款利率，利率完全实现自由化。1982年，伦敦国际金融期货期权交易所推出英国 20 年期国债期货。由于英国国债被市场称为金边国债，所以，英国的国债期货亦被称为金边国债期货。

二、全方位认识金融期货市场的功能

1. 金融期货市场与现货市场共同促进了汇率、利率市场化的深化，形成了富有弹性的汇率和利率

完善的金融市场不仅包括现货市场，还包括期货市场、期现货市场之间相互作用，共同构成了一个完整的金融市场。如果仅仅依赖金融现货市场，很难形成有良好价格弹性的利率和汇率。这是因为现货市场的交易往往受到相关金融资产存量有限的限制，以及持有人之间的相关资产分配不均衡，市场的流动性往往较差，交易价格受大户交易的影响特别大，交易的价格弹性往往很低，价格容易出现暴涨暴跌。相比现货市场，期货市场具有更好的价格发现功能。这是因为期货交易实行保证金制度，交易参与者的进入门槛较低，且由于在交易所内交易，透明度更高，价格和交易更加连续，价格弹性更好，价格微小的变动往往带来更多的交易量。期货具有现货所不具有的卖空机制。卖空是负反馈机制，能够及时修正现货市场的过度波动，最终形成富有价格弹性的汇率和利率。从已经完成汇率和利率市场化的国家来看，不仅有发达的现货市场，也有发达的期货市场，后者由于流动性更好，交易量比现货市场更大。

以国际外汇市场为例，得益于有发达的远期交易（包括直接远期、互换、期货、期权等交易方式），主要国际货币之间的即期汇率与远期汇率之间的价差很小（见表1），价差小意味着风险管理成本小，这种情况下，贸易商使用外汇远期交易才更容易起到管理汇率风险的作用，也才更有利于贸易的发展。我国的外汇市场由于过度强调实需原则，远期交易量（包括直接远期、互换、

期权等交易方式）相对即期交易不够大，而且至今没有交易所形式的人民币外汇期货和期权交易，人民币对主要国际货币远期汇率与即期汇率的差很大（见表 2），远期汇率定价主要参考利率平价和市场预期（主要是预期升值幅度），这种情况下，贸易商如果使用远期交易实际上等于已经承担相应的汇率风险，风险管理成本较大。

表 1　　　　2014 年 10 月 31 日某刻国际外汇市场即期与远期报价

	即期汇价	1 年期远期汇价	价差	远期对即期价的偏离度
欧元/美元	1.2559	1.260458	−0.00456	0.36%
美元/日元	111.62	111.008003	0.611997	0.55%
英镑/美元	1.5988	1.592835	0.005965	0.37%

注：即期价、远期价均为中间价。远期对即期价的偏离度为即期与远期价差的绝对值除以即期价。

数据来源：路透。

表 2　　　　2014 年 10 月 31 日我国某银行人民币外汇即期与远期报价

	即期汇价	1 年期远期汇价	价差	远期对即期价的偏离度
美元	611.48	625.28	13.80	2.26%
港元	78.85	80.64	1.79	2.27%
日元	5.5953	5.7491	0.1538	2.75%
欧元	770.89	790.91	20.02	2.60%
英镑	978.28	996.6	18.32	1.87%
瑞士法郎	639.52	657.33	*17.81	2.78%

注：即期价、远期价均为中间价。远期对即期价的偏离度为即期与远期价差的绝对值除以即期价。外币单位为 100。

数据来源：国内某银行内部报价。

　　我国国债期货市场对现货市场的积极作用也开始显现。2013 年 9 月 6 日，我国上市 5 年期国债期货。在我国 5 年期国债期货上市一周年之际，计量分析得出：国债期货上市后，可交割券（CTD）的流动性状况大为改善，所有成为 CTD 的新发 7 年期国债日均成交量比国债期货上市前普遍增加了 50%以上，平均买卖价差减小超过 20%。此外，在过去一年里一些隔夜事件引起债券市场巨大波动时，国债期货市场表现得比现券和利率互换更加理性，反应过度的程度相对较低，并且在开盘后也能很快地带动其他品种回归到均衡价格附近，起到了稳定相关现货市场的作用。

2. 从微观上看，金融期货为不同的风险偏好者架起了桥梁，满足了各自的需求

从对风险的态度看，经济主体可以分为风险厌恶者、风险偏好者和风险中性者。对于工商企业，由于其主要是靠经营实业或贸易来获利，所以，大部分是风险厌恶者，不愿意有汇率风险和利率风险，对它们来说，汇率和利率越稳定越好。在我国，反对汇率波动的声音也主要来自实体经济部门。但是对于金融投资者（或称为机构投资者，包括各类对冲基金等）来说，汇率、利率的波动意味着投资或投机机会，它们是汇率、利率风险的偏好者。第二次世界大战结束后，随着世界经济的复苏和快速发展，尤其是布雷顿森林体系崩溃后，剩余资本的大量出现，专门投资于汇率、利率衍生品的金融投资者（又称机构投资者）大量出现。

在汇率、利率风险加大的情况下，金融期货对于贸易商和实体企业来说是"必需品"。美国著名金融学家米尔顿·弗里德曼早在 1971 年 12 月撰写的《外汇期货市场的必要性》一文中就指出外贸商需要外汇期货，因为"对外贸易一般以薄利多销为宗旨，而 ±2.25% 的汇率浮动可能使外贸商应收货款遭受 ±4.5% 的浮动，大大提升了对外贸易盈利情况的不确定性"。不仅是贸易企业，对于一般的实体企业来说，其实业投资往往需要大量借贷融资，也需要金融期货来规避它们面临的利率和汇率风险，才能使它们放心去投资和经营。

金融期货市场的出现和发展，为金融风险厌恶者和偏好者之间搭起了桥梁，既满足了来自实体经济部门的工商企业的避险需求，又满足了虚拟经济部门的机构投资者愿意通过承担价格波动来博取未来收益的需求，交易越活跃、交易量就越大，就能有效缩小即期与远期价格之间的价差，属于风险厌恶者的实体企业的避险成本就会越低。

党的十八大将市场在我国资源配置中的作用由此前的基础性作用提高到决定性作用，并明确提出深化汇率、利率市场化。汇率和利率市场化的不断深化，就意味着汇率、利率风险的加大。如果没有有效的避险工具，将不利于实体企业经营与发展，而且它们自身也会成为反对市场化的主力，会千方百计予以阻挠。对于金融衍生品，我国的机构投资者已经有了迫切需求。进入 21 世纪后，我国专门用于金融投资的资本越来越多，涌现出了各种各样的机构投资者。部分机构投资者总是希望利用更少的资金可以博取更高的收益，即从事金融衍生品投资。由于我国金融衍生品市场缺乏，2000 年以来，我国部分企业

和机构投资者进入发达国家的衍生品市场，但是由于不熟悉交易规则等原因，出现了很多被当地投资者当作"笨猪"而"猎杀"的案例，损失极为惨重。

总之，拥有产品丰富、发达完善的金融期货市场，不仅能够让风险厌恶者以更小的成本管理金融风险，而且亦能够更多地吸引机构投资者的参与，从而形成更有弹性的汇率和利率。

3. 从宏观上看，金融期货市场有利于实现经济稳定增长，而发展滞后则可能拖累经济增长

金融期货不仅在微观上具有积极意义，从宏观角度看，金融期货市场的正面意义同样不容忽视。我们选取三个发达经济体——美国、日本、德国来进行分析。众所周知，在这三个国家中，美国的金融期货市场最发达，实体企业的参与度也最高，而日本、德国则相对差些。第二次世界大战后到布雷顿森林体系崩溃的 20 世纪 70 年代初，是日本和德国经济的快速增长期。从 1950 年到 1972 年，日本 GDP 年均增长达到 9.30%，联邦德国达到 6.09%。但是布雷顿森林体系崩溃、汇率和利率纷纷市场化后，美国经济增速明显快于日本、德国。从 1973 年到 2013 年，按照可比较口径，美国 GDP 增长了 3.06 倍，而日本、德国仅分别为 2.61 倍和 2.26 倍。如果从 1991 年算起至 2013 年，美国 GDP 年均增速为 2.47%，而日本、德国仅分别为 0.92% 和 1.46%。当然，造成美国、日本、德国在 1972 年以来经济增长速度差异的原因是多方面的，例如人口因素、技术进步差异等，但是有众多的实证分析表明，更发达的金融市场促进了美国经济的更快增长。

对于开放经济体来说，拥有产品丰富、发达完善的金融期货市场，才能与现货市场一道形成更加有弹性的汇率和利率。只有有了一个富有价格弹性的汇率和利率，一国在面对跨境资本冲击（包括国际资本流入与境内资本流出）时，才能够起到减轻或化解冲击不利影响的作用，降低金融危机发生的概率。巴西就曾明显地受益于金融期货市场的发展。在发展中国家中，巴西是金融期货市场发展最早和最好的，始于 1987 年。1997 年爆发的亚洲金融危机，到后期也传染到其他洲的发展中国家。1999 年，巴西、阿根廷、土耳其等国家相继爆发货币危机，短时间内本国货币都出现了大幅贬值和资本外逃，其中只有巴西的汇率很快稳定下来，并且工业生产仅仅下滑了 1 个月，随后就开始稳定增长，而土耳其工业生产连续 13 个月下滑，阿根廷更是连续两年下滑。美国著名经济学家巴里·埃森格林（Barry Eichengreen）

就此指出，巴西如此迅速地从危机中复苏与巴西金融期货市场密不可分。据统计，1998年底，巴西私人部门950亿美元的外债余额中，有700亿美元通过购买指数化证券和外汇衍生合约进行了对冲。由于采取了风险对冲，尽管遭受危机，巴西私人部门对外的偿付能力却没有明显下降，给国际投资者和金融机构吃了定心丸。我们的一项实证研究也发现，拥有发达的金融市场的发达国家比金融市场不够发达的发展中国家，更容易应对跨境资本冲击，宏观经济的稳定性更好。

在2008年9月雷曼兄弟破产引发国际金融危机后，美国并没有出现大量企业破产，并且在发达国家中率先复苏，其中一个重要原因就是美国的工商企业大量使用金融期货来对冲金融风险，并未因为股市、汇率等的大幅波动而出现严重损失。

三、借鉴国际经验，我国在推进利率、汇率市场化的同时，积极发展金融期货市场

汇率、利率是资金的对外和对内价格。我国大力推动汇率、利率市场化，就是减少人为的行政性管制对资金配置的扭曲，通过市场之手来提高资金的配置效率，推动经济转型升级，提高经济增长的质量和效益。各市场经济国家大多是用了十几到二十多年走完了利率、汇率市场化过程。我国的汇率市场化起始于1994年汇率并轨，后来由于亚洲金融危机而中断，2005年7月21日重启汇率改革，到2014年3月15日进一步放开汇率波动幅度，汇率市场化程度已经大大提升。我国的利率市场化开始于1996年，其间也是走走停停，2012年以后开始加速推进，目前只剩下存款利率还有管制，其他利率均已经放开。整体上看，我国利率、汇率市场化已经走了99步，还剩最后一步。我国有句至理名言：行百里者半九十。尽管剩下了最后一步，但如果没有准备好，这最后一步就不是实现飞跃，而是万丈深渊。

1. 人民币汇率、利率类金融期货市场应大体与人民币汇率、利率市场化同步发展

从美国以及其他国家的金融市场发展史来看，汇率、利率市场化的启动与金融期货的出现大体同步。相对于我国汇率和利率市场化的进程看，我国外汇期货与国债期货市场建设与发展则要滞后得多。我国的利率市场化发端于

1996 年。1999 年 9 月，国债在银行间债券市场实行市场化定价发行，国债利率率先实现市场化。2013 年 7 月 20 日，全面放开金融机构贷款利率管制。目前，只剩存款利率还有管制。但是直到 2013 年 9 月 6 日，我国才重启国债期货，推出了 5 年期国债期货合约。人民币汇率市场化发端于 1994 年初的人民币汇率并轨。当然，由于亚洲金融危机的爆发，人民币汇率市场化进程被中止。2005 年 7 月 21 日重启汇率改革，实行参考一篮子货币进行调节的有管理的浮动汇率，自此，人民币对美元汇率开始双向波动。尤其是 2014 年 3 月 15 日，央行决定扩大人民币对美元汇率波幅以来，人民币对美元汇率告别了过去近 9 年的以单边升值为主的走势，双向波动更加显著。但是，直到现在，人民币外汇期货仍没有推出。

2. 应加快汇率、利率类金融期货市场发展，助力汇率、利率市场化实现最后一跃

发达国家与发展中国家在金融市场发展和完善程度上的差异，主要体现在金融期货市场上的差距，在现货市场上的差距较小。也正因为期货市场缺失或不够发达，绝大多数发展中国家的利率、汇率市场化程度不高，勉强实现了市场化的国家，利率、汇率波动剧烈，弹性不够。因此，对于发展中国家来说，除了继续深化和完善金融现货市场外，更多地应该大力发展金融期货市场。当前，我国汇率、利率市场化程度已经大大提高。仅剩存款利率还有管制，其他利率均已放开。人民币离岸市场近年来也发展迅速，其市场化的存贷款利率对国内人民币借贷市场的影响也开始显现。在汇率市场化推进方面，自 2014 年 3 月 15 日央行进一步扩大汇率波幅以来，根据央行外汇占款的变化，表明央行对外汇市场的"常态式干预"已经大为减少。央行之所以还维持对存款利率的管制，一个主要原因就是市场缺乏人民币利率定价基准——一条完善的能够反映市场供求的国债收益率曲线。从美国等发达国家的实践来看，完善的国债收益率曲线由国债现货和期货市场共同决定，国债收益率曲线的基础是现货市场，但期货有助于校准和精确。人民币汇率完全市场化，就意味着汇率波动幅度的完全放开，除非特殊情况，央行平时不应该干预。人民币汇率波幅的完全放开，也就意味着汇率风险的加大，如果缺乏价格发现功能更好的外汇期货市场，不仅面对汇率风险的企业和个人缺乏汇率风险管理工具，汇率自身的波动也可能因为缺乏对冲操作，而使得波动进一步加剧。

3. 大力发展场内金融期货交易，推动场内场外市场协调发展

从国际经验看，紧随汇率和利率市场化，最早出现的是在交易所内交易的外汇期货和国债期货产品。相比场外交易，交易所市场内的金融期货具有交易连续、透明、进入门槛低等特点，更容易与现货市场形成良好互动，而且相对来说风险也更容易控制。2008年国际金融危机后，各国对场外衍生品交易都加强了监管，并且引入中央对手方清算机制来降低场外金融衍生品交易的风险。从国内来看，债券远期、利率互换早于国债期货；人民币远期结售汇、人民币外汇期权等场外衍生交易已经存在多年，而且境外市场也已推出人民币外汇期货。我国发展金融期货市场应该积极吸收和借鉴国际经验教训，大力发展交易更透明、风险更可控的场内金融期货交易。

4. 丰富国债期货品种体系，允许所有国债持有者利用国债期货进行套保，迎接即将到来的地方债发行高潮

当前我们仅有5年期国债期货一个品种，尽管已经开始发挥积极作用，但是由于品种单一还无法满足市场已经多样化的需求。上市更多期限的国债期货品种，不仅可以更好地满足国债持有者对不同期限国债风险管理需求，也能够补上国债收益率曲线上的其他期限，有利于形成一条完整的国债收益率曲线。此外，应该放松限制，允许所有国债持有者都可以利用国债期货进行套期保值。当前，我国国债持有量最大的机构投资者商业银行和保险公司还无法参与国债期货交易，这使得它们无法利用低成本的国债期货进行风险管理。从其他国家的实践看，商业银行和保险公司是国债期货的最主要参与者，缺少了它们的参与，国债期货市场应有的功能也难以充分发挥出来。

丰富国债期货品种体系、完善国债收益率曲线也是即将到来的地方债发行高潮的迫切需要。新的预算法已经在2014年8月经全国人大通过，2015年1月1日正式实施。今后地方政府只能通过发行地方政府债券的方式举借债务。近期国务院和财政部也下发多个文件，约束地方政府债务。财政部已经根据国务院的要求，部署对地方政府存量债务纳入预算管理清理甄别工作。对甄别后纳入预算管理的地方政府存量债务，各地区可申请发行地方政府债券置换。可以预计，进入2015年后，我国地方债将迎来一波发行高潮，而当前的一个不利条件就是缺乏一条能够充分反映市场供求的国债收益率曲线。

5. 尽快推出人民币外汇期货，满足企业的汇率风险管理需求

尽管2005年7月重启人民币汇率体制改革后，在银行间市场以及商业银行对企业客户，推出了人民币汇率远期、掉期以及期权业务。但是，由于坚持

人民币汇率衍生品交易的实需原则，又加之远期定价与即期价之间价差过大，不利于企业管理汇率风险，所以，交易比较清淡。

应该尽快推出交易所内的人民币外汇期货期权交易。交易所内的外汇衍生品交易，由于进入门槛低、交易连续、信息公开透明，企业使用起来更加灵活，更容易被进出口企业用来管理汇率风险。并且由于交易所内外汇衍生品交易，是在封闭的市场内运行，与当前我国实行的资本项目管制不冲突，因此，可以放松实需原则，这样交易所内的外汇衍生品流动性就会较好，形成的远期汇价与即期汇价的价差必然缩小，从而降低进出口企业的汇率风险管理成本，更有利于对外贸易的稳定发展。

此外，在 CME、港交所、新加坡交易所等境外交易所已经纷纷推出人民币外汇期货的情况下，从保持人民币汇率定价权的角度看，我国境内推出交易所内的人民币外汇期货期权交易已经到了刻不容缓的地步。

完善金融市场　对冲美元加息溢出效应[①]

当前因为美国货币政策回归正常化，其他国家尤其是包括我国在内的新兴市场国家和发展中国家因为经济仍处困难，无法同步加息，所以，面临着货币贬值、资本外流等负面的溢出效应冲击，这也是当前国际上正在关心的溢出效应。面对不利的溢出效应，该如何应对呢？

一、溢出效应的涵义和传导渠道

溢出效应（Spillover Effects），又称为外部性，是指一个人或一群人的行动和决策使另一个人或一群人受损或受益的情况。据维基百科，在经济学当中，溢出效应指的是，由一个看似无关的外部环境中所发生的事情在本环境中引发的经济影响。

开放经济条件下的溢出效应一般是指，一国宏观经济政策（主要是指货币政策）的变化（包括预期）对其他国家产生的影响。

之所以在国际间存在货币政策的溢出效应，主要是由于各国经济周期的不完全同步性而导致的宏观政策上的不同步。2008 年国际金融危机后，由于美国经济率先复苏且势头良好，美国货币政策的正常化进程比其他国家都要早。早在 2013 年 5 月、6 月时，时任美联储主席伯南克便透露出美国将要逐步结束量化宽松，让美联储的货币政策回归正常。2015 年美国主要经济指标，包括 GDP 增速、失业率等恢复到危机前水平，但欧元区、日本等其他发达经济体经济复苏乏力，失业率下降缓慢，新兴市场和发展中经济体作为一个整体，

[①]　本文完成于 2016 年 3 月，主要内容发表于《上海证券报》2016 年 3 月 16 日。

2015 年经济增速更是创下危机以来的最低水平。从美国的经济情况看，已经到了货币政策需要回归正常化的时候，我们也确实看到 2015 年 12 月 16 日，美联储启动了危机后的首次加息。然而，从欧元区、日本、新兴市场和发展中经济体来看，则仍然需要货币政策维持宽松，甚至宽松的程度需要进一步加码。

在开放经济条件下，货币政策溢出效应主要通过贸易和金融两条渠道进行传导和发挥作用。经典教材将贸易作为货币政策溢出效应的主要渠道，但绝大多数研究文献表明金融渠道更加重要，传导速度更快，影响程度更显著，例如汇率和资本流动等。因此，政策溢出对金融市场的影响更被关注。

当然，溢出效应也分为正面效应和负面效应，对于正面效应当然是乐见其成，对于负面效应则需要管理和对冲。

二、溢出效应对不同国家的影响存在差异

溢出效应具有不对称性。主要发达经济体货币政策的溢出效应要大于新兴市场和发展中经济体。从全球范围看，因为美元的全球货币地位、经济规模最大、是很多国家的主要贸易伙伴等因素，美国货币政策的溢出效应更显著。在区域经济合作组织中，核心国家货币政策的溢出效应也显著大于非核心国家。

主要发达国家货币政策的溢出效应对不同国家的影响存在程度上的差异。2013 年 5 月、6 月以来，因为预期美国货币政策要回归正常，新兴市场和发展中国家受到的不利冲击要远大于美国之外的其他发达国家。当然，在新兴市场和发展中国家中，溢出效应也存在差异。从 2013 年 6 月 19 日到 8 月 30 日两个多月的时间内，马来西亚林吉特、泰国泰铢、俄罗斯卢布对美元汇率下跌了 4% 左右，而巴西雷亚尔、印度尼西亚盾、印度卢比对美元汇率的跌幅则分别达到 8.20%、10.4% 和 14.53%，这在当时甚至引发了新兴市场是否重又陷入了金融危机的争论。

重点看 2015 年 12 月 16 日美联储危机后首次加息的溢出效应的差异。我们看到，自 2015 年 12 月初至 2016 年 1 月底，全球主要股市出现下跌，非美货币对美元汇率也以下跌为主，尤其是美联储 12 月 16 日公布加息决定后，股市和非美货币汇率出现更加明显的下跌走势。当然，造成下跌的原因应该是多

方面的，但是其中主要原因应是美国加息造成的溢出效应。我们还观察到一个现象就是：大部分新兴市场和发展中国家股市下跌幅度超过欧洲、美国、日本等发达国家股市（见表1），在汇率方面，日元、欧元对美元汇率反而是上涨的，然而包括人民币在内的新兴市场和发展中国家货币在这个期间则是下跌，其中，阿根廷比索、阿塞拜疆马纳特在美国加息消息公布后出现断崖式下跌，几日之间跌幅超过了30%，俄罗斯卢布对美元汇率还创出了历史新低，最大跌幅也超过了30%（见表2）。

表1　　　　　　2015年12月初至2016年1月底全球主要股市表现

	区间最高	区间最低	最大跌幅（%）	2015年12月1日开盘价	2016年1月31日收盘价	区间涨跌幅（%）
发达国家						
美国道琼斯工业指数	17901.58	15450.56	13.69	17719.72	16466.3	−7.07
标普500指数	2104.27	1812.29	13.88	2082.93	1940.24	−6.85
纳斯达克指数	5176.77	4313.39	16.68	5129.64	4613.95	−10.05
富时100指数	6447.34	5639.88	12.52	6356.09	6083.79	−4.28
法国CAC40指数	4975.71	4084.68	17.91	4960.38	4417.02	−10.95
德国DAX指数	11430.38	9314.57	18.51	11422.47	9798.11	−14.22
日经225指数	20012.4	16017.26	19.96	19799.08	17518.3	−11.52
新兴市场和发展中国家						
韩国KOSPI指数	2026.33	1830.06	9.69	2001.51	1912.06	−4.47
巴西IBOVESPA指数	47142.43	37046.07	21.42	45121.1	40405.99	−10.45
俄罗斯RTS指数	850.37	607.14	28.60	845.86	745.3	−11.89
印度孟买Sensex指数	26256.42	23839.76	9.20	26201.27	24870.69	−5.08
土耳其XU100指数	77766.72	68230.47	12.26	75232.79	73481.09	−2.33
阿根廷MERV指数	13523.15	9199.81	31.97	12974.57	11306.02	−12.86
上证综指	3684.567	2638.302	28.40	3442.4412	2737.6	−20.48
深证成指	13187.052	8986.518	31.85	12022.835	9418.204	−21.66
沪深300指数	3926.6857	2839.2899	27.69	3562.3186	2946.0902	−17.30

数据来源：Wind，汤姆逊—路透。

表2　　　　2015 年 12 月初至 2016 年 1 月底部分货币对美元汇率表现

	区间最高	区间最低	最大跌幅（%）	2015 年 12 月 1 日开盘价	2016 年 1 月 31 日收盘价	区间涨跌幅（变化率）（%）
欧元（总体升值）	1.106	1.0522	4.86	1.0566	1.0834	2.54
日元（总体 V 形）	123.67	115.97	6.64	123.08	121.03	1.67
人民币（震荡贬值）	6.5945	6.3889	3.22	6.3964	6.5752	-2.80
韩元（震荡贬值）	1220.7	1151.03	6.05	1159.59	1207.11	-4.10
印度卢比（震荡贬值）	68.255	65.9359	3.52	66.4523	67.8677	-2.13
巴西雷亚尔（震荡贬值）	4.1723	3.715	12.31	3.8672	3.9973	-3.36
俄罗斯卢布（震荡贬值）	85.9675	66.03	30.19	66.3000	75.4626	-13.82
阿根廷比索（断崖式贬值）	14.007	9.6652	44.92	9.7045	13.8869	-43.10
阿塞拜疆马纳特（断崖式贬值）	1.6184	1.0331	56.65	1.0438	1.6005	-53.33

注：在计算涨跌幅时，考虑了汇率报价方式的不同而进行了计算方式上的调整。

数据来源：Wind，汤姆逊—路透。

三、为何溢出效应对不同国家的影响存在较大的差异

造成主要发达国家货币政策溢出效应在不同类型国家之间存在较大差异的原因应该是多方面的，而其中一个重要原因是与各国金融市场的发展和完善程度不同有关。发达国家的金融市场已极为发达和完善，相对来说，新兴市场和发展中国家的金融市场不够发达和完善。新兴市场经济体中那些金融市场相对完善的国家，受到美国货币政策溢出效应不利冲击的程度相对较轻。欧美一些学术研究也表明，拥有良好制度环境的新兴经济体相对较小地受到发达经济体非常规货币政策的冲击。

笔者与合作者在 2014 年度完成的一项研究中也发现金融发展程度越高的国家，宏观经济波动率越低（论文发表于《国际金融研究》2015 年第 2 期）。我们分别从信贷市场、资本市场和金融衍生品市场三个角度分析了金融发展对宏观经济波动的影响机理，以 1961—2012 年 214 个国家的宏观数据为样本，采用时间维度的固定效应模型，验证了金融发展与 GDP、投资、消费增速波动率的统计关系。结果表明，金融发展与以上三者存在显著的负相关关系，即金

融发展程度越高，降低外部冲击的能力就越强，所以宏观经济的稳定性就越好。

四、大力发展和完善我国的金融市场，对冲境外货币政策的不利冲击

对冲或降低来自主要发达国家货币政策溢出效应的不利影响，可以采取的措施很多，我们侧重从金融角度提出设想和建议。无论是从现象观察，还是从一些学术研究的实证检验来看，金融市场越是发达完善，降低来自境外不利冲击的能力就越强。拥有相对发达、完善、成熟的金融市场，就等于拥有了对冲境外货币政策不利冲击的天然屏障。尽管我国金融市场在改革开放以来，尤其是过去十余年时间里得到了长足的发展，但是与发达国家相比，差距仍然巨大和明显，就是与一些新兴市场国家和地区，例如韩国、新加坡、中国台湾地区等相比，也仍然是明显落后，存在很大的提升空间。

整体上看，应坚持场内外、期现货市场均衡发展，完善金融市场结构。从结构上看，金融市场包含现货市场与期货市场（又称金融衍生品市场）、场外市场（又称 OTC 市场）与场内市场（又称交易所市场）等细分市场，它们共同构成了统一完整的金融市场体系。一般认为，由于期货市场占用资金相对较少等特点，其风险管理和价格发现的效率更高。当然，金融期货市场也更复杂些，监管难度更大些，因此，新兴市场和发展中国家与发达国家在金融市场上的差距，主要体现在金融期货市场上落后的程度更大。相比现货市场，我国金融期货市场发展也是明显不足，在一定程度上已经成为制约利率和汇率市场化的"短板"。我国外汇市场目前只有 OTC 市场，仍然没有交易所市场。相比 OTC 市场，由于场内金融衍生品具有交易连续、公开透明以及处于严格的监管之下等优点，2008 年国际金融危机之后，国际金融界大力倡导金融衍生品场外交易场内化。以下针对我国金融衍生品市场建设提三点设想或建议。

一是就股指类衍生品市场来看，应尽快恢复股指期货市场的避险功能，同时尽早推出股指期权。在总结前期经验和教训的基础上，应该尽快修改完善相关制度，适度放宽交易限制，恢复股指期货市场的避险功能。自 2015 年 9 月针对股指期货交易实施严厉管控措施以来，我国股市的运行状况在某种程度上已经表明，股指期货并不是造成本轮股市异常波动的主因。韩国是股指衍生品

最为发达的新兴市场国家，我们看到在美国加息后，韩国股票市场表现明显好于其他新兴市场和发展中国家股市，更加稳定些。国际市场发展经验一再表明，股指类期货期权品种的丰富完善，可以尽可能地规避各种波动风险，给长线资金入市提供更适合的风险管理手段，从而提高股票市场的效率，改善频繁买卖、短期投机的投资生态。

二是建议尽快放行商业银行等国债主要持有者参与国债期货市场。经过两多年时间的培育和发展，我国国债期货市场已经初具规模，主要功能开始发挥，但是相比美国等发达国家的国债期货市场，仍然有很大的差距，其中一个主要原因就是我国金融机构和国债市场的主体——商业银行还无法参与。近日，央行研究局首席经济学家马骏博士领衔完成的工作论文《收益率曲线在货币政策传导中的作用》指出，我国短期利率通过债券市场的传导效率比许多国家偏弱的原因之一就是我国衍生品市场不发达，提出的诸多政策建议之一是允许银行参与国债期货市场。

三是放松外汇交易实需原则，尽快推出场内人民币外汇期货期权产品。20世纪70年代初，美国著名金融学家米尔顿·弗里德曼就撰文指出："只有避险交易的外汇交易市场是不存在的，必须允许外汇市场上有投机交易，因为市场需要投机商来承担未平仓合约带来的市场风险，并且投机活动的发展可以使市场价格的波动趋于平稳，有效减轻大规模贸易活动对市场的不对称冲击。"弗里德曼还指出："投机交易越活跃，交易量就越大，外贸商进行避险操作就越容易，避险成本也会降低。"尽管自2014年在银行间市场上远期、掉期、期权等人民币外汇衍生品交易量已经超过即期交易，但与主要国际货币的外汇交易相比，我国人民币汇率衍生品交易规模相对即期（即现货）交易仍然过小，这不利于形成富有弹性的汇率机制。过去几年，随着人民币国际化程度的提高和境外人民币流通量的扩大，香港交易所、新加坡交易所、芝加哥商业交易所（CME）、莫斯科交易所等近十家境外交易所纷纷上市了人民币对美元等外汇期货产品，交易量持续增长，对人民币汇率的影响力不断提高，而我国境内则迟迟没有推出场内人民币外汇交易产品。场内汇率类衍生品有其独特的优势，更便利中小外贸企业的汇率风险管理。此外，发展场内人民币外汇交易产品也事关在岸市场人民币汇率定价权的巩固。

第四章
资本流动与资本项目可兑换

对流入我国热钱的综合分析与治理建议①

近来热钱问题尤其被关注，主要是担心货币供给增长过快压不住物价上涨，以及担心热钱流向发生逆转导致货币危机。其实，学术界早在 2003 年初国际上掀起人民币升值论时就担心热钱会大量流入我国，并提醒管理当局要控制热钱的流入。由于我国仍然实行较为严格的资本项目管制，流入我国的热钱不同于已经实现了资本项目自由化的发达国家，它们对于热钱流入的规模、流向有较为准确地把握，而我们——尤其是有关政府管理部门根本不清楚流入了多少热钱，即使学术界内部对于什么是热钱、有多少热钱流入、又流向了哪里等问题也存在颇多的争议和分歧。不过，在当前国际上金融动荡有所加剧，国内通胀压力居高不下而外汇储备仍呈加速增长的情况下，弄清热钱流入我国的渠道、规模、去向等基本问题仍然显得重要和有现实意义，特别是制定有针对性的治理建议，对于保持我国经济金融稳定意义重大。

一、对流入我国热钱的定义

热钱是我国对英文"hot money"的直译。热钱是对国际游资（International Fluid Capital）的一种通俗的称法。在过去，我们一直将热钱定义为或看作是在国际间频繁流动并伺机获利的短期资本，特别突出它的频繁流动性和短期性。正是基于这种认识或定义，我们有的政府官员否认有大量热钱流入我国，因为没有看到有国际资本快进快出我国。

其实，对于哪些"钱"是"热钱"，就是在国际上也没有统一的或被公认

---

① 本文是针对当时的一个有争议的报告、应某金融研究会之邀所做的深入分析报告，完成于 2008 年 7 月 1 日。

的定义。

针对我国实行严格的资本项目管制，热钱的流出入不是像发达国家那样容易，因此，学术界有人甚至认为，我国没有真正意义的热钱流入，至多是"长线投机资金"（唐旭、梁猛，2007）。

通过最近几年跟踪研究我国的情况，笔者认为"短期性"并不是热钱的根本属性之一，也就是说，不能以投资或滞留的时间长短来作为判断哪些"钱"是或不是"热钱"的标准。2003 年以来，就有一些非正常的资金进入我国，这是几乎成为共识的认识，如果真要以时间的短期性（一般指一年以内）来衡量，这些非正常资金绝大部分直到今天仍没有流出，那么，它们就不是热钱。但是，我们利用逆向思维或反证法，如果不是热钱，那它们是不是外商直接投资（FDI）呢？显然，它们又不是 FDI，它们与 FDI 有显著的不同。正是基于这种认识，也是基于中国的现实情况，笔者认为当前流入中国的热钱绝不能以滞留的时间长短来判定，而是应该以它们的流动性、获利的方式来判断。因此，笔者对流入我国热钱作如下定义：那些不是以投资于实体经济通过实业经营来获利，而是试图通过资产价格的波动来获利的资本就是热钱。货币也是一种资产，它的价格是汇率。因此，那些进入到中国结汇后以银行存款形式存在以赌人民币升值以及获取利差为目的的外来资本当然也是热钱。

笔者认为热钱有以下几大特性：

一是良好的流动性和变现能力。良好的流动性并不一定就是短期的。热钱一般投资于股市、房市、外汇等变现能力强的资产上。二是牟利性。它们以单纯的获利为目的，尽管可能会遭受损失。三是具有破坏性。它们进入某一市场时，容易导致价格大幅上涨出现资产泡沫，而一旦集中撤出该市场，又会导致资产价格大幅下跌，资产泡沫破裂。它们大进尤其集中退出一国时，容易导致货币危机或金融危机。

二、流入我国热钱的主要渠道

对于已经实现资本项目自由化的国家来说，流入的热钱一般体现在国际收支平衡表中的"资本和金融项目"下，例如证券投资、存款等子项目。然而对于我国来说，我国对资本项目实行较为严格的管制，除了外商直接投资（FDI）已经基本实现自由化外，其他项目尤其是证券投资都受到管理当局的严格控制。目前对外国投资者在证券投资领域允许进入的只有 QFII 和 B 股这两种方式。在这种情况下，窥视中国的大量国际游资只能假借其他合法渠道非法进入。

在 2008 年第一季度《货币政策执行报告》里，央行总结了逐利外汇（实为"热钱"，央行之所以没有直接说成热钱，目的可能是在刻意回避某些问题）进入我国的七种渠道：一是货物贸易，二是在 FDI 项下和 FDI "投注差"外债直接结汇，三是个人项下结汇，四是企业和金融机构境外股本融资渠道，五是服务贸易，六是合格境外机构投资者（QFII），七是利用黄金交易、期铜等大宗商品交易进行融资性质的操作达到套利目的。应该说，这是迄今为止对热钱进入我国渠道最全面的概括。有人认为，地下钱庄也是热钱流入的一条主要通道。对此，笔者认为确实有些热钱通过地下钱庄进入我国，但是从相对量上来看，仍然称不上是主要通道，并且地下钱庄的资金往来往往与贸易有关系，此外，由于地下钱庄的非法性和高成本，一些热钱不会借此进入我国。笔者认为通过地下钱庄进入的热钱几乎可以忽略不计。

实际上，就笔者的研究，当前热钱进入我国的主要渠道包括：一是进出口贸易，二是个人单方面转移（在我国也有人称之为侨汇），三是 FDI 及相关的外债，四是 QFII。在这四种热钱流入的渠道中，唯有第四种是合法的，是受到监管当局批准进入和正常监管的，但是从估计的已经流入的热钱量上看，可能是最少的。

附录

德意志银行对热钱流入中国情况的调查

2008 年 5 月，德意志银行完成了一项关于热钱流入中国的调查，调查对象包括国内外 200 家企业，如进出口公司、生产企业和服务企业等港台、外资、内资和海外中资企业。此外，还调查了境内外约 60 位高收入的个人。据了解，部分接受调查的企业和个人曾参与以套利为目的的转移外汇的活动。从调查结果来看，超过半数的企业认为，以"直接投资"的模式将国际资金转移到国内操作起来最便利；通过"低报进口"或者"高报出口"方式为热钱引流的企业，分别占 11% 和 10%；"海外捐赠""地下钱庄"等途径，也是热钱流入的通道，分别约有 8% 和 5% 的企业经常以此将外汇转到内地。也有些企业会通过向员工和国内服务提供商支付外币薪酬和借外币贷款和外债等方式，转移热钱。

该项调查显示，企业较多倾向于采用"直接投资"为转移通道，其次是进出口贸易。

该项调查的主持者、德意志银行大中华区首席经济学家马骏表示，相比较来看，内资企业转移热钱的方法比外资企业更分散，只有约合58%的内资企业通过直接投资和进出口贸易转移，而外资采用这两种方式转移的比例却高达78%。换句话说，内资企业转移的渠道和方式更隐蔽、更分散，监管起来难度更大。在外资企业当中，港台企业更喜欢用贸易方式转移热钱，而其他国际资本则往往通过直接投资把大量热钱引入到内地。

三、流入我国热钱的主体

现在来看热钱的主体，即流入的热钱的所有者是谁。大体来看，有以下几类：

（一）具有进出口权的中资企业

既包括有进出口权的国有及国有控股企业，也包括有进出口权的民营企业，特别是前者。当前流入我国的热钱，其中相当一部分是过去（特别是在亚洲金融危机期间）外逃资本的回流，而当时资本外逃的主体正是国有及国有控股企业。这些"钱"尽管本来就属于中国，目前回流应该受到欢迎，或至少应属正常，但是由于它们具有很强的趋利避害性质，并且这些企业有大量的进出口，通过贸易资本很容易频繁进出，因此，它们也属于热钱。目前，民营企业也已经成为我国对外贸易的重要组成部分，它们中也有的通过贸易渠道转移资金进入我国。

（二）外资企业，包括真外资企业和假外资企业

外资企业一般都具有进出口经营权，因此，贸易渠道也是它们转移资金的渠道之一。此外，外资企业通过注资、借外债（外资企业能够借用的外债额度为"投注差"）等渠道或方式将热钱引入我国。在我国还存在大量的假外资企业，在过去相当一段时间内，内资变成外资的目的是为了享受优惠待遇，而

目前一些假外资企业则成为热钱流入的一大主体。多数假外资企业原为民营企业，它们在国内很难获得商业银行的信贷支持，特别是在信贷紧张的时候，它们更难获得信贷资金。自人民币升值以来，国际上一些金融机构和投资机构很愿意通过假外资企业的境外机构借钱给它们，特别是境外的投资机构往往要求的回报很高，不仅要固定的利率，甚至要参与利润分红，而借款的企业之所以愿意借用这些高成本资金，很大程度上带有赌人民币升值的性质，这样一来，境外的投资机构以及境内的假外资企业都能从人民币升值以及中国资产价格上涨中获利，因此，这些资金毫无疑问带有热钱性质。最近一段时间，还出现了一些难辨其真假的外资企业。自 2007 年房地产企业出现资金困难后，有一部分开发商与外资成立合资企业，名义上是外商直接投资，而实际上，很大一部分资金既要求保本和固定回报，又要求参与利润分红，而愿意投资房地产的外资多数为境外的私募基金等机构投资者。对于近年来，有多少热钱通过 FDI 及"投注差"的外债进入，这比估计贸易渠道中的热钱规模要困难得多。

（三）海外华侨华人以及港澳台同胞

在 2000 年前后的几年里，汇入我国的侨汇稳定在 50 亿美元左右，2002 年后这一金额迅速增长，一路攀升，2007 年这一金额达到 426.11 亿美元。正常情况下，侨汇是在海外的华侨华人赠送给在内地的亲属的生活费，如此巨额的侨汇已经超过了正常的生活费所需，绝大部分是由在内地的亲属代表在海外的亲属结汇后投资于股票、房地产以及存放于银行，这些资金明显带有赌人民币升值和中国资产价格升值的味道，是十足的热钱。在 CEPA 安排下，近年来一些港澳同胞也大量兑换人民币，或用于投资股市、房地产，或单纯持有人民币存款，目的也是赚取人民币升值红利和中国资产价格上涨，热钱迹象显著。

（四）一些不太正规的海外机构投资者，包括对冲基金、PE 等

之所以在海外机构投资者前加了一个"不太正规"的定语，是说那些国际上常见的机构投资者例如各种养老基金、保险基金以及受到较多监控的大型对冲基金和私募基金，基本上还没有通过非法的渠道进入中国，即使进入中国，例如黑石、凯雷等国际机构投资者购买中国的商业地产和收购上市公司和非上市公司的股权，它们也是通过合法渠道进入，进入的金额和投资去向都是经过管理当局批准的，尽管有些投资是带有热钱性质，但是相对于受到的监管

和限制较多，变现能力也相对较弱。此外，这些金额相对仍然较少。而那些窥伺人民币升值和中国资产市场的不太正规的海外机构投资者，一般通过勾结中国企业（包括中资企业，也包括真假外资企业）通过贸易、FDI、外债等渠道进入我国，然后投资于股市、房市或干脆存放银行，由于它们处于暗处，不会受到监管机构的专门监管，并且它们往往有较高的操作技巧，它们所到之处对于市场的破坏力是很强大的。

四、对流入我国热钱规模的估计

（一）对当前两种常用热钱估算方法的剖析

在学术界，存在两种基本的测算资本外逃或内逃（即热钱流入）的方法，一是"错误与遗漏项"估算法，它是直接将国际收支平衡表中的错误与遗漏项记载的金额估算为资本外逃或热钱流入的规模，当出现借方金额时认为是资本外逃，当出现贷方金额时认为是热钱流入。二是残差估算法，它认为某期的外汇储备的变化量减去贸易差额和FDI所得出的金额，如果是正数就认定为该期的热钱流入量，如果是负数就认定为该期的资本外逃量。其实，这两种方法在测算资本外逃或热钱流入上并没有多少说服力，即使在学术界也被广为质疑。

先来看"错误与遗漏项"估算法。首先，国际收支平衡表是一个统计报表，而不是会计报表，然而它运用了会计报表的借贷编制法，最终要使得借方与贷方两方的金额一致，即平衡；其次，国际收支平衡记录的两大项目之一的贸易项目一般采用海关记录的进出口金额，它表明的是货物流的情况，然而对进出口进行结算的资金流（外汇流）与货物流往往存在时间差，而国际收支平衡表却默认这二者是一致的；最后，国际收支平衡表里所使用的数据多数为统计数据，而不是会计数据，并且有些统计数据是通过采样后估算出的，误差会很大。因此，在国际收支平衡表上就用"错误和遗漏"项来人为平衡国际收支，不论该项数据出现在贷方还是借方，只要金额所占整个国际收支规模的比重不是很大，一般以不超过5%为正常。

再来看残差估算法。这种方法隐含着国际收支差额中除去贸易差额和FDI净差额之外的都是非正常或非法资本流动或短期资本流动，其实不然。国际收支平衡表记载的是一定时期内一国对外经济金融交易的状况，涉及的一级子项目就达几十项，而不仅仅只有贸易和FDI两项，并且这两项之外的项目并不都是一种负债性质的资金流入或资本性质的资金流出，例如汇入我国用于境内亲属生活费的侨汇、我国境外投资的收益汇回等就是正常的外汇资金流入，它们既不是热钱，也不是对外的负债，是我国对外的净收入。

以上两种方法还有一个共同的缺点，它们都默认贸易、FDI以及其他项目的资金往来都是真实的，不存在热钱假借流入问题，而这正是中国当前热钱流入的主要方式或渠道。

（二）对热钱规模的估算

有热钱流入我国这已是一个基本没有争议的共识，但是流入的热钱到底有多少却是有分歧的。有人估计，截至2007年底，流入我国的热钱在5000亿美元左右。有人测算出2005—2007年三年间进入我国的热钱为8200亿美元左右。也有人估计，流入的热钱以及盈利部分的最高估值的现值已经达到1.75万亿美元，与当前的外汇储备余额相当。其实，在当前我国仍实行较为严格的资本项目管制、热钱主要假借合法渠道非法流入的情况下，要准确测算流入我国热钱的规模是不可能的。

笔者曾对可以通过计量方法来测算热钱流入量的渠道进行过研究，现结合截至2007年底的数据，重新测算如下。

1. 贸易渠道混入的热钱

自2005年以来，我国贸易顺差快速增长。1994年至2004年，我国每年的贸易顺差稳定在300亿美元左右，2005年一举突破1000亿美元大关，达到1020亿美元，比上一年增加700亿美元。2006年又比上年增加754.7亿美元，达到1774.7亿美元。2007年进一步增加到2622亿美元，比上一年增加了接近850亿美元（见图1）。其实，早在2006年初，就有人针对2005年度的贸易顺差提出如此巨额的贸易顺差不够真实，里面必定含有大量的热钱。彼时，笔者曾与合作者运用较为复杂的计量方法，利用1994年至2004年的季度贸易差额，测算出2005年和2006年的贸易顺差分别为654亿美元和849亿美元。对照这两年海关统计的贸易顺差，笔者认为，这两年贸易渠道中有大约1300亿美元的热钱混入。之所以没有再运用该方法测算2007年的真实贸易顺差是因为过去两年的数据已经不够真实，在这种情况下不可能得出准确度高的结果。

对于 2007 年的真实贸易顺差，笔者估算可能在 500 亿美元左右。为什么估算的数比前两年略低，这是考虑了在汇率改革初期，企业对于人民币汇率的走势还没有形成认识，存在加快出口、减缓或推迟进口的做法，在一定程度上会扩大贸易顺差。如此，2005 年至 2007 年，贸易渠道中混入的热钱在 3400 亿美元左右。

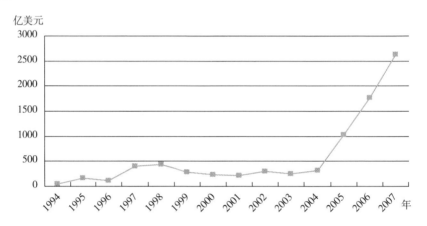

数据来源：相关年度海关统计。

图 1　1994—2007 年中国海关统计的贸易顺差走势

笔者的这一估计值也许还算是较为保守的。据一份官方的文件显示，2006 年和 2007 年不能确定真实贸易背景的外汇流入分别约为 540 亿美元和 730 亿美元。首先，根据该文件显示，这些金额是对没有发生真实贸易但是有外汇流入部分的最保守估计；其次，这些金额并不包括出口地高报价、进口地低报价导致的热钱流入。

2. 个人单方面转移内混入的热钱

近年来，通过个人单方面转移方式进入的外汇资金突然增加（见图 2），但是相对应地，个人外汇存款不仅没有相应增加，还有所减少（见表 1）。因此，这其中必然有一部分资金属于带有赌人民币升值的投机资本。2002 年之前各年度，个人单方面转移的流入金额不足 100 亿美元，甚至有的年度不足 10 亿美元，例如 1991—1993 年各年。但是从 2002 年开始，个人单方面转移的外汇流入金额持续上升，2002 年为 137.09 亿美元，到 2007 年达到 426.11 亿美元，2003—2007 年五年间累计流入达到 1444 亿美元，显然这么多的流入金额已经大大超过境内亲属的生活费所需。再对照同期的居民个人外汇存款，五年间不仅没有增加反而净减少 390 亿美元。流入部分加上减少部分，合计有 1834 亿美元结汇进入外汇储备，占当期外汇储备增加额的比重达到 14.8%。可见个人结汇也构成了外汇储备增长的一个重要源泉。当然最近五年间个人单方面转移流入的 1444 亿美元不会全部是热钱，其中大约 400 亿美元应该属于正常的生活费，故通过该渠道流入的热钱在 1000 亿美元左右。

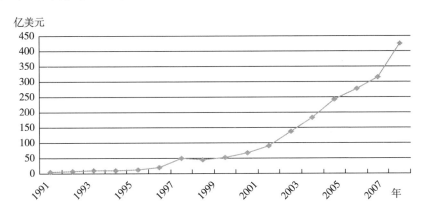

数据来源：1991 年至 2004 年数据来自《2005 中国国际收支统计年报》，其后几年均来自当年国际收支平衡表；金额为经常账户下经常转移的其他部门的贷方发生额。

图 2　1991—2007 年个人单方面转移流入额的走势

表 1　　　　2002—2008 年 5 月各期期末个人外汇储蓄存款余额统计

单位：亿美元

年度	2002	2003	2004	2005	2006	2007	2008.05
个人外汇存款	893.59	855.14	802.37	743.81	644.01	503.67	462.88

数据来源：中国人民银行网站。

3. 通过 QFII 进入的热钱

相比较来说，通过贸易渠道和个人单方面转移进入的热钱具有很高的隐蔽性，尤其是通过贸易渠道的热钱流入与流出受到的限制很少，当前通过 QFII 进入的国际资本受到的管制就要多些，进来不易，出去也要经过批准，但是毫无疑问它们具有很大的投机性质，划为热钱不为过。

截至 2007 年末，已累计批准 49 家 QFII 共 99.95 亿美元的投资额度，累计汇入资金 99.26 亿美元。

4. 对 FDI 以及外债中热钱的分析

FDI 以及"投注差"形成的外债也被视为热钱流入的渠道，对此笔者也是赞同的，但是要估计它们中有多少是热钱非常困难。首先来看最近几年的我国利用外商直接投资情况。根据原外经贸部以及商务部的统计，1994 年度我国实际利用外商直接投资就达到 337.7 亿美元，之后基本上呈现增长势头，到 2007 年度上升到 747.68 亿美元，整体上看，最近几年 FDI 并没有像贸易顺差一样呈现爆发性的增长（见图 3）。在这种情况下，就很难估算其中有多少热钱。

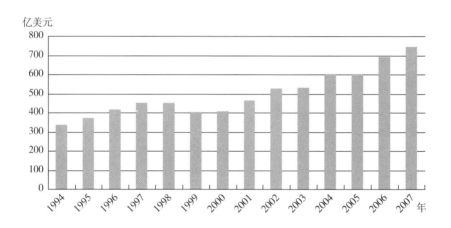

数据来源：原外经贸部与商务部网站。

图 3　1994—2007 年各年度实际利用外商直接投资

同样，近年来年度新增外债中有多少热钱也很难估算。先来看 1994 年至 2007 年各年度外债增加额，它们年度之间变化较大，规律性不强（见图 4），尽管最近五年整体上看呈增长趋势，但是从年度增加额来看，与前几年增加较多时也没有很大变化。此外，自 2001 年我国加入世界贸易组织后，我国对外资银行的经营范围在逐步放松，外资银行为了抢占市场存在从境外增加借款的情况。还有，2007 年我国实施宏观调控以来，商业银行信贷投放收紧，一些有资格的外资企业为了正常的经营会从境外借外债。因此，综合来看，不排除有热钱通过外债渠道进入我国，但是金额有多少却很难通过计量方法测算或估计。

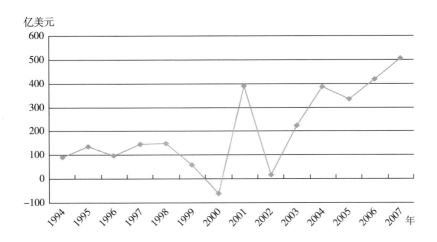

数据来源：国家外汇管理局网站。

图4 1994—2007年各年度外债增加额

通过以上三条可以估算的渠道，最近几年进入我国的热钱在4500亿美元左右。

五、热钱流入对我国经济金融产生的不利影响

人们常用不断增加的外汇储备余额来估算热钱的流入规模，尽管新增外汇储备中有一部分是正常的贸易顺差、正常的FDI、正常借入的外债、正常的侨汇等外汇流入形成的，但是它仍然在一定程度上能够说明热钱流入的规模以及规模的变化趋势。热钱流入对我国经济和金融产生的不利影响主要体现在以下几个方面。

（一）加大了货币政策操作难度，央行的货币政策已经转向主要对冲外汇占款

最近几年，我国央行的货币政策操作主要是围绕对冲外汇占款而开展，几乎到了疲于应付的地步。热钱是为获取人民币升值红利而来的，但是人民币汇率又不可能一夜之间升值到位，中央银行必然要适当控制升值速度，于是投入基础货币收购外汇，而外汇占款不断增加又会导致货币供给相应增长，如果不

予以对冲，必然增加货币供应量，造成通货膨胀。因此，最近几年央行不断地通过提高存款准备金率、增发央行票据等手段来试图对冲掉增加的外汇占款。

外汇储备的快速增长直接导致外汇占款的快速增加。2004 年底，央行外汇占款余额为 49664.51 亿元，到 2007 年底已经上升到 115168.71 亿元，短短 3 年时间增长了 132%。到 2008 年 4 月底，进一步上升到 131217.94 亿元。为了对冲快速增长的外汇占款、防止出现货币和信贷增长过快，央行不断提高法定存款准备金率、发行央行票据。自 2003 年 9 月 21 日首次上调存款准备金率以来，截至 2008 年 6 月底，已经累计上调 20 次，上调幅度达到 11.5 个百分点，准备金率达到自实行这一制度以来的最高点 17.5%（见表 2）。粗略估算，截至 2008 年 6 月末，存款类金融机构缴存在央行的准备金余额将达到 7.7 万亿元，按照当前央行对法定存款准备金支付 1.89% 的利率计算，央行为此要支付的年度成本为 1455.3 亿元。

表 2 　　　　　　　　　　存款准备金率调整时间　　　　　　单位：%

次数	时间	调整前	调整后	调整幅度
26	2008 年 6 月 15 日和 25 日	16.50	17.50	1.00
25	2008 年 5 月 20 日	16.00	16.50	0.50
24	2008 年 4 月 25 日	15.50	16	0.50
23	2008 年 3 月 25 日	15	15.50	0.50
22	2008 年 1 月 25 日	14.50	15	0.50
21	2007 年 12 月 25 日	13.50	14.50	1
20	2007 年 11 月 26 日	13	13.50	0.50
19	2007 年 10 月 25 日	12.50	13	0.50
18	2007 年 9 月 25 日	12	12.50	0.50
17	2007 年 8 月 15 日	11.50	12	0.50
16	2007 年 6 月 5 日	11	11.50	0.50
15	2007 年 5 月 15 日	10.50	11	0.50
14	2007 年 4 月 16 日	10	10.50	0.50
13	2007 年 2 月 25 日	9.50	10	0.50
12	2007 年 1 月 15 日	9	9.50	0.50
11	2006 年 11 月 15 日	8.50	9	0.50

次数	时间	调整前	调整后	调整幅度
10	2006 年 8 月 15 日	8	8.50	0.50
9	2006 年 7 月 5 日	7.50	8	0.50
8	2004 年 4 月 25 日	7	7.50	0.50
7	2003 年 9 月 21 日	6	7	1
6	1999 年 11 月 21 日	8	6	−2
5	1998 年 3 月 21 日	13	8	−5
4	1988 年 9 月	12	13	1
3	1987 年	10	12	2
2	1985 年	央行将法定存款准备金率统一调整为 10%		
1	1984 年	央行按存款种类规定法定存款准备金率，企业存款 20%，农村存款 25%，储蓄存款 40%		

央行还自 2002 年创造性地发行央行票据来对冲外汇占款。2002 年 9 月 24 日，人民银行将 2002 年以来（6 月 25 日至 9 月 24 日）公开市场业务未到期的正回购转换为中央银行票据，将商业银行持有的以央行持有债券为质押的正回购债权置换为信用的央行票据债权，转换票据总额 1937.5 亿元。自此，央行票据的发行量连年创出新高，2007 年全年发行量达到 40700 亿元，年末余额达到 34900 亿元（见表 3）。

表 3　　　　　　　　　　**央行票据发行量统计**　　　　单位：亿元

年度	2002	2003	2004	2005	2006	2007
发行量	1937.5	7226.8	15072	27882	36522.7	40700
余额	1937.5	3376.8	9742	20662	30300	34900
余额新增	1937.5	1439.3	6365.2	10920	9638	4600

数据来源：根据相关各期《货币政策执行报告》整理。

此外，央行还通过在公开市场上的正回购来对冲外汇占款。2007 年正回购余额为 6200 亿元，比年初增加 5600 亿元。

（二）热钱流入造成了通货膨胀以及通货膨胀预期

通胀问题最终是货币问题，这是著名货币主义经济学家弗里德曼的至理名言，几乎被所有流派的经济学家认可。当前我国持续的物价上涨尽管原因复杂，但是货币供给与信贷增长过快是不可忽略的原因。由于外汇占款投放在前，对冲在后，央行很难彻底对冲干净。在央行加大对冲外汇占款的初期，就有人提出快速增长的外汇占款以及由此导致货币供给的过快增长会加大市场对通胀的预期，造成通胀压力。但当时这并未引起相关部门的重视，相反有人还认为出现适度的通胀求之不得。谁知 2006 年全年通胀率还仅为 1.5%，2007 年就上升到 4.8%，2008 年前五个月 CPI 同比上涨更是达到 8.1%，全年通胀率很难低于年初中央制定的 4.8% 的控制目标，通胀已经到了难以控制的地步。

（三）助长了资产泡沫

热钱流入后不可能只趴在银行的账户上等待升值获利，而是会投向股市、房市等资产市场。由于国际游资具有娴熟的操作技巧，例如它们重视研究、重视媒体宣传、重视制造舆论，从而容易推高一国的资产价格，最终导致资产泡沫。尽管并不能分清有多少热钱结汇后进入了我国的股票市场和房地产市场，但是毫无疑问近年来的我国股票市场和房地产市场的持续大幅上涨与热钱一定有关系。尽管它们可能不是推动股市和房市上涨的最主要力量，但是最起码助长了我国资产泡沫的产生和膨胀。

（四）加大了人民币升值压力

外汇储备已经成为国际投机资本观察人民币升值压力的一个重要标杆，当新增外汇储备增长较快时，市场上对人民币升值预期就变得更加强烈，预期的升值幅度也加大。而人民币升值预期越强，热钱流入得就越多。目前已经形成了这样一个相互强化的怪圈。

截至 2008 年 6 月末，人民币对美元汇率中间价相比汇率改革前已经累计升值 20.66%。如果考虑到近几年中美通货膨胀的差异，人民币对美元的实际升值幅度已经接近 2005 年 4 月美国参议员舒默与格雷厄姆提出的要人民币升值 27.5% 的幅度。尽管如此，市场上对于人民币的升值预期不仅没有有效削弱，反而是对人民币汇率高度一致的升值预期。

（五）影响经济金融政策的制定，导致政策误差

当前进入我国的热钱主要假借贸易、个人单方面转移、FDI、外债等合法渠道非法进入，但是这些渠道里有多少热钱以及哪些钱是热钱并不能准确识别，因此，这些已经被扭曲的数据有可能影响政府的政策制定。例如，当前的国际收支如果刨去热钱部分，真实的国际收支顺差可能已经很少，甚至已经转为逆差，可是如果我们仍然根据当前实际出现的顺差规模来制定纠正失衡的政策，例如采取人民币升值的办法，那么要升值的幅度就会超过实际经济的需要，即出现升值幅度过大的问题，而如果果真采用这一政策则正中热钱的下怀。再如，当前贸易渠道是热钱进入的主要渠道，如果有关决策部门对此否认或低估贸易逆差中的热钱数量，制定较为激进的抑制贸易顺差的经济政策，则一定会伤害到本属于正常经营的出口企业，进而伤害到实体经济。

（六）埋下了货币危机隐患

一旦一国货币升值幅度超过了经济的基本面支撑，并且资产市场上出现了严重的泡沫，热钱就会开始撤离。热钱进入是一个历时较长的过程，而当它们对东道国经济不再有信心时，则往往会集中撤离。由于进入的热钱已经获得大量投资收益，如果再加上东道国本币已经大幅度升值，那么此时要出去的资金量可能已经数倍于进入时的金额，即使可能有大量的外汇储备也难以满足要离境的兑换需求，货币危机就很难避免。亚洲金融危机以及当前在越南发生的危机已经充分告诉我们，所谓高额或充足的外汇储备在危机面前总是不够用，也根本不能制止危机的发生。

六、治理热钱的政策建议

有一点必须承认，截至目前，我国有关政府部门并没有重视热钱流入问题，有的部门曾经认识到了但是并没有从根本上予以重视并采取有效手段治理。例如，早在 2005 年底就有政府部门注意到可能有企业通过贸易渠道向境内转移资金（即热钱），也制定了一个大约 5000 家结售汇存在异常的企业黑名单，但是直到今日我们也没有看到查处和制裁过任何一家企业。当然里面的

原因可能是复杂的，可能需要跨部门的合作与配合，而其他部门未必愿意配合，从而使得曾经有轰轰烈烈之势的事情不了了之。但是，我们必须看到这种对违法行为不处罚导致的不良结局：不良分子更加猖獗，最初的守法企业也逐渐加入到输入热钱的队伍中，因此，才有当前新增外汇储备有增无减，尽管实施了降低出口退税、人民币不断升值，贸易顺差不降反增的局面。

目前已经到了应该高度重视和需要从严治理热钱流入的时候了，对此笔者提出如下治理建议。

1. 对存在热钱流入的各渠道进行检查，对查出的大案要案要坚决从重从快处罚

只有对存在假借合法渠道非法输入热钱的企业、机构和个人加大检查和处罚力度，特别是贸易渠道，才能起到杀一儆百的震慑作用，才能有效抑制这些渠道的热钱流入量。

2. 维持人民币汇率的相对稳定，降低人民币升值预期，使预期分散化

当前高度一致的升值预期是热钱流入的首要动力。汇率改革前后，有一种主张就是通过加快人民币对美元名义汇率升值的办法来缓解人民币升值压力。在某种程度上，我们就是这样做的：汇率改革当年人民币对美元升值了2.56%，2006年是3.35%，2007年是6.90%，2008年上半年是6.5%。人民币对美元升值幅度呈逐步加快之势。但实际效果又如何呢？人民币名义汇率升值越快，市场上对人民币汇率的升值预期就越强，预期的升值幅度越大。年初以来，很多机构预测2008年全年的升值幅度将不会低于10%，有的机构甚至给出了升值15%的预测值。

要化解人民币升值预期需要做到：

首先，要维持人民币汇率的相对稳定，让人民币汇率波动起来，而不是呈单边升值的走势。汇率的实际走势是影响市场预期的最直接因素（一般情况下，市场参与者的预期基本上是简单预期，并非合理预期者）。如果汇率一直呈单边趋势，人们的预期就是还要继续涨/跌；如果汇率呈现出强烈的上下波动走势，那么市场的预期就会是分化的，有人看涨，有人看跌，预期会相当分化。尽管汇率改革时我们强调人民币汇率将参考一篮子货币调整和维持汇率的相对稳定，尽管也有一些波动，但是并没有真正参考一篮子货币，更没有实现相对稳定，而是美元贬值时人民币升值，美元升值时人民币也升值，并且几次中美战略经济对话时，不论国际外汇市场状况如何，均出现人民币大幅升值的

走势，有人甚至将此称为"鲍尔森效应"。人民币对美元汇率累计已经实现了大幅升值，已经在很大程度上缓解了最初的低估程度。今后有必要将人民币汇率真正转到参考一篮子货币上，也只有这样才能真正实现双向波动，才能真正有效化解升值预期。

其次，我们的财经官员要向市场持续传递维持人民币汇率相对稳定的信息和信号。笔者曾长期观察一些主要国家主管汇率问题的官员的言论，他们出言都非常谨慎，几乎从不说导致市场预期一边倒的带有倾向性的话。例如，克林顿政府时期，时任财长的鲁宾推行"强势美元政策"，无论是美元贬值还是升值，他都坚持说我们是在实行强势美元政策。而从英文本身的字面理解，"强势美元"并不等于要美元升值。美联储前主席格林斯潘之所以伟大，就是因为他的话语给人模糊的感觉和认识，不同的人甚至有截然不同的解读。然而，汇率革改以来我们的一些财经官员以及一些在国际上有重要影响并曾或仍在参与决策的经济学家，他们却在不断地说升值是能够接受的，几乎忘掉了汇率改革文件里规定的"维持汇率相对稳定"。他们的本意可能是好的，是想表明人民币不可能快速升值，想打消要人民币加快升值的念头，但是外界的理解却是中国能够接受人民币升值，这反而强化并形成了高度一致的升值预期。还有，有人害怕提相对稳定，认为相对稳定就是固定不动。其实不然，相对稳定主要是指在一定区间内波动。

3. 要维持资产价格的相对稳定，防止暴涨暴跌

汇率改革以来，恰逢我国股票和房价持续上涨，并且涨幅位于全球前列。这样流入我国的热钱又投资在资产市场上，从而获取人民币升值和资产价格上涨的双重红利，成了几乎无风险且高收益的投资。这种情况下，本来就嗅觉敏感、唯利是图、无孔不入的国际游资就不可能放过这种大好机会。今后我们应该通过加强管制和规范，维持股市和房市的相对稳定，使得境外投资者降低对我国资产回报的预期，这有利于减少对国际投机资本的吸引力，从而减少热钱的流入。

4. 适当放松信贷关系，保障企业正常的信贷需求

2007年下半年以来，我国加强了信贷管制，企业借贷难度加大，特别是一些房地产开发企业资金更为紧张。在这种国内借贷无门的情况下，企业要生存必然将资金需求转向境外。与此同时，人民币对美元加速升值。从境外融资不仅相对容易，而且人民币升值越快借外债的成本越低，这样不仅解决了资金

困难，还获得了人民币升值的好处。因此，笔者建议当前要适当放松信贷控制，要满足企业正常的信贷需求。对于像房地产企业不宜采用银行信贷形式的，要放开直接融资，例如 REITs，否则，在国际流动性过剩的大环境下，境内企业与国际资本之间的通道就会被打通。

5. 适当放宽资本项目管制，允许符合条件的国际资本进入我国股票市场

我国在资本项目开放上采取谨慎的态度和渐进的开放原则是对的，特别是在国际金融市场风云变化无常、金融危机此起彼伏的今天。又加上我国仍然是发展中国家，我们的基础仍然薄弱，特别是在金融机构的竞争能力仍然不足、监管也仍然不够完善的情况下，有必要谨慎开放资本项目。但是，我们又必须看到，我国已经是当今经济最具活力和经济增长最快的国家，这对于国际资本是巨大的吸引力，它们都希望能够分享我国的经济成长。因此，在这种情况下，我们也应当适当放宽资本项目的管制，特别是允许符合条件的国际资本进入我国的股票市场。单纯的堵，往往是堵不住的，而且它们还会通过其他渠道进入，这不仅扭曲了其他项目的真实性，也使得通过这些渠道非法进入的投机资本基本处于监管的真空状态，它们的破坏力反而会更大。自 2002 年我国实施 QFII 制度，截至 2007 年底仅累计批准 49 家 QFII 共 99.95 亿美元的投资额度，累计汇入资金仅 99.26 亿美元。2007 年度，国家外汇管理局新批准的 QFII 投资额度仅为 9.5 亿美元，不仅没有比上年度的 33 亿美元增加，反而大幅减少。显然，这不能够满足国际投资者的需要。

阻止热钱流入首要工作是：
打破单边升值预期[①]

2005 年 7 月 21 日实施汇率改革前后，一直有一种主张或者说是声音，即通过加快人民币对美元名义汇率升值的办法来缓解升值压力。但实际效果是，人民币名义汇率升值越快，市场上对人民币汇率的升值预期就越强，预期的升值幅度就越大。截至 2008 年 5 月 26 日，人民币对美元汇率中间价已经累计升值达 19.26%，如果考虑到近几年中美通货膨胀的差异，人民币对美元的实际升值幅度已经接近 2005 年 4 月美国参议员舒默与格雷厄姆提出的要人民币升值 27.5% 的幅度。汇率改革当年人民币对美元升值了 2.56%，2006 年是 3.35%，2007 年是 6.90%。2008 年以来，截至 5 月 26 日，已经升值了 5.26%。人民币对美元升值幅度呈逐步加快之势。因此，年初以来很多机构预测 2008 年全年的升值幅度将不会低于 10%，有的机构甚至给出了升值 15% 的预测值。如果仅仅是升值预期也并不可怕，可怕的是它导致了大量热钱进入我国。尽管学术界与监管当局对于流入我国的热钱数量有不同的见解或估计，但最显而易见的是，大量增加的外汇储备不会全是正常资金。

大量热钱流入对我国经济和金融已经产生了不良影响。一是加大了央行的货币政策操作难度。热钱是为获取人民币升值红利而来的，但是人民币汇率又不可能一夜之间升值到位，中央银行必然要适当控制升值速度，于是投入基础货币收购外汇，而外汇占款不断增加又会导致货币供给相应增长。近年来央行为了对冲外汇占款，不断地提高存款准备金率和增发央行票据。二是引发通货

---

① 本文是《中国外汇》记者为纪念"汇改三周年"对笔者的书面采访，完成于 2008 年 5 月 29 日。该采访发表在《中国外汇》2008 年 7 月号上。

膨胀。通货膨胀问题最终是货币问题，这是著名货币主义经济学家弗里德曼的至理名言，几乎被所有流派的经济学家认可。当前我国持续的物价上涨尽管原因复杂，但是货币供给与信贷增长过快是不可忽视的原因之一。由于外汇占款投放在前，对冲操作在后，央行很难彻底对冲干净。三是容易导致资产泡沫。热钱流入后不可能只趴在银行的账户上等待升值获利，而是会投向股市、房市等资产市场。由于国际游资具有娴熟的操作技巧，例如它们重视研究、重视媒体宣传、重视制造舆论，从而容易推高一国的资产价格，最终导致资产泡沫。近年来，我国股指与房价大涨与进入我国的国际游资兴风作浪不无关系。四是容易引发货币危机和经济危机。一旦一国货币升值幅度超过了经济的基本面支撑，并且资产市场上出现了严重的泡沫，热钱就会开始撤离，而一旦有大量游资集中离开，货币危机和经济危机就很难避免。当前，我们必须高度警惕热钱流入对我国经济和金融可能造成的潜在不利影响。

汇率改革马上就要三年了，人民币对美元汇率也已经累计升值超过19%，幅度不可谓不小，但我们想要的国际收支平衡不仅没有出现，反而是更加失衡；我们想要的人民币汇率趋于均衡不仅没有实现，反而是预期升值幅度更大。因此，到了应该总结经验教训和调整思路的时候了。特别是自2007年10月以来加快了升值步伐，当时的政策意图大都被外界解读为通过加快升值来降低贸易顺差和国际收支顺差。然而时至今日也有半年多的时间了，我们看到的是，官方统计的贸易顺差没有有效减少，利用外商直接投资以更快速度增长，外汇储备增长没有放缓反而增加更多。2007年第四季度外汇储备增加了946.6亿美元，2008年第一季度增加了1539.2亿美元，环比增长62.6%。慢升值用了，快升值也用了，都没有起作用。也许有人会说，还是升值幅度不够，如果继续升值，总有一天会解决问题。汇率改革以来，笔者一直坚持和呼吁解决升值压力要多种手段综合运用，不能只用或主要使用升值的办法来解决升值压力问题，在升值的同时更要化解市场的升值预期，使得市场预期由高度一致转向逐步分散，防止热钱流入，否则，就容易诱使热钱大量流入，陷入越是升值、升值压力越大的怪圈。因此，笔者认为下一步的汇改工作应该有所调整，调整到重点化解升值预期上来。

要化解市场的人民币升值预期，笔者认为要重点从以下几个方面做起。

首先，要切实让人民币汇率波动起来，而不是呈单边升值的走势。汇率的实际走势是影响市场预期的最直接因素。如果汇率一直呈单边趋势，人们的预期就是还要继续涨/跌；如果汇率呈现强烈的上下波动走势，那么市场的预期就会是分化的，有人看涨，有人看跌，预期会相当分化。尽管汇率改革时我们强调人民币汇率将参考一篮子货币调整和维持汇率的相对稳定，尽管也有一些波动，但是并没有真正参考一篮子货币，更没有实现相对稳定，而是美元贬值时人民币升值，美元升值时人民币也升值，并且几次中美战略经济对话时，不论国际外汇市场状况如何，均出现人民币大幅升值的走势，有人甚至将此称为"鲍尔森效应"。不过令人欣喜的是，4月10日人民币中间价首次破7以来，人民币对美元汇率围绕7波动了有一个月的时间，而不是继续加快升值，当然究其原因主要是这段期间国际市场美元汇率大幅回升所致，但是这种波动的走势使得这期间预示人民币升值预期的重要指标海外人民币NDF报价的升水迅速缩小，同时一些国际金融机构开始怀疑甚至调整对人民币升值的预测值。人民币对美元汇率累计已经实现了大幅升值，已经在很大程度上缓解了最初的低估程度。今后有必要将人民币汇率真正转到参考一篮子货币上，也只有这样才能真正实现双向波动，才能真正有效化解升值预期。

其次，要向市场持续传递维持人民币汇率相对稳定的信息和信号。笔者曾长期观察一些发达国家主管汇率问题的官员的言论，他们出言都非常谨慎，几乎从不说导致市场预期一边倒的带有倾向性的话。例如，克林顿政府时期，时任财长的鲁宾推行"强势美元政策"，无论是美元贬值还是升值，他都坚持说我们是在实行强势美元政策。而从英文本身的字面理解，"强势美元"并不等于要美元升值。美联储前主席格林斯潘之所以伟大，就是因为他的话语给人模糊的感觉和认识，不同的人甚至有截然不同的解读。然而，汇率改革以来我们的一些财经官员和在国际上有重要影响并曾或仍在参与决策的经济学家，他们却在不断地说升值是能够接受的，几乎忘掉了汇率改革文件里规定的"维持汇率相对稳定"。他们的本意可能是好的，是想表明人民币不可能快速升值，想打消要人民币加快升值的念头，但是外界的理解却是中国能够接受人民币升值，这反而强化并形成了高度一致的升值预期。还有，有人害怕提相对稳定，认为相对稳定就是固定不动。其实不然，相对稳定主要是指在一定区间内波动。

再次，要切实解决国际收支失衡问题。我国国际收支失衡直接体现在外汇储备余额的变化上，因此，我国外汇储备的增长已经成了国际市场观察人民币汇率压力的重要标杆。当我国外汇储备月度增长较少时，人民币的升值压力就变小；当月度增长较多时，人民币的升值压力就会变大。当前我国国际收支失衡主要是因为热钱流入过多。由于我国仍然实行较为严格的资本项目管制，国际游资无法直接进入我国，因此主要通过进出口贸易、个人海外汇款、FDI、地下钱庄等渠道非法进入，其中尤以贸易渠道为主。渣打银行经济学家 Stephen Green 曾对 2005 年我国的贸易顺差做过研究，认为当年 1020 亿美元的贸易顺差中有 670 亿美元是热钱流入，而不是真实的贸易顺差。其他几位经济学家的研究也得出类似结论。笔者对此也曾有过深入研究，得出的结论是近年来官方统计的贸易顺差中大部分是属于热钱性质，真实的贸易顺差并不大。央行最新发表的 2008 年第一季度货币政策报告对此也有分析，这是央行第一次以书面的形式承认贸易中存在热钱流入。然而，近年来我们还从未发现有任何一家进出口企业因热钱流入问题而受到查处。这在一定程度使得那些赌人民币升值的企业和机构更加有恃无恐。因此，建议加大对贸易渠道进入热钱的检查和处罚。当然对于其他一些渠道的热钱流入也要加大检查和惩处力度，起到杀一儆百的作用。此外，也可以改变我国外汇储备的形成机制，切断货币发行与外汇储备增长之间的直接联系，这样热钱将失去观察人民币升值压力的标杆。

最后，要适当控制资产价格的上涨幅度。汇率改革以来，恰逢我国股票和房价持续上涨，并且涨幅位于全球前列。这样流入我国的热钱又投资在资产市场上，从而获取人民币升值和资产价格上涨的双重红利，成了几乎无风险且高收益的投资。这种情况下，本来就嗅觉敏感、唯利是图、无孔不入的国际游资就不可能放过这种大好机会。今后我们应该通过加强管制和规范，适当控制股票和房价的上涨幅度，使得境外投资者降低对我国资产回报的预期，这也会在一定程度上减少热钱的流入，进而最终有利于缓解市场对人民币的升值预期。

热钱开始撤离中国了吗[①]

  2008 年以来，我国外汇储备仍然持续增长，近日有官员透露我国外汇储备已经超过 2 万亿美元。根据美国财政部最新公布的数据，截至 9 月末我国持有美国国债的总额达到 5850 亿美元，取代日本成为美国国债的最大持有者。2008 年 1—9 月，我国增持美国国债数量达到了 1074 亿美元，其中仅 9 月就增持 440 亿美元。不过，最近一段时间，不断有人断言热钱开始流出我国。有位研究人员断言，9 月流出中国的热钱大约为 145 亿美元，而自 6 月以来的 4 个月热钱共计流出了近 800 亿美元。情况果真如此吗？

  很多人用所谓"残差法"来估算热钱流动的方向与规模。当某期外汇储备的增加额大于该期的贸易顺差额与 FDI 之和时，认为有热钱流入，它们的差被视为流入的规模；相反，当某期外汇储备的增加额小于该期的贸易顺差额与 FDI 之和时，认为有热钱流出，它们的差视为流出的规模。据此，由于 2008 年 6 月和 9 月，当月外汇储备增加额均小于当月的贸易顺差与 FDI 之和，于是有人据此判断，这两个月分别有大约 190 亿美元和 145 亿美元的热钱流出。根据该方法，2008 年 7 月和 8 月则分别应该有 27 亿美元和 33 亿美元的热钱流入。如果是这样，这四个月应该是净流出热钱 275 亿美元。因此，不知上述那位研究员是如何得出热钱流出近 800 亿美元的。那么，这种测算方式准确吗？

  这种"残差法"隐含着国际收支差额中除去贸易差额和 FDI 金额之外的都是非正常或非法资本流动或短期资本流动。而事实上，并非如此。我们还是运用国际收支平衡表来看。国际收支平衡表记载的是一定时期内一国对外经济金融交易的状况，涉及的一级子项目就达几十项，而不仅仅只有贸易和 FDI 两

---

  ① 本文完成于 2008 年 11 月，以《所谓"热钱"真的开始撤离中国了吗》发表于《上海证券报》2008 年 12 月 5 日。

项，并且这两项之外的项目并不都是一种负债性质的资金流入或资产性质的资金流出，例如汇入我国用于境内亲属生活费的侨汇、我国境外投资的收益汇回等就是正常的外汇资金流入，它们既不是热钱，也不是对外的负债，而是我国从境外取得的净收入，它们的流入如果结汇就会最终进入外汇储备。即使贸易顺差和 FDI 之外的项目可以忽略不计，在计算 FDI 时不仅要考虑当期流入量，也应该将同期清算退出的 FDI 以及本国的对外直接投资算在内。此外，贸易顺差记录的是该期货物流的差额，并不一定会同时发生同等规模的外汇流差额。这应该是非常容易理解的。例如，某月出口了 1000 亿美元的货物，约定三个月后对方付款，该月进口了 800 亿美元的货物，支付方式为货到付款，这种情况下，贸易顺差为 200 亿美元，但是当月实现的外汇收支却表现为逆差 800 亿美元。由此我们可以清楚地看到这种"残差法"估算热钱有多么的不准确。

事实上，用当月外汇储备增加额来表示该月央行在外汇市场收购了多少外汇储备，也是不适合的，这是因为已有存量外汇储备是能够产生损益的，因此，当月外汇储备增加额里面包含当月存量外汇资产投资形成的损益。尤其当前我国外汇储备已经达到 1.8 万亿美元以上的规模，即使只有一个月时间，它们产生的损益（包括投资收益和汇率折算损益两部分）也是相当可观的。那么，如何来测算当月央行购进的外汇量呢？央行自身当然是清楚它的购买量的，不过，国际上多数央行都不公布该金额，我国也不例外。是否就无从所知了呢？也不是，这可通过央行的外汇占款来测算，误差不会很大。计算的方法是，当月外汇占款增加额除以当月人民币对美元的平均汇率，所得出的数即相当于当月央行购进的外汇储备金额。我国早就按月公布央行的外汇占款。根据测算，6～9 月四个月央行购进的外汇储备分别为 105.86 亿美元、503.01 亿美元、267.36 亿美元、527.29 亿美元（见附表），与当月外汇储备增加额相比，7 月和 9 月外汇储备增加额反而少于央行购进额，这说明当月的外汇储备收益为负。收益为负并不足奇，因为美元汇率指数在 7 月 15 日以后开始进入上升通道，美元对欧元、英镑、加拿大元、澳大利亚元等主要非美货币汇率开始走高，这种情况下，我国外汇储备中的非美元货币资产折算为美元时就会存在损失。此外，在当前国际金融危机不断蔓延和深化的大背景下，外汇储备投资也会遭受投资损失。

6～9 月四个月中，我国央行购进的外汇金额小于当月贸易顺差与 FDI 之和的是 6 月和 8 月，特别是 6 月，二者相差有 200 多亿美元，这主要与当月上调法定存款准备金率 1 个百分点有关，因为央行要求主要商业银行用外汇来缴存存款准备金。截至 2008 年 6 月底，我国人民币存款余额接近 44 万亿元，上调 1 个百分点的准备金大约要缴存 4400 亿元，如果主要商业银行占 2000 亿元，那么折合为美元就是 280 亿美元，这个金额与当月央行购进外汇金额之和则大于贸易顺差与 FDI 之和，即使根据所谓"残差法"，也不是有热钱流出而是有热钱流入。

如果套用"残差法"的思路来测算热钱流出入情况的话，2008 年 6~9 月四个月，央行共购进了 1403.53 亿美元的外汇，大于该期合计 1362.16 亿美元的贸易顺差和 FDI，仍应该是有热钱净流入，而不是净流出。

其实，早就有研究和调研得出结论，最近几年进入我国的热钱主要是假借进出口贸易、个人单方面转移、FDI、贸易信贷等合法渠道非法进入。例如高报出口价格的方式将境外热钱引入，假如货物正常价值为 1 亿美元，出口商反而报 2 亿美元，并且实际收进 2 亿美元，这就帮投机者流入 1 亿美元的热钱，从渠道上看是合法的，但这么做则是非法的。

从当前的一些言论以及国家外汇管理局出台的措施看，我们对热钱存在着较为矛盾的心态，我们不愿意见到热钱流入，因为它们流入的目的是为了获利、为了赌人民币升值。事实上，近几年大规模的热钱流入导致我国流动性过剩，造成了通货膨胀，给我们制造了不少麻烦。不过，我们也似乎担心热钱流出，尤其当前国际金融危机不断蔓延和深化之时，怕大规模热钱流失会进一步导致资本外逃，会进一步打击我国已经大幅下滑的股市和已经陷入低迷的房市。

根据笔者分析，当前的热钱流入确实会减少，但是也不大可能出现热钱大规模退出的状态。说热钱流入会减少，主要基于两点：一是当前国际金融危机造成国际资金比较紧张，游资在减少；二是经过一段时间人民币对美元汇率的上下波动，当前市场上对人民币对美元汇率的升值预期大大减弱，预期出现了较大程度的分化，热钱流入的诱惑力在减小。说不大可能出现热钱净流出的状态，也主要是基于两点：一是人民币对美元汇率贬值的可能性极小，相对来说，我国经济基本面仍是最好的，从长期看，人民币仍具有升值潜力，此外，我国国际收支顺差的格局短期内不可能逆转；二是我国的投资品的投资价值正在增加，尽管股市和房市交易低迷，股市的下跌幅度更是全球之最，但是这并不能掩盖它们与多数国家的情况相比，仍具有更好的投资价值。当然，在当前国际金融危机不断蔓延和深化的情况下，某些境外机构为了自救，可能会从中国抽逃此前进入的资金，从而导致我国个别月份出现所谓的热钱净流出，但是这不大可能导致大规模的资本外逃，因为中国仍是当今世界最安全的投资国。

附表：

	外商直接投资	贸易顺差	外商直接投资＋贸易顺差	外汇储备增加额	当月外汇占款	人民币对美元平均汇率	当月外汇占款折合美元
2008 年 6 月	96.10	213.50	309.60	118.67	730.46	6.90	105.86
2008 年 7 月	83.36	252.80	336.16	363.36	3440.61	6.84	503.01
2008 年 8 月	70.08	286.90	356.98	389.89	1831.41	6.85	267.36
2008 年 9 月	66.42	293.00	359.42	214.32	3601.42	6.83	527.29

注：外商直接投资数据来自商务部，贸易顺差来自海关统计，外汇储备增加、当月外汇占款、人民币对美元平均汇率由笔者根据中国人民银行数据计算而来。除当月外汇占款单位为"亿元"、人民币对美元平均汇率单位为"元/美元"，其余各项目的单位均为"亿美元"。

从滨海到前海：人民币资本项目可兑换试点
为何呼之不来^①

7月1日，当我在电视机前看香港新一届政府宣誓就职的直播时，有财经媒体的记者朋友打电话要我点评，为何中央没有选择上海、温州，而是选择深圳的前海作为人民币资本项目可兑换的试点地？我说："且慢，没有看到官方正式的说法，未必就会是这样。"这位记者朋友还给我转述国家某部委一位副主任的话，以此证明这事是真的。我还是坚持我的看法，并谈了之所以不可能的原因。此后，又有几位财经记者就这个话题采访我，我依然这样回答。但是事后，他们到底怎么引述我的话，就不知道了，我本人也没有特意留意去查看。

日前，终于看到了《国务院关于支持深圳前海深港现代服务业合作区开发开放有关政策的批复》文本，里面关于金融改革创新的有8条。尽管这8条几乎都与资本项目有关，却怎么也无法看成是人民币资本项目可兑换的试点。

近年来，我国已有多个地区提出或要求做人民币资本项目可兑换的试点。2006年5月，国务院发布《关于推进天津滨海新区开发开放有关问题的意见》，里面提出"鼓励天津滨海新区进行金融改革和创新。在金融企业、金融业务、金融市场和金融开放等方面的重大改革，原则上可安排在天津滨海新区先行先试"。在此基础上，天津滨海开发区在2007年8月提出要开展"港股直通车"业务，这一业务带有很强的资本项目可兑换试点性质。然而，这一"先行先试"还未真正实行就被叫停。此后，上海市也多次表示要做人民币资

---

① 本文完成于2012年7月5日，主要内容以《从滨海到前海》发表在 FT 中文网2012年7月6日。

本项目可兑换的试点。2012 年春，温州的金改方案也一度希望包括人民币资本项目可兑换试点，可国务院最后公布的正式文件中也仅为"研究开展个人境外直接投资试点，探索建立规范便捷的直接投资渠道"，单从字面理解，连个人境外的证券投资都不包含在内。

当前中国的资本项目仍然处于高度管制状态，确实如果谁能拿到试点资格，这无疑是一顿饕餮大餐。根据最近一位财经官员的说法：中国资本项目中事实上可兑换的有 16 个子项，基本可兑换的有 17 个子项，部分可兑换的有 7 个子项，没有完全不可兑换的项目。单从这一表述看，中国资本项目可兑换程度已经不小。而事实上，从构成国际资本流量上看，最主要的项目都是高度管制的，或者因为没有明确的规定而在实践中监管部门是按照不可兑换在管理。以直接投资项下的"外国来华直接投资"（FDI）来说，从中央到地方，开放度确实很大，整体上看，中国外商直接投资的限制领域远远少于多数发达国家，各地甚至还争着给予超国民待遇，但是在外商投资企业的外汇资本金结汇方面，我国却是高度管制的，无法直接在商业银行结汇，超过一定额度的结汇要有实际的需求并且经外汇管理部门批准后才能结汇，因此单就这个项目来看，可兑换的程度并不高。

根据笔者的研究和观察，当前中国资本项目管制主要体现在三大方面：一是个人资本流出方面是高度管制的，当前有明确法律规定的仅有 QDII；二是企业和金融机构从境外借款是高度管制的，外商投资企业能够借入的贷款以批准的投资总额与注册资本之差（即所谓的投注差）为限，金融机构（包括内资和外资法人金融机构）从境外的融资以当局批准的额度为准，其他企业和机构基本上不能从境外借款；三是境外居民投资中国资产市场（包括资本市场和不动产）是高度管制的，当前外资要投资中国股市只有 QFII 和 B 股两个渠道，而非居民投资中国不动产方面在法律层面上应该是禁止的。前面所提几个金融改革试验区热衷试点人民币资本项目可兑换也主要想在这三大方面有所突破。也正因为是这样的管制状态，所以在 2012 年 2 月央行调查统计司课题组发表的《我国加快资本账户开放的条件基本成熟》中提出：短期安排（1～3 年），放松有真实交易背景的直接投资管制，鼓励企业"走出去"；中期安排（3～5 年），放松有真实贸易背景的商业信贷管制，助推人民币国际化；长期安排（5～10 年），加强金融市场建设，先开放流入后开放流出，依次审慎开放不动产、股票及债券交易，逐步以价格型管理替代数量型管制。

为何中央对人民币资本项目可兑换试点要求不予批准呢？这是因为资本项目的可兑换、哪怕是一个具体的子项目的可兑换，都往往会是全局性的，而不可能仅仅被限制在试点地区之内。这不像加工贸易保税区，零关税进口的商品能够仅仅通过物理隔离就被限定在特定的区域内。还以2007年8月滨海新区提出的"港股直通车"来说，如果这个"港股直通车"真的得以放行，不仅滨海新区的个人可以通过天津滨海新区内指定的银行开户投资于香港股市，全国各地的个人都可以去滨海新区的指定银行办理港股账户，企业也可以通过个人账户办理。由此来看，这就不是区域试点的问题了，而是对全国人民都开放了。既然如此，这种试点就没有意义，还不如干脆直接对全国人民开放。

笔者认为，只有以上所提的三大方面的管制基本放开，才能说中国基本实现了资本项目可兑换。而要实现这三个方面的管制放开，则需要做好四个方面的准备：一是个人和家庭财产申报制度，二是利率市场化改革，三是对股票市场投资者保护制度的建立和完善，四是房地产市场调控制度的完善。不一一展开了，仅仅说说为什么说个人和家庭财产申报制度是个人资本流出方面可自由兑换的前提。如果没有个人和家庭财产申报制度，就无法确定个人要汇出的资本是否存在第三方的请求权。举个简单的例子，假如有一个准备"逃跑"的企业主通过民间借贷的方式筹集了大量资金存入自己的银行账户，假定此时已经放开了个人资本流出限制，那么他就可以通过官方申请汇出，此时只需要证明银行账户上的钱属于他本人或家庭所有，假如没有个人和家庭财产申报制度，此时的证明只能是"自证"，即他本人给本人证明，这就等于没有证明。就这样，他就会通过正规的渠道堂而皇之地"跑掉"。那些借给他钱的人日后发现他已经逃跑，这些人必然向官方请求赔偿，因为是官方批准他汇出的。

事实上，当前无论个人还是企业对资本项目可兑换并没有迫切的需求，因为他们多数资本项下的对外投资（包括直接投资，也包括证券投资和其他形式的投资）都能够通过经常项下的资金转移来实现。例如，一些投资港股和美股的个人，通过个人汇款、携带，或者借助企业对外贸易将收入截留海外等方式很容易将所需要的资金转移到海外。一些企业也主要通过贸易方式将资金转移海外，用于直接投资、证券投资等。

热钱在大量出逃中国吗[①]

当下在我国说有热钱流入和热钱流出更令媒体和大众欢迎，并且往往将热钱流入或流出的规模说得越大，才越吸引眼球，颇有几个研究人员为此出尽了风头和收获了名声。最近，"热钱出逃"再次成为吸引眼球的话题，甚至成为某媒体的封面文章。据此文称，某研究人士测算出 2012 年第二季度热钱出逃约为千亿美元规模，而有媒体将其放大为"目前每月大概流出 1000 亿美元"，令人颇为惊奇！照此计算，2012 年前 8 个月就有 8000 亿美元的热钱外逃。是这样吗？我国 2012 年前 8 个月进出口总值为 24976.2 亿美元，其中出口 13091.1 亿美元，如果真有 8000 亿美元热钱出逃，那么热钱出逃的程度就太惊人了！这样耸人听闻的数据靠谱吗？如果不靠谱，那么当前热钱流出流入的情况到底怎样？这非常值得分析。

一、测算热钱的所谓"残差法"谬之千里

过去几年，一些研究人员测算热钱常常采用所谓"残差法"，即"月度外汇储备增减额 - 当月贸易顺差 - 当月 FDI"，如果计算出的结果大于零就被认为是有热钱流入，如果是小于零就被认为是热钱流出。这里使用的"贸易顺差"为海关统计的月度货物贸易顺差，FDI 为商务部公布的月度利用外资金额。2012 年 5 月外汇储备净减少 928.04 亿美元，当月贸易顺差为 187 亿美元，FDI 为 92.3 亿美元，根据上述公式测算为 -1207.34 亿美元，于是，有研究人员说有过千亿美元热钱出逃。

---

① 本文完成于 2012 年 9 月 12 日，主要内容以《当前热钱进出情况到底怎样》发表于《上海证券报》2012 年 9 月 18 日。

自 2005 年，笔者开始并多次使用外汇占款这一概念及其数据。据不完全考证，笔者是国内这一概念的最早使用者和普及者。在 2005 年笔者发表的相关文章中，曾指出月度外汇储备增减额由三部分构成：一是央行在外汇市场上净买入或卖出的外汇金额，这一金额央行不公布，但是可以使用"月度央行外汇占款"数来推算；二是外汇储备的投资损益，可能为正即盈利，也可能为负即亏损；三是汇兑损益，因为外汇储备里面不全是美元资产，还有非美元资产，由于国际货币之间存在汇率变动，因此，在折算成美元时会存在汇兑损益，或者称为汇率折算损益。

估计有研究人员看了笔者的文章，受此启发，于是将上面的残差法修改为"月度外汇占款折合美元－当月贸易顺差－当月 FDI"。循着这个算法，于是有研究人员算出 2012 年 5 月有 240 亿美元热钱流出，到 6 月进一步增加到 359 亿美元。

这里要补充一下，笔者在以前文章里使用的外汇占款这一概念和相关数据是指"央行的外汇占款"。但是在央行公布的统计数据里，只在"金融机构本外币信贷收支表"里有个叫"外汇占款"的科目，于是很多人就拿这个数据来测算。根据这个科目计算，2012 年 5 月新增外汇占款为 234.31 亿元，6 月为 490.85 亿元。事实上，这个科目的外汇占款是广义口径的，不仅包括央行的外汇占款，也包括央行之外一般金融机构的外汇占款。央行的外汇占款的统计数据在哪里呢？在"货币当局资产负债表"中，列出的是"外汇"，而没有用"外汇占款"这个说法，为何不使用"外汇占款"，笔者亦不知为何，但它就是央行的外汇占款。笔者也多次在有关文章中指出过这一差异，对财经媒体记者也无数次说起过。根据央行公布的货币当局资产负债表，5 月央行外汇占款为减少 14.65 亿元，而全口径是增加 234.31 亿元；6 月央行外汇占款为增加 30.50 亿元，全口径则是增加 490.85 亿元。由此可见，它们之间存在较大差异。2012 年 6 月末，全口径外汇占款余额为 256613.37 亿元，央行外汇占款为 235189.82 亿元，它们之间的差为 21423.55 亿元。再看 2009 年 1 月末，这个差值为 19060.16 亿元，过去几年大体都维持这一水平，这是央行之外的一般金融机构为买入并持有的外汇资产所付出的人民币。从月度新增额上看，全口径与央行口径的外汇占款还是存在明显差异的，并不能替代使用。但是，几乎每一个使用这一变量的研究人员并不知道这些内在的差异，而是使用全口径的外汇占款，但这是不正确的。

现在，再回到那个测算热钱的"残差法"上，无论是使用月度外汇占款增加额还是使用月度外汇占款折合美元，都是谬之千里的。精通国际收支平衡表①的人都知道，一国的国际收支包括很多统计项，分为两大部分，即经常项目、资本和金融项目（以下简称为"资本项目"）。在经常项目中，不仅有货物贸易，还有服务贸易、收益和经常转移，服务贸易项下又分为13类子项。在资本和金融项目中，分为资本项目和金融项目两大类，其中，金融项目下面又分为直接投资、证券投资、其他投资三个部分，每一部分下面又列着很多子项目，例如"直接投资项目"又分为"我国在外直接投资"和"外国在华直接投资"，并且每个项目又分为贷方和借方。以"外国在华直接投资"来说，贷方是新流入，主要是商务部统计的FDI，还包括金融机构利用外国直接投资，这一块并不在商务部每月公布的FDI里；借方里则是原来流入的FDI的清算退出部分，对此并不能忽略，根据2011年中国国际收支平衡表，这部分达到341亿美元，为贷方金额2543亿美元的近一成半。

了解了国际收支平衡表的内容后，就能很容易发现所谓"残差法"计算热钱流出入的谬误所在。那就是，除了货物进出口和FDI，其他所有项目引起的净流入或者净流出都被视为热钱流入或者热钱流出。这显然把问题简单化了，并与实际情况不符。比如，根据残差法，我国在外直接投资也成了热钱的流出。这显然不对！近年来，我国对外直接投资规模成长迅速。根据2011年国际收支平衡表，2011年度，我国对外直接投资新流出671亿美元，退回174亿美元，对外直接投资净额达到497亿美元。根据商务部的统计，2012年前7个月，我国利用外资666.69亿美元（注：这不是净值口径，未减去退出部分），而同期，我国非金融类对外直接投资为422.2亿美元（注：也不是净值口径），后者已达到前者的六成还要多。还有，尽管我国货物贸易多年呈现顺差，但是服务贸易则是持续的贸易逆差，例如2011年服务贸易逆差为552亿美元，2012年上半年为逆差403亿美元，逆差体现在外汇收支上就是外汇流出。因此，仅从更宽口径的直接投资和贸易进口（国际收支平衡表上为"货物和贸易"）就能看出，以上残差法的谬误所在和谬误程度。显然，用它来估算热钱流入、流出是不合适的方法。

---

① 本文所述"国际平衡表"的构成是根据当时我国公布的《国际收支平衡表》。自2015年，我国《国际收支平衡表》已按国际货币基金组织《国际收支和国际投资头寸手册》（第六版）编制，在结构与构成上较以前有所变化。

二、如何看待 2012 年上半年外汇储备少增

2012 年上半年，海关统计的贸易顺差为 588.57 亿美元，商务部公布的 FDI 为 591 亿美元，而根据央行公布的数据，上半年外汇储备仅增加 588.57 亿美元。还是根据央行的数据，2012 年上半年央行外汇占款新增额为 2801.09 亿元，按照上半年大约的平均汇率 6.33 元/美元计，折合 442.51 亿美元。尽管用残差法算出的数不能说成是热钱的流入或流出，大家还是会问 442.51 - 588.57 - 591 = -737.06 亿美元去哪里了？

我想说，这部分被企业和个人作为外汇存款在持有，最起码不是像本文前面所引述研究人员的说法，是热钱出逃。

根据央行统计，2011 年上半年，企业和个人外汇存款（统计表上为"各项存款"，口径略广）增加了 277.43 亿美元，2012 年上半年则增加了 1300.54 亿美元，多增加 1023.11 亿美元。同期金融机构的境内外汇贷款增加额则分别为 319.72 亿美元、314.99 亿美元，变化不大。笔者之所以还要"画蛇添足"地指出两个时期的境内外汇贷款变化不大，是想结合国家外汇管理局公布的 2012 年上半年和第二季度"资本和金融项目"逆差分别为 203 亿美元和 714 亿美元（此为初步数，刚公布的正式数据分别为顺差 149 亿美元和逆差 412 亿美元），因为同期的直接投资顺差分别为 875 亿美元、386 亿美元（此为初步数，刚公布的正式数据分别为 900 亿美元和 411 亿美元），所以当时很多财经记者和研究人员对资本项目整体上出现了如此大的逆差感到惊讶和不解，当然，也有人指出这正说明有热钱流出，果真如此吗？

商业银行境内外汇存款的增加，如果没有境内外汇贷款的相应增加，这块多出来的外汇存款就会以商业银行的境外存款或境外贷款而存在，当然也有可能是银行归还此前从境外的借款，而这一块体现在国际收支平衡表上，就是资本和金融项目中"其他投资"项下的流出，或者体现为资产的增加，或者体现为负债的减少，如果其他项目本来大体平衡，那么就会形成国际收支平衡表上的资本流出的表象（差额为负）。如此解说，多数人可能仍然不能够明白。举一个例子，假如在某个月，某个国家只有一笔出口，金额为 10 亿美元，出口商在货物出口的同时收到境外进口商支付的 10 亿美元货款，由于出口商预期本币会贬值，所以没有结汇，而是将本笔外汇存入商业银行，进一步假设商

业银行没有用这笔外汇存款在境内发放外汇贷款而是放在账上。这种情况下，这个月该国的国际收支平衡表，就会表现为经常项目顺差 10 亿美元，而在资本项下则表现为逆差 10 亿美元，国际收支平衡表贷方等于借方，处于平衡状态。为何会表现为资本项目逆差呢？这是因为商业银行吸收这笔外汇存款后，尽管直接放在账上，但是由于是美元外汇资金，必然直接或间接存放在美国，从国际收支平衡表的角度就是资本的流出。我国 2012 年第二季度资本项下"其他投资"逆差达到 944 亿美元，就主要由这种流出形成，因此，尽管直接投资和证券投资分别实现了 411 亿美元和 111 亿美元的顺差，但是整个资本和金融项目还是出现了 412 亿美元的逆差。

三、为何 5 月外汇储备剧减 928.04 亿美元

月度外汇储备出现负增长并非仅仅从 2011 年 9 月才有。自 2006 年以来至 2011 年 8 月，也偶尔有过月度外汇储备出现负增长的时候，即 2008 年 10 月、2009 年 1 月和 2 月、2010 年 5 月。当然自 2011 年 9 月至 2012 年 6 月 10 个月时间有 6 个月为负增长，仅有 4 个月为正增长，月度外汇储备负增长的频率确实增加了。这一方面与央行外汇占款的变化有关。2011 年第四季度三个月和 2012 年 4 月、5 月央行外汇占款为负，这说明这些月份央行在外汇市场上是净投放外汇。其实，根据笔者最初记录的数据，2007 年 12 月央行外汇占款也出现过负增长，且达到 4828.40 亿元，但是后来央行做了调整，现在看到的数据是正增长 137.51 亿元，当时央行外汇占款出现负增长主要与当时的财政部发行特别国债注资中投有关，如果予以还原，仍然会是与前后几个月相当的正的外汇占款额。

其实，构成月度外汇储备增减的因素除了上面提到的三个，还有一个不容易被发现的因素，这就是央行向财政部移交外汇储备投资收益。关于此事，前总理朱镕基在一次视察国家外汇管理局的讲话时提到过（见《朱镕基讲话实录》第四卷第 463 页）。笔者曾就此事查阅过相关官方资料，没有查到；向相关知情人士求证，该人士对此没有肯定但也没有否定。向财政部移交外汇储备收益应该是确定的，无法确定的是移交方式，是在固定的月度一次性移交，还是分数次移交，但是一旦在某个月份有移交必然影响该月外汇储备的增减额。

再来看 5 月外汇储备减少 928.04 亿美元，由哪些因素导致？

2012 年 5 月央行外汇占款是 −14.65 亿元（包括一般金融机构的全口径则为 234.31 亿元，请注意它们之间的区别），折合成美元为 2.31 亿美元，也就是说 5 月央行在外汇市场上净投放了 2.31 亿美元。那么，还有 925.73 亿美元怎么解释呢？

首先，不能忽视汇率变动对非美元资产折算成美元时的影响。2012 年 5 月，美元指数涨幅达到 5.43%，欧元对美元汇率跌幅更是达到 6.6%。假设我国外汇储备中欧元资产占四分之一（2012 年 3 月全球平均为 26.6%），则有大约相当于 8000 亿美元的欧元资产，仅因为欧元汇率下跌就导致大约 528 亿美元的折算损失。假设非美元资产占 40%（2012 年 3 月美元全球平均占比为 60.7%），因为非美元货币汇率下跌导致的折算损失大约为 678 亿美元。

其次，国际金融市场瞬息万变，也不能排除个别月份外汇储备的投资收益为负。

最后，无法排除向财政部移交投资收益的可能。

综上所述，5 月外汇储备减少 928.04 亿美元，皆有所出，并不值得大惊小怪，更无法得出热钱外逃千亿美元的判断。

四、几点结论性看法

1. 2012 年上半年热钱流出入基本平衡，无法得出热钱大量出逃的判断

根据上半年央行外汇占款增加额来看，央行在外汇市场上净购入外汇约为 442.51 亿美元。海关统计的上半年货物贸易顺差 689.2 亿美元和利用外资 591 亿美元之和为 1280.2 亿美元，除了央行购入部分，"剩余部分"为 837.69 亿美元，而同期个人和企业外汇存款则多增加了 1023.11 亿美元，二者大体相对应（当然，严格意义上它们不具有直接对应关系），可以解释"剩余部分"的去向。

自 2011 年以来，人民币对美元汇率相对走弱，并且市场上出现了人民币贬值的预期，这与此前大部分时间有强烈的升值预期以及升值走势确实有明显的区别（2008 年 12 月曾出现了短暂的贬值预期），在这种情况下，个人和企业就更倾向于持有外汇，而不像在人民币有升值预期时将外汇视为"烫手山芋"而积极结汇。由于中国资本项目高度管制，在人民币升值时，确实有部分热钱通过贸易等渠道进入中国。也许基于此，有人担心或者是想当然地以为，人民币贬值时，就会有热钱出逃或者资本外逃。

其实无论是研究热钱流入还是热钱流出，都需要科学的方法。中国的国际收支项目繁多，仅用几个项目进行简单的加加减减就以此得出热钱流入或热钱外逃判断，显然是不严谨的，是主观和武断的。其实，以逐利为目的的热钱在任何时候都是既有流入又有流出的。由于我国仍然实行高度和全面的资本项目管制，尤其是证券投资项下的流出入规模很小，并且基本上都是有据可查的中国公司境外上市融资、QFII、QDII 等，与一般意义上的短期资本流动有明显不同，因此，将国际上一些常用的测算短期资本流动的方法用于中国几乎得不出有热钱流出入的判断。亦正因为中国资本项目高度管制，一些具有热钱性质的国际资本主要通过贸易、经常转移等经常项目进入或者流出中国。自 2011 年第四季度以来，笔者通过对尽可能多的国际收支项目比对，并不能得出有热钱大量外逃的判断，包括服务贸易和货物贸易在内的贸易顺差、利用外资和对外投资之间的顺差以及证券投资项下的顺差。尽管没有全部进入外汇储备，但也并没有出现一般人认为的"外逃"，而是被中国的个人和企业在持有，也就是此前大力倡导的"藏汇于民"。如果非要说是热钱"外逃"，那也是商业银行外汇存款增长超过了境内外汇贷款需求，不得不将多出部分转存海外，从而从国际收支平衡表上看好像是"外逃"了。当然，即使考虑到藏汇于民部分，与往年相比，外汇净流入的量也大幅减少，这是因为在人民币汇率升值预期基本消失以及遭遇国际金融危机下，进入中国的热钱在大量减少。整体上看，热钱流出、流入在趋于平衡。

2. 相比去年，2012 年外汇占款少增并未因此造成中国银行流动性缺口或紧张

过去几年，由于央行外汇占款大量增加，央行不得不通过上调存款准备金率、创造性地发行央票等手段来将过多的流动性收纳到"池子"之中，目的是维持银行体系流动性的平稳，防止因流行性过多进入实体经济而出现通胀预期和通胀。2011 年上半年连续 6 次上调存款准备金率，由此冻结的流动性在 1.8 万亿~2 万亿元，12 月下调一次，释放约 4000 亿元，2011 年全年央行外汇占款新增额为 25622 亿元，轧差使流动性增加 1 万亿元左右。而 2012 年上半年两次下调存款准备金率，释放流动性约 8000 亿元，前 7 个月外汇占款增加 2832 亿元，合计增加流动性 1.1 万亿元左右，已经超过 2011 年全年增加量。如果与 2011 年同期比，可见，2012 年银行体系与外汇占款和存款准备金率调整相关的流动性不仅未紧，还是大大的宽松。

3. 外汇净流入相对减少，不仅减轻了外汇储备增长和经营压力，还减轻了央行的对冲压力，增加了央行货币政策操作的自由度

外汇占款少增或不增一直是过去几年我国货币当局所企盼的，因为过多的外汇资金流入给我们造成了很多的麻烦。一方面形成人民币升值压力，央行为防止人民币汇率过快升值，不得不入市大量收购外汇，帮助外汇市场出清，美国等国甚至借此说中国干预汇市、人为压低人民币汇率而获取不正当贸易优势，并拿起了威吓中国的制裁"大棒"；另一方面，央行不得不一边在外汇市场注入人民币（形成外汇占款）买入外汇，另一边则通过上调存款准备金率和发行央票来对冲那边投放的人民币，忙得不亦乐乎。

4. 外汇占款减少，央行逐步从外汇市场抽身，为人民币汇率体制进一步深化改革创造了条件

如果央行不能够从外汇市场有效抽身，人民币外汇市场就很难成熟和完善，汇率制度就很难由当前参考一篮子货币进行调整的有管理的浮动汇率制度过渡到相对自由浮动汇率制度，中国的资本项目就无法实现基本可兑换。

人民币资本项目可兑换进程
取决于相关制度的完善[①]

5 月 6 日，国务院常务会议研究部署 "2013 年深化经济体制改革重点工作"，其中确定 "提出人民币资本项目可兑换的操作方案"。紧接着在 5 月 18 日，国务院批转的 "发展改革委关于 2013 年深化经济体制改革重点工作意见的通知" 中，进一步明确提出 "稳步推进人民币资本项目可兑换，建立合格境内个人投资者境外投资制度，研究推动符合条件的境外机构在境内发行人民币债券"。日前，市场上广为流传一份有央行背景的研究报告《新形势下对外开放的战略布局》，更是进一步建议：制定并公布人民币可兑换的路线图、时间表，明确 2015 年末实现可兑换。总之，一切似乎都在表明人民币资本项目可兑换正在加速。

一、我国资本项目可兑换的演进与现状

对于很多新兴市场国家和发展中国家来说，由于担心资本项目可兑换后有可能出现资本的大量流出或流入，从而对本国经济和金融造成不利冲击，所以，对于资本项目可兑换往往采取相对经常项目可兑换更审慎的态度，施加了更多的管制。其实发达国家，例如美国、德国、日本等，也是在 1970 年以后才陆续开放资本项目的。

我国对资本项目也采取了逐步放开的做法。1994 年初人民币汇率并轨，

[①] 本文完成于 2013 年 7 月，当时正值一波关于是否加快资本项目可兑换的激烈讨论，该文的主要观点曾在当时相关内部讨论会上陈述。主要内容以《资本项目开放进程取决于相关制度完善》发表于《上海证券报》2013 年 8 月 8 日。

开始实行以市场供求为基础的有管理的浮动汇率制度。1996年5月，我国政府放开企业进口用汇需求，不再需要事前审批，当年12月我国政府向国际货币基金组织郑重承诺实现经常项目可兑换。当时，国内有部分人非常乐观地认为，资本项目管制也会大幅放松，到2000年前后就能够实现资本项目可兑换。

然而，1997年在中国家门口爆发的亚洲金融危机，使中国各界充分认识到资本自由流动对经济和金融潜在的巨大破坏力。特别是当时国际上也认为人民币存在贬值风险，中国金融体系问题多多，尽管中国政府郑重承诺人民币不会贬值，但是中国还是出现了资本外逃，所以，中国进一步收紧了资本项目管制，尤其是收紧了对资本流出的管制。

2000年后，随着世界经济和金融重新回到正常轨道，特别是2005年7月21日实行人民币汇率体制改革以来，随着我国经济高速发展、金融体制机制更加完善、外汇储备迅速增加，对资本项目管制也逐步放松。例如2000年开始大力实施和鼓励企业"走出去"，允许有条件的企业用自有外汇或人民币购汇用于境外直接投资，2002年底启动QFII制度，2007年实行QDII制度等。

尤其是2005年重启汇率改革以来，外汇储备增长迅速，央行对冲外汇占款的压力较大，在整体上放松资本项目管制情况下，对于流出的放松程度更高，而对于流入则相对收紧。例如尽管QFII制度早在2002年底启动，但到2013年6月26日批准的额度仅有434.63亿美元。与之相对，晚实施4年多的QDII制度已批准的额度则高达858.57亿美元。

根据国际货币基金组织最新一期《2012年汇兑安排和汇兑限制年报》（*Annual Report on Exchange Arrangements and Exchange Restrictions* 2012），资本项目交易被划分为7大类40个子项。根据该年报对中国资本项目交易（Capital Transactions）管制情况（时间截止2012年4月）的评价，并结合笔者自身根据对现有外汇管理法规的理解，对截至目前中国资本项目交易管制情况重新进行了评价（见表1），发现：在7大类40个子项中，不可兑换的有5项，情况不详的有3项，其他32项允许交易但是有管制，管制的方式主要是事前审批，有些项目还存在额度限制。

表1　　　　　　　　　　　中国资本项目交易管制情况评价

数目	资本项目交易	管制状态与形式
	一、对资本和货币市场工具的管制	
	1. 对资本市场证券交易的管制	
	1.1 股票或有参股性质的其他证券	
1	1.1.1 非居民境内购买	B 股，以外币购买，不涉及兑换；QFII，涉及兑换；RQFII，以人民币购买；后两者均需事前得到监管部门的批准
2	1.1.2 非居民境内出售和发行	QFII、RQFII 和非居民可以卖出已经买入的 A 股和 B 股；但是非居民不能发行股票
3	1.1.3 居民境外购买	QDII、额度、人民币兑换成外币以及汇出等均需事前得到批准；国内公司可以回购在境外已经发行的股票；保险公司经批准可在批准的额度内投资
4	1.1.4 居民境外出售和发行	需要得到监管部门批准，基本放开，但是募集的外汇资金结汇受到较多管制
	1.2 债券和其他债务性证券	
5	1.2.1 非居民境内购买	QFII、三类机构可以购买国债、企业债、可转债等
6	1.2.2 非居民境内出售和发行	仅限国际开发机构，且发行人民币债券所筹集的资金，应用于中国境内项目，不得换成外汇转移至境外
7	1.2.3 居民境外购买	金融机构经批准可在额度内投资；QDII 项下
8	1.2.4 居民境外出售和发行	允许，但要经过严格审批，并纳入外债管理，难度很大
	2. 对货币市场工具的管制	
9	2.1 非居民境内购买	限于 QFII 项下
10	2.2 非居民境内出售和发行	不允许
11	2.3 居民境外购买	QDII 项下；保险公司在批准额度内
12	2.4 居民境外出售和发行	允许，但要经过审批，纳入外债管理
	3. 对集体投资类证券的管制	
13	3.1 非居民境内购买	QFII、RQFII 可以投资开放式和封闭式基金
14	3.2 非居民境内出售和发行	不允许
15	3.3 居民境外购买	QDII 项下；保险公司在批准额度内
16	3.4 居民境外出售和发行	允许，但要经过审批

数目	资本项目交易	管制状态与形式
	二、对衍生工具和其他交易工具的管制	
17	1. 非居民境内购买	允许 QFII、RQFII 购买权证和股指期货
18	2. 非居民境内出售和发行	不允许
19	3. 居民境外购买	经批准，境内机构出于套保目的可以购买境外期货、期权
20	4. 居民境外出售和发行	经批准，境内机构出于套保目的可以出售或发行境外期货、期权
	三、对信贷业务的管制	
	1. 商业信贷	
21	1.1 居民向非居民提供	个人不允许向非居民放贷，公司经批准可以对境外关联公司放贷；金融机构可以
22	1.2 非居民向居民提供	限于外资企业的投注差以及经批准的境内企业，管制较多
	2. 金融信贷	
23	2.1 居民向非居民提供	公司经批准可以对境外关联公司放贷；金融机构可以
24	2.2 非居民向居民提供	限于外资企业的投注差以及经批准的境内企业，管制较多
	3. 担保、保证和备用融资工具	
25	3.1 居民向非居民提供	限于金融机构
26	3.2 非居民向居民提供	限于非居民向外资企业在境内借款等的担保
	四、对直接投资的管制	
27	1. 对外直接投资	对企业而言，实现了可兑换；个人管制较多
28	2. 对内直接投资	仅对外汇资本金结汇有较严格管制
29	五、对直接投资清盘的管制	有管制，只要符合清算程序，清算汇出几乎不受限
	六、对不动产交易的管制	
30	1. 居民境外购买	对企业而言，实现了可兑换；保险公司在批准的范围内投资；对个人没有明确规定
31	2. 非居民境内购买	允许，境外个人基于实需、自住原则可以购房，但是中国相关法律没有规定
32	3. 非居民境内出售	经批准可以汇出

数目	资本项目交易	管制状态与形式
	七、对个人资本流动的管制	
	1. 贷款	
33	1.1 居民向非居民提供	不允许
34	1.2 非居民向居民提供	不允许
	2. 礼品、捐赠、遗赠和遗产	
35	2.1 居民向非居民提供	可以
36	2.2 非居民向居民提供	可以，但是年结汇额度为 5 万美元
37	3. 移民在境外的债务清算	不详
	4. 资产的转移	
38	4.1 移民向境外的资产转移	退休金和年金可以汇出；自然人移民海外在中国境内拥有财产合法清算后可以购汇汇出，但是如果金额超过 20 万美元，则要分次申请汇出
39	4.2 移民向境内的资产转移	不详
40	5. 博彩和奖金收入的转移	不详

注：充分借鉴了 IMF 出版的 *Annual Report on Exchange Arrangements and Exchange Restrictions* 2012，同时加入了笔者自己对现有外汇管理法规的理解，与现实情况存在误差可能在所难免，敬请理解。

尽管从子项目数量看，中国资本项目已经有 80% 可以交易，似乎开放度已经很高，其实不然，至少没有这里的数据反映出的程度高。这是因为：一是即使大部分子项目实现了基本可兑换，但是仍以事前审批制管理为主，而多数实现了资本项目可兑换的发达国家是以事后登记制管理为主；二是从构成国际资本流量上看，最主要的项目都是高度管制的，或者因为相关规定的可操作性不强而在实践中基本上是不可兑换的。

二、当前我国资本项目管制可以归结为四大方面

结合当前中国资本项目管制现状，通过归类总结，我国资本项目管制较多较严的交易项目可以划分为四大方面：

一是境内个人资本流出方面是高度管制的。当前在制度上，只允许个人通过合格境内机构投资者（QDII）投资境外证券市场，个人境外直接投资和个人境外直接投资证券还不允许。早在 2007 年 8 月，天津滨海新区就曾向中央

提出试点"港股直通车"，允许其辖内居民通过指定银行将资金汇入香港用于在香港的证券投资。此后，温州、上海以及深圳前海都曾提出过类似"金改"要求。但是中央都未批准这些试点。对移居海外者的资产转出也设置了重重限制。

二是境内企业和金融机构从境外借款是高度管制。外商投资企业能够借入的贷款以批准的投资总额与注册资本之差（即所谓的投注差）为限，金融机构（包括内资和外资法人金融机构）从境外的融资以当局批准的额度为准，其他企业和机构原则上不能从境外借款。最近几年，在人民币持续升值且境外美元、日元、欧元等贷款利率远低于境内人民币贷款利率的情况下，境内企业非常乐意借用外汇贷款尤其是境外外汇贷款，因为相比在境内借人民币贷款，借外汇贷款会更划算。其中的道理很简单：当前一年期人民币贷款基准利率为6.0%，只有较为优质的企业才能享受到这一利率，如果资质略有不足，实际执行的利率则会上浮10%，甚至更高；而企业美元贷款境内一年期贷款利率在3%左右（境外更低，在2.0%左右），按照过去几年人民币对美元年平均升值幅度3%计算，如果能够借用美元贷款，到期后，境内企业实际的借款成本可能是零，甚至是负的，也就是说不仅没有成本反而有收益。如果真的允许境内企业从境外自由借用外汇贷款，会对国内产生重大冲击：其一是减少对人民币的贷款需求，影响到货币政策的有效性，降低调控效果；其二是会导致大量外汇流入，进一步推高人民币升值压力。也正因此，2005年后监管部门相比此前进一步收紧了境内各类机构从境外借款的条件和额度。而在实现了资本项目可兑换的国家和地区，只要企业符合境外金融机构的借贷条件，就可以自由借用境外外汇贷款。

三是境外资本投资中国证券市场是受到高度管制的，尤其是股票市场。当前，非居民（境外个人和企业）要投资中国股票市场只有两个正规渠道：其一是用港元或美元直接投资于中国股票市场上的B股，其二是通过中国政府批准的合格境外机构投资者（QFII、RQFII）间接投资中国的证券市场。

四是境外资本投资中国的不动产市场是受到高度管制的。不动产市场以房地产市场为主。对于房地产市场，2002年之前，华人华侨以及在中国境内工作的非居民只能购买"外销房"。从2002年开始，不再区分外销房和内销房，非居民只要基于自住原则的购房都是被允许的，但是对于非居民离开中国后，房产如何处理则没有强制性规定。从法律上看，中国的《土地管理法》也适用于中外合资经营企业、中外合作经营企业、外资企业，因为尽管它们的资本来自境外，是中国法人或按中国法人来管理，不算非居民，但是该法并不适用于非居民，也就是说，从我国现有法律上看，非居民不能取得中国国有土地或集体土地的使用权，不能购买中国的房地产。不过，法律层次较低的部门规章却允许非居民购买住房。

三、进一步推进人民币资本项目可兑换离不开基础工作的完善

未来人民币资本项目可兑换的主要工作也将主要围绕以上四个方面展开，如果对它们的管制得以根本放松，尤其是由事前审批变为事后登记，对非居民给予国民待遇，人民币资本项目就可以称得上实现了可兑换。以上所述四个方面能否从根本上放松，笔者个人认为，并不取决于货币管理当局在这四个方面管理方式的改变或放松，而是取决于背后相应基础性工作或者说制度的建立和完善程度。如果相应的基础性制度没有建立和完善，而贸然开放，有可能导致风险甚至危机。这里需要补充说明一下，具体到一个资本项目的可兑换一般包括两个环节，即交易环节和货币兑换环节。相比来看，交易环节更重要，如果某个资本项目是禁止交易的，那么在货币环节也必然是禁止的，即使可以兑换，也没有实质性意义，因为无法达到资本交易的目的。不同子项目的交易环节的管理往往处于不同的政府管理部门，但是所有子项目的兑换环节的管理却是集中在央行（在中国还包括外汇管理局），所以，资本项目可兑换问题集中表现为央行的事情。但是事实上，具体到某个资本项目能否可兑换以及可兑换到多大程度，主要是决定于"交易环节"的管理部门，央行则处于相对次要的地位。例如，中国股票市场对非居民的开放的主要决定权在证监部门而不是央行。"交易环节"的能否放开以及放开的程度，最终取决于相关制度的完善程度。针对以上四个方面的管制，未来资本项目可兑换离不开以下四个方面基本制度的完善。

一是实施个人和家庭综合纳税制度。如果中国没有建立起完善的个人和家庭综合纳税制度，个人项下的资本流出就不可能根本放开。尽管我国已经实施了个人所得税制度，但是并不完善，个人所得税基本上停留在工资所得上，并不是个人全部所得。如果不能实行个人和家庭综合纳税制度，政府就不可能掌握个人和家庭的资产负债表，就无法确定个人和家庭是否真正拥有其账户上的

资产。举个简单的例子，假如有一个准备"逃跑"的企业主，通过民间借贷的方式筹集了大量资金并存入自己的银行账户，假定此时已经放开了个人资本流出，那么他就可以通过官方申请汇出，此时要证明银行账户上的钱属于他本人或家庭所有，假如没有实行个人和家庭综合纳税制度，此时的证明只能是"自证"，即他本人给自己证明，这就等于没有证明。如果对此予以认可，他就会通过正规的渠道堂而皇之地"跑掉"。那些借给他钱的人日后发现他已经逃跑，必然向官方请求赔偿，因为是你批准他汇出的。实行个人和家庭综合纳税制度后，政府不仅能够清楚掌握个人和家庭的财产，也能清楚掌握个人和家庭的负债。除了个人和家庭综合纳税制度外，对于那些认为有必要征收遗产税和赠与税的国家，也往往在建立了遗产税和赠与税制度后，才会完全放开居民的资本流出，否则，如果过早的放开，就会造成税源的流失。

二是完成利率和汇率市场化。完成了利率和汇率市场化后，一国货币就不会存在无风险套利空间，这种条件下，才能放开境内企业和个人从境外借款和在境外存款。在没有完成利率和汇率市场化的国家，如果存在正的无风险套利空间，那么，境内的企业和个人就会从境外借款转移到境内兑换成本币，来套取无风险收益；而如果存在负的无风险套利空间，那么，境内的企业和个人就会将本币兑换成外汇存放境外来规避国内可能存在的财产损失。无论是大量流入还是大量流出来进行套利，都会对本国经济和金融造成不利冲击。因此，资本项目完全可兑换应该在完成汇率市场化之后进行。当前，我国实行的是爬行盯住（一篮子货币）的有管理的汇率制度，汇率市场化的程度还较低，汇率的交易弹性也很低，主要靠央行在外汇市场的买卖来帮助市场实现出清和维持汇率的稳定。要进一步推进汇率市场化，除了央行要退出外汇市场的日常交易外，应该进一步放松实需原则，允许基于汇率预期的套利交易，央行则仅承担特殊情况下的干预功能。

三是建立起完善和有效的对中小投资者保护制度。一国证券市场尤其是股票市场的对外开放，必须在已经建立起了完善和有效的对中小投资者的保护制度之后才可以。这种情况下，才能有效约束国际短期资本的投资投机行为，将开放的风险降到最低。国际资本尤其是短期资本都是机会主义者，可不是喜欢做好事的"活雷锋"，尤其喜欢钻空子和利用制度漏洞来获取超额利润。在发达国家，基本上都建立起了有效的保护中小投资者的制度，如果有机构做"恶庄"，中小投资者就可以利用法律武器保护自己的合法利益，而做"恶庄"

的机构如果不能够自证清白，则会面临巨额罚款，并要对受害者支付巨额赔偿。不久前，中国双汇国际宣布收购美国史密斯菲尔德公司后，爆出一名泰国人在宣布收购交易之前八天时间内通过大规模买入史密斯菲尔德公司股票的看涨期权而实现了3400%的利润，该账户因涉嫌收购交易之前获得消息进行非法交易而遭美国证监会调查。在我国，经常能够遇到某只股票莫名上涨，此后再宣布重组或其他重大利好消息，但是未见有人或机构因为"内幕"交易而遭受调查和重罚。当前，我国股票市场并没有建立起有效的保护中小投资者的制度，控股股东或大股东边发利好、边套现的行为并非鲜见，机构投资者做"恶庄"将中小投资者视作"鱼肉"来宰割的行为更是时有发生。中小投资者即使发现了自己的正当利益遭受到了大股东或"庄家"的侵害，由于很难举证，所以，很难通过诉讼获得必要的赔偿，更不要说巨额赔偿了。最近，中国证监会的一位副主席在接受媒体采访时承认，与内幕交易对市场造成的危害，特别是违法犯罪分子获取的不法收益相比，对内幕交易违法犯罪的打击和制裁力度还不够，不足以震慑不法分子。在还没有建立起有效的保护中小投资者的制度下，如果对非居民开放了股票市场，流动性更强、操纵手段更加多样、更加隐蔽的国际游资极有可能利用这些漏洞来获取不正当利益，而遭受损失的不仅是中国的中小投资者，整个市场都有可能受到重创。

四是建立起完善的房地产市场调控制度。据有关报告介绍，国际货币基金组织185个成员国中只有少数几个国家对非居民投资本国房地产没有限制。有很多国家不允许非居民购买本国物业，即使已经居住半年以上并且仍可能继续居住也只能租房，而不允许购买。正如上面所介绍的，我国在法律层面上似乎不允许非居民购买住房，但是实际操作中又允许外国人持有中国住房和物业。因此，笔者认为我国首先应该在法律上对此问题予以明确。当然，美国等部分发达国家并不禁止非居民购买本国房地产。国际上当前存在两种典型的房地产市场管理或调控方式，一种是美国方式，不限制非居民购买本国房地产，但是对存量房征收房产税，日后卖出则要征收个人所得税，因此，在美国投资房地产的收益并不可观；另一种是德国方式，实行严格限制房地产业利润和房租价格的行政管理方式。这两种管理方式都保证了房价的相对稳定，尤其是德国方式下，长期看房价涨幅甚至低于通胀率。美国房价其实也比较稳定，在次贷危机爆发前，尽管出现了一轮房价大幅上涨，但在2000年到2007年7年时间里，美国平均房价也仅上涨了50%多点。我国至今没有建立有效的房地产调控制度，过去十年里，房价不仅没有因为调控稳定下来，反而是每波调控之后房价都要上一个新台阶。在我国没有建立起能够维持房价相对稳定的房地产市场调控机制的情况下，如果对非居民开放了该市场，国际游资必然将中国房地产市场作为获取超额利润的投资场所。

四、人民币资本项目可兑换的可选路径

以上提及的相关制度的完善将是一个过程，这也就决定了人民币资本项目可兑换不可能一蹴而就。根据充分利用两个市场、两种资源的开放要求，以及尽可能减少资本项目可兑换对我国经济和金融的不利冲击，笔者认为今后资本项目开放可以按照以下路径。

一是当前可以完全放开直接投资项下的兑换环节。对于外商直接投资一些不必要和效果不佳的管制，当前就可以坚决放开。近年来由于外汇流入压力较大，管理部门对外企资本金结汇的管制在收紧，然而实际效果并不好，所以干脆直接放开。对于中国企业的对外直接投资，可兑换的程度确实已经很高，但是管理上不必要的细节也较多，应该充分信赖企业自身的判断，此外，还可以通过提供金融支持以及提供投资东道国的法律制度、文化传统、宗教信仰等方面的咨询和辅导，以利于我国企业进一步加大对外投资，充分利用国际市场和国际资源。

二是对于证券投资的开放，当前仍应坚持"合格投资者"制度，但是当前可以进一步降低门槛，在相关制度完善后再完全放开。对欲进入中国证券市场的境外投资者，仍然要坚持 QFII、RQFII 制度，采取审批制，但是门槛应该进一步降低。对于欲投资境外的中国居民，目前可以通过进一步降低 QDII 门槛的方式来满足需要，让 QDII 由 1.0 版本进入到 2.0 版本。

三是加快利率和汇率市场化。根据"不可能三角"，要维持货币政策的独立性，资本项目可兑换必然与浮动汇率制度相搭配。当前我国在实行资本项目管制的同时，实行有管理的浮动汇率制度。由当前的组合进入到下一个组合，会有多种路径，笔者认为最稳定和最稳妥的路径是，将利率市场化和汇率市场化放在更优先的位置，待汇率市场化基本完成后，再依据境内相关基础制度的完善程度逐项放开居民和非居民的跨境存贷款、债券发行、金融衍生品投资等。至此，资本项目可兑换就真正基本完成。

五、资本项目开放是系统工程，应该统筹考虑，不可操之过急

当前流传着一个说法：说实现了经常项目可兑换后，再实行资本项目管制，效果会不佳，所以与其管不好，还不如放开的好。笔者认同经常项目可兑换后资本项目管制的效果会不好这一判断，尤其是对于中国这样的大国来说确实如此，过去几年的实际情况也尤其如此。但是，笔者仍然认为，这不应该成为资本项目可兑换的借口或者原因，不能为了资本项目开放而开放。

过去几年里，大量境外资本（所谓"热钱"）主要是假借贸易渠道流入及流出，境内资本（可称为"冷钱"）的流出也主要是假借贸易渠道，这也就直接导致了所谓的"资本项目管制效果的不佳"。资金敢于混入经常项目渠道进出，最主要还是因为违法违规成本很低，而潜在收益很大。通过加大对虚假贸易以及财务违规行为的检查和打击力度，让经常项目恢复本来的面貌，假借经常项目渠道进出的资金必然会大幅减少。事实上，也正是因为资本项目管制有效，才导致投机资本假借其他渠道进出；也正因为经常项目"作假"的成本太低，才成为投机资本进出的主要渠道。

必须看到，资本项目开放是一项系统工程，在相应的制度没有建立和完善以前，如果过早、过快且大幅度地开放资本项目，可能遭受严重不对称的冲击，尤其是如果国内实体经济遇到困难或遭受国际资本恶意"唱空"时。由于相应的制度不够完善，我国股票市场、外汇市场、房地产市场等仍不成熟，典型的特征就是缺乏价格弹性，一旦出现价格下跌，往往会大幅下跌，进来的国际资本包括直接投资就会大量撤离，本国富裕阶层也会为了减少财产损失而大量将资金向境外转移或外逃。当年亚洲金融危机时，遭受危机重创的国家就出现了这么一幕。因此，资本项目开放应该放在国内主要经济和金融改革到位后完成。过去，我们有过以开放"倒逼"国内改革的成功实践，笔者也赞成通过资本项目开放来推动和促进国内改革的政策主张，但是这种资本项目开放应该是适度和有限的，不能太过超前。

第五章

外汇储备管理

产需缺口下的黄金价格波动及对
我国国际储备调整的启示[①]

摘要：本文认为当前金价上涨的主要原因有两个：一是世界黄金产量小于需求，存在产需缺口，且缺口在扩大；二是国际投机资本投机对象转向黄金从而抬高金价。基于黄金储备的保值增值功能，针对我国外汇储备快速增长和黄金储备相对不足的现实，本文提出了调整我国国际储备构成的政策建议。

关键词：金价　产需缺口　黄金储备　国际储备调整

近来，黄金价格成为国际市场上一道亮丽的风景线，与石油价格、外汇汇率相比表现得更为抢眼。自 2005 年 7 月中旬开始，黄金价格持续攀升，接连突破重要的心理价位。2005 年 11 月 29 日，国际市场现货黄金一举突破 500 美元/盎司的重要关口；2006 年 4 月 17 日，突破 600 美元/盎司的整数关口；之后金价进一步加速上攻，5 月 10 日再次突破 700 美元/盎司的整数关口，到 5 月 12 日创出 730 美元/盎司的高点后开始回调。2005 年全年金价上涨幅度达到 18%。2006 年初以来的最大涨幅已经超过 40%。尽管近日金价出现大幅回调，但是市场上依然看好金价的后市，各大金融机构纷纷预测金价有望上探 1980 年时的历史最高价 850 美元/盎司。

黄金并非一种普通的商品。尽管自 1972 年布雷顿森林体系崩溃后，黄金非货币化，不再承担国际货币的官方职责，但是黄金市场一直是国际金融市场的重要组成部分，黄金及其交易在国际经济、金融中仍具有重要意义。因此，

---

① 本文初稿写于 2006 年 1 月 5 日，几经修改完稿于 5 月 22 日，发表在《中国货币市场》2006 年 5 月。

分析本轮黄金涨价的原因及对未来作出一定判断，对我国特别是我国的国际储备调整具有不容忽视的重要意义。

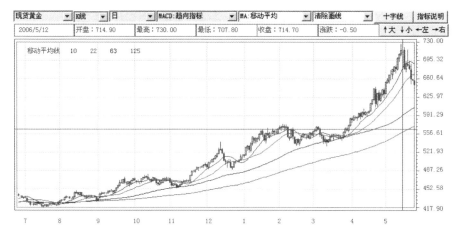

资料来源：www.24k99.com。

图 1　国际市场黄金现货价格走势

一、2005 年金价走势略违常规

多年来，黄金价格与美元汇率之间在走势上有一定的关系：美元汇率下跌，黄金价格上行；美元汇率上升，黄金价格下行（刘颖琦、宋健坤、周学军，2003；陈炳才，2003）。这尽管并非铁律，可是多数时间有这样的表现。布雷顿森林体系稳定运行期间，美元与黄金是稳定挂钩的，1 盎司黄金 = 35 美元，黄金是实实在在的国际货币，美元是黄金符号，故被称为"纸黄金"。布雷顿森林体系后期，黄金对美元开始升值，到 1972 年初美国总统尼克松正式宣布布雷顿森林体系崩溃时，黄金与美元之间的关系已变为 1 盎司黄金 = 42 美元。1972 年布雷顿森林体系崩溃后，黄金非货币化，黄金与美元之间不再保持固定比价关系，黄金价格（指以美元标价）开始攀升。1972 年，伦敦市场的金价从 1 盎司等于 46 美元涨到 64 美元。1973 年，金价冲破 100 美元。1974 年到 1977 年，金价在 130 美元到 180 美元之间波动。1978 年石油危机后，金价涨到 244 美元。1979 年，金价涨到 500 美元。1980 年 1 月的头两个交易日，金价突破 634 美元。之后，黄金价格近乎疯狂，到了 1 月 21 日，一举创下 850 美元的历史新高。金价从 1968 年的 35 美元涨到 1980 年的 850 美元只用了 12 年时间，年平均上涨幅度 30%，远超过同期的 7.5% 的通货膨胀率。这一过程反映了人们对美元信心的变化，当然黄金价格涨过了头。紧接着，黄金价格快速下跌，逐渐回归到了理性状态。此后，黄金价格与美元汇率之间基本上呈现此消彼长的负相关关系。有研究人员对 1973 年至 2000 年，黄金价格与美元汇率进行了计量研究，结论为：在长期中，金价与美元汇率呈现负相关关系，美元有效汇率指数每上升/下降 1 个百分点，每盎司黄金价格就会下降/上涨 1.31 美元（杨柳勇、史震涛，2004）。

然而，在 2005 年度，美元加权汇率已经上涨 10% 以上，最大涨幅超过 15%，美元对欧元、日元的最大涨幅则分别超过 15% 和 20%。然而，黄金价格相对于年初价格不仅未能下降，还上涨了近 20%，表现了略违常规的走势。

2006 年初以来，尽管美元汇率也有大幅下调，但是截至 5 月 22 日，有效汇率仅下跌了 6.8%，而黄金价格却上涨了 27.2%，涨幅远远超过了美元汇率的跌幅。5 月 12 日以来的金价大幅下调与同期美元汇率的回升密切相关，但是反应幅度也超过后者，这说明美元汇率不再是左右金价的最主要因素。

二、金价走势是供求形势变化和产需缺口的反映

尽管从美元汇率走势来看，黄金价格走势略违常规，但是这一价格走势从黄金市场自身的供求来看，却有其必然性。

首先，来看黄金产量。根据媒体最新报道，作为世界上最大的黄金生产和出口国，南非 2005 年的黄金产量可能跌至 300 吨，为 1931 年以来的最低点。而此前三年的产量分别为 400 吨、373 吨和 346 吨。根据 GFMS 黄金年鉴的统计，2000 年以来世界黄金产量分别为 2584 吨、2623 吨、2590 吨、2593 吨和 2464 吨。总体上来看，最近几年世界黄金产量增长缓慢，而且有时还是负增长。

其次，从对黄金的需求来看，则持续增加。据统计，2001 年全球黄金需求总量为 3235 吨，2003 年进一步增加到 4133 吨。在 2005 年前 6 个月中，按吨数计算，对黄金需求较上年同期上升了 21%。而实际上自 1999 年黄金价格创出 1980 年以来的最低点 250 美元/盎司并长期在低价位徘徊以来，对黄金的需求量一直在持续上升。首先是工业用金增长迅速。黄金价格较低以及工业用

金大户电子行业近年来的高速增长，增加了对黄金的需求。此外，对黄金饰品的需求在近年来也高速增长。据统计，2004 年 6 月到 2005 年 6 月的 12 个月里，黄金饰品的需求达到了 380 亿美元，是有史以来需求最高的 12 个月。另据 2005 年 10 月间的报道，俄罗斯中央银行计划将黄金储备量从目前的 400 吨增加到 800 吨。而据俄罗斯采金业联盟提供的资料，2005 年俄罗斯黄金产量尽管有所提高，但也仅有 180 余吨，尚不足俄罗斯中央银行黄金储备量增加的一半。毫无疑问，俄罗斯中央银行增持黄金储备的消息在需求方面起到了推高金价的作用。

必须指出的是，自 1999 年以来，金价较低既刺激了需求，也抑制了黄金生产。1999 年随着美元持续走强，黄金价格曾一度创出 1980 年以来的最低点 250 美元/盎司，并在低位长期徘徊，这一价位甚至低于黄金的生产成本。随着各主要产金国开采难度的提高，生产成本已有大幅提高，例如南非近年来黄金生产成本接近 400 美元/盎司。

市场上被满足的需求等于供给是一般规律，黄金市场也是如此。但从最近几年的有关统计数据来看，黄金当年的需求远远超过当年的产量，即存在产需缺口，并且这一缺口有逐步扩大的趋势。在存在产需缺口的情况下，不足部分由库存金补充，这些库存金包括部分中央银行出售的黄金储备、流出市场的黄金的再入市等，这反映了黄金作为不同一般商品、不同一般金属材料的特性。但是，这一产需缺口及其扩大对于金价的影响却是根本性的，只要这一缺口继续存在仍会构成金价上涨的现实压力。

三、金价上涨投机因素不可低估

黄金市场本来就是传统的国际金融市场的重要组成部分，现货黄金和期货黄金是国际金融市场上重要的投资和投机对象。2005 年初以来，黄金价格上涨除了与黄金产量和黄金的实际需求量（不包括投资投机需求）有关外，投机因素是最主要的也是最不容忽视的因素。

一是投机资本转向黄金属于板块间正常轮动。在国际金融市场上有超过 10 万亿美元的资金在伺机获利。类同于我国股市上常出现的板块轮动，在国际金融市场上，"羊群效应"、跟随战略不可避免，是主要的投资/投机策略。从近年来国际资本主要投机的对象来看，石油经过两年多的恶炒，进一步上涨空间缩小，石油不再是良好的投机对象，投机资金退出石油期货市场的迹象明显。最近尽管石油价格再次创出历史新高，但是由于美国政府的重视和干预，油价进一步上涨的可能性大大降低。外汇市场是投机资本最常进出的市场，但是美元对主要国际货币汇率自2005年初以来已然上涨了很大幅度，进一步上升受制于两大因素：第一大因素是美国经济基本面没有明显好转，财政赤字和贸易赤字短期内根本不可能扭转，而这始终会是影响美元汇率的最大阴影，并成为当前美元不被看好的根本原因，尽管当前美元汇率已经低估，短期内再度大跌的可能性不大；第二大因素是美国政府不会乐见美元快速升值。与此同时，对于非美货币来说，也没有大幅上涨的充分理由。

二是比价效应引导投机资本推高金价。世界市场上的主要商品之间存在比价效应。黄金既可视为一般大宗商品，也可视为投资工具，受比价效应影响更为显著。首先是石油价格影响。石油与黄金之间的比价效应早在第一次石油危机时期就有明显表现，1980年黄金价格创出历史最高点，与石油价格关系密切。本轮石油价格最大涨幅超过50%，油价再次领先金价上涨，当油价"滞胀"后，黄金价格自然应该开始有所表现。其次是其他金属价格的影响。国际期货市场上，大宗金属例如铜、铝等自2005年以来价格逐步攀升，2006年初以来铜价涨幅已超过70%，铝也有可观涨幅。这自然对同样作为金属的黄金也有一定的比价效应。

四、对于我国国际储备调整的启示

俄罗斯中央银行要增加黄金储备的消息无疑对金价上涨起到了一定程度的推波助澜，但却给我们一定的启示。截至2005年底，我国国际储备中黄金储备量为19.29百万盎司（约为600吨），仅比2000年增加6百万盎司，已连续四年保持未变，而同期我国外汇储备则由2864亿美元上升到8189亿美元，增加了近2倍。到2006年2月末，我国外汇储备已经达到8536亿美元，超过日本的8501亿美元，成为世界外汇储备第一大国。到3月末，我国外汇储备继续上升到8751亿美元。

相对于俄罗斯国际储备中黄金储备与外汇储备之间的比例，我国的黄金储备则明显不足。按照俄罗斯现有黄金外汇储备比例计算，我国的黄金储备大约需要1800吨（当然这一计算较粗，未考虑黄金储备增加将由相应的外汇储备转化而来）。若根据国际黄金协会（The World Gold Council）的最新统计，截至 2006 年 3 月 17 日，在所有国家中，黄金储备占全部储备的平均比重为 10.5%，而我国仅为 1.3%（如果考虑最新外汇储备量，这一比重会有所下降），不足平均水平的八分之一。与主要经济发达国家相比，我国黄金储备更是明显不足。除日本、英国外，各主要经济发达国家持有的黄金储备占其国际储备的比重大都在 50% 以上。在世界黄金储备量最多的前五大国家中，全为发达国家，它们持有的黄金储备总量占世界总量的 58.8%（见表 1）。因此，有必要适当增加我国的黄金储备。

表 1　　　　2006 年 3 月世界前十五位国家或地区黄金储备量占
本国国际储备和世界黄金总储备份额

国家或地区	黄金总储备量 （吨）	占本国国际储备比例 （%）	占世界黄金总储备比例 （%）
世界总量	30836.8	—	100.00
美国	8135.1	73.2	26.38
德国	3427.8	52.4	11.12
法国	2820.5	64.0	9.15
意大利	2451.8	63.2	7.95
瑞士	1290.1	39.9	4.18
日本	765.2	1.6	2.48
荷兰	694.9	58.7	2.25
中国	600.0	1.3	1.95
西班牙	457.7	46.1	1.48
中国台湾	423.3	2.9	1.37
葡萄牙	397.5	69.9	1.29
俄罗斯	386.6	3.8	1.25
印度	357.7	4.6	1.16
委内瑞拉	357.4	21.3	1.16
英国	310.8	11.6	1.01

注：本表数据为截至 2006 年 3 月 17 日能够获得的报告数据，并非各国截至该日的真实数据。

资料来源：World Gold Council（世界黄金协会）网站。

增加我国国际储备中的黄金储备重大现实意义主要在于：

首先，将部分外汇储备转化为黄金储备，有利于我国储备资产的保值增值。自 1972 年布雷顿森林体系崩溃以来，尽管黄金非货币化，但是黄金仍是国际金融市场上最具魅力的保值增值投资工具，是投资组合中的理想资产（The World Gold Council，2002；Capie、Mills 和 Wood，2004）。特别是在美元汇率下跌且未来走势迷离时，黄金往往成为人们首选的保值工具，因此市场增加了对黄金的需求而致使金价上涨。当前，美国双赤字问题越来越严重，由于布什政府推行减税计划，双赤字问题起码在布什任内不可能得到根本扭转，因此从长远看美元贬值将不可避免。在当今国际经济形势下，美元之外的国际货币及其金融资产也并非是安全优良的投资工具。我国外汇储备已经达到 8700多亿美元，如何保证这部分我们用实实在在的商品和服务出口换来的金融资产不贬值确实是一个不可轻视的问题。

其次，将部分外汇储备转化为黄金储备还有利于减轻人民币升值压力。最近几年，我国外汇储备增长迅速，从而使得我国货币政策独立性受到很大挑战，人民币升值压力被人为放大。由于黄金的特殊地位，既可作为一般的商品进口，也可直接在国际金融市场上将外汇直接转化，特别是作为一般商品进口，能减少我国的贸易顺差规模，从而起到减轻人民币升值压力的作用。另外，一国黄金储备量往往不被重视，将外汇储备悄然转化为黄金储备，从而使常被作为度量人民币升值压力重要指标的外汇储备量保持基本稳定，这有利于保持人民币汇率稳定。

最后，黄金是比外汇储备更有用的应付货币危机的储备资产。尽管近年来我国金融稳定、人民币币值坚挺，但是我国金融体系仍较为脆弱，金融危机、货币危机的隐患并未完全消除。特别是，根据有关研究，后可兑换货币国家发生货币危机的概率更高。我国"十一五"规划已经明确将实现资本项目可兑换作为"十一五"期间的任务之一，随着未来我国资本项目逐步开放，我们必须警惕和防止货币危机的爆发。倘若我国黄金储备充足，支付能力就会强，对国际游资会有震慑作用，利于保持金融和货币的稳定。韩国就是一个可资借鉴的例子。韩国之所以能迅速从亚洲金融危机中恢复过来，其中一个原因是当时政府从民间获取了大量的黄金，及时清偿了国际债务，提高了国家的信用等级。因此，除了政府将部分外汇储备转化为黄金储备外，我们也应该鼓励居民增持黄金，将一部分黄金储备于民间。

参考文献

［1］陈炳才．黄金是否仍然具有储备、投资价值［J］．金融研究，2003（7）．

［2］刘颖琦，宋健坤，周学军．黄金市场走势动态研究［J］．数量经济技术经济研究，2003（3）．

［3］杨柳勇，史震涛．黄金价格的长期决定因素分析［J］．统计研究，2004（6）．

［4］The World Gold Council, Managing Portfolio Risk with Gold, 2002, http：//www. gold. org.

［5］Capie, Forrest, Terence C Mills, and Geoffrey Wood, Gold as a Hedge against the US Dollar, World Gold Council, Research Study No. 30, September 2004, http：//www. gold. org.

外汇储备管理的当务之急是遏制增长①

截至 2008 年末，我国的外汇储备已经达到 1.95 万亿美元，位居世界第一。从总量上看，我国外汇储备的规模是居于世界第二的日本的近两倍。从增量上看，尽管比上年少增 441 亿美元，但是仍然增加了 4178 亿美元，而 2003年末我国的外汇储备余额才 4032.51 亿美元。最近几年，我国的外汇储备管理问题一直是一个热门话题。美国次贷危机演变成国际金融危机以来，关于我国外汇储备管理问题又有了一些新的争论或话题。

一、如何看待所谓"热钱"流出问题

2008 年第三季度央行公布相关外汇储备数据后，就有人断言，9 月份流出中国的热钱大约为 145 亿美元，自 6 月以来的 4 个月热钱共计流出了近 800 亿美元。2009 年初央行公布 2008 年第四季度各月末外汇储备余额数后，再次引起了所谓"热钱"流出的担忧，甚至是恐惧。2008 年 10 月末的外汇储备余额在该月仍然是贸易顺差和有 FDI 流入的情况下，不仅没有增长，反而比上月末下降 258.97 亿美元，于是很多人就说有大量"热钱"流出中国。情况是否真像某些人所说的前期流入的热钱开始大量流出中国了呢？

当前很多人用所谓"残差法"来估算热钱流动的方向与规模。当某个月外汇储备的增加额大于该月的贸易顺差额与 FDI 之和时，认为有热钱流入，它们的差被视为流入的规模；相反，当某月外汇储备的增加额小于该月的贸易顺差额与 FDI 之和时，认为有热钱流出，它们的差被视为流出的规模。以此方

---

① 本文完成于 2009 年 2 月 3 日，发表在《南风窗》2009 年第 4 期（2 月 11 日）。

法，可以得出 2008 年 10 月和 11 月分别有 678.59 亿美元和 403.82 亿美元的热钱流出，如此看两个月有逾 1000 亿美元的热钱流出，如果情况属实，确实应该引起重视。那么情况果真如此吗？

必须说明的是，这种所谓"残差法"是有问题的。一国某一时期的国际收支并非仅仅只有贸易和 FDI 两项。通过国际收支平衡表，我们可以看到，一定时期内一国对外经济金融交易的状况，涉及的一级子项目就达几十项，不仅仅只有贸易和 FDI 两项。就贸易顺差来看，也不一定意味着一定会实现相应的外汇收支顺差。贸易顺差记录的是一定时期内货物进出口的差额，它是货物流的差，并不一定会同时发生同等规模的外汇流差额。这是非常容易理解的。例如，某月出口了 1000 亿美元的货物，约定三个月后对方付款，该月进口了 800 亿美元的货物，支付方式为货到付款，这种情况下，贸易顺差为 200 亿美元，但是当月实现的外汇收支却表现为逆差 800 亿美元。再就 FDI 来看，在计算某一时期 FDI 时，不仅要考虑当期流入量，也应该将同期清算退出的 FDI 以及本国的对外直接投资计算在内，否则就是以偏概全。由此，我们可以清楚地看到用这种"残差法"估算热钱是多么得不准确。

很多人将月度外汇储备增加额视为该月央行在外汇市场收购的外汇储备，也是不适合的。事实上，月度外汇储备增减额包括两部分，一部分是该月央行在外汇市场上净购进或卖出的外汇量，另一部分是当月外汇储备的经营损益。后一部分的经营损益是不容忽略的，尤其在当前我国外汇储备已经接近 2 万亿美元的情况下，如此巨大的规模，即使只有一个月时间，它们产生的损益（包括投资收益和汇率折算损益两部分）也是相当可观的。那么，如何来测算当月央行购进的外汇量呢？央行自身当然是清楚它的购买量的，不过，国际上多数央行都不公布该金额，我国也不例外。但是我们可以通过货币当局资产负债表的外汇占款来间接测算央行在外汇市场上的购买或卖出外汇的数量，误差不会很大。我国早就按月公布央行的外汇占款。计算的方法是，当月外汇占款增加额除以当月人民币兑美元的平均汇率，所得出的数即相当于当月央行购进的外汇储备金额。截至目前，我们看到的最新的货币当局资产负债表是截至 2008 年 11 月的。通过测算，我们可以发现 2008 年 10 月，央行在外汇市场上是净购入外汇约 509 亿美元，如此来看，外汇储备余额的不增反减并非所谓的大规模"热钱"流出所致，而是经营收益为损失所致。如此计算，则大约有 767 亿美元的经营损失。可能有人对此产生怀疑，能有这么大的损失吗？这是完全有可能的，一是主要国际货币之间的汇率是变动的，即使只有1%的变动，非美元资产折算成美元也是很大的损益；二是在当前国际金融危机不断蔓延和深化的大背景下，金融资产价格波动较大，外汇储备投资遭受投资损失也是正常的。

观察央行公布的2008年1月至11月的外汇占款余额是持续攀升的，这就说明央行每月在外汇市场上是净购入外汇，从国际收支的角度看，仍是外汇净流入的状态。这里强调的是净流入状态，并不否认存在资本（或外汇）流出。就我国的情况，在多数情况下，是既存在外汇（热钱）流入，也存在外汇流出（热钱退出）。基于当前的国际和国内状况，流入我国的热钱可能确实在减少，甚至在某些时候会出现净流出的情况，这是因为：一是当前国际金融危机造成国际资金比较紧张，游资在减少；二是经过一段时间人民币对美元汇率的上下波动，当前市场上对人民币对美元汇率的升值预期大大减弱，预期出现了较大程度的分化，热钱流入的诱惑力在减小；三是某些境外机构为了自救，可能会从中国抽逃此前进入的热钱。即使有些热钱流出，我们也不必过于担心，这是因为：一是人民币对美元汇率贬值的可能性极小。相对来说，我国经济基本面仍是最好的，从长期看，人民币仍具有升值潜力，此外，我国国际收支顺差的格局短期内不可能逆转；二是我国的投资品的投资价值正在增加，尽管股市和房市交易低迷，2008年度我国股指下跌幅度居全球前列，但是这并不能掩盖与多数国家的情况相比，我国的股票和房地产仍具有更好的投资价值。

二、是大量持有美元资产还是转投其他币种资产抑或黄金

近日，美国智库"外交关系协会"发布的报告称，在最近一年里中国平均每个月借给美国400亿美元。在2007年第四季度到2008年第三季度，中国以不同形式借贷给美国的资金估计就高达4750亿美元（平均约每个月400亿美元）。该报告估计，在2008年底中国19500亿美元外汇储备中，美元资产高达17000亿美元。日前，国际市场黄金价格在中国外汇储备将购买黄金的传言下大幅上涨，这并非是首次传言。2006年5月，当时金价还在大约600美元/盎司时，笔者就与合作者建议中国央行应该用持有的外汇储备适当购买黄金，增加黄金的持有量。最近几年，随着我国外汇储备规模的迅速扩大，不断有研究人员提出类似建议。除了建议增持黄金外，很多人也建议分散外汇储备的投

资方向，将更多的资金投放在美国之外，原因是美元在长期内仍将贬值。

外汇储备投资一般要遵循安全性、流动性和收益性三原则。如果中国外汇储备投资确实如此集中在美元资产上，这确实是一个危险的事情，等于将"所有的鸡蛋放在一个篮子里"。

毫无疑问，外汇储备投资分散到不同的币种以及将部分外汇储备转化为黄金储备是正确的，符合安全性的投资原则。

将外汇储备投资转化为黄金储备，对我国来说意义重大。黄金曾是国际储备重要形式或唯一形式。第二次世界大战后，黄金在国际储备中的地位和所占的比重不断下降，所占比重从 1948 年的 69.7% 下降到 2005 年的 9.60%。随着黄金价格上涨，黄金储备在国际储备中的比重略有上升，2006 年末的比重为 9.8%。黄金储备呈现下降的原因是与布雷顿森林体系崩溃后黄金非货币化以及国际货币基金组织切断黄金与货币的固定联系分不开的。自 1976 年起，根据国际货币基金组织《牙买加协议》，黄金同国际货币制度和各国的货币脱钩，黄金不准成为货币制度的基础，也不准用于政府间的国际收支差额清算。但是，国际货币基金组织在统计和公布各成员国的国际储备时，依然把黄金储备列入其中。主要原因是黄金长期以来一直被人们认为是一种最后的支付手段，它的贵金属特性使它易于被人们所接受；而且黄金完全属于国家主权范围，可以自动控制，不受任何超国家权力的干预；加上世界上存有发达的黄金市场，各国货币当局可以较方便地通过向市场出售黄金来获得所需的外汇，平衡国际收支的差额，所以黄金仍然是国际储备的一种重要组成形式，特别是在主要经济发达国家，黄金仍是最重要的储备资产。除日本、英国外，各主要经济发达国家持有的黄金储备占其国际储备的比重大都在 50% 以上。黄金是比外汇储备更有用的应付货币危机的储备资产。韩国就是一个可资借鉴的例子。韩国之所以能迅速从亚洲金融危机中恢复过来，其中一个原因是当时政府从民间获取了大量的黄金，及时清偿了国际债务，提高了国家的信用等级。当前我国持有的黄金储备在我国整个国际储备中已经不足 1%，不仅与发达国家差距遥远，就是与多数发展中国家相比，持有的比重也是偏低的。适当适时将一部分外汇储备转化为黄金储备不仅有必要，而且意义重大。

那是不是现在就要立刻减持美国国债、美元资产，转而增持其他币种资产或黄金呢？当然现在不行。首先来看黄金的价格。当前金价徘徊在 700~1000 美元/盎司，处于历史最高价位。无论是从金价自身来看，还是与一些主要商品价格比较来看，金价已经处于高估状态。当前金价处于高位还与人们对美元的信心不足有关。随着国际金融危机的逐步化解以及世界经济的复苏，未来金价将逐步回落，据预测在未来五年内金价将回落到 400 美元/盎司以内。其次再来看美元之外的主要货币的汇率。尽管自 2008 年中以来美元汇率持续回升似乎并不能得到很好的经济支撑，在美国经济遭受金融危机打击的情况下，更有理由看淡美元，但是我们也必须看到目前欧元、日元的汇率仍处于高估状态，尤其是日元，目前已经严重偏离了日元的均衡汇率水平（日元的正常汇率波动区间）。

三、当务之急应该是遏制外汇储备增长

其实，当务之急不是如何管理现有的外汇储备资产，而是遏制外汇储备的继续增长。我国早就有学者提出将大量外汇储备投资在美国易受制于人。美国金融危机的爆发使我们这些金融资产立即成为净风险暴露头寸。外汇储备投资不仅要承受美国的信用风险（包括来自政府的，也包括来自金融机构的），还要遭受美元购买力下降和美元汇率贬值的风险。而我国的外汇储备无论是由贸易顺差形成的还是由 FDI 形成的，我们付出的都是真金白银，是实实在在的货物和股权换来的。尽管我们的投资能够获得一些名义上的收益，但是由于不断增加的货币发行量，美元的实际购买力是在持续下降的。而且由于美国持续的"双赤字"问题，美元汇率可能无法避免长期贬值的命运。此外，我国外汇储备回流美国，增加了美国的储蓄和资金供给，它们的跨国公司又将这些资金用来在我国进行投资和收购，获取高额利润回报，成为进一步"盘剥"我国利益的工具。也就是说，我国两头受损。

我国外汇储备的增长是由持续的国际收支顺差造成的，因此，要遏制外汇储备增加，就要首先纠正我国的国际收支失衡。我国国际收支失衡的原因复杂，因此，要纠正国际收支失衡必须多管齐下、综合治理。

1. 从根源上说，应增加国内需求，特别是要促进居民消费

根据宏观经济学理论，贸易顺差是储蓄大于投资的结果。多年来，我国国民储蓄率一直大于投资率，这正是我国持续国际贸易顺差的根源。我国的储蓄率、投资率都已经很高，并且我国投资率在世界上都是罕见的高水平。在这种情况下，储蓄率仍然高于投资率，唯一能够作出解释的就是我国的储蓄率过

高。因此，要从根本上解决我国的贸易顺差，最终要靠增加国内需求，尤其是消费需要。扩大内需，特别是促进居民消费也不能仅仅停留在口号上。我国居民消费不足，制约的因素仍然是收入和支出的预期上，尤其是在教育、医疗、养老等方面个人预期支出大，从而增加了预防性储蓄，降低了当期的消费率。

2. 大幅度降低贸易顺差，实现进出口贸易平衡

进出口失衡是我国国际收支失衡的具体体现之一。从政策上来说，我国偏向于鼓励出口、限制进口，追求贸易顺差。因此，为了实现贸易平衡，应从进出口两方面采取措施。在出口方面，应该继续取消或减少优惠措施，并且要防止政策反弹。长期以来，为了增加出口，我国政府以及地方政府给予了很多优惠和倾斜政策，主要体现在税收优惠和土地政策倾斜方面。过去一段时间，我国曾较大幅度取消和降低出口退税率，而近来面对国际经济环境恶化又频繁提高出口退税率，是根深蒂固的保出口思想在作祟，是前期纠正贸易顺差失衡努力的放弃，在一定程度上这不能不说是一种倒退。在进口方面，不仅在态度上要鼓励进口，更主要的是应该降低进口税率和减少贸易壁垒。与鼓励出口形成鲜明对比，制约进口的因素更多，甚至地方政府存在人为地压制进口而保顺差的举措。据一位欧盟专家的估算，我国的非关税壁垒致使欧盟各国丧失了约210亿欧元对我国出口的机会（2006年欧盟对我国贸易逆差为1300亿欧元）。当然，我们并不能完全相信它们的估算，但这至少说明了我国非关税壁垒的存在及其对我国进口的影响程度。由于进口关税、进口环节税、各种非关税壁垒以及不合理的流通环节安排，一些普通的国外产品进口到我国后都要卖到很高的价钱，从而制约了居民对进口物品的消费和需求。

3. 我们应该充分利用世贸组织等有关国际规则，适当控制外商直接投资规模

根据有关研究，我国是对外资在实体经济领域开放程度最高的国家之一，不仅高于一般发展中国家，比貌似开放的发达国家还要开放。当前在利用外资上，地方政府为了GDP、为了政绩仍然存在粗放利用外资的偏好和冲动；而从我国政府来看，尽管有心限制外资的流入规模和投资方向，但又担心违反已经参加的某些国际组织的规则和规定，特别是担心违反了世界贸易组织的规则。世界贸易组织有关规则并非对外资完全没有限制措施，而是留有可以利用的空间和例外条款。我国完全可利用这些例外规则通过国内立法的方式来限制外资的投向，例如，我国可以充分利用已有的反垄断法以及借鉴发达国家的反垄断

法，增加对外资购并我国重要产业的限制性规定。此外，我国也可以通过提高技术门槛、环保要求等方式来限制外资流入，这样做还能起到提高利用外资质量的目的。

4. 要治理热钱流入

2003 年后，我国国际收支失衡程度的加剧与热钱的流入密切相关。关于热钱的大多数研究报告认为，2003 年以后我国国际收支顺差中属于热钱流入的占到相当大的比重，有的报告甚至认为热钱流入占当期国际收支顺差的一半以上。热钱掺杂在正常的国际收支中放大了我国国际收支失衡的程度。对于热钱，笔者建议：一是对存在假借合法渠道非法输入热钱的企业、机构和个人加大检查和处罚力度，绝不姑息；二是维持人民币对美元汇率的相对稳定，降低人民币升值预期，使预期分散化。热钱流入主要是冲着人民币升值而来的，只有降低和分化人民币升值预期，才能从根本上治理热钱的流入。

外汇储备是谁的[①]

央行最新统计显示，我国外汇储备已高达3.3万亿美元，占全球外汇储备总额近三分之一。面对巨额外储，公众的种种疑问也随之而生。

一问：外汇储备究竟是谁的钱？

外汇储备是央行的钱，也代表国民财富，不能简单地说是中国老百姓的"血汗钱"，不能无偿使用。

"出口创汇"——对这个前些年热火朝天的口号，许多人至今仍记忆犹新。于是，有观点认为，我国外汇储备是国内千千万万企业或个人用实实在在的商品、能源、资源及隐性的环境代价换来的，是老百姓的"血汗钱"。

外汇储备究竟是谁的钱？要回答这个问题，首先须了解我国的外汇储备是怎么来的。中国的企业或个人出口商品，挣回美元等外汇，然后将这些外汇的一部分或全部卖给银行获得人民币。外商对中国投资也往往需要将手中的部分或全部外汇资金换成人民币，也得将外汇卖给银行。银行在保留一定额度外汇用于日常业务后，会将剩余外汇在银行间外汇市场上卖出。外汇一旦被央行购买就成为国家外汇储备。需要指出的是，我国已不再实施强制结售汇制度，企业出口等所获外汇收入，可根据其经营需要自行保留或卖给银行。

从这个过程中可以看出，企业和个人不是把外汇无偿交给央行，而是通过银行卖给央行，并获得了等值人民币。这些交易都是出于等价和自愿的原则，企业和个人的经济利益在外汇与人民币兑换时已经实现，即"银货两讫"。同

[①] 本文为人民日报社记者田俊荣对丁志杰教授和我的专访，文章发表于《人民日报》2011年10月17日。当时关于"外汇储备是谁的"争议很多，该文发表后，又引起了一波激烈的争论。感谢田俊荣先生和丁志杰教授同意我将此文收录本书。

时，央行购买外汇，要付出等值的人民币，这个过程表现为人民币投放，也就是"发票子"。换言之，外汇储备是央行用"发票子"这种向全民负债的方式"买"来的，在央行的资产负债表上，资产方为外汇储备，负债方则是等值的人民币投放。看似光鲜的外汇储备其实并非央行的"净资产"，背后对应的是等量负债。

"比如，截至2011年6月末，外汇储备余额为31975亿美元，相应的央行负债为22.6万亿元，也就是说，近3.2万亿美元的外汇储备是央行用22.6万亿元人民币'买'来的。这22.6万亿元人民币最终体现为流通中现金、各类银行机构在央行的存款、央行票据等各种央行负债的形式"，对外经贸大学金融学院院长丁志杰说。

由此可见，首先，外汇储备是央行的钱，并且由于它是央行以负债方式形成的资产，因而不能无偿使用。

其次，外汇储备代表着国民财富，但也不能简单地说是中国老百姓的"血汗钱"。从源头看，外汇储备一部分来自出口，这是国内企业或个人辛勤劳动的结果，可说是中国老百姓的"血汗钱"，这笔财富由央行以外汇储备的形式持有，老百姓以等值人民币的形式持有。"外汇储备还有一部分来自外商投资等资本流入，这部分恐怕谈不上是中国老百姓的'血汗钱'了"，丁志杰说。

还有观点认为，外汇储备是央行"发票子""买"来的，但央行每多发一单位货币，老百姓手里的货币就要贬一点值，发得越多，贬得就越多，这相当于央行向全国人民征收了铸币税。因此说到底，外汇储备是老百姓"交税"买来的。

"这里错用了铸币税的概念"，中国建设银行高级研究员赵庆明坦言，在金、银本位等商品货币制度下，货币币值与其内在价值之差就是铸币税。比如，一枚币值1文的铜钱，铸造成本（内在价值）如果是0.3文，那么铸币税就是0.7文。"央行通过购买外汇发行纸币，虽然纸币的印刷成本可以忽略不计，但由于纸币的内在价值相当于与其币值等值的外汇，因而不存在铸币税。"

"至于说新发货币会导致原有货币贬值，那是在封闭经济条件下，由于更多的货币追逐不变的商品，可能会贬值。而在开放经济条件下，新发货币可以换成外汇进口商品，货币和商品之间就不存在你多我少的问题，也就不会导致原有货币贬值"，赵庆明分析。

丁志杰认为，新发货币最终会被企业和居民持有，这些货币也是财富的一种形式，因而新发货币谈不上是"征税"。

二问：外汇储备多不多？

按照传统观点，我国外汇储备规模已远远超过最低警戒线，这么多外汇储备是传统经济发展方式运行的结果。

人民币汇率改革以来，我国外汇储备增长步入了"快车道"：2006 年 2 月，超过日本位居世界第一；同年 10 月，突破 1 万亿美元大关；2009 年 4 月，突破 2 万亿美元；2011 年 3 月，突破 3 万亿美元。面对这条陡峭上升的曲线，公众不禁要问：外汇储备是不是太多了？

一国持有多少外汇储备算适度，在理论和实践中没有统一标准。国际上也只是定义了外汇储备的低限，高限则没有共识。"传统观点认为，外汇储备不得少于 3 个月的进口额、10% 的 GDP 和 30% 的外债，而 2010 年底我国外汇储备为 2.8 万亿美元，可以满足 22.5 个月的进口、相当于 48.44% 的 GDP 和 5.2 倍的外债。按照传统观点，我国外汇储备已远远超过最低警戒线，总量比较充裕，但究竟多少合适，目前没有定论，需要综合考虑本国的宏观经济条件、经济开放程度、利用外资和国际融资能力、经济金融体系的成熟程度等多方面因素"，丁志杰说。

比如，我国外汇储备现状是"藏汇于国"，与 3.3 万多亿美元外汇储备相比，企业和居民的外汇存款仅 2500 亿美元左右，绝大部分外汇资产在政府手里。而发达国家大多"藏汇于民"，日本、英国、美国的民间外汇资产分别高达 3 万多亿美元、4 万多亿美元、9 万多亿美元，虽然这些国家的官方外汇储备不及我国，但加上民间这一块，其外汇资产均超过我国。

我国是一个发展中大国，保持充足的外汇储备对于确保国际清偿能力、提高风险应对能力、维护国家经济金融安全等具有重大意义。不过，巨额外汇储备犹如一把"双刃剑"，也带来四个"不利于"：

不利于宏观调控的有效性。央行买入外汇形成储备，必须投放等值的人民币（称为外汇占款），因此，外汇储备的高速增长也意味着央行被动投放的人民币在高速增加，如果不能及时完全对冲、回收，就会向市场注入过多的流动性，加大通胀压力和资产泡沫风险。

不利于营造良好的外部环境。外汇储备的高速增长会引起国际上对我国贸易状况和人民币币值的高度关注，容易诱发争端。

不利于经济结构调整。时下,外汇占款已成为货币发行的主要方式,长此以往,会出现创汇较多的东部地区资金多、创汇较少的中西部地区资金少,创汇较多的第二产业资金多、创汇较少的第三产业资金少等现象。

不利于保值增值。当前欧美债务危机蔓延、国际金融市场动荡,将对巨额外储的保值增值带来挑战。

需要强调的是,这么多外汇储备并非我们刻意追求,而是传统经济发展方式运行的结果。

经济学中有一个国民收入恒等式:储蓄－投资＝出口－进口。由于储蓄加上消费构成收入,因此,改革开放以来,随着我国消费率的不断下滑,储蓄率不断攀升,根据恒等式,当储蓄率超过投资率时,出口必然会大于进口,从而形成贸易顺差,引发外汇源源涌入。"外汇储备激增,根子就在于长期以来我国国内需求特别是消费需求不足、过度依赖出口,而要转变这种经济发展方式仍需时日",赵庆明说。

此外,长期以来,我国在涉外经济政策上"奖出(出口)限入(进口)"、在外汇管理政策上"宽进(流入)严出(流出)",以及由于人民币存在升值预期,企业和居民普遍不愿持有和保留外汇等因素,也都助推了外汇储备的快速增长。

专家认为,应对外储激增的"方子"是使其增量部分放缓速度,存量部分用好管好,打个比方,就是把进水龙头关小点,出水龙头开大点,这样池子里的水位才不至于过快上涨。就增量部分而言,应当加快转变经济发展方式,按照"扩内需、调结构、减顺差、促平衡"的思路,着力扩大国内需求特别是消费需求,如此,方为治本之策。

三问:外汇储备能不能分?

无偿分给民众,会导致通货膨胀、央行破产等严重后果,"花"外储应坚持有偿使用、境外使用的原则。

有人说,近年来我国香港、澳门政府常常向所有市民派发数千元甚至上万元现金,俗称"派糖"。既然我国外汇储备太多了也不好,能不能分些给国内民众?

让我们来推演一下假如把外汇储备"分"了,会产生什么样的后果。首先,在央行的资产负债表上,外汇储备资产对应着等值的人民币负债,如果分掉资产,不动负债,其结果就是央行资不抵债,陷入破产境地。其次,假如老百姓"分"到了外汇储备，他们只能将这些外汇换成人民币才能在国内花，这样一来就会形成人民币的"二次投放"：当其将外汇卖给银行时，会形成一次投放，而这些外汇被银行在银行间外汇市场卖掉、最终被央行收购时，会形成二次投放。"二次投放"的后果就是滥发人民币，会造成通货膨胀等严重后果。

"我国港澳政府用来'派糖'的钱来自财政盈余，这是政府的净资产，可以用来分配。事实上，尽管香港外汇储备一直位居世界前列，却没有拿来进行过所谓'派糖'"，赵庆明说。

还有人说，外汇储备应"取之于民，用之于民"，如果直接分给民众不合适，是否可以剥离一部分外汇储备成立主权养老基金，以充实我国社会保障体系？国外利用外汇储备建立主权养老基金的方式已存在几十年，如挪威1990年建立的"政府全球养老基金"。

应当说，无偿剥离外汇储备充实社保体系，其性质同无偿分给民众一样，会造成不良后果。"不过，倒是可以考虑由财政发债的方式来购买部分外汇储备，成立主权养老基金"，丁志杰说。

事实上，我国外汇储备的投资收益是上缴财政的，这笔钱可以用于包括社保在内的各种用途。曾任国务院总理的朱镕基在新近出版的《朱镕基讲话实录》中披露："去年国家财政很困难，财政部早已做好收支平衡，快到年底时，突然蹦出来一笔收入，有407亿元，主要就是外汇储备的收益。我决定这笔钱先不要用了，把它全部拨入全国社会保障基金。"

赵庆明说，世界上外汇储备主要有两种形成方式：一种是像我国那样，由央行投放人民币购入外汇形成外储；另一种是财政出资形成外储，其中日本等国家由财政发行特别国债购买外汇形成外储，挪威、新加坡等国家则由财政用净盈余购买外汇形成外储。"只有挪威、新加坡模式才能免费使用外储，因为这是财政净盈余买来的，不对应负债。日本模式由于外储对应着负债，也不能免费使用。"

说到这里，"花"我国外汇储备的两大原则也就明朗了：一是有偿使用；一是境外使用，在境内"花"会导致人民币"二次投放"。

专家认为，应当积极探索利用外储支持国内经济发展的方式，比如进口国内紧缺的能源、资源，形成能源、资源储备，再如支持国内企业"走出去"，扩大对外投资等。

也有专家提出了大胆的思路。"外汇储备原则上不能无偿使用，但由于央行发行的货币在经济中流通时，有很大一部分沉淀下来，不存在偿付压力，因此，拿出资产方即外汇储备的一部分，用于支持国内经济发展和改善民生，不会带来太大的风险。未来可在这方面作些尝试"，丁志杰说。

四问：外汇储备投资是不是划算？

持有美国国债即使不是最佳方案，也是现有条件下的合理选择，应适时、稳健地推进外汇储备资产多元化。

根据美国财政部报告，中国是美国国债最大持有者。在美债信用评级下调、美元贬值的背景下，外汇储备持有如此大额的美国国债是否面临越来越大的风险？

我国外汇储备持有美国国债是市场投资行为，根据市场状况动态调整。业内人士认为，从一定意义上说，持有美国国债即使不是最佳方案，也是现有条件下的合理选择。

一方面，国际金融危机并未动摇美元在国际货币体系中的主导地位，在相当长时间内还找不到可以替代美元的资产。事实上，目前美国国债仍是全球规模最大、品质最优、流动性最好、信誉最佳的国债。"越是形势动荡，美元资产就越是'避风港'。近期，随着欧债危机再掀波澜，美国国债再度受到避险资金追捧，收益率连创新低，说明全球购买者众多"，丁志杰说。

另一方面，其他币种国债要么市场容量小，要么在当地不欢迎。"在欧元区国债中，最好的是德国国债，但其规模仅相当于美国的五分之一，而且德国国民储蓄率很高，国债都是国民自己购买，留给外来资金的空间很小。再看日本国债，日本的国民储蓄率更高，吸纳外来资金的能力较弱，并且日本政府的负债率已超过 GDP 的 200%"，赵庆明分析。

至于黄金、白银等贵金属和石油、铁矿石等国际大宗商品，在我国外汇储备投资组合中已包含与之相关的投资。这些商品和能源资源价格波动较大、市场容量相对有限、交易和收储成本较高，不适合外储大规模投资，否则可能会推升其市场价格，反而不利于我国居民消费和经济发展。

"有人说，既然没有最佳方案，外储干脆存银行得了。可是存银行不仅收益更低，并且在国外，银行破产的可能性远高于政府破产的可能性，还不如买国债"，赵庆明说。

不过，专家也认为，应密切关注世界经济、国际金融和外汇市场走势，适时、稳健地推进外汇储备资产多元化，最大限度地减少国际金融市场波动对我国造成的负面影响，更好地实现外储保值增值。"尽管不能全盘否定持有美元资产的合理性，但也不能忽视可能存在的问题，即持有的美元资产是否过多以及过多带来的风险。美债降级事件表明，过去我们认为无风险的资产实际上也是有风险的"，丁志杰说。

保外储还是保汇率①

近期围绕着外汇储备有不少争论，甚至称得上较为激烈。有专家就明确提出，放弃汇率保外储。当然，也有相反的主张。因此，当官方公布最新的外储下降到 3 万亿美元以下时，担忧之声又起。

其实，外汇储备有增有减才是正常的。就像没有永动机一样，外汇储备也不可能只有增加没有减少。前几年，我们还一直在担忧外汇储备一路增加，恐其超过 4 万亿美元。然而，近年来又对外汇储备下降开始担忧。真的是，增亦忧、减亦忧！其实，只要不是大幅度的、不可控的下降，就没有必要担忧。2017 年 1 月末，我国外汇储备余额 29982 亿美元。尽管此前调查显示，大部分专家认为 1 月末我国外汇储备可能会守在 3 万亿美元以上，但这一结果也并不算特别出乎意料。因为此前外汇储备已经连续 6 个月出现下降，并且从月度减少金额上看，1 月仅下降了 123 亿美元，较上月少降 288 亿美元。

外储减少主要是藏汇于民的结果。在人民币汇率持续升值阶段的前十余年时间里，正值我国高速增长阶段，实体经济投资回报率较高，加之当时我国房地产等资产价格也普遍被看好且表现好于预期，因此，彼时我国企业和个人不愿意持有外汇资产，而是尽可能将收到的外汇资金结汇成人民币，于是官方的外汇储备就持续增长。当然，那个阶段，也有不少企业个人利用人民币升值、中外正利差等从境外融资，因为这比借用人民币贷款更划算，但是这么做的结果是进一步促进了官方外储的增加。当然，也有部分热钱性质的外汇资金趁机混了进来。尽管那个阶段，官方也做了一些努力，希望藏汇于民，但是个人和企业出于理性和利益最大化，还是使得大部分外汇被"藏"在了官方。因此，

---

① 本文是应《经济参考报》之邀撰写，发表于 2017 年 2 月 9 日该报头版。发表时篇名为《外汇储备：何必增亦忧，减亦忧？》，编辑有所删减。此次收录的为原文。

与很多国家相比，我国个人和企业在资产配置中，外币资产和外国资产在人民币升值阶段是严重偏低的。不过，随着人民币汇率升值的结束，尤其是最近两年受到境内外多重因素的影响，出现了一定程度的贬值和贬值预期，我国个人和企业对待外汇资产的态度发生了很大的转变，开始增持外汇资产和增加境外投资。与此同时，由于形势发生了变化，此前进入的热钱性质的资金也开始撤出，此前借入的外币贷款现在则在加快偿还以及置换成人民币贷款。不过，整体上看，过去两年多时间里外储的下降，主要是藏汇于民（此处"民"主要指企业和个人，而具体资产形式则是外汇存款和境外投资）。

不必担忧外储下降的最重要原因是，我国经济基本面仍然良好。一国是否发生货币危机，主要看经济基本面，而不是看外储，更何况我国目前的外储仍远远高于适度规模。根据几大国际组织的预测，我国 2016 年经济增速在全球大国中居第一，对世界经济增长贡献最多。过去几年我国经济增速逐步回落，主要是因为我国经济处于换挡期，还有相对不利的国际环境影响。尽管如此，我国经济增速仍然处于全球高速增长之列。随着供给侧结构性改革的推行和深化，我国经济正在企稳回升，经济结构已经并将继续得到优化，增长的质量和效率得到了提升。

还需特别指出的是，外储的作用是"用"而不是"储"，"储"的目的是为了"用"，完全没有必要固守某个金额。笔者完全不认同放弃汇率而保外储的主张。外储最主要的用途就是保持国际收支平衡和维持汇率的相对稳定。即使本国货币是主要国际货币之一、本身早已经实现了汇率自由浮动和资本项目开放的发达国家，对于本国货币的汇率也并非完全放任不管，这是因为市场并不完美！持有外储以及黄金储备的主要目的，就是为了必要时干预汇率。当然，发达国家对于本币汇率的波动有较大的容忍区间。

当前，我国的人民币汇率仍未完全实现市场化，外汇市场的深度和广度也不足，在这种情况下，如若放任汇率波动，必然出现超调，从而对实体经济形成不利冲击。因此，为了守住外储不减少，却放任汇率波动，这是"守财奴"的作派，远非理性国家应有的选择。

第六章
可资借鉴的经验与教训

中国古代货币的区域化实践[①]

在货币国际化方面，其实我们并不应妄自菲薄，中国的铜钱最早开创了由国别货币充当国际货币并无偿占有货币发行的铸币税的先例。研究中国古代的铜钱为何能够成为区域性国际货币对于今天指导人民币国际化也是具有现实意义的。

一、中国的铜钱曾充当区域性国际货币

通过对中国货币史的考察，笔者发现了一个极令人兴奋的事情，中国的铜钱曾在相当长的时间内充当区域性的国际货币。以下是有关文献记载：

——宋代铜钱外流塞北，或因河北官盐专卖售价昂贵，外盐自然流入日多，铜钱流失日北；或因牛羊来自域外，京城百官私下用钱购买，外流北方的铜钱一年竟不知有多少，总之，"四夷皆仰中国之铜币，岁阑出塞外者不赀"。[②]

——入宋以来，铜钱外流确较唐代不知严重多少。岭南及沿海一带从来都是铜钱的一大漏洞，自宋"置市舶于浙、于闽、于广，舶商往来，钱宝所以有泄"。当时辽夏行使的铜钱全是用土特产品、抑或铁钱从宋朝换来的。所以张方平慨叹道"钱本中国宝货，今乃与四夷共用"。苏辙也曾说"本朝每岁铸钱以百万计，而所在常患钱少，盖散入四夷，势当尔也"。[③]

——汉唐间经由大陆上的贸易路线流出去的铜钱并不多，因为西方国家并

---

① 该文节选自 2004 年我的博士论文，此次收录略有修改。
② 姚遂. 中国金融思想史［M］. 北京：中国金融出版社，1994：131.
③ 姚遂. 中国金融思想史［M］. 北京：中国金融出版社，1994：136、138.

不使用中国铜钱。但是宋朝南渡后，因陆路闭塞，反而是海路特别发达。近至马来西亚、爪哇，远至印度、非洲，都曾在此时吸收过若干中国的铜钱。当时中国由外国输入的香料、象牙、玛瑙等，除了一部分用丝绢瓷器偿付外，差额就是用金银铜钱来了结，外国人当然不要中国的纸币。例如爪哇后来以中国的铜钱为一种流通工具。当时铜钱最大的去路是北方的金人。金人似乎是有计划地吸收江南的铜钱，他们虽然自己也铸钱，但数量不多，大部分是靠用宋钱。高丽也吸收了一些中国铜钱。使用中国铜钱最多的要算日本。北宋时，宋钱已流向日本。南宋时，钱币在日本更是通行，有一批商人，专门从中国输入铜钱，以供给新奇的放债人做资本。在南宋，中国钱也有流到越南去的。[①]

——明钱不但铸得少，而且还有一部分流到外国去。永乐年间每年遣内宫到外国和西北买马收货，每次带出铜钱几千万。当时南洋的爪哇和三佛齐通用中国钱，锡兰也用中国钱。这些地方的铜钱大概以宋钱为主。但日本却输入许多明钱，以洪武钱和永乐钱为最多，宣德钱次之。[②]

尽管中国的纸币在宋代就已诞生，但是中国的纸币并没有像中国的铜钱一样充当区域性国际货币。对此的明确记载有一条：明朝时的纸币在外国未必流通。外国使节得到明廷赏赐的钞锭（即纸币），就在中国换成货物，钞锭根本没有流到外国去。[③]

尽管中国的纸币没有像铜钱一样流出境内，充当周边国家的流通手段——货币，但这并不能否认中国货币曾担任区域性国际货币的重要地位和职能。因为即使在宋代以及之后的明清，纸币并没有真正成为中国经济中最重要的货币形式。

尽管铜钱属于实物货币，但是它并非足值货币，因此，中国的封建政府一般垄断货币的发行权。由于铸造一枚铜钱的成本远远小于它在流通中的购买力，所以，政府通过铜钱的发行能够获得铸币税。获取中国铜钱的周边国家是通过出售给中国货物获取铜钱的，因此，古代的中国政府无形之中获得了货币对外发行的铸币税的好处，这类似于今天美国政府通过美元在境外流通获得的好处一样。

---

① 彭信威. 中国货币史 [M]. 上海：上海人民出版社，1965：483.
② 彭信威. 中国货币史 [M]. 上海：上海人民出版社，1965：679.
③ 彭信威. 中国货币史 [M]. 上海：上海人民出版社，1965：634.

二、关于中国铜钱充当区域性国际货币的推测和推论

中国的铜钱自宋以来开始担任区域性的国际货币，使我们能得出很多推测和推论。

1. 自秦始皇统一中国后，直至西方资本主义东渐，中国始终是东亚乃至整个亚洲的政治、经济、文化中心，文明的发展程度最高，因此，不难理解其货币的信誉度和购买力应当是最高的。与之相伴的结果必然是，中国的货币——铜钱成为周边落后国家人民所追求的财富对象，成为他们可以信赖的价值储藏手段、支付手段和交易媒介。

2. 一国货币成为区域性货币以及国际货币的重要条件就是该国必须成为地区乃至全球的主导力量或核心。毫无疑问，古代中国一直是东亚乃至整个亚洲的政治、经济、文化中心。这一点对于今天人民币的国际化是有很好的指导意义的。

3. 中国曾因其货币成为区域性国际货币，在无意间享受到对其他国家征收铸币税的好处。尽管有文字记载，宋宁宗庆元五年（公元 1199 年）七月，当时宋朝政府明令禁止高丽、日本的商人博易铜钱。对于金人的吸收铜钱，更是千方百计加以防范。[①] 这可能是因为当时中国的货币供应紧张，也可能是因为宋朝与当时的金人关系不睦而致。中国的铜钱流出境外因是周边国家使用货物交换而得到的，而中国铜钱的铸造成本低于流通中的购买力，所以说当时的中国因货币的流出而获得了铸币税的收益，只不过与今天纸币流通制度下的铸币税相比少一些而已。

---

① 彭信威. 中国货币史 [M]. 上海：上海人民出版社，1965：485.

英镑与美元成为世界货币的兴衰历程[①]

自 19 世纪末国际金本位的货币体系确立以来，英镑和美元是先后充当世界货币的唯一的两个国别货币，研究它们的国际化道路对人民币国际化有一定的借鉴意义。

一、英镑成为世界货币的过程及衰退过程

1. 英镑成为世界货币是英国头号资本主义帝国地位的自然表现

工业革命前的英国在经济上就已经成为资本主义的强国之一。由于英格兰远离欧洲大陆，同大陆国家相比，统一的大不列颠不仅社会相对安定，没有德意志和法国式的国内关税壁垒，没有过多的正规军，也没有大陆式的警察体制，政府开支明显低于大陆同类国家。18 世纪初君主立宪制的确立，成为西方国家最早进行政治体制改革的国家，促进了资本主义的发展。从 1700 年到 1770 年，英国外贸增长了将近一倍，海运业增长了近两倍，商品进口总额由 600 万英镑增加到 1220 万英镑，出口总额由 640 万英镑增加到 1430 万英镑。欧洲在英国贸易中占有最大份额，但是高额利润还引诱英国人走向世界各国角落。

工业革命在英国的率先产生与完成，大大提高了英国的国际地位。工业革命前，英国的经济实力比不上法国。英国工业革命开始于 18 世纪 60 年代，到 19 世纪中工业革命基本完成，英国率先实现了由农业国向工业国的过渡。1850 年，英国工业产值占世界工业产值的 39%，其中：金属制品、棉织品和

---

① 本文节选自我 2004 年的博士论文，此次收录略有修改。

铁产量占世界总产量的一半,煤产量占世界总产量的三分之二,造船业和铁路等都居世界首位,商业贸易占世界贸易的 35%。1860 年,英国生产了世界工业产品的 40% ~ 50%,对外贸易增加到世界贸易的 40%。不列颠的工业品源源不绝地输向世界各地,英国成了名副其实的"世界工厂"。

工业革命后,强大起来的英国还通过战争、暴力、外交和讹诈建立起了空前巨大的"日不落帝国"。1877 年,英国在世界各地的殖民地为 2110 万平方公里,人口为 20350 万人;1900 年猛增到 2780 万平方公里,人口达 35250 万人;到 1913 年,英国的殖民地面积竟然相当于本土面积的 100 多倍、人口的 9 倍,这在人类历史上是绝无仅有的。

英镑成为世界货币是英国综合国力的体现。从中世纪到 19 世纪末,英国不仅是经济大国、军事大国,它还是自然科学、哲学、政治经济学、文学的世界中心。英国的商品、军队和统治势力所触及的地方都有英镑的身影,到 19 世纪末英国成为"日不落帝国"之时,英镑也成为通行全球的世界货币。

当然,英镑成为世界货币是它的大国地位在国际货币体系中的体现。英国是最早建立近代金融机构的国家,发展最快、体系也最完善。英国国会于 1694 年通过法案建立了英格兰银行,在该行建立伊始就具有中央银行的职能,从而英国成为最早建立中央银行的国家。英国在 17 ~ 18 世纪实行金银复本位制度。后来由于白银大量增加,金银相对价值不稳定,发生了"劣币驱逐良币"的现象,使货币制度陷入了极度混乱状态。故此,英国政府首先于 1816 年颁布铸币条例,发行金币,规定一盎司黄金为 3 镑 17 先令 10.5 便士,银币则处于辅币地位。1819 年又颁布条例,规定英格兰银行的银行券在 1821 年能兑换金条,在 1823 年能兑换金币,并取消对金币熔化及金条出口的限制。自此,英国实行了真正的金本位制,也是世界上第一个实行金本位制的国家。英国实行金本位制后,法国、意大利、德国、美国、日本等资本主义国家纷纷效仿,到 19 世纪后期,各主要资本主义国家普遍采用了金本位制,因此,在这种情况下自发形成了以金本位制为主要特征的国际货币体系,即国际金本位制度。由于当时英国在世界政治经济中处于核心地位,又加上它首先实行金本位制度,并且是这一制度的积极倡导者,所以说这是一个以英镑为中心、以黄金为基础的国际金本位制度,英镑成为了世界货币。

2. 英国地位的衰弱导致英镑逐渐丧失世界货币的地位

英镑成为世界货币是英国当时超级大国地位在国际货币体系中的集中体

现，随着英国逐步丧失超级大国地位，英镑的世界货币地位也日渐地丧失。而两次世界大战的爆发则使英国完全丧失了超级大国的地位。

英国是最先完成工业革命的国家，但是法国、德国、美国、日本等国作为后起之国，在 19 世纪末 20 世纪初，也分别完成了工业革命，经济实力都有了很大的提高，与英国之间曾经一度被拉大的差距在日渐缩小。例如，在世界工业总产值中的比重，英国由 1860 年的 50% 下降到 1913 年的 14%；同期其在世界贸易中的份额也由 40% 下降到 15%。

英国在第一次世界大战中实力遭到削弱。战争耗费了英国国民财富的三分之一，军费开支约达 100 亿英镑。战前，美国欠英国债务 30 亿美元；第一次世界大战后，英国反欠美国 47 亿美元。尽管第一次世界大战削弱了英国的实力，但第一次世界大战结束时英国仍是头号资本主义大国。第一次世界大战结束后，英国的殖民地比战前更扩大了，它仍然拥有世界上最强大的海军。但是第一次世界大战的爆发，百年来称霸全球的"大英帝国"无可挽回地开始了它的衰弱过程。第一次世界大战结束后，国际金本位制蜕变为金块本位制和金汇兑本位制，美元等其他货币的崛起使得英镑与黄金同为世界货币的地位丧失，但是英镑仍是最主要的国际货币。

在第一次世界大战中大发战争财的美国成为英国的主要竞争对手和最大威胁。在第一次世界大战结束后的头十年，英国的商品到处遭遇美国的激烈竞争和排挤。到 1929 年，一直处于国际贸易第一位的英国所占份额减少到 13.2%，而美国则上升到 14%，取代英国成为第一大贸易国。1929 年爆发的世界经济危机进一步削弱了英国的实力。1931 年 9 月 21 日，英国率先放弃金本位，禁止黄金出口，实行英镑贬值，从而在国际上揭开了猛烈的货币战的序幕。1931 年，英国组织了"英镑集团"。紧接着，"美元集团""法郎集团"相继成立。从此，国际货币体系进入"三币鼎立"阶段。三大货币集团的出现，实际上宣布了英镑世界货币地位的彻底丧失，而是退化为区域性的国际货币。

第二次世界大战结束后，英国的大国地位已完全丧失殆尽，而退变为了资本主义世界的二流国家。但是由于伦敦仍是最重要的国际金融中心，英镑在国际中仍有一定影响，在第二次世界大战结束后，英国曾一度试图与美国争夺国际货币体系的主导权，但是最终还是败了下来。第二次世界大战结束后，英国殖民地纷纷独立，即使仍然留在英联邦的国家，它们也减少了对英国的依赖，英镑的流通区域大大减少。布雷顿森林体系建立后，美元成为世界货币。到

20 世纪 50 年代中期，英镑基本退回到了国内、仅仅是国家货币了（当然英镑仍在境外有一定的流通）。20 世纪 70 年代布雷顿森林体系崩溃后，英镑重新进入国际货币体系，成为一种主要的国际货币，但是其地位不仅远远低于美元，而且也不及日元和德国马克。

二、美元成为世界货币的过程及起伏变化

1. 美元成为世界货币的过程

美元成为世界货币的过程正是英镑丧失世界货币地位的过程。

美国是第一次世界大战的暴发户，它参战较晚，损失最小，收获最大。大战期间，欧洲各交战国对军事物资的大量需求以及它们在世界市场上竞争力的削弱，给美国工农业生产的发展和商品输出提供了机遇。1914—1918 年间，美国的工业生产激增，生铁和钢产量分别增长 70% 和 90%。同时，美国的对外贸易大幅增长，出口增长两倍多，进口增长 80%，出超额累计达 116 亿美元。从 1914 年到 1919 年，美国的资本输出高达 132 亿美元，借给协约国的战争债约 100 亿美元。全世界有 20 个国家欠美国的债务，一举由战前欠债 55 亿美元变为战后的资本主义世界的头号债权国。美国的财富从 1912 年的 1817 亿美元增加到 1920 年的 5000 亿美元，几乎超过整个欧洲。到战争结束时，美国持有世界黄金储备的 40%。此阶段，美国的军事实力也大大增强，战前的军队仅有 30 万人，战争结束时已增加到 450 万人。但此时，美国在整个资本主义世界的地位还是弱于英国，欧洲仍是资本主义的世界中心。

在第一次世界大战后的头十年，美国的经济发展迅速，到 1929 年美国第一次夺得资本主义世界贸易大国的王冠。但是 1929 年开始的世界经济危机，美国遭受的损失最为严重，1932 年的工业生产比 1929 年下降了 55.6%，退回到了 1905—1906 年的生产水平。而此次经济危机中，英国的损失则相对较小。

第一次世界大战后，英国放弃金本位制转而采取实行削弱了的金本位制——金块本位制，而美国则由于黄金储备充足继续维持金本位制度。1931 年 9 月，英国最终放弃金本位制度时，美国仍然实行金本位制度，这为美元在国际上赢得了声誉。1933 年 4 月，为了防止黄金过度外流，美国也放弃了金本位制度，但是为了与英国抗衡，美国与拉美 20 多个国家组成了"美元集团"，美元开始取得了与英镑相同的地位。

经过两次世界大战，英国遭受了重创，失去了昔日资本主义头号帝国的地位，而美国由于大发战争财一跃成为战后的"头号强国"，不仅是头号的经济大国，还是头号的政治大国、军事大国、科学中心等。据统计，1945年，英国的民用消费品生产只达到1939年水平的一半，出口额不到战前水平的三分之一，国外资产损失达40亿美元以上，由净对外债权国变为净对外债务国，对外债务高达120亿美元，黄金储备更是降至仅100万美元左右，接近枯竭。而美国，第二次世界大战结束时，其国内工业制成品占世界产量的一半，对外贸易占世界贸易额的三分之一以上，黄金储备更是从1928年的145.1亿美元增加到1945年的200.8亿美元，约占资本主义世界黄金储备的59%，国外投资急剧增长，成为资本主义世界最大的债权国。第二次世界大战结束后，资本主义世界的中心由欧洲转移到了美洲，美国成了资本主义世界的主导。

但是，英国曾经的强大并未完全消失，国际贸易额的40%左右仍使用英镑结算，英镑仍然是一种主要的国际储备货币，伦敦依旧是最重要的国际金融中心，因此，第二次世界大战后英国还是试图维持自己在国际经济金融事务中的地位。故此，战后美英两国政府都从本国的实际地位和自身利益出发，设计了新的国际货币秩序，于1943年4月7日分别发表了各自的方案，即美国财政部长助理怀特（H. D. White）拟订的"联合和联盟国家平准基金计划"（Proposals for the Union and Associated Nations Stabilization Fund，通称"怀特计划"，White Plan）和英国财政部顾问凯恩斯（J. M. Keynes）拟订的"国际清算同盟计划"（Proposals for the International Clearing Union，通称"凯恩斯计划"，Keynes Plan）。

1943年9月至1944年4月，美英两国政府代表团在双边谈判中就国际货币计划展开了激烈的争论，但是最终由于英国地位的衰弱，英国政府被迫放弃了凯恩斯计划。美英双方于1944年4月达成了以怀特计划为框架的"关于设立国际货币基金的专家共同声明"（Joint Statement by Expert on Establishment of an International Monetary Fund）。同年7月，美国邀请参加筹建联合国的44国政府代表在美国新罕布什尔州的布雷顿森林召开"联合与联盟国家货币金融会议"——史称"布雷顿森林会议"（Bretton Woods Conference），经过三周的激烈讨论，最后通过了以怀特计划为基础的《国际货币基金协定》和《国际复兴开发银行协定》，总称布雷顿森林协定（Bretton Woods Agreement），从此一个新的国际货币体系——布雷顿森林体系建立了起来。

布雷顿森林体系的主要内容之一就是确定美元的世界货币地位。布雷顿森林体系规定美元与黄金挂钩，其他国家的货币与美元挂钩。所谓美元与黄金挂钩，就是在国际货币基金组织的会员国政府间维持1盎司黄金等于35美元的黄金官价，各会员国有责任协助美国维持这一黄金官价，美国政府则承担各国政府或中央银行按黄金官价用美元向其兑换黄金的义务。通过这种挂钩，实际上是将美元置于了与黄金等同的地位。自此，美元取得了世界货币的特殊地位。

2. 美元地位的衰弱和起起伏伏

第二次世界大战后美国空前强大的国际地位不可能长期维持，同样，美元的世界货币地位也不可能长期维持。

到20世纪50年代中期，西欧和日本的经济得以恢复，它们的商品开始大量进入国际市场，开始与美国的商品竞争。自此，美国在国际上开始受到来自其他国家的竞争。美国发动的朝鲜战争、越南战争等一系列战争和侵略，以及美苏争霸、军备竞赛等也耗费了美国大量的人力、物力和财力。

布雷顿森林体系建立后并非风平浪静，由于美元取得了等同于黄金的地位，在20世纪50年代末期，美元开始出现过剩，由于担心美国无力承担兑换黄金的义务，各国不断用美元向美国政府兑换黄金。1971年，美国出现了自1893年来未曾有过的全面国际收支逆差，美国的黄金储备已不及其对外短期负债的五分之一。由于担心其他发达国家用美元大量兑换黄金，尼克松总统在该年8月15日宣布实行"新经济政策"。为了挽救布雷顿森林体系，1971年12月10国集团达成史密森学会协议（Smith Institute Agreement），简称史密森协议。但是史密森协议并未能执行，或者说并未能起到拯救布雷顿森林体系的目的。1973年初，国际上抛售美元抢购黄金和其他货币的风潮骤起，黄金价格成倍上升，美国宣布停止美元兑换黄金，布雷顿森林体系最终彻底崩溃。

布雷顿森林体系崩溃后，日元、德国马克、法国法郎、英镑等货币开始进入国际货币体系，成为重要的国际货币。在整个20世纪70年代，美元的地位是处于下降通道中，曾一度被认为美元的国际轴心货币的地位会被其他货币所取代。但是自1980年以后，美国的经济开始恢复，国力有了很大的提高，相反，日本、德国、法国、英国等则开始陷入低速增长阶段。美国国力的提高又促进了美元国际地位的提高。到20世纪90年代初，随着苏联和东欧国家的剧变，美国成了独一无二的超级大国，美元的国际地位也有了空前的提高，日元、德国马克等其他国际货币的地位受到了一定程度的削弱。

1999 年 1 月 1 日，欧元正式诞生。当时在国际上曾有部分人乐观地认为，欧元会从根本上挑战美元的国际地位。但是，直到今天，美元仍是国际货币体系的轴心货币，美元的国际地位并未受到根本的威胁，这是因为美国仍是世界头号强国，它不仅经济强大，而且仍然是头号的政治大国、军事大国、科学技术大国。一国货币的国际地位是由该国的综合国力做后盾的，欧盟作为一个国家集团尽管综合实力比其中任何单个国家都强，但是在综合实力上与美国相比差距还很巨大，因此，欧元不可能挑战美元的国际轴心货币的地位。

日元、马克以及欧元的国际化历程①

与英镑、美元成为世界货币的过程相比，日元、德国马克、法国法郎以及欧盟统一货币——欧元的国际化道路对人民币的国际化也许更具借鉴和指导意义。

一、日元的国际化道路

明治维新后，日本开始学习西方国家发展资本主义。日本的中央银行——日本银行于 1882 年 10 月成立。在亚洲，日本是最早按照英国的模式建立中央银行的国家。同样，日本在 1897 年改行金本位制度，也是最早实行金本位的亚洲国家。到 19 世纪末，日本已是亚洲资本主义发展最快的国家，并开始成为西方资本主义世界的一员。

日本资本主义的发展使得日本在 20 世纪初成为在国际上最活跃的亚洲国家之一。日本在第一次世界大战期间，是仅次于美国的第二个暴发户。战争期间，日本经济急剧膨胀。1914—1919 年，工业生产总值增加了近四倍，农业生产总值增加了近两倍；日本的贸易增加了三倍以上，并从战前长期入超国家一跃变成一个大量出超的国家。结果，日本从战前欠有 17 亿日元（当时币值）的债务国，到 1919 年成为借出 5 亿日元的债权国。自此，日本开始企图称霸远东和太平洋地区而对中国等亚洲国家进行侵略。

1945 年，日本作为第二次世界大战的战败国被美国的所谓"盟军总司令部"接管。自此，日本实行了一系列民主化改革措施，如制定新宪法、解散

① 本文节选自我 2004 年的博士论文，此次收录略有修改。

封建财阀、土地改革等。由于道奇计划的实施以及 1950 年 6 月美国发动朝鲜战争，日本经济迅速恢复，到 1952 年实际国民生产总值和制造业的实际工资达到了战前（1935 年左右）的水平。1952 年，日本恢复主权，并加入了国际货币基金组织和世界银行。

1955 年以后，日本开始了大规模的建设，大力引进国外先进技术，更新陈旧设备等，自此，日本进入了经济高速增长时期。1955 年至 1973 年被称为日本经济增长的"黄金时代"，这一时期日本经济平均每年增长 9.8%。近二十年的高速增长使日本的经济实力不断壮大，以美元换算的国民生产总值在 1967 年超过英国和法国，1968 年超过德国，成为资本主义世界中仅次于美国的第二个经济大国。这一时期，日本企业的规模和生产设备均达到了世界最高水平，从而大大提高了劳动生产率，规模经济效益使日本企业在国际竞争中处于优势地位。

在经济高速增长时期，日本的贸易顺差不断扩大，美国与其他西方国家要求日元升值的呼声也开始不断，这一过程也是日元不断国际化的过程。1960 年 7 月，日本开始办理所谓的非居民"自由日元"存款账户，实现了日元的局部可兑换，即非居民因经常项目交易而取得的日元余额可以自由兑换成外币，在此之前，日本政府禁止将日元用于对外结算。日元用于国际结算就是日元国际化的开始，非居民能够接受日元用于国际结算，主要是基于对日元币值和日本经济的认可和信赖。1963 年日本加入《关贸总协定》，1964 年又成为国际货币基金组织第 8 条款国，实现了日元经常项目的可自由兑换。1971 年 12 月，旨在挽救布雷顿森林体系的史密森协定签订后，日元对美元被迫大幅度升值，由 1 美元兑 360 日元调整到 306 日元。1973 年初，布雷顿森林体系崩溃后，日元开始正式进入国际货币体系，成为国际外汇市场上被追逐的重要国际货币之一，与德国马克、法国法郎、英镑等一道成为分享原来美元独占利益的国际货币。据统计，在世界外汇交易中，日元所占比重迅速提高，1977 年日元在纽约外汇市场交易额中的比重为 5%，到 1983 年已占到 25.2%。

这里必须强调一点，日元的国际化并成为一种重要的国际货币与日元完全自由兑换进程并不一致。在 20 世纪 70 年代初，日元就已经是国际上重要的国际货币了，但是日本在日元的可兑换进程上却一直谨慎行事。20 世纪 70 年代中期，日本才允许外国到日本发行日元债券，同时日本居民对外证券投资才开始自由化。1980 年 12 月，日本对《外汇法》进行了全面修改，新法规原则上不再限制资本交易。但是直到 1984 年底日元才全面实现了资本项目可兑换。日元的国际化实践和资本项目可兑换的实现有力地证明了笔者的观点：一国货币的国际化与资本项目可兑换并非一回事。

1973 年以来，尽管日本经济的增长速度大为减缓，多数年份的经济增长速度低于美国，但是日元对美元的汇率却基本上是一路上涨，由 1973 年初的 300 日元/美元左右上涨到今天的 110 日元/美元左右，在 1995 年还增一度突破 80 日元/美元，达到了 79.75 日元/美元的历史最高水平。日元曾一度是仅次于美元的国际货币，在欧元诞生后，它的地位有所下降，成为排在美元、欧元之后的第三大国际货币。

日元的国际化是以强大的日本经济、日本企业的国际竞争力和日本的科技水平为后盾的。

二、德国马克的国际化道路

第二次世界大战结束后，德国作为战败国被美国、英国、法国、苏联四国军队占领。1946 年 12 月 2 日，美英双方代表在纽约签订了合并占领区的协定。1947 年 1 月 1 日协定正式生效。1948 年 6 月，法国同意与美国、英国共同行动后，西部三个占领区在 6 月 19 日发布了"关于改革德国货币制度的法令"，次日，新币德国马克发行。尽管战后初期，苏联、美国、英国、法国曾多次表示不会分割德国，但是在多次谈判后，1949 年 5 月 23 日，西部三个占领区签署了基本法，9 月 20 日，联邦德国第一届政府正式成立；在东部苏联占领区，1949 年 3 月，人民委员会正式批准了德意志民主共和国宪法，10 月 12 日，民主德国第一届政府正式组成。至此，德国的土地上出现了两个德国：德意志联邦共和国（即西德）和德意志民主共和国（即东德）。

第二次世界大战后，德国的经济恢复也较快。例如，到 1948 年美国、英国双占区实行货币改革时，双占区的生产水平已达到了 1936 年的 50%，采煤量达到了 1936 年的 74%。1948 年马歇尔计划实施后，联邦德国的经济得到了迅速恢复，到 1952 年，工业总产值已超过战前 1938 年的水平，为 1938 年的 115%。

第二次世界大战后，联邦德国的经济发展与欧洲共同体有着密切的联系。1951 年 4 月，法国、联邦德国、意大利、荷兰、比利时和卢森堡六国在巴黎签订了《欧洲煤钢共同体条约》，自此，拉开了欧洲经济共同体的建设之路。1958 年 1 月 1 日《罗马条约》正式生效，欧洲共同体成立。1957 年欧洲共同体成立时，六国的对外贸易额占世界贸易额的 6.6%，到 1962 年增加到 10%，在金额上仅次于美国。到 1964 年欧洲共同体国家的出口总额超过美国，成为世界上最大的出口者。到 1970 年，六国的国民生产总值已超过苏联，向美国逼近。一些重工业如汽车、水泥等已经超过美国、苏联，钢铁产量接近美国、苏联，出口贸易和黄金外汇储备遥遥领先于美国、苏联。1960 年，联邦德国的国民生产总值超过英国，成为资本主义世界二号经济大国。1965 年，法国的国民生产总值也超过英国。1968 年日本经济超过德国后，联邦德国一直是资本主义世界第三大经济体。

德国中央银行的独立性为德国马克的信誉提供了坚实的基础。德国是历史上深受通货膨胀之苦最严重的国家，因此，第二次世界大战结束后，德国一直强调中央银行的独立性，避免政府操纵中央银行滥发货币。第二次世界大战后初期，西部占领区先是效仿美国建立起了两级中央银行体制，后在 1957 年 7 月 26 日，联邦德国议会通过《德意志联邦银行法》，废除了两级中央银行体制，德意志联邦银行成为统一的中央银行。德国的中央银行是世界上独立性最强的中央银行，这在一定程度上维护了德国马克信誉。

德国马克的国际化道路是与其自身稳定的币值分不开的。1953 年 1 月 30 日，联邦德国加入国际货币基金组织，当时规定德国马克的含金量是 0.21158 克，对美元的平均价为 4.20 马克/美元。1956 年，联邦德国在贸易顺差和经济增长的基础上实现了贸易自由化和资本自由化，即实现了德国马克可自由兑换。1961 年 3 月 6 日，德国马克升值 4.76%，对美元的平均价为 4 马克/美元；1969 年 10 月 27 日，德国马克再次升值 9.5%，对美元的平均价格为 3.66 马克/美元。自 1973 年布雷顿森林体系崩溃后，德国马克实行浮动汇率制，自此，德国马克成为在世界上仅次于美元的第二大国际货币。这一点可由特别提款权的构成币种的比重来反映（见表 1）。

表 1　　　　IMF 特别提款权（SDRs）的币种构成及币种的比重　　　单位：%

时间　　　　货币	美元	德国马克	日元	法国法郎	英镑
1981 - 01 - 01	42	19	13	13	13
1986 - 01 - 01	42	19	15	12	12

时间 ＼ 货币	美元	德国马克	日元	法国法郎	英镑
1991 – 01 – 01	40	19	19	11	11
1996 – 01 – 01	39	19	18	12	12

注：特别提款权最早发行于1970年，当时定有含金量；1974年7月后不再定有含金量，而是由美元、德国马克、日元、法国法郎、英镑等16种货币组成的货币篮子来确定价值。1980年后货币篮子规定由五种货币构成，每种货币占有的比重每五年调整一次。1999年，欧元诞生后，特别提款权的货币篮子变为四种货币，分别是美元、欧元、日元和英镑。

资料来源：刘军善. 国际金融学［M］. 大连：东北财经大学出版社，1998：114.

三、欧元诞生后的国际货币格局演变与预测

1. 短期内欧元不可能取代美元成为国际轴心货币

欧元因其产生于肥沃的土壤（经济规模大，德国马克、法国法郎等原本就是重要的国际货币），故而成为世界第二大货币，国际地位次于美元、远远高于日元，而曾经的日元、德国马克孰强孰弱的争论不再有了。

欧元诞生前夕，很多经济学家曾根据欧元区的GDP、进出口额等与美国相当，而比较普遍地认为欧元会挑战美元的地位，成为与美元相当甚至超过美元的强币。对此，笔者并不认同，早在1999年下半年，笔者就多次撰文指出：欧元在短期内，5年或者是10年内还无法挑战美元，或者说构不成对美元的根本威胁；欧元会对美元产生威胁、挑战美元的霸权地位，与其说这是人们的预测，不如说是人们的一种期望（赵庆明，1999）。欧元诞生已经有5年多了，尽管自2002年4月开始，欧元汇率开始进入上升通道并且在2004年的2月还几乎突破1.30美元/欧元，远远超过了欧元刚诞生时创出的高价1.19美元/欧元，但是欧元的地位与美元相比还是处于第二的位置，并且欧元也还无法挑战美元的霸主地位。

目前，美元、欧元、日元是国际货币体系中最重要的三大国际货币，其中美元处于轴心地位。从国际货币基金组织包括的成员国来看，所有的货币大体可以划分为三个层次：美元是处于圆心的最核心的地位；欧元、日元、英镑、澳大利亚元、加拿大元等多数发达国家的货币处于第二个层次，当然，欧元、日元是处于最靠近圆心的位置，而其他货币则处于稍远离的地方；中国的人民

币等发展中国家的货币以及少部分发达国家的货币处于第三个层次。能够说明美元处于轴心地位的一个明显的例证是：欧元对日元的汇率并不是直接形成的，而是通过欧元对美元汇率、日元对美元汇率套算而来的。实际上，对于其他大多数货币来说也是这样的，单一钉住美元者不用说了，钉住一揽子货币的国家货币的汇率也是首先得出对美元的汇率，然后套算出对其他主要国际货币的汇率。此外，黄金、石油、粮食等重要大宗商品的国际交易（既包括实物交易、也包括期货交易）等以美元计价交易也说明了美元的核心地位。

根据以上英镑、美元、日元、马克等国家货币国际化道路的研究，我们可以得出如下结论：

（1）在当今决定一种货币世界地位的不仅仅是其背后的经济总量，当经济总量相当时，两种货币谁强谁弱取决于其联系的国家的综合实力。美元的地位是以美国的政治、经济、军事、科技等综合实力为基础的。只要美国继续保持其"一超"的实力地位，就必然会继续动用其综合实力来维持美元在国际货币体系中的霸主地位。欧元区尽管经济实力与美国不分上下，但是它们在政治、军事、科技等方面与美国的差距还很巨大，从综合实力上，欧元区乃至整个欧盟都还是无法与美国比拟的，因此，在未来一段时间内欧元根本不可能成为国际轴心货币。欧元要想真正挑战并超过美元，必须等到欧盟成为一个真正政治实体，或者说世界的政治中心由美国再次转移到欧洲。如果欧洲做不到这一点，那么欧元永远也不会超过美元。

（2）从历史的角度来看，美元不会甘愿从霸主的地位上退下来。一国货币成为垄断的国际储备货币是在一定历史条件下产生的，是有历史机遇的。英国最先成为头号资本主义强国，因此它的货币曾一度成为世界轴心货币。由于充当世界货币享有特殊的国际利益，当美元要替代英镑成为世界货币时，英国并非情愿，只是由于英国的实力经历两次世界大战受到大大的削弱，而美国则异军突起，成为头号资本主义强国。当前美国的经济实力在国际上的比重尽管与第二次世界大战刚结束时已不能相比，但是，一是当前的美国并没有发生当时英国的情形；二是与其他国家相比，它的经济总量仍是世界第一，更为重要的是，美国目前仍是世界唯一的超级大国，在综合实力上其他国家根本无可比拟，因此，美国是不会放任美元丧失霸主地位的。还有一方面也必须注意，美国是当代金融创新的发源地，是世界上金融技术和金融创新能力最强大的国家，在这一方面，日本无法比拟，就是欧盟也根本赶不上美国，这无疑也有利于美国维护美元的霸主地位。

（3）科技水平的差异使得欧美之间还存在经济实力的差距。经济实力与经济总量并非一个概念，它更加强调发展的能力和潜力。在以科技实力为竞争手段的今天，美国的经济实力和活力更是其他国家所无法比拟的。从过去的情况来看，欧盟国家的经济实力和活力远不如美国，欧盟（欧共体）对美国的贸易一直是逆差，而且欧盟国家的产品科技含量不如美国。从目前的情况来看，没有迹象表明未来欧盟将在科技水平方面会大大超过美国，美欧之间因科技水平的差异而导致的经济实力的差距仍会长期存在。自美国在 20 世纪 80 年代初走出布雷顿森林体系崩溃的阴霾后，美国经济的活力一直在发达国家中处于前列，优于日本和西欧国家。

2. 到 21 世纪中期，美元的国际轴心货币地位仍有可能保持，但是中国的人民币、印度的卢比等货币的地位会提高，欧元、日元的地位会衰弱

根据美国著名经济学家 Jeffrey D. Sachs 的最新研究报告：在大约 2020 年，中国的经济总量将超过美国，到 2050 年印度的经济总量也将超过美国。相对来说，欧盟、日本的经济一般不被看好，当然这是从总量上看。由于中国、印度的人口数量巨大，所以，未来从经济总量上看，中国、印度会超过日本、欧盟和美国，但是就人均占有量来看，美国、欧盟、日本仍是最富有的国家。因此，在今后国际货币体系中，美元仍有可能维持国际轴心货币的地位，欧元、日元的地位会相对衰弱，而中国和印度的货币也会相继成为主要的国际货币。国际和国内的经济学家已经有人预测在不久的将来中国的人民币会成为仅次于美元的第二大国际货币。笔者认为这是完全有可能的，就中国来说，如果在经济上能够保持稳定的增长，总量超过美国并非是遥远的事情，加上中国崛起后，尽管中国不会称霸（无论是在世界上还是在地区都不会称霸），但是中国仍然会是一个政治大国、军事大国，国际地位必然提高，中国的货币——人民币成为一种主要的国际货币是完全有可能的。对于印度来说，存在同样的可能。

因此，从整体上看，未来的国际货币体系中，中国、印度的货币会成为重要的国际货币，就如以上所说的，美元由于美国的超级大国地位会在相当长的时间内保持，因此，美元的国际轴心货币的地位仍有可能长期保持。

美国金融风暴再次警示我们
要实现国际收支平衡[①]

    2008 年以来，美国次贷危机非但没有像年初多数人所期盼的那样逐步缓解，反而是不断恶化，演变成了全面的金融风暴。尽管美国政府不断增加救市投入、美联储不断调降利率和放宽对金融机构的借贷条件，尽管全球主要国家都加入到救市行动中来，美国的金融体系仍然没有好转的迹象，与此同时，金融危机对美国以及全球实体经济的不利影响开始逐步显现，美国的实体经济可能已经进入衰退状态。美国政府不断增加的救市投入，将主要依靠发行国债来融资，不断增加的美国财政赤字规模和国债规模，没有理由不使人对美国政府信用怀疑和担心。根据美国财政部最新公布的数据，截至 9 月末，我国持有美国国债的总额达到 5850 亿美元，取代日本成为美国国债的最大持有者。2008 年 1—9 月，我国增持美国国债数量达到了 1074 亿美元，而日本反而减少 80 亿美元。因此，我国有很多学者和经济学家担心，我国可能成为此次美国金融危机的最大买单者。与此同时，受到金融危机的影响，世界经济增长放缓和以美国为首的发达国家可能出现的经济衰退，对我国一直以来依赖外需拉动的经济增长模式也是一种打击。

一、我国国际收支失衡日益严重

    我国的国际收支失衡体现在持续的并且不断扩大的国际收支顺差上。尽管最近几年，我国政府以及相关部门已经将纠正国际收支失衡列为一项重要工

[①]　本文完成于 2008 年 11 月，发表于《中国货币市场》2008 年第 12 期。

作，也出台了一些措施，尤其 2005 年 7 月 21 日实施的人民币汇率形成机制改革，其主要意图就是用来纠正国际收支失衡。然而，国际收支顺差的规模非但没有降低，反而不断扩大，这主要体现在外汇储备的快速增加上（见图 1）。1993 年底，我国外汇储备为 211.99 亿美元，到 2004 年底为 6099.32 亿美元，11 年间净增加 5887.33 亿美元。到 2007 年底，我国外汇储备余额达到 15282.60 亿美元，3 年间净增加 9183.28 亿美元，如果再加上投放在中投公司的 2000 亿美元，此间的净增加额是此前 11 年增加额的两倍还要多。截至 2008 年 9 月底，外汇储备余额已经超过 1.9 万亿美元，年底有望突破 2 万亿美元。

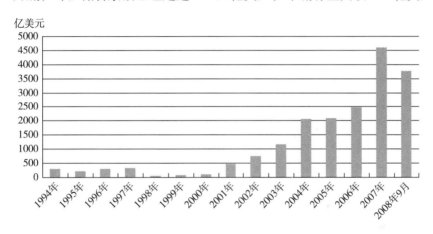

图 1 1994—2008 年 9 月中国外汇储备年增加额

二、美国金融风暴给我们纠正国际收支失衡上了生动的一课

这一生动的一课主要体现在两个方面，一是外汇储备投资资产的安全性上，二是过度依赖外需的增长模式上。

1. 大量外汇储备投资于美国，风险与收益根本不对称，且又易受制于人

据估计，我国外汇储备中 60%～70% 投在了美国。根据美国有关方面披露的信息，我国外汇储备购买的美国国债以及"两房"发行和担保发行的 MBS 合计应该在 9000 亿美元左右。此外，还持有 3000 亿～4000 亿美元其他金融资产，主要是一些高风险的债券和少量美元存款。

我国早就有学者提出将大量外汇储备投资在美国易受制于人。美国金融危机的爆发使我们这些金融资产立即成为净风险暴露头寸。尽管美国政府对

"两房"发行和担保发行的 MBS 提供了政府担保，在信用级别上已经更加贴近美国国债，但是美国政府同样存在信用风险，并且随着美国国债规模的增加，美国政府的信用也同样不容放心。而持有的其他高风险的金融债券实实在在的损失可能已经发生。

外汇储备投资不仅要承受美国的信用风险（包括来自政府的，也包括来自金融机构的），还要遭受美元购买力下降和美元汇率贬值的风险。我国的外汇储备无论是由贸易顺差还是 FDI 形成的，付出的都是真金白银，是实实在在的货物和股权换来的。尽管我们的投资能够获得一些名义上的收益，但是由于不断增加的货币发行量，美元的实际购买力是在持续下降的。而且由于美国持续的"双赤字"问题，美元汇率可能无法避免长期贬值的命运。

此外，我国外汇储备回流美国，增加了美国的储蓄和资金供给，它们的跨国公司又将这些资金用来在我国进行投资和收购，获取高额利润回报，成为进一步"盘剥"我国利益的手段。

2. 依靠外需拉动的经济增长方式无法保证我国经济的平稳运行

1994 年实行人民币汇率并轨以来，我国的经济增长愈发地依赖外需。特别是最近三年，货物和服务净出口对我国经济增长的贡献率都在两成左右，为近十年的最高水平。如果没有净出口对经济增长的拉动，最近三年的经济增长速度不可能比此前几年更高，而是大体相当。与此同时，随着贸易顺差的不断扩大，净出口在我国 GDP 的比重也不断提高，到 2007 年达到了历史最高水平的 8.9%（见表 1）。因此，可以毫不夸张地说，我国经济增长已经成为典型的外需拉动型。

表 1　　　　　最近 10 年中国货物和服务净出口对 GDP 的贡献　　　　单位：%

年度	1998	1999	2000	2001	2002	2003	2004	2005	2006	2007
占 GDP 的比重	4.2	2.6	2.4	2.1	2.5	2.2	2.5	5.5	7.5	8.9
对经济增长的贡献率	16.5	-1.5	14.5	-0.1	7.6	1.0	6.0	24.1	19.3	21.5
对经济增长的拉动	1.3	-0.1	0.0	1.2	0.7	0.1	0.6	2.5	2.2	2.6

注：对经济增长的贡献率是净出口的增量与支出与国内生产总值增长之比，对经济增长的拉动是国内生产增长速度与净出口贡献率的乘积。

资料来源：国家统计局. 中国统计摘要 2008［M］. 北京：中国统计出版社，2008.

这种增长模式必然受到国际经济的影响，从而出现同步波动现象。自

2007 年美国发生次贷危机以来，全球经济增长开始放缓。当前美国的次贷危机已演变成国际金融危机，其对全球经济增长的影响将进一步加剧，并会持续相当一段时间。近期，国际货币基金组织（IMF）已将 2008 年、2009 年全球经济增幅预期从上月的 4.1% 和 3.9% 修正至 3.9% 和 3.7%。正是因为考虑到世界经济放缓和美国等发达国家很可能出现的经济衰退，当前很多机构都纷纷下调我国明年经济的预期增幅，某家机构甚至预测明年我国经济仅能实现 7.5% 的增长。根据最新统计数据，2008 年第三季度我国 GDP 仅比 2007 年同期增长 9.0%，比上季度回落 1.1 个百分点，比 2007 年同期大幅回落 3.2 个百分点，这其中的原因除了受举办奥运会暂停一些投资项目和企业运转外，主要是受到以美国为首的世界经济增长放缓的影响。

尽管我国政府早已提出并不断强调要转变过度依赖外需的经济增长方式，但是最近几年非但没有改变，反而更加依赖外需。当前，美国金融危机的爆发以及由此导致的世界经济放缓，无疑再次提醒我们寄予这种方式的增长模式具有无比的危险性和不稳定性。

三、要真正下决心多管齐下纠正我国的国际收支失衡

持续多年并且不断放大的国际收支失衡在一定程度上已经积重难返，这首先需要我们真正下决心来解决这一问题。思想是行动的指针。思想认识上不清，就不会诉诸行动；思想认识上不深，行动上就会手软。尽管近年来我国政府也不断提出要纠正国际收支失衡问题，但由于并没有出现严重的问题，反而是经济以更快的速度在增长，因此，思想认识上并未真正重视，纠正国际收支失衡也更主要地体现在口号上，而不是行动上。当前美国金融危机的爆发使我们用真金白银换来的万亿美元外汇储备面临化为泡影的危险，这无疑从外部再次警示我们纠正国际收支失衡的严峻性、紧迫性和必要性，要求我们不能对此问题再忽视和迁就。

由于造成国际收支失衡的原因复杂，因此在行动上需要多管齐下才能取得效果。

1. 从根源上说，应增加国内需求，特别是要促进居民消费

根据宏观经济学理论，贸易顺差是储蓄大于投资的结果。多年来，我国国民储蓄率一直大于投资率，这正是我国持续国际贸易顺差的根源。我国的储蓄

率、投资率都已经很高，并且我国投资率在世界上都是罕见的高水平。在这种情况下，储蓄率仍然高于投资率，唯一能够作出解释的就是我国的储蓄率过高。与此同时，我国的政府收入也大于支出，财政存款持续性增长。因此，要从根本上解决我国的贸易顺差，最终要靠增加国内需求，不仅要促进居民消费，政府支出也要增加。扩大内需、特别是促进居民消费也不能仅仅停留在口号上。我国居民消费不足，制约的因素仍然是收入和支出的预期上，尤其是国家在教育、医疗、养老等方面不能够切实降低个人负担，个人预期支出的不确定性很大，从而增加了预防性储蓄，降低了当期的消费率。

2. 大幅度降低贸易顺差，实现进出口贸易平衡

进出口失衡是我国国际收支失衡的具体体现之一。最近几年，每年的贸易顺差都是千亿美元以上的规模，2008 年的贸易顺差预计仍将在 2000 亿美元以上。从政策上来说，我国偏向于鼓励出口、限制进口，追求贸易顺差。因此，为了实现贸易平衡，应从进出口两方面采取措施。

在出口方面，应该继续取消或减少优惠措施，并且要防止政策反弹。长期以来，为了增加出口，我国政府以及地方政府给了很多优惠和倾斜政策，主要体现在税收优惠和土地政策倾斜方面。过去一段时间，我国曾较大幅度取消和降低出口退税率，而近来面对国际经济环境恶化又频繁提高出口退税率，这是根深蒂固的保出口思想在作祟，是前期纠正贸易顺差失衡努力的放弃，在一定程度上这不能不说是一种倒退。而根据笔者的计算，2005 年至 2007 年各年每美元出口商品综合退税分别为 0.4429 元、0.44 元、043 元，2008 年前三个季度为 0.39 元，尽管相比较来看，2008 年出口退税的降幅较大，但如果考虑到同期人民币对美元的升值幅度，出口退税率在促进出口中的作用不仅没有变弱，反而有所加强。

在进口方面，不仅在态度上要鼓励进口，更主要的是应该降低进口税率和减少贸易壁垒。与鼓励出口形成鲜明对比，制约进口的因素更多，甚至地方政府存在人为地压制进口而保顺差的举措。据一位欧盟专家的估算，我国的非关税壁垒致使欧盟各国丧失了约 210 亿欧元的对我国出口机会（2006 年欧盟对我国贸易逆差为 1300 亿欧元）。当然，我们并不能完全相信他们的估算，因为这里面必然有他们自身的诉求，但这至少说明了我国非关税壁垒的存在及其对我国进口的影响程度。由于进口关税、进口环节税、各种非关税壁垒以及不合理的流通环节安排，一些普通的国外产品进口到我国后都要卖到很高的价钱，

从而制约了居民对进口物品的消费和需求。

3. 我们应该充分利用世界贸易组织等有关国际规则，适当控制外商直接投资规模

我们在输出外汇储备到发达国家购买它们的低收益国债、增加它们的储蓄供给的同时，又大量引进外商直接投资和放宽外资对我国重要产业的股权并购，放手让它们获取高额利润率。这种"一低一高"的收益率之差无形之中构成了对外国的利益输送。当前在利用外资上，地方政府为了 GDP、为了政绩仍然存在粗放利用外资的偏好和冲动；而从我国政府来看，尽管有心限制外资的流入规模和投资方向，但又担心违反已经参加的某些国际组织的规则和规定，特别是担心违反了世界贸易组织规则。根据有关研究，我国是对外资在实体经济领域开放程度最高的国家之一，不仅高于一般发展中国家，比貌似开放的发达国家还要开放。尽管我们参加了世界贸易组织，承担了开放的义务，但是这并不是说我们不能在外资进入上采取限制措施。这些规则都留有可以利用的空间和例外条款，在此基础上，完全可以通过国内立法的方式来限制外资的投向，进而实现限制流入规模的目的。例如，我国可以充分利用已有的反垄断法以及借鉴发达国家的反垄断法修订时，增加对外资购并我国重要产业的限制性规定。此外，我国也可以通过提高技术门槛、环保要求等方式来限制外资流入，这样做还能起到提高利用外资质量的目的。

4. 要治理热钱流入

2003 年后，我国国际收支失衡程度的加剧与热钱的流入密切相关。关于热钱的大多数研究报告认为，2003 年以后我国国际收支顺差中属于热钱流入的占到相当大的比重，有的报告甚至认为热钱流入占当期国际收支顺差的一半以上。无论它们测算出的热钱流入规模有多大差别，但是毫无疑问的是都认同有热钱的流入。热钱掺杂在正常的国际收支中，不仅放大了我国国际收支失衡的程度，也增加了我国 2003 年以来的宏观调控难度。对于热钱，笔者建议：一是对存在假借合法渠道非法输入热钱的企业、机构和个人加大检查和处罚力度，绝不姑息；二是维持人民币对美元汇率的相对稳定，降低人民币升值预期，使预期分散化。热钱流入主要是冲着人民币升值而来的，只有降低和分化人民币升值预期，才能从根本上治理热钱的流入。

理性看待和应对美国量化宽松政策退出①

作者按： 选这篇报告进入本书，主要觉得人民币要想成为一种主要的国际货币，我们在货币政策操作上还有很多需要改进的地方，尤其是有必要学习和借鉴美联储是如何退出为应付 2008 年危机出台的史无前例的量化宽松政策，特别是学习它们调控的艺术——提前反复试探、循序渐进、与市场形成良性互动，而不是出其不意。

摘要： 面对第二次世界大战以来最严重的经济和金融危机，美联储实行了极端宽松货币政策，不仅在短时间内将联邦基金利率降低到近乎零利率状态，还先后推出四轮量化宽松（QE）政策和两轮扭曲操作，用于维持金融稳定、促进就业和刺激经济增长。

随着美国经济复苏和就业状态的改善，QE 的退出问题提上日程。在美联储 2013 年 5 月初暗示将退出 QE 时，新兴市场国家因经济放缓而出现资本流出和货币贬值，国际上出现了 QE 退出的"恐惧症"，主要国际机构和部分国家要求美联储应考虑退出对其他国家的影响。但是无论怎样，美联储 QE 政策必然是阶段性的，有始必有终。

不过，美国 QE 退出将是一个相对缓慢的过程，不会突然之间完成，尤其是在美国真实失业人数仍然庞大的情况下，更加"鸽派"和相信 QE 政策有效的、即将接替伯南克出任联储主席的耶伦应该会更加谨慎行事。

我们认为 QE 的退出，不会从根本上改变世界经济的走势和金融市场的走势，但是不排除在短期内对市场（股市和汇市）产生较大冲击的可能。面对可能存在的不利冲击，中国政府应该作出积极应对。对于美联储在 QE 退出过

---

① 本文完成于 2014 年 1 月 10 日，是当时完成的工作报告。

程中的所作所为，我们认为有三点值得学习和借鉴：一是牢记货币政策服务实体经济的宗旨和使命，二是坚持货币政策的自主性，三是重视和掌握货币政策调控艺术。

关键词： 量化宽松政策　利率　货币政策

2013 年 12 月 18 日，美联储在年度最后一次 FOMC 例会上决定自 2014 年 1 月起削减 QE 的购债规模 100 亿美元。美联储的决定发布至今，无论是美国金融市场还是其他国家和地区的金融市场，整体上反应较为平静，好像并没有改变各自的原有走势。除美国中长期国债收益率有不同程度的上升外，短期和超长期国债收益率并没有显著上升，美元指数也未如此前市场预期的那样出现大幅上涨，反而是美国三大股指面对所谓"负面消息"不仅没有下跌，而是继续创出新高。早在 2013 年 5 月，当美联储暗示将会很快开始缩减每月 850 亿美元的资产购买计划之后，一些新兴经济体陷于动荡之中，资产价格出现暴跌，本币剧烈贬值。当时，多数机构认为如果美国启动 QE 退出，这将进一步加速资本从新兴市场国家回流美国，这些国家的货币贬值压力会进一步加大，甚至这些国家将有可能遭受一轮金融危机。于是，当时一些新兴市场国家要求美国政府和美联储在作出货币政策调整时要考虑对其他国家的外溢效应。当美联储真的开始实施 QE 退出时，为何市场反应反而平静了呢？这种平静会是"大风暴"来临前的暂时平静吗？我们该如何看待和应对呢？

一、美联储降息和量化宽松货币政策的实施过程

为了应对出现的次贷危机，2007 年 9 月 18 日美联储启动了连续 16 次加息之后的首次降息，并且一次大幅降低 0.5 个百分点，而不是常用的 0.25 个百分点的幅度。此后又连续 9 次降息（见表 1），到 2008 年 12 月 16 日，美联储将联邦基金利率降低到了 0～0.25% 的历史最低点，平均 1.5 个月降息一次，合计降息超过 5 个百分点，如此频率和幅度，这在美联储的历史上前所未有。

表1 美联储 2004 年以来联邦基金利率调整

	调整日期	调整后利率（%）
第 10 次减息	2008 – 12 – 16	0 ~ 0.25
第 9 次减息	2008 – 10 – 29	1.00
第 8 次减息	2008 – 10 – 08	1.50
第 7 次减息	2008 – 04 – 30	2.00
第 6 次减息	2008 – 03 – 18	2.25
第 5 次减息	2008 – 01 – 31	3.00
第 4 次减息	2008 – 01 – 22	3.50
第 3 次减息	2007 – 12 – 11	4.25
第 2 次减息	2007 – 10 – 31	4.50
第 1 次减息	2007 – 09 – 18	4.75
第 16 次加息	2006 – 05 – 29	5.25
第 15 次加息	2006 – 05 – 11	5.00
第 14 次加息	2006 – 03 – 29	4.75
第 13 次加息	2006 – 01 – 31	4.50
第 12 次加息	2005 – 12 – 14	4.25
第 11 次加息	2005 – 11 – 03	4.00
第 10 次加息	2005 – 09 – 20	3.75
第 9 次加息	2005 – 08 – 09	3.50
第 8 次加息	2005 – 06 – 30	3.25
第 7 次加息	2005 – 05 – 03	3.00
第 6 次加息	2005 – 03 – 22	2.75
第 5 次加息	2005 – 02 – 02	2.50
第 4 次加息	2004 – 12 – 14	2.25
第 3 次加息	2004 – 11 – 10	2.00
第 2 次加息	2004 – 09 – 21	1.75
第 1 次加息	2004 – 08 – 10	1.50
起始	2004 – 06 – 30	1.00

资料来源：根据网上资料整理。

不仅仅是连续大幅降息，在 2008 年 9 月 15 日雷曼兄弟公司宣布破产后，美国次贷危机演变成国际金融危机，全球经济和市场信心几乎一夜之间陷入低谷，美联储和其他主要国家央行采取紧急措施，向市场注入流动性，自此开启了美联储的量化宽松（QE）之路。在最后一次将联邦基金利率降至零利率前的 2008 年 11 月 25 日，美联储启动第一轮量化宽松政策。

2008 年 11 月 25 日，美联储公布将购买机构债和 MBS，这标志着首轮量化宽松政策的开始。首轮量化宽松政策（QE1）主要是购买政府支持企业（简称 GSE）房利美、房地美、联邦住房贷款银行等与房地产有关的直接债务，还购买了由"两房"、联邦政府国民抵押贷款协会（Ginnie Mae）所担保的抵押贷款支持证券（MBS）。美联储在 QE1 的执行期间共购买了 1.725 万亿美元资产。2010 年 4 月 28 日，联储的 QE1 正式结束。QE1 主要是用于购买国家担保的问题金融资产，目的是重建金融机构信用，直接向信贷市场注入流动性，稳定信贷市场。

2010 年 11 月 4 日，美联储启动第二轮量化宽松计划（QE2），宣布在 2011 年第二季度以前进一步收购 6000 亿美元的较长期美国国债。QE2 于 2011 年 6 月结束，购买的仅仅是美国国债，其主要目的是通过购买国债增加基础货币投放，并在一定程度上纾解美国政府的财政压力。

2011 年 9 月 21 日，美联储在结束为期两天的会议后，宣布在维持 0 ~ 0.25% 的现行联邦基金利率不变的同时，还将推出价值 4000 亿美元的扭曲操作，即在 2012 年 6 月底之前购买 4000 亿美元的 6 年期至 30 年期国债，而同期出售规模相同的 3 年期或更短期国债。该措施的目的是推低长期利率及与之相关的按揭贷款等利率，以刺激投资和购房，实现经济复苏。

2012 年 6 月 21 日，美联储在结束两天的议息会议之后，宣布维持现有扭曲操作。

2012 年 9 月 13 日，美联储在结束为期两天的会议后，宣布 0 ~ 0.25% 超低利率的维持期限将延长到 2015 年中，并将从 15 日开始推出进一步量化宽松政策（QE3），每月采购 400 亿美元的 MBS，同时，现有扭曲操作等维持不变。

2012 年 12 月 13 日，美联储宣布推出第四轮量化宽松（QE4），每月采购 450 亿美元国债，替代扭曲操作，加上 QE3 每月购买 400 亿美元 MBS 的宽松额度，自此美联储每月资产采购额达到 850 亿美元。

经过四轮量化宽松措施，美联储的资产规模也急剧膨胀。在 2008 年雷曼兄弟公司破产前，美联储的总资产不足 1 万亿美元。到 2013 年 12 月初，美联储的资产规模一举突破 4 万亿美元。

二、美联储量化宽松政策退出：从暗示、反复试探到最后正式启动

2012 年 9 月美联储推出 QE3 时就多少有些出乎市场预期，因为当时美国经济复苏状况还是比较不错的。2012 年美国经济增幅达到 2.2% 也支持了这种判断。有部分美国人认为推出 QE3 是美联储主席伯南克帮助奥巴马实现连任而有意为之，因为共和党总统候选人罗姆尼极力攻击联储的货币政策，并扬言一旦当选总统，将会在上任初期首先"炒掉"伯南克。因此，在 QE3 推出的同时，市场上就纷纷预测美联储何时会启动 QE 退出。

市场最早嗅出 QE 退出信息是从 2013 年 5 月 1 日美联储 FOMC 议息会议后发布的声明，声明中说："委员会准备增加或减少购债进度，以维持适当的宽松政策，因应就业市场和通胀前景的转变"。时隔一个半月，2013 年 6 月 19 日议息会议后，美联储宣布继续维持每月采购 850 亿美元国债和抵押贷款支持证券（MBS）的量化宽松政策不变，0～0.25% 超低利率在失业率高于 6.5% 的情况下不变。尽管如此，市场对于美国 QE 退出的预期进一步加重，全球金融市场也因为 QE 政策的可能加快退出而出现剧烈波动。6 月 21 日，具有重要指标意义的美国十年期国债收益率一举突破 2.5% 的重要心理关口，此后，基本上都维持在了这一水平之上。美元指数一改 5 月底以来的下跌走势，也走出了一波上涨行情，在 7 月初冲至 84.75 的年内最高点。与此同时，受美国 QE 退出可能导致资金从新兴市场国家大量撤出的传言，部分发展中国家的货币和股市也随之出现一波大跌。从 2013 年 6 月 19 日到 8 月 30 日两个多月的时间，马来西亚林吉特、泰国泰铢、俄罗斯卢布对美元汇率已经下跌了 4% 左右，而巴西雷亚尔、印度尼西亚盾、印度卢比对美元汇率的跌幅更是分别达到 8.20%、10.4% 和 14.53%，这甚至引起了新兴市场是否重又陷入了金融危机的争论。在国际上，一时之间出现了美国 QE 退出的"恐惧症"，国际货币基金组织等国际机构和部分国家甚至要求美国退出量化宽松政策时要考虑对其他国家的影响。在 2013 年 9 月初二十国集团圣彼得堡峰会上，中国、俄罗斯和印度等新兴经济体要求美国在退出量化宽松政策时，应注意时机和节奏，给国际市场留出反应时间。

当绝大多数市场机构预测美联储会在 9 月 17—18 日的议息会议上作出减

少购债规模的决定时，美联储反而是维持了购债规模不变。

千呼万唤，终于在 2013 年 12 月 17—18 日美联储 FOMC 年度最后一次例会上作出决定：从 2014 年 1 月起小幅削减月度资产购买规模，将长期国债的购买规模从 450 亿美元降至 400 亿美元，将抵押贷款支持证券的购买规模从 400 亿美元降至 350 亿美元，合计减少购债 100 亿美元。消息公布后，全球金融市场包括美国金融市场整体上看反应较为平静，除美国中长期国债收益率略有上升外，短期和超长期国债收益率并没有显著上升，美元指数也未如此前市场预期的那样出现大幅上涨，反而是美国三大股指面对所谓"负面消息"不仅没有下跌，而是继续创出新高，新兴市场国家的股市也并未因此而出现大幅下跌。

三、量化宽松政策退出将是一个相对缓慢的过程

量化宽松政策是美联储为了应对第二次世界大战以来美国遇到的最严重金融和经济危机而采取的极端的货币政策，这也决定了这项政策必然是阶段性的，有始也必然有终。不过，正如这项政策已经实行了 5 年多，从其启动退出到完全退出也将是一个相对缓慢的过程，不会突然之间完成。美联储从启动 QE 退出到完全退出，大体将经历这样一个过程：削减购债规模、完全停止购债、卖出购入债券或持有到期，直至美联储资产负债表实现瘦身恢复到正常状态，至于何时加息则取决于通胀的程度以及美联储对通胀的容忍度。在此有必要回顾伯南克设定了量化宽松和低利率政策退出的条件，即失业率下降到 6.5% 以下和通胀率高于 2.5%。市场认为失业率 6.5% 这一指标更重要，认为只要美国失业率仍高于 6.5%，即使通胀率显著高于 2.5%，美联储也不可能启动加息。

正如，当初实施 QE 是为了增加就业、刺激经济增长，今后美联储的退出步伐和退出程度仍然要视美国经济情况而定，决不会为了退出而退出。2013 年 2 月 1 日接替伯南克出任美联储新一任主席的珍妮特·耶伦（Janet Yellen）被认为是比前者更加"鸽派"的人物，不仅能够很好地延续前者的政策，甚至会更加宽松。耶伦在参加参议院对她的听证时就说"缩减购债计划的决定取决于经济表现，目前劳动力市场已有重大改善，但美联储要看到的是经济增速足够推动就业持续好转的迹象"。

从当前美国主要经济指标来看，经济复苏势头良好，虽有不确定性，但是不确定因素大大减少。2013年12月21日，即在美联储公布缩减购债规模后的第三天，美国商务部发布第三季度美国经济增长最终数据为4.1%（环比折年率），大幅高于3.6%的初值，为2011年第四季度以来最高增速。这一强劲增速为美联储削减QE购债规模的决定作出了最有力的诠释。从趋势上看，美国经济增长向上势头显著，当前主要机构均看好美国今后的经济增长。当前美国的CPI仍然温和，2013年11月CPI同比增长仅1.2%，核心CPI为1.7%，已经连续一年未超过2%。2013年以来，美国的就业状况继续好转，11月失业率为7.0%，相对于年初大幅下降0.9%个百分点，创出2008年12月以来的最低值。不过，美国的未来失业率降幅有可能放缓，这主要是因为当前美国的劳动力参与率还处于低位，尤其是16岁以上男性劳动力参与率还处于第二次世界大战以来的历史最低点，如果经济增长强劲，有就业意愿的人口就会增加，尽管就业人口增加，但是失业率反而不会明显下降。

四、量化宽松政策退出的影响相对中性

此前和当下，有很多专家和机构发表报告，认为美联储一旦启动QE退出，美元汇率将大幅上涨，资金将从新兴市场国家（包括中国）大量流出而涌向美国，而新兴市场国家则有可能因此陷入一场新的危机之中。然而从2013年12月18日美联储公布减少购债规模至今，无论是美国、欧洲、日本等发达国家的金融市场，还是新兴市场国家的金融市场，整体上反应都很平静。当然，观察期尚短，其进一步的影响仍待观察。

不过，笔者仍然坚持认为美国量化宽松政策的退出，不会从根本上改变世界经济和全球金融市场的走势。美联储早在2013年5月初就开始释放退出QE的信号，来反复测试市场的反应。美联储每一次释放信号，都会对市场产生一定的冲击，目的是以求在最终退出时能符合市场的预期，让市场提前消化政策调整可能对市场产生的不利冲击。这也是美联储惯常采用的策略。因此，当购债规模真的开始减少时，市场由于已经提前做好了准备，反应反而平静。

从根本上看，QE退出不能改变本来就已经形成的趋势性走势，主要是因为它是建立在美国经济出现根本复苏的基础之上，退出的步伐和程度会视美国实体经济表现而定，不会为了退出而退出。2013年6月议息会议之后，伯南

克在记者会上就说"（QE退出）重要的不是时间和日期，我想传递的最重要的信号是，我们的政策要视经济而定"。

QE退出也不必然带动美元汇率大幅上涨。这是因为缩减购债规模仅仅是相对减少了基础货币的增量，美联储的资产负债表仍将继续扩大。如果接下来不进一步缩减购债规模，到2014年底，美联储的资产规模将接近或达到5万亿美元。而考虑到更加"鸽派"的新一任联储主席耶伦的一向主张，这种可能性很大。缩减购债规模选择在美国经济回升时，经济活动更加活跃，这也必然提高货币流通速度，货币乘数会变大，因此，即使基础货币投放相应减少，但是随着货币乘数的变大，整个经济中的货币供应量（或称流动性）不会减少，而是会维持相对稳定，甚至会有所增加。还有一点，也是很关键的，美元汇率上涨并不符合美国的利益。美国经济之所以在发达国家中率先复苏，其中一点就是建立在弱美元之上的"再工业化"，如果美元汇率大幅上涨，必然打击刚刚建立还有待巩固的"再工业化"进程，美国经济复苏则有夭折的风险。

美国QE退出对中国经济几乎没有不利影响，从中国的利益出发，反而应该是乐见其成。假如美联储QE政策真的成了无限期的，中国反而将是最大的受害国。如果美联储实施的QE不最终完全退出，美元的内在购买力必然大幅度缩水，我国近4万亿美元的外汇储备中有过半是美元资产，其价值也必然大幅度缩水。美联储能够启动QE退出，说明美国经济已经进入良性轨道，作为我国最大的出口市场，这有利于增加我国出口，也有利于我国经济增长的恢复和稳定。

当然，对于美联储未来在QE上采取的进一步措施，我们有必要保持密切关注，并应做好充分准备和预案。尽管美联储未来采取的退出措施不会改变包括中国经济在内的世界经济的既定走势，但是在短期内有可能对金融市场造成较大冲击。故此，对于我国来说：一是要维持实体经济的相对稳定。个别国际金融机构存在恶意唱空中国经济和人民币并以此牟取不正当利益的企图。如果我国能够实现经济的平稳增长，它们的企图必然落空，中国对于资本的吸引力就不会降低，也就不可能出现大量的热钱撤离和本国资本外逃。二是要维持人民币汇率和资产价格的相对稳定，防止暴跌和暴涨，尤其要防止暴跌。如果在美联储QE退出的过程中，人民币汇率和股市等资产市场出现暴跌，就有可能引致资本从中国大量流出，这不仅会进一步打击汇市和股市，也必然对实体经济产生不利冲击。除房地产市场应该加大调控，尽快实现"软着陆"外，其他市场尤其是股市应该维持不低于主要国际市场的涨幅，从而维持境内资本对中国经济和股市的信心。

从美联储暗示到启动 QE 退出，有三点值得我们学习和借鉴。

一是货币政策的宗旨和使命就是服务实体经济。任何时候，中央银行的货币政策都不应该忘记这一宗旨和使命。

二是坚持货币政策的自主性。美国人有一句话叫"美元是我们的，麻烦是你们的"。在 2013 年 5 月，美联储暗示要退出 QE 时，新兴市场国家的货币面临贬值压力和出现了一定程度的资本流入，尽管美国政府和美联储被要求在退出时要考虑其货币政策的外溢性，但是美方对此基本上是置若罔闻。这一点对中国政府以及中国央行也许更值得学习和借鉴，因为人民币已经开始跻身国际货币之列。

三是货币政策的调控艺术。2013 年 5 月，美联储初次暗示 QE 会退出，此后又历经 6 月、7 月、9 月、10 月四次例会，反复测试市场的反应，直到 12 月例会才正式启动退出。这么做的目的就是让市场形成统一预期并做好准备，以期到政策正式实施时将不利影响降到最低。

卢布危机对我国金融改革开放的警示①

2014 年 12 月 15 日、16 日，卢布汇率上演惊心一幕，短短两日连续跌破
60、70、80 三个整数关口，最大跌幅超过 30%。深入剖析卢布下跌的原因，
充分吸取卢布的经验和教训，对于我国进一步做好金融开放和人民币国际化工
作具有积极价值。

一、卢布危机的原因分析

其实，2014 年初卢布就经历了一波比较可观的贬值。2013 年底，美联储
启动了量化宽松政策（QE）的退出进程，部分新兴市场国家因为经济增长乏
力且通胀率较高而出现了一定程度的资本撤离，从而导致了一波汇率贬值，俄
罗斯的卢布也在此列，贬值幅度超过 10%。不过进入 3 月后，卢布汇率出现
反弹，到 6 月底基本上回到了年初的水平。转折点发生在 7 月初。随着美元汇
率转而持续走强，以及原油价格持续大幅下跌，卢布开始了一波快速下跌的过
程。造成本轮卢布暴跌的原因极为复杂，既有内因也有外因，既有经济层面的
原因，也有政治、心理等方面的原因。

1. 2013 年俄罗斯经济已经陷入"滞胀"，随着美国 QE 的退出，国际市场
进一步看空俄罗斯经济和卢布

2013 年俄罗斯经济增长仅有 1.3%，比上年大幅回落 3.1 个百分点，增速
连续第三年出现下滑，而物价不断上涨，CPI 涨幅达到 6.8%，比上年上升 1.1
个百分点。2013 年底以来，俄罗斯经济"滞胀"表现得已经非常显著。因此，

---

① 本文完成于 2014 年 12 月 29 日，为工作论文。

在 2013 年 12 月中旬美联储决定自 2014 年 1 月开始缩减 QE 购债规模后，国际上主要机构就预测，资本将从俄罗斯、土耳其、阿根廷等新兴市场国家回流美国，对其汇率形成贬值压力，并将进一步打击这些国家的经济表现。与此同时，俄罗斯染指乌克兰问题，进一步加剧了在俄罗斯的外国资本以及本国资本对俄罗斯经济的担忧。因此，2014 年初以来，俄罗斯资本外流呈现加剧之势。据俄罗斯央行的数据，仅 2014 年第一季度，俄罗斯资本净流出就达 506 亿美元，比上年同期增长 80%。2014 年前三个季度，俄罗斯经济同比增速分别为 0.9%、0.8% 和 0.7%。据俄罗斯经济部最新预测，2014 年经济增长仅为 0.5%，远低于年初预期的 1.2%。而 CPI 则一路上行，从 1 月的同比上涨 6.1%，上升到 11 月的 9.1%。

2. 俄罗斯经济结构相对单一，过度依赖石油和天然气，2014 年中以来原油价格大幅下跌对本来就已陷入"滞胀"的俄罗斯经济雪上加霜

近年来，俄罗斯经济高度依赖石油、天然气以及石油产品。油气及石油产品出口占俄罗斯货物出口的一半以上，高时达到三分之二（见表 1）。1998 年金融危机以来，俄罗斯经济整体表现良好，经济增速较快，其中一个主要原因为原油价格一路上涨并且近年来一直坚挺在 100 美元/桶以上，油气出口为俄罗斯赚取了大量外汇收入，政府财政收入也因此大幅增加。近年来，俄罗斯财政收入中有近半收入来自石油、天然气及相关产品。成也油气，败也油气。2014 年 7 月初以来，随着美元汇率持续且近似单边上涨，原油价格也掉头向下并且以更大幅度下跌，连续跌破关键价位。据有关机构测算，油价 100 美元/桶是近年俄罗斯财政预算平衡点，如果低于 80 美元/桶，不仅会出现大量财政赤字，还会拖累经济增长。原油价格的持续下跌进一步引起了外界对于俄罗斯经济和货币的担忧。12 月初，国际市场原油价格跌破 60 美元/桶和欧佩克不减产的决定，成了压在卢布身上的最后那根稻草。

表 1　　　　　　　俄罗斯石油天然气及石油产品出口情况统计

单位：百万美元、%

年度	油气及石油产品出口额	货物出口总额	油气及石油产品出口占比
2004	94941.30	183209.00	51.82
2005	143293.90	240025.00	59.70
2006	183709.00	297483.00	61.75

年度	油气及石油产品出口额	货物出口总额	油气及石油产品出口占比
2007	208370.70	346530.00	60.13
2008	296393.30	466299.00	63.56
2009	179662.10	297155.00	60.46
2010	241982.90	392674.00	61.62
2011	321478.80	515408.00	62.37
2012	347331.40	527433.00	65.85
2013	350068.50	523276.00	66.90
2014－10	281573.90	421708.00	66.77

资料来源：Wind 数据库。

3. 俄罗斯央行连续加息的目的是为了留住资本，然而，加息使本来就低迷的经济更加困难，最近一次意外大幅加息反而加剧了市场的恐慌

从经济形势看，俄罗斯需要的不是加息而是降息。然而，俄罗斯因担心与美欧在乌克兰问题上的较量会使得资本外流，俄罗斯央行一再加息。2014 年 3 月 3 日，俄罗斯央行启动了本年度的首次加息，将基准利率从 5.5% 大幅提升至 7%。当时正值克里米亚即将启动公投时刻。俄罗斯在与美欧的较量中态度强硬，美欧威胁采取经济制裁，在俄罗斯的外资以及本国居民因担心遭受美欧经济制裁而出现资本外流。俄罗斯央行此时大幅加息意图非常明显，就是为了留住资本。此后，俄罗斯央行又分别于 4 月、7 月和 10 月三次加息，将基准利率由 7% 提高到 9.5%。12 月 11 日，俄罗斯央行第 5 次加息，将基准利率从 9.5% 提高至 10.5%，以应对近期卢布汇率的持续下跌。加息决议公布后，卢布不仅未涨，反而暴跌，当日一举跌破 55 卢布/美元的整数关口，当日即期汇率收盘于 56.40 卢布/美元，当日美元对卢布涨幅达到 2.88%。12 月 15 日，卢布汇率跌幅进一步扩大，最高跌至 66.51 卢布/美元，美元对卢布单日涨幅超过 13%。为了应对卢布贬值，12 月 16 日凌晨，俄罗斯央行宣布将基准利率从 10.5% 大幅上调至 17%。这一激进的加息措施反而造成市场更大的恐慌。16 日外汇市场开盘后，即期汇率一度跌破 73 卢布/美元，而远期合约更是一度跌至 80.10 卢布/美元的史上最低价位。根据俄罗斯央行公布的数据，截至 12 月 19 日，俄罗斯国际储备余额为 3989 亿美元，与年初 5096 亿美元相比大

幅减少了 1107 亿美元,如果考虑到经常项目的顺差,这一期间俄罗斯的净资本流出可能已经超过了 2000 亿美元。

4. 2014 年中以来美元汇率持续上涨以及油价更大幅度的持续下跌,构成了卢布危机的外部因素

美元汇率上涨以及油价下跌对卢布汇率形成不同于其他新兴市场国家货币的双重挤压。年中时,美国经济强劲增长势头更加确定,而欧元区以及日本经济表现差强人意,因此,美联储持续缩减 QE 的购债规模,并且加息已经提上日程,而欧洲中央银行和日本央行则仍需要进一步放松货币刺激经济。所以自 7 月初开始,美元对欧元、日元等主要非美元货币汇率出现持续上涨走势。衡量对主要非美货币汇率的美元指数到 12 月 8 日一度达到 89. 55,与 7 月初的低点 79. 75 相比,涨幅超过 12%。随着美元的走强,国际市场原油价格转而开始下跌。到 12 月 16 日,纽约 WTI 原油期货价格最低跌至 55 美元/桶,与年中的高点 103 美元/桶相比,几乎跌去了一半。受美元对欧元、日元、英镑、加拿大元、澳大利亚元等主要非美元汇率上涨的压制或影响,美元对新兴市场国家货币也必然出现上涨走势。由于油气出口在俄罗斯出口和财政收入中的重要地位,油价下跌也对卢布汇率形成进一步打击。

5. 俄罗斯与美欧就乌克兰问题上的较量,尽管俄罗斯军事上的强势强硬和在克里米亚问题上的胜利,却难掩在金融方面的明显劣势

克里米亚并入俄罗斯领土后,美欧对俄罗斯实施了多轮制裁,特别是阻止俄罗斯银行和企业在欧洲和美国市场发行股票和债券融资,将使得长期依赖欧美市场融资的俄罗斯银行和企业陷入了困境。据俄罗斯央行 2014 年 7 月披露的数据,俄罗斯银行和企业有总计 1610 亿美元的外债将在未来 12 个月内到期。2014 年中以来原油价格的大幅下跌是否是美欧的“阴谋”,不得而知,但是美国明确宣布抛售战略储备石油却是真。2014 年 3 月 12 日,美国能源部宣布,将向市场投放 500 万桶战略储备石油。这是美国自 1990 年伊拉克入侵科威特以来首次释放战略石油储备。受此消息影响,纽约油价应声下跌超过 2%。尽管事后白宫新闻发言人卡尼表示,美国抛售石油储备与乌克兰局势无关。但是,市场普遍认为美国抛售石油储备是剑指俄罗斯,意图通过打击国际油价,进一步打击俄罗斯经济。彼时,金融大鳄乔治·索罗斯也向美国政府提议出售部分储备石油,以此来惩罚普京在乌克兰问题上的做法。数据显示,当前美国的战略石油储备为 691 百万桶,比年初时减少了 500 万桶。国际知名评

级机构也多次下调俄罗斯主权评级以及主要金融机构评级。10 月 18 日，穆迪公司将俄罗斯的信用评级从 Baa1 下调至 Baa2，该公司明确指出降低俄罗斯评级的理由之一是乌克兰危机。10 月 21 日，穆迪又降低了俄罗斯联邦储蓄银行、俄罗斯外贸银行等七大主要金融机构的评级，并对这些机构的长期评级作出了负面预测。美国政府高官也不断唱空俄罗斯经济。12 月 16 日卢布汇率暴跌后，白宫经济顾问委员会主席弗曼表示，美国对俄罗斯的制裁不会对美国自身造成太大影响，因为美对俄出口只占美国全部 GDP 的 0.1%；但他同时表示，在多轮制裁、油价下跌以及卢布贬值等因素的共同作用下，俄罗斯经济已处于"危机的边缘"。

6. 俄罗斯实现了资本项目可兑换以及不断放松汇率管制，为国际资本做空卢布开了方便之门

主要是得益于油价上涨油气收入大增，俄罗斯经济在普京执政后不断好转。经济的良好表现，在某种程度上更加支撑了普京的"大俄罗斯"情结。2003 年 5 月，普京在年度国情咨文中首次提出"大卢布"战略，提出到 2007 年 1 月 1 日实现卢布的全面自由兑换。2006 年 7 月 1 日，卢布提前半年实现自由兑换。与此同时，卢布汇率市场化的步伐也在加快。1995 年，俄罗斯加强了汇率管制，开始实行"汇率走廊"制度。"汇率走廊"是指中央银行设定一个卢布对美元的核心汇率，同时，还设定卢布汇率浮动的上限和下限均不得超过核心汇率的 1.5%。1998 年 9 月，俄罗斯央行宣布放弃"汇率走廊"制度，实现有管理的浮动汇率政策。在普京推出"大卢布"战略后，2005 年 2 月 1 日，俄罗斯央行引入货币篮子，宣布实行有管理的浮动汇率制度，其本质是"盯住货币篮子 + 浮动区间"。起初货币篮子的构成是美元占 90%，欧元占 10%，后来欧元在货币篮子中所占的比重不断增加，2007 年 2 月 8 日以后，货币篮子的构成为美元 55%、欧元 45%。2008 年 9 月国际金融危机爆发，卢布汇率曾经出现大幅贬值，跌幅一度超过 50%。为稳定卢布对货币篮子的汇率，2009 年 1 月，俄罗斯中央银行规定，卢布对篮子货币的极限区间为 26～41 卢布/美元。2010 年下半年，俄罗斯央行再次调整汇率政策，一是扩大卢布对篮子货币的波动区间，将卢布对篮子货币的波动区间从 3 卢布放宽到 4 卢布；二是减少政府对外汇市场的干预；三是取消从 2009 年 1 月起开始实施的汇率极限区间。俄罗斯在 2012 年制订计划，决定自 2015 年起放弃卢布浮动区间，让卢布完全自由浮动。然而，面对 2014 年下半年以来的卢布汇率一路狂奔式的

下跌，俄罗斯央行 11 月 10 日宣布，从当日起俄罗斯央行允许卢布汇率自由浮动。毫无疑问，这一被迫提前放开汇率管制为此后不久到来的国际资本做空卢布开了方便之门。此前，很多新兴市场国家在面对本币汇率贬值被迫放弃汇率管制后，也都经历了一波更大幅度的贬值。

二、对我国的警示

我国经济结构不像俄罗斯那样单一，产业结构相对合理，工业体系完善，经济体量也远大于俄罗斯，并且我国资本项目尚未可自由兑换，汇率亦未完全放开，因此，当前的卢布危机绝不会在人民币身上重演。但是，充分吸取本次卢布危机正反两方面的经验教训，无疑对我国经济转型、结构调整、经济金融改革开放、人民币国际化等具有积极意义。

1. 坚持推进经济转型、结构调整、产业升级，实现主要依靠创新驱动的新的经济增长模式

经济是金融的基础。没有健康的经济体系，就不会有健康的金融体系。我国过去主要靠要素投入的规模速度型粗放增长模式已经走到了尽头，资源和环境承载能力已经达到或接近上限，今后必须转向主要依靠创新驱动的质量效率型集约增长模式。尽管我国经济不像俄罗斯经济结构那样单一、那样过度依靠少数产业，但是我国经济不合理之处也很显著，过度依赖投资拉动，过度依赖土地财政和房地产业，并曾一度将房地产业作为支柱产业。我国经济要实现可持续增长，顺利跨越中等收入陷阱，跻身发达国家之列，必须转向主要依靠创新驱动的增长模式。通过制度创新，减少对社会生产力的不必要束缚，进一步挖掘社会潜力。通过技术创新，提高我国的产业水平和国际竞争力。

2. 坚持金融服务实体经济的本质要求，紧紧围绕实体经济需要开展金融创新，防止金融脱实向虚

脱离了实体经济，金融就成为无源之水、无水之鱼、无本之木。近年来，我国金融脱实向虚的倾向严重，影子银行大行其道，从资金供给到资金需求的融资链条被人为拉长。这不仅提高了最终融资者的资金成本，加大了金融风险，更为重要的是降低了资金的使用效率，不利于实体经济的转型升级。我国的金融创新不能简单模仿美欧国家，不能为了创新而创新，应该紧紧围绕实体经济的需求展开，着重提高资金的配置效率。

3. 任何时候，货币政策都应该首先从本国需要出发，绝不能迁就国际资本，绝不能牺牲国内利益去维护所谓国际形象

此次卢布汇率之所以一跌再跌，最终酿成货币危机，就是因为 2014 年以来俄罗斯央行的货币政策一而再地加息，试图阻止资本外逃。这样不仅没有实际效果，反而因为加息进一步损害了已经陷入衰退的宏观经济。在很多新兴市场国家遭遇国际资本不利冲击或大量做空时，往往为了所谓的国际形象，而不愿意实行资本管制，但又试图维持汇率的稳定，所以就不断投放外汇储备。事实上，无论一国政府持有多少国际储备，在面对国际资本以及本国居民资本外逃时，都是势单力薄、微不足道的，最终的结果都是以失败而告终。货币政策绝不能迁就国际资本。凯恩斯早在 20 世纪 30 年代就指出，"最重要的是，金融要以本国为主"。对于中国这样一个大国来说，尤其需要独立的货币政策。根据"不可能三角"理论，我国有必要长期保持对资本项目和汇率的适度管制，以此确保货币政策的独立性。

4. 金融改革与开放不应是简单地接美欧国家既有的"轨"，应该坚持自主性，应该成为新游戏规则的制定者

对于后发国家，金融改革开放的大方向是与国际接轨。所谓与国际接轨实际上是接欧美国家既有的"轨"，接受它们早已经制定的规则。我们看到的实际结果是，几乎所有后发国家，在金融开放后都遭遇了金融危机，经济出现倒退，有部分国家甚至多年来深陷"中等收入陷阱"而不能自拔。当前国际金融体系的运行规则是美欧国家按照自身需要建立起来的，实行丛林规则，弱肉强食，不利于后来者。如果过早地开放与接轨，本国金融机构根本不具有与欧美金融机构同台竞技的能力。尤其对于我国这样一个大国来说，金融改革开放应该谨慎行事，千万不可冒进。从自身发展需要以及担负的维持国际金融秩序的责任来看，我国更应该积极参与既有国际规则的修改和新规则的制定。

5. 以币值稳定的突出形象稳步推进人民币国际化，积极拓展人民币国际化的深度和广度

以中国的经济规模及对世界经济的贡献、中国进出口贸易在世界贸易中的地位、中国在世界政治舞台上的地位等多个维度看，人民币都应该是一个主要的国际货币。但是作为后发国家，人民币要想成为国际货币体系中的重要一员，也并非易事。首先，人民币国际地位的提高就是其他货币国际地位的相对衰弱，人民币市场份额的提升就是其他货币份额的减少，既有的主要国际货币

发行国绝不会轻易放弃既得利益；其次，在当前国际货币体系格局下，由于商业习惯、路径依赖等缘故，让其他国家政府、企业和个人接受人民币作为储备货币、结算货币、投资货币也并非易事。因此，对于人民币国际化的前景，我们既不能妄自菲薄，也不能盲目自大。当前主要发达经济体纷纷实行不负责的货币发行政策、货币内在价值不断缩水，这为人民币国际化提供了良好机遇。我国应该长期维持人民币币值的稳定和坚挺，只要让其他国家的企业、个人以及广大发展中国家政府充分认识到这一点，它们必将乐意使用人民币进行国际结算，必将乐意持有人民币资产。

6. 优先推进在岸人民币外汇市场建设，谨慎推进汇率市场化和资本项目自由兑换

一国金融开放主要通道是资本项目可兑换，即允许本国居民出得去和外国居民进得来，其中的关键是价格，即汇率。对于后开放国家，一旦实现资本项目可兑换，其货币就会有境内外两个外汇市场，由于境外市场规模和体量远大于境内市场，因此，境内外对汇率的影响和控制力是不对称的。出于促进经济增长和对外贸易的目的，后开放国家往往极力维持汇率的稳定。多数情况下也是能够实现的，但是，一旦遇到国内经济出现困难时，往往被国际资本盯上，其货币成为被袭击的对象而被大量卖空，一旦汇率出现暴跌，这些国际资本就会赚得盆满钵满。随着人民币国际化的推进以及境外人民币离岸市场的出现和发展，离岸人民币外汇市场已经超过了在岸市场。国际清算银行（BIS）每三年做一次全球外汇市场交易的调查。2013年4月的最新调查数据显示，全球日均人民币外汇交易量达1200亿美元，其中，在岸市场成交量419亿美元，离岸市场成交量781亿美元。据估计，2014年全球人民币外汇日均交易量已经超过2000亿美元，而在岸市场上半年的日均交易量仅有508亿美元，离岸市场规模3倍于在岸市场。当然，当前人民币汇率仍未完成市场化、资本项目可兑换程度也较为有限，境内外两个人民币外汇市场还是割裂的，我们仍然控制着人民币汇率的定价权。但是，一旦实现了资本项目可兑换，如果在岸市场发展继续迟缓，就可能被进一步边缘化，进而丧失人民币汇率的定价权。俗话说：要在战争中立于不败之地，就需要首先练就精兵强将。因此，在人民币汇率市场化和资本项目可兑换问题上，最为稳健的做法是优先推进在岸人民币外汇市场建设。一是放松外汇交易的实需原则，扩大外汇市场的参与主体。我国一直强调外汇交易（包括外汇衍生品交易）的实需原则，这一原则已经成为

境内人民币外汇市场发展迟缓的一个重要政策障碍。从成熟市场的经验看，投机交易越活跃，交易量越大，外汇市场的流动性才会越好，才会形成具有价格弹性的汇率。没有适度的投机，就不利于外汇市场功能的发挥。二是在继续做大场外市场的同时，应该积极发展交易所市场。外汇市场包括 OTC 市场和交易所市场两个有机组成部分，各有侧重，相互补充，相互促进。当前境外多家交易所纷纷推出人民币外汇期货，如果我国境内迟迟无法推出，这部分交易就会被它们拿走，造成对我国不利的局面。

后记

出版这本专著的想法始于 2013 年夏天。当时，人民币跨境结算已经推行了四年左右的时间。自第二本专著《中国汇率改革：问题与思考》于 2007 年 12 月出版后，我对人民币汇率体制的研究重点也跟随形势的变化转到了人民币国际化上面。到 2013 年时，已经完成了几十篇相关的论文、报告、评论等，内容涉及人民币国际化需要解决的多方面问题，因此有了结集出版的想法。当年 10 月，还借在厦门鼓浪屿休假之机对已经完成的文章等做了搜集和初步整理，觉得还需要就外汇市场建设等再撰写 3 至 4 篇才能够凑成一本比较完整的书，彼时罗列了需要新研究的专题，并制定了一个时间表。

然而，此后随着工作单位的变动，也加上自己的懈怠和偷懒，想要做的专题研究一拖再拖，计划的时间表也一推再推。

直到去年夏天，终于攒够了文章。于是，一边寻找出版社，一边挑选和整理文章。将文章按内容划分成了 6 章，也是我认为人民币从国家货币走向国际货币需要解决的 6 方面的重要问题。因为这些文章写作的时间跨度有十年之久，相对较散，为了将主要内容串联起来，我在去年 8 月专门撰写《人民币：如何从国家货币走向国际货币？》作为本书的综论，希望让读者能对本书的主要内容有一个概括的了解。

之所以将这么多过往的文章编排在一起形成一本书来出版，有几重想法：

一是对自己研究人民币汇率问题做一个阶段性的总结。1993 年秋我开始对经济金融问题感兴趣，1994 年初决心将学习的重点放在国际金融上。当时正逢人民币汇率并轨，所以一边学习国际金融方面的教科书，一边大量阅读报纸和学术期刊上关于人民币汇率改革的报道和论文，以辅助理解教科书上的理论和知识。读硕士研究生时，当时正逢亚洲金融危机爆发，对于汇率问题更加感兴趣，如饥似渴地读书和学习，学习之余，还撰写并发表了多篇关于汇率问题的论文和评论。攻读博士学位时，选择了人民币资本项目可兑换作为博士论文的研究内容，当时还略微前瞻性地简单研究了一下人民币国际化问题，于是有了我的第一本专著《人民币资本项目可兑换及国际化研究》。这里必须申明，当时主要是研究人民币资本项目可兑换问题，对于人民币国际化只是从概念、可资借鉴的经验等方面做了简单的研究。2004 年 7 月博士毕业后，我有幸进入中国人民银行金融研究所从事博士后研究，恰逢 2005 年 7 月开始了新一轮人民币汇率形成机制改革，因此，博士后期间的研究主要是围绕人民币汇率改革开展的，能够这么近距离地贴近央行、贴近汇率改革的前沿来研究人民币汇率改革问题，这对于研究人民币汇率的人来说绝对是千载难逢的机会，于是就有了我的第二本专著《中国汇率改革：问题与思考》。2006 年 5 月，我博士后出站进入到一家大型商业银行，主要从事商业银行业务、宏观经济等方面的研究工作，但工作之余仍继续关注和研究人民币汇率问题。2009 年之后，人民币跨境贸易结算开始试点，于是我在人民币汇率方面的研究重点也随着形势的变化转向了国际化为主。就我对一种货币的汇率问题的理解，货币国际化是最高层次的汇率问题，因此，这本专著可以看作是我研究人民币汇率问题的"三部曲"之三了，算是一种总结吧，尽管今后仍会关注和研究人民币汇率问题。

二是给后来者提供研究人民币国际化问题的历史资料。收在本书中的这 50 余篇文章基本上是针对人民币国际化过程中遇到的问题而撰写的，可以说是对过去十年人民币国际化过程的记录、分析和评论。尽管不敢称之为人民币国际化演变史，但是对于有兴趣研究这段历史的学者来说，应该具有一定的参考价值。也正是为了这个目的，对每篇文章都注释了写作和/或发表时间。我学习汇率的一个重要的心得体会就是注重从国际金融史汲取养分，并认为受益无穷。2000 年以来，我对美元、欧元、日元、人民币等货币汇率做过的不少预测，准确度比较高，我认为这主要是受益于我对国际金融史以及相应国家货币史的痴迷。

三是为学生和感兴趣的朋友提供一份研究汇率的参考。这些文章是我学习国际金融理论、学习国际金融史后的综合运用，是我的体会和心得，也隐含了我研究汇率问题的方法论。过去多年，遇到不少希望向我学习汇率的学生和朋友，他们通过网络找到了我不少的文章，但是整体上看还是很零碎，现在按着专题以及时间顺序编辑成书，尽管不是专门撰写的专著，对他们可能更有帮助。

上面说完出这么一本书的用意所在，下面是致谢。

感谢我的老师们！他们是：我硕士时的导师何剑教授，我博士时的导师刘福垣研究员，我博士后期间的合作导师郭树清研究员和穆怀朋研究员。还有在我学业过程中给予过我指导的陈炳才研究员、管涛研究员等。你们给予的教导、指导，将使我终身受益。

感谢我以前和现在工作单位的领导！感谢你们为我的研究工作创造了良好的环境和条件！

感谢我的合作者！他们是：涂昭明、董积生、王宇鹏、郭孟旸、宋有为、鲍思晨等。因为有了你们的合作，我的部分研究成果才论证更扎实、结论更有说服力。

感谢采访过我的记者朋友们！你们的采访不仅让我获取了最新的信息、政策、数据，更主要的是激励我学会了迅速思考、学会了简洁而准确的表达。这是个长长的名单，为了避免挂一漏万，恕我在此不一一提及你们的名字。

感谢我的师兄、对外经贸大学副校长丁志杰教授百忙之中为本书作序！

感谢中国金融出版社的编辑丁芊、黄羽为本书出版付出的辛劳！

感谢我的家人，你们是我生活和奋斗的意义所在！

赵庆明

2018 年 7 月 31 日于北京